2014

大中型批发零售和住宿餐饮企业统计年鉴

国家统计局贸易外经统计司 编

中国统计出版社
China Statistics Press

图书在版编目（CIP）数据

大中型批发零售和住宿餐饮企业统计年鉴. 2014/
国家统计局贸易外经统计司编.
-- 北京：中国统计出版社，2014.10
ISBN 978-7-5037-7313-6

Ⅰ. ①大… Ⅱ. ①国… Ⅲ. ①批发业－统计资料
－中国 -2014- 年鉴②零售业－统计资料
－中国 -2014- 年鉴③饭店业－统计资料
－中国 -2014- 年鉴④饮食业－统计资料
－中国 -2014- 年鉴 Ⅳ. ① F721.7-54 ② F719-54

中国版本图书馆 CIP 数据核字（2014）第 226666 号

大中型批发零售和住宿餐饮企业统计年鉴 -2014

作　　者 / 国家统计局贸易外经统计司
责任编辑 / 马　平
封面设计 / 李雪燕
出版发行 / 中国统计出版社
通信地址 / 北京市丰台区西三环南路甲 6 号　邮政编码 /100073
电　　话 / 邮购（010）63376909　书店（010）68783171
印　　刷 / 河北天普润印刷厂
经　　销 / 新华书店
开　　本 /880×1230 毫米　1/16
字　　数 /836 千字
印　　张 /27.25
版　　别 /2014 年 10 月第 1 版
版　　次 /2014 年 10 月第 1 次印刷
定　　价 / 380.00 元

如有印装差错，由本社发行部调换。

《大中型批发零售和住宿餐饮企业统计年鉴—2014》

编辑成员

顾　　问：马建堂

主　　编：徐一帆

副 主 编：孟庆欣　严建辉

编辑主任：蔺　涛　王克臣　卢　山

编辑人员：（以姓氏笔画为序）

王月香　王　智　付加奇　付　媛　申俊利

刘旭玲　刘　洋　刘晓燕　严先溥　张　敏

李　敏　杜　燕　杨　壮　陈群林　孟　好

罗卫华　郑云玉　胡春霖　赵则勇　袁　彦

责任编辑：马　平

编辑说明

一、《大中型批发零售和住宿餐饮统计企业年鉴—2014》系统收录了全国和各省、自治区、直辖市大中型批发零售和住宿餐饮业企业基本情况、经营情况和主要财务情况的2013年年报统计数据，是一部全面反映中国大中型批发和零售业、住宿和餐饮业企业改革和发展状况的资料性年刊。

二、本年鉴正文内容分为四个部分：1. 综合篇；2. 地区篇；3. 行业篇；4. 企业篇。同时设有三个附录：1. 统计上大中小微型企业划分办法；2. 批发和零售业、住宿和餐饮业统计限额标准；3. 主要统计指标解释。

三、为便于读者使用，本年鉴对所用略语和主要统计指标解释、统计范围和统计方法作了简要说明。

四、本年鉴中所使用的企业划型标准，采用国家统计局于2011年9月印发的《统计上大中小微型企业划分办法》。

五、本年鉴中涉及的全国性统计资料，均未包括香港、澳门特别行政区和台湾省数据。

六、本年鉴中所使用的度量衡单位，均为国际统一标准计量单位。

七、本年鉴表中的“空格”表示该项统计指标数据不足本表最小单位数、不详或无该项数据。

目 录

综合篇

地区篇

行业篇

企业篇

附 录

综合篇

简要说明：

一、本篇资料主要内容为全国大中型批发和零售业、住宿和餐饮业企业单位数和从业人员数情况；大中型批发和零售业企业商品购、销、存情况；大中型住宿和餐饮业企业经营情况；大中型批发和零售业、住宿和餐饮业企业主要财务及经济效益分析指标等。

二、大中型批发和零售业、住宿和餐饮业企业采用全面调查方法。

三、批发和零售业、住宿和餐饮业大中型企业划分依据《统计上大中小微型企业划分办法》，具体见附件Ⅰ。

1-1 大中型批发和零售业企业基本情况

项目	批发业					
	大中型		大型		中型	
	2013年	2012年	2013年	2012年	2013年	2012年
一、法人单位数(个)	**27753**	**23925**	**2275**	**2099**	**25478**	**21826**
二、年末从业人数(万人)	**373.9**	**331.9**	**188.5**	**169.8**	**185.5**	**162.1**
三、商品购、销、存情况(亿元)						
商品购进额	282774.5	234649.6	116689.5	104805.4	166085.1	129844.2
商品销售额	310720.5	254620.2	132849.4	119246.4	177871.1	135373.7
期末商品库存额	18631.0	16087.2	7144.8	6669.8	11486.2	9417.4
四、实收资本及构成(亿元)						
实收资本	14661.6	12191.9	5352.1	4712.1	9309.5	7479.7
国家资本	4372.4	3390.7	2023.9	1859.0	2348.5	1531.7
集体资本	249.6	215.8	61.4	42.8	188.1	173.0
法人资本	5382.4	4540.1	1750.2	1487.9	3632.2	3052.2
个人资本	2585.2	2324.2	365.0	354.3	2220.1	1969.9
港澳台资本	698.5	543.5	305.1	250.3	393.4	293.2
外商资本	1373.5	1177.7	846.4	717.9	527.2	459.7
五、主要财务指标(亿元)						
(一)年末资产负债						
流动资产合计	94392.1	76762.7	37159.4	31600.7	57232.7	45162.0
固定资产原价	9369.0	7518.8	5108.6	4357.4	4260.4	3161.5
累计折旧	3179.0	2511.5	1825.2	1493.1	1353.8	1018.4
资产总计	121856.7	98824.7	50922.4	42697.3	70934.3	56127.4
负债合计	88665.3	71669.3	33976.4	28362.5	54688.9	43306.8
所有者权益	33302.4	27157.8	17017.9	14337.4	16284.5	12820.4
(二)损益及分配						
主营业务收入	278439.2	228469.1	117307.4	105409.9	161131.8	123059.3
主营业务成本	258580.8	212290.4	105763.8	95511.7	152817.0	116778.7
主营业务税金及附加	1293.5	1021.3	881.9	740.5	411.6	280.8
主营业务利润	18564.9	15157.4	10661.7	9157.6	7903.1	5999.8
其他业务利润	522.8	516.0	310.9	243.5	211.9	272.5
销售费用	7282.1	6189.3	4437.8	3815.0	2844.4	2374.3
管理费用	3806.0	3241.9	1957.5	1772.3	1848.5	1469.7
财务费用	850.7	928.9	152.4	211.1	698.3	717.7
营业利润	7195.9	5475.4	4311.0	3699.6	2884.9	1775.8
利润总额	7315.1	5775.2	4431.6	3930.1	2883.5	1845.1
应交所得税	1434.6	1260.0	932.4	854.7	502.2	405.2
应付职工薪酬	3174.8	2675.1	1945.0	1638.1	1229.7	1037.0
应交增值税	3283.9	2601.8	1874.4	1547.4	1409.5	1054.4

1-1 续表

项目	零售业					
	大中型		大型		中型	
	2013年	2012年	2013年	2012年	2013年	2012年
一、法人单位数(个)	**25565**	**22795**	**2299**	**2042**	**23266**	**20753**
二、年末从业人数(万人)	**550.3**	**500.4**	**259.5**	**232.6**	**290.8**	**267.8**
三、商品购、销、存情况(亿元)						
商品购进额	68927.5	59033.0	31574.5	27365.9	37353.0	31667.1
商品销售额	79992.4	67280.5	38756.1	32984.1	41236.2	34296.4
期末商品库存额	7477.2	6241.5	2800.5	2581.5	4676.7	3660.0
四、实收资本及构成(亿元)						
实收资本	5883.1	4918.4	2579.3	2309.0	3303.8	2609.4
国家资本	900.9	879.2	675.6	673.4	225.3	205.9
集体资本	150.8	141.2	63.1	55.5	87.7	85.7
法人资本	2457.1	1940.2	936.7	785.1	1520.4	1155.1
个人资本	1336.1	1053.7	307.9	262.0	1028.2	791.7
港澳台资本	499.6	430.0	245.7	222.4	254.0	207.6
外商资本	538.6	474.1	350.4	310.6	188.2	163.5
五、主要财务指标(亿元)						
(一)年末资产负债						
流动资产合计	24194.1	21087.7	11377.9	10195.3	12816.1	10892.4
固定资产原价	7995.9	6583.7	4090.7	3564.1	3905.3	3019.6
累计折旧	2577.3	2012.2	1380.0	1140.1	1197.3	872.1
资产总计	36870.4	31016.4	18165.4	15866.4	18705.0	15150.0
负债合计	27222.0	22781.0	12795.3	11131.4	14426.7	11649.6
所有者权益	9680.8	8249.9	5401.7	4749.5	4279.2	3500.4
(二)损益及分配						
主营业务收入	69363.1	58683.4	32914.7	28271.4	36448.4	30412.0
主营业务成本	61175.8	52031.2	28759.0	24750.1	32416.9	27281.2
主营业务税金及附加	365.1	264.3	171.0	131.1	194.1	133.1
主营业务利润	7822.2	6388.0	3984.6	3390.3	3837.5	2997.7
其他业务利润	849.5	843.9	493.8	510.4	355.7	333.5
销售费用	4305.2	3718.7	2462.5	2135.4	1842.7	1583.3
管理费用	2160.1	1876.0	1034.2	910.0	1125.9	966.0
财务费用	479.8	403.9	136.1	115.4	343.7	288.5
营业利润	1831.3	1165.9	969.4	747.2	861.9	418.7
利润总额	1777.8	1194.0	991.9	780.1	786.0	413.9
应交所得税	347.8	298.0	191.6	172.3	156.2	125.6
应付职工薪酬	2334.4	1981.3	1214.1	927.5	1120.4	1053.8
应交增值税	1385.6	1206.0	690.9	615.6	694.7	590.4

1-2 大中型批发和零售业企业单位数和从业人数

项目	法人单位数(个)		年末从业人数(人)	
	限额以上	大中型企业	限额以上	大中型企业
总计	**171973**	**53318**	**11395828**	**9242517**
一、批发业	**91607**	**27753**	**4842384**	**3739135**
(一)按登记注册类型分				
1.内资企业	**87201**	**25353**	**4130970**	**3070655**
国有企业	2755	1624	442131	403768
集体企业	765	268	49701	35512
股份合作企业	225	51	8172	4263
联营企业	45	16	3716	2940
国有联营企业	16	6	878	508
集体联营企业	12	2	1201	1031
国有与集体联营企业	8	4	1306	1256
其他联营企业	9	4	331	145
有限责任公司	25394	9511	1451682	1161442
国有独资公司	1204	767	152941	140345
其他有限责任公司	24190	8744	1298741	1021097
股份有限公司	2016	1179	500564	481333
私营企业	54453	12500	1599044	960070
私营独资企业	922	159	22337	8682
私营合伙企业	168	34	5054	3026
私营有限责任公司	51895	11836	1499289	892485
私营股份有限公司	1468	471	72364	55877
其他企业	1548	204	75960	21327
2.港、澳、台商投资企业	**1766**	**962**	**314454**	**294178**
合资经营企业	257	151	29119	26446
合作经营企业	20	11	7588	6578
独资经营企业	1449	778	263886	247595
投资股份有限公司	39	21	13216	12914
其他港澳台商投资企业	1	1	645	645
3.外商投资企业	**2640**	**1438**	**396960**	**374302**
中外合资经营企业	377	213	44289	40554
中外合作经营企业	21	15	2193	2100
外资企业	2189	1176	333234	314946
外商投资股份有限公司	39	25	13935	13545
其他外商投资企业	14	9	3309	3157

1-2 续表 1

项　　目	法人单位数(个)		年末从业人数(人)	
	限额以上	大中型企业	限额以上	大中型企业
(二)按国民经济行业分				
农、林、牧产品批发	4455	1382	218352	132659
食品、饮料及烟草制品批发	8946	3394	935112	763095
米、面制品及食用油批发	1457	582	89941	67840
肉、禽、蛋、奶及水产品批发	1334	428	107409	80285
酒、饮料及茶叶批发	1851	694	191630	157144
烟草制品批发	601	549	280340	279018
纺织、服装及家庭用品批发	11225	3767	844084	706593
服装批发	2630	1110	255602	216983
鞋帽批发	811	266	62909	53190
家用电器批发	1534	701	170161	153331
文化、体育用品及器材批发	2383	872	165254	133528
文具用品批发	836	252	26841	18358
体育用品及器材批发	160	62	9927	8228
图书批发	243	124	37647	32913
医药及医疗器材批发	5175	3080	454928	394483
西药批发	2809	1884	268019	237275
中药批发	1250	744	115550	100027
矿产品、建材及化工产品批发	40665	9258	1370425	970938
煤炭及制品批发	5936	1755	212832	148398
石油及制品批发	4029	1524	458022	425567
金属及金属矿批发	14615	2604	266521	148282
建材批发	4654	986	134620	76885
化肥批发	1755	504	80782	53289
农药批发	221	80	10023	7020
机械设备、五金产品及电子产品批发	14184	4746	685221	520811
汽车批发	1487	558	96763	82897
计算机、软件及辅助设备批发	1494	553	65218	47874
通讯及广播电视设备批发	758	337	82385	73978
贸易经纪与代理	1098	345	43663	34319
其他批发业	3476	909	125345	82709
(三)按控股情况分				
国有控股	7891	5000	1237552	1159868
集体控股	2084	864	136051	105591
私人控股	70840	17230	2364325	1499401
港澳台控股	1700	923	312408	292397
外商控股	2441	1320	371560	350248

1-2 续表 2

项目	法人单位数(个)		年末从业人数(人)	
	限额以上	大中型企业	限额以上	大中型企业
二、零售业	**80366**	**25565**	**6553444**	**5503382**
(一)按登记注册类型分				
1.内资企业	**78329**	**23938**	**5724548**	**4684883**
国有企业	1979	718	155817	126732
集体企业	2048	560	113339	82807
股份合作企业	357	65	19946	14589
联营企业	165	32	7623	5220
国有联营企业	36	6	2590	1994
集体联营企业	56	13	2226	1516
国有与集体联营企业	42	6	1431	745
其他联营企业	31	7	1376	965
有限责任公司	25531	10136	2460216	2143210
国有独资公司	635	294	64949	56520
其他有限责任公司	24896	9842	2395267	2086690
股份有限公司	2381	1300	671552	646978
私营企业	44705	10866	2237823	1624037
私营独资企业	5093	470	120699	53622
私营合伙企业	485	76	15793	9008
私营有限责任公司	37442	9818	1968480	1451578
私营股份有限公司	1685	502	132851	109829
其他企业	1163	261	58232	41310
2.港、澳、台商投资企业	**1053**	**849**	**387113**	**382333**
合资经营企业	248	203	87541	86246
合作经营企业	30	14	4819	4494
独资经营企业	732	597	272016	268980
投资股份有限公司	35	28	10673	10549
其他港澳台商投资企业	8	7	12064	12064
3.外商投资企业	**984**	**778**	**441783**	**436166**
中外合资经营企业	291	225	184156	182133
中外合作经营企业	36	26	15590	15372
外资企业	611	491	232136	229013
外商投资股份有限公司	37	32	8797	8686
其他外商投资企业	9	4	1104	962

1-2 续表 3

项 目	法人单位数(个)		年末从业人数(人)	
	限额以上	大中型企业	限额以上	大中型企业
(二)按国民经济行业分				
综合零售	12180	7165	2660357	2532788
百货零售	5838	3322	1178606	1114935
超级市场零售	4881	3301	1340797	1296996
食品、饮料及烟草制品专门零售	6657	1261	312066	211619
粮油零售	771	122	31627	19231
肉、禽、蛋、奶及水产品零售	1101	298	63161	46841
酒、饮料及茶叶零售	2319	238	69901	35417
烟草制品零售	402	108	20002	14060
纺织、服装及日用品专门零售	5046	1723	517542	452195
服装零售	2592	1087	337336	303645
文化、体育用品及器材专门零售	3914	1039	251432	193842
体育用品及器材零售	147	54	16729	15036
图书、报刊零售	1439	543	123052	100903
医药及医疗器材专门零售	4391	1846	430423	372978
药品零售	3573	1765	408138	362812
汽车、摩托车、燃料及零配件专门零售	28717	9442	1534216	1176214
汽车零售	20345	8547	1149350	901640
机动车燃料零售	5831	686	328674	254180
家用电器及电子产品专门零售	10609	1757	483502	323308
日用家电设备零售	4146	705	212845	149657
计算机、软件及辅助设备零售	2824	276	83643	41669
通信设备零售	946	301	71355	58104
五金、家具及室内装饰材料专门零售	5301	731	198470	125906
货摊、无店铺及其他零售业	3551	601	165436	114532
互联网零售	253	97	49833	47199
(三)按控股情况分				
国有控股	5483	2737	945599	881056
集体控股	3493	1247	349131	300963
私人控股	62608	16973	3693674	2847279
港澳台控股	981	790	344479	339940
外商控股	816	661	380772	376501

1-3 大中型批发和零售业

项目	商品购进额		进口	
	限额以上	大中型企业	限额以上	大中型企业
总计	**4512650707**	**3517020582**	**373587337**	**324440564**
一、批发业	**3652504565**	**2827745338**	**348128718**	**302645106**
(一)按登记注册类型分				
1.内资企业	**3256686304**	**2471568061**	**222859863**	**187085326**
国有企业	366010174	343860694	21930945	20566822
集体企业	12876233	10083897	643051	594380
股份合作企业	4471331	3197969	267114	250233
联营企业	2253645	2042226	80663	31826
国有联营企业	1568092	1509350	22995	17158
集体联营企业	178841	97250	41992	
国有与集体联营企业	428635	395200	1008	
其他联营企业	78077	40427	14668	14668
有限责任公司	1561977231	1282638336	125280853	112494959
国有独资公司	309735328	286576791	16947616	15805464
其他有限责任公司	1252241904	996061545	108333237	96689495
股份有限公司	395752859	375096653	23609078	22843200
私营企业	901540315	447915247	50828198	30118558
私营独资企业	6424363	2343360	53973	19816
私营合伙企业	1316693	640371	1867	485
私营有限责任公司	866324159	427585878	48480364	28738879
私营股份有限公司	27475100	17345639	2291994	1359378
其他企业	11804516	6733040	219963	185348
2.港、澳、台商投资企业	**111836924**	**92709970**	**29993649**	**25648820**
合资经营企业	15927859	13035818	1752214	1267742
合作经营企业	1136759	1120682	3987	3612
独资经营企业	92234283	77232960	28215839	24365695
投资股份有限公司	2457759	1240246	21609	11770
其他港澳台商投资企业	80265	80265		
3.外商投资企业	**283981337**	**263467307**	**95275206**	**89910961**
中外合资经营企业	70179205	66102019	6029329	5805046
中外合作经营企业	7571451	7493549	43703	43703
外资企业	199175896	182937714	89046945	83918014
外商投资股份有限公司	3884387	3841233	147186	144198
其他外商投资企业	3170398	3092792	8044	

企业商品购、销、存情况

单位：万元

商品销售额				期末商品库存额	
		出　　口			
限额以上	大中型企业	限额以上	大中型企业	限额以上	大中型企业
4966037964	**3907128613**	**224525990**	**171956153**	**324220478**	**261081979**
3981165384	**3107205083**	**224027918**	**171662396**	**232607032**	**186310098**
3496434504	**2666220175**	**190582469**	**143050198**	**196335596**	**154761796**
420230776	397090954	13685743	12745221	28669656	26659425
14836003	11830097	1018166	903686	1166181	979767
4787534	3364697	38911	1687	214073	140088
2304637	2078043	35999	18161	174699	119459
1582522	1520099	28085	18161	44760	34392
176500	96713	4178		14486	5585
457974	419606	3736		104711	70889
87641	41625			10743	8594
1646031600	1350635798	85712871	70891659	87983815	73168129
321258407	296028526	7700159	6915994	14343106	13427205
1324773193	1054607273	78012712	63975665	73640710	59740924
421844127	405424471	21656360	20789887	22064616	21266116
973007932	488107331	68254497	37562246	55384031	32119307
6869581	2590352	111691	87882	407330	107658
1340509	634509	46490	8132	123260	92263
933737209	464744056	66261649	36364768	53114019	30717819
31060633	20138414	1834667	1101464	1739422	1201567
13391894	7688785	179922	137651	678524	309505
129788328	**109118572**	**11566497**	**10220475**	**11651186**	**10087608**
17278147	14547635	537824	358418	1155334	837747
1255218	1224003	15549	1877	13916	12195
108478917	91807241	11002030	9860180	10263394	9038824
2699846	1463494	11095		203503	183801
76200	76200			15041	15041
354942552	**331866335**	**21878952**	**18391723**	**24620251**	**21460694**
97646158	93364724	1989900	1808157	4189641	3835352
7706774	7627396	4141		85840	83974
242573765	224009559	19841554	16554590	19739604	16943903
3696832	3631233	43356	28976	404431	399160
3319022	3233422			200735	198305

1-3 续表 1

项　　目	商品购进额		进　　口	
	限额以上	大中型企业	限额以上	大中型企业
(二)按国民经济行业分				
农、林、牧产品批发	77913131	59161494	9862171	8628398
食品、饮料及烟草制品批发	285594731	243952633	10727042	8176797
米、面制品及食用油批发	46873593	35927327	4474280	3837302
肉、禽、蛋、奶及水产品批发	22149191	18174309	1313158	788923
酒、饮料及茶叶批发	38758741	31432362	1751466	1140524
烟草制品批发	121345982	118164304	561294	553015
纺织、服装及家庭用品批发	275233640	220953163	31111867	26474276
服装批发	64007476	53330748	4329388	3253843
鞋帽批发	14474688	11053207	1105556	884771
家用电器批发	93031338	86472138	14367015	14009526
文化、体育用品及器材批发	58735488	48344664	3305519	2165064
文具用品批发	15853355	11517816	880191	554179
体育用品及器材批发	1647154	1166105	82154	72186
图书批发	7065368	6677183	141739	133493
医药及医疗器材批发	136887904	126582982	10267300	9170323
西药批发	91685064	86739975	3852345	3316663
中药批发	29040242	26746525	791356	691262
矿产品、建材及化工产品批发	2266061504	1671531560	168328492	143813279
煤炭及制品批发	310207439	240152595	9747368	7749027
石油及制品批发	660281964	580636001	51910021	49592837
金属及金属矿批发	829299207	539363824	64219641	54132523
建材批发	110348689	72820179	8105265	6341598
化肥批发	49556267	39629953	1809406	1453128
农药批发	3228546	2516444	559365	550281
机械设备、五金产品及电子产品批发	426393868	365693947	90773683	83941544
汽车批发	134755763	128462397	43202262	42669736
计算机、软件及辅助设备批发	40523101	32577255	6244288	5194089
通讯及广播电视设备批发	69009005	63851696	14001440	13867699
贸易经纪与代理	45993022	35575807	7238067	5857656
其他批发业	79691278	55949090	16514578	14417770
(三)按控股情况分				
国有控股	1608583265	1488716383	131582699	125728977
集体控股	80709620	65822523	3336257	2509859
私人控股	1295499304	707290536	72482094	46423577
港澳台控股	107079499	88895216	28770869	24724638
外商控股	239029555	219636975	90157958	84518706

单位：万元

商品销售额				期末商品库存额	
		出口			
限额以上	大中型企业	限额以上	大中型企业	限额以上	大中型企业
81139328	61291306	1233776	749072	14597573	11854077
346346024	300599333	6859964	4982407	32121929	26630215
47565204	36475330	2133492	1972879	8953238	7174732
24630615	20181683	1944030	1138366	1228972	985272
51238339	42560343	427901	271726	4049343	2828181
158649795	155131778	260204	256593	12820827	12798241
318609905	258345987	77846037	56501444	23985237	20525165
79224432	66793867	27816591	21275157	6136179	5364239
17343771	13575824	6833360	4424780	1344257	1146182
99028917	91917307	8456436	7103416	7735590	6876047
64906852	53536306	5113064	3461248	7987476	7005310
16688588	11975956	1108635	874689	1197915	910756
2404332	1876404	686003	480958	249492	212306
6953419	6510768	38115	34302	1773705	1692649
153669431	142010748	2439329	2104488	13886532	12747026
101152471	95632751	1480140	1270058	8665075	8069139
32059512	29494302	213589	190381	2876592	2649225
2385853491	1764297104	57652499	44871081	94512115	69561317
329270537	254126610	1310900	1100446	10379394	7193987
704928942	625734423	7278359	7169917	24153415	21647718
866026214	562757668	22497982	17081757	35539494	24545354
116890719	76879517	5273855	3777674	5063144	3229172
51679668	41297308	1756790	1604553	5492849	4498002
3490390	2721047	576888	430836	448955	369496
494719716	428200381	46877635	37852944	37133338	31533556
175402213	168703888	4301942	4155616	11737976	11225525
42944988	34622801	2374781	2129495	3413762	2837254
72055732	66701212	3743871	3402159	4097226	3583281
49643842	38313637	11947489	8702332	2666977	2049160
86276795	60610280	14058126	12437380	5715856	4404271
1741956776	1621298911	66176975	62150727	96823538	90371085
86998382	71076642	6133325	5528869	5778831	4987083
1393719566	766418109	99730367	60932339	79292270	49080158
124948149	105189944	11524406	10195332	11624827	10000677
286090583	264110373	20515599	17102646	22043880	19130060

1-3 续表 2

项　　目	商品购进额		进　口	
	限额以上	大中型企业	限额以上	大中型企业
二、零售业	**860146142**	**689275244**	**25458618**	**21795458**
(一)按登记注册类型分				
1.内资企业	**766701640**	**598452445**	**19879869**	**16412971**
国有企业	23465029	19053439	224456	154539
集体企业	13555333	7367910	11320	
股份合作企业	1718125	823970	13601	3661
联营企业	1077288	361286	7968	5696
国有联营企业	259616	67688		
集体联营企业	251460	122096	3361	3361
国有与集体联营企业	345103	75764	4607	2335
其他联营企业	221109	95738		
有限责任公司	322263146	268923086	10182726	8819890
国有独资公司	13015306	11729528	365037	359014
其他有限责任公司	309247840	257193558	9817689	8460876
股份有限公司	119458323	114609111	416671	403297
私营企业	279607068	183922694	9004637	7014266
私营独资企业	11967586	3242233	103926	75499
私营合伙企业	1513296	657083	16661	15265
私营有限责任公司	251341983	169262634	8428584	6488692
私营股份有限公司	14784203	10760743	455465	434810
其他企业	5557327	3390950	18491	11621
2.港、澳、台商投资企业	**41183154**	**40066241**	**3426719**	**3324273**
合资经营企业	10758278	10580132	624689	589299
合作经营企业	695722	613708		
独资经营企业	28003344	27168285	2683430	2616538
投资股份有限公司	731980	710288	118600	118436
其他港澳台商投资企业	993829	993829		
3.外商投资企业	**52261348**	**50756559**	**2152030**	**2058213**
中外合资经营企业	24572750	24020507	436054	381504
中外合作经营企业	2425895	2353899	17705	17621
外资企业	23531585	22891700	1694789	1658115
外商投资股份有限公司	1393920	1381113	1229	973
其他外商投资企业	337198	109340	2254	

单位：万元

商品销售额				期末商品库存额	
		出　口			
限额以上	大中型企业	限额以上	大中型企业	限额以上	大中型企业
984872580	**799923530**	**498072**	**293757**	**91613446**	**74771881**
869831273	**688054888**	**463495**	**261143**	**79831364**	**63281739**
25461201	20683095	8176	8016	1527239	1145134
14671790	8135468	1088		729803	458060
1824507	866482			200186	126914
1180277	397147			56354	38816
290613	83469			8158	4719
264993	128204			23926	20129
378302	84777			10839	5704
246369	100697			13432	8263
356559988	299274154	149177	78114	34980720	29124949
15087952	13663220	9528	717	910137	745824
341472036	285610934	139649	77396	34070583	28379124
160249242	154692488	67562	67562	8098690	7670806
303737977	200244792	235162	107451	33703193	24345747
12997900	3534910	203		855513	295708
1656672	716521			103828	46250
272973048	184173047	233012	107451	28674639	20279141
16110357	11820314	1947		4069214	3724649
6146293	3761261	2330		535178	371314
50960081	**49529941**	**5916**	**5746**	**6290909**	**6123801**
13817892	13582441	571	571	1388409	1359480
781801	692816			31910	29564
34231721	33147213	5345	5176	4595869	4462749
1023928	1002733			155269	152556
1104740	1104740			119452	119452
64081227	**62338701**	**28661**	**26868**	**5491172**	**5366340**
30089576	29499507	14479	14479	1772068	1735831
2756726	2672376			258599	255768
29170931	28357978	14182	12388	3283060	3203977
1655167	1640785			155427	154469
408827	168056			22018	16296

1-3 续表 3

项目	商品购进额			
			进口	
	限额以上	大中型企业	限额以上	大中型企业
(二)按国民经济行业分				
综合零售	203665032	189953077	959357	848695
百货零售	106711326	99065527	740552	689776
超级市场零售	86805413	83595752	178039	136439
食品、饮料及烟草制品专门零售	23545654	11679391	260515	182197
粮油零售	3325860	1457942	12235	3000
肉、禽、蛋、奶及水产品零售	4426392	2489586	13492	9167
酒、饮料及茶叶零售	6091361	2243146	33461	9080
烟草制品零售	2173542	1412212	110187	95575
纺织、服装及日用品专门零售	30749392	22622601	1583057	1532403
服装零售	19844026	15818217	1164053	1137041
文化、体育用品及器材专门零售	26891502	18186914	827514	771601
体育用品及器材零售	1742900	1569913	144	
图书、报刊零售	8781731	6794453	292054	286723
医药及医疗器材专门零售	42385126	35512830	263973	109032
药品零售	39548674	34518874	15892	7974
汽车、摩托车、燃料及零配件专门零售	405882312	326294818	20980958	18049775
汽车零售	289685178	234158958	20857080	17988936
机动车燃料零售	107944143	89274223	51818	20170
家用电器及电子产品专门零售	71739648	50832468	176786	68806
日用家电设备零售	30498313	22348351	62413	42619
计算机、软件及辅助设备零售	18624866	13441906	20516	4973
通信设备零售	7815667	5874881	27428	1170
五金、家具及室内装饰材料专门零售	24351688	12741914	92474	43125
货摊、无店铺及其他零售业	30935786	21451232	313984	189824
互联网零售	14804481	13476324	23277	23276
(三)按控股情况分				
国有控股	177893743	164929400	2260885	2010353
集体控股	39212268	29525044	511210	373878
私人控股	459103471	327522323	14671010	11812442
港澳台控股	38096740	37023041	3235467	3129478
外商控股	48445202	47500168	2111736	2078388

单位：万元

商品销售额		出口		期末商品库存额	
限额以上	大中型企业	限额以上	大中型企业	限额以上	大中型企业
244213421	229443909	37848	34368	20563086	19512559
137846128	129727797	8972	6579	9005392	8453505
95026752	91668756	25419	25419	10761337	10424168
26944314	13867249	66936	4599	2591800	1397017
3432899	1473490	6384	1600	482527	244706
4977675	2770473	2907		206343	123102
7003887	2764814	6498	13	846549	392623
2556549	1685234	34382		408931	286763
40612444	31096109	70560	35587	6966095	5812694
26202614	21293707	22879	21476	4097505	3497361
30350434	20902606	42102	11025	5577983	4156783
2024504	1785561	1947		319359	288963
9315154	7227820	8192	8192	1851969	1583048
47263980	39475283	9800	9471	4955942	4325162
43806333	38273456	9471	9471	4674089	4225278
454679062	370044609	199726	177566	37711196	30331472
303980077	245452507	168305	159055	33640433	27762776
141591073	121374295	1891	321	3245559	2225775
77591820	55087797	5920	4260	9137199	6720997
32980190	24398594	673		5748477	4678666
19999830	14288224	4550	4260	1073393	656925
8580716	6403453			843958	540334
28268770	15319220	28812	1712	1988943	1097055
34948336	24686750	36369	15170	2121201	1418143
16076433	14765244	14483	14355	1081514	937402
226417333	212173432	134873	85992	12606161	11389642
44919890	34628073	5212	2603	3958592	3449015
499895687	357731605	304117	154193	53662856	40184998
46760845	45399550	5345	5176	5775794	5604347
55819303	54722924	14502	12708	5072001	4965333

1-4 大中型批发和零售业

项　　目	流动资产合计		固定资产原价	
	限额以上	大中型企业	限额以上	大中型企业
总　计	**1535565039**	**1185861629**	**210184288**	**173649048**
一、批发业	**1240327093**	**943920958**	**114314780**	**93689656**
(一)按登记注册类型分				
1.内资企业	**1078272613**	**801016243**	**104983746**	**85091628**
国有企业	109425017	103052591	19756264	18753755
集体企业	5171710	4296271	885852	684488
股份合作企业	1565650	721960	171619	98728
联营企业	469750	399569	61672	43764
国有联营企业	177404	147789	23455	11981
集体联营企业	35480	15768	14725	11284
国有与集体联营企业	207117	199039	8223	6986
其他联营企业	49748	36973	15270	13512
有限责任公司	518799377	416526930	35415221	29417226
国有独资公司	68852265	63489509	7186866	6722276
其他有限责任公司	449947112	353037420	28228355	22694950
股份有限公司	101400239	96650585	19217014	18695167
私营企业	338750888	178209162	28499381	17028749
私营独资企业	1301960	355566	513286	233336
私营合伙企业	278917	127737	41221	25561
私营有限责任公司	324592681	168869679	26817603	15977490
私营股份有限公司	12577330	8856180	1127272	792362
其他企业	2689981	1159175	976723	369751
2.港、澳、台商投资企业	**51565622**	**42744011**	**3235038**	**2913780**
合资经营企业	6855601	5297662	506538	408345
合作经营企业	347415	340650	37006	35913
独资经营企业	43249202	36390308	2566035	2344831
投资股份有限公司	1035165	637153	124851	124083
其他港澳台商投资企业	78239	78239	608	608
3.外商投资企业	**110488858**	**100160704**	**6095995**	**5684247**
中外合资经营企业	20969039	18685295	1058628	928161
中外合作经营企业	795506	757908	33684	31827
外资企业	87502117	79533950	4670777	4392453
外商投资股份有限公司	519712	493300	240066	239207
其他外商投资企业	702485	690250	92839	92598

企业年末资产负债

单位：万元

累计折旧		资产总计		负债合计		所有者权益合计	
限额以上	大中型企业	限额以上	大中型企业	限额以上	大中型企业	限额以上	大中型企业
67787247	**57562664**	**2011320106**	**1587270769**	**1478533777**	**1158872906**	**534220565**	**429832347**
37916173	**31789578**	**1566935689**	**1218566833**	**1158244738**	**886653243**	**409800719**	**333023863**
33839167	**27986870**	**1369389975**	**1043525986**	**1025600145**	**769692129**	**344899259**	**274944129**
7475127	7133468	139898760	131877467	80760331	74356132	59159988	57542895
318313	245066	6926296	5744985	5683685	4754504	1242611	990480
55817	34697	1897444	859801	1701320	735576	196125	124225
17161	11981	613719	519082	500034	415223	113685	103860
7345	4260	214953	167424	169634	134016	45319	33408
2069	1051	63849	41067	53503	34483	10345	6584
2304	1641	264630	255351	211800	204014	52831	51337
5443	5029	70287	55240	65097	42709	5190	12531
10873016	9046510	647103120	527082237	509029985	413769957	138121343	113361267
2186894	2023555	104278925	97985327	73584374	68770025	30743538	29264290
8686122	7022956	542824195	429096910	435445612	344999933	107377805	84096977
6679755	6557900	163316118	157074841	106701744	102280969	57654101	55833598
8240711	4862633	405614133	218629135	318741733	172257825	86872336	46371310
92431	43194	1944453	612187	1193352	314218	751101	297968
13053	7853	319578	153287	234539	103783	85039	49504
7836146	4603609	387756045	206616025	305173982	163058125	82581998	43557900
299081	207978	15594057	11247637	12139859	8781699	3454198	2465937
179266	94617	4020386	1738437	2481314	1121942	1539071	616495
1209210	**1098127**	**63261166**	**52780354**	**43008002**	**35850246**	**20253503**	**16930108**
174725	137001	8856710	6806648	6331030	4906451	2526019	1900197
15015	14350	396883	387823	225831	220270	171052	167553
969585	897233	52625009	44628148	35399643	30041399	17225365	14586749
49620	49279	1298094	873264	971438	602066	326656	271198
264	264	84471	84471	80060	80060	4411	4411
2867797	**2704581**	**134284548**	**122260493**	**89636591**	**81110867**	**44647957**	**41149626**
458866	413334	24280101	21752960	19001583	17157693	5278518	4595267
15578	14787	967064	885431	663267	588666	303797	296765
2220904	2104375	107372429	97997295	69106462	62526329	38265968	35470966
109298	108984	911443	883767	516874	495109	394569	388658
63151	63101	753510	741041	348407	343070	405104	397971

1-4 续表 1

项 目	流动资产合计		固定资产原价	
	限额以上	大中型企业	限额以上	大中型企业
(二)按国民经济行业分				
农、林、牧产品批发	40839379	32188083	7041692	4946309
食品、饮料及烟草制品批发	120772573	105259400	22016523	19396508
米、面制品及食用油批发	25565470	20382334	2568648	1967020
肉、禽、蛋、奶及水产品批发	5273617	4135200	2712334	2361304
酒、饮料及茶叶批发	22390442	19250640	1558706	1233963
烟草制品批发	46442903	45761849	10712927	10692131
纺织、服装及家庭用品批发	121207454	97660298	10320969	8757475
服装批发	30619168	25381300	3359649	3001157
鞋帽批发	7836959	6477522	584326	515395
家用电器批发	36872764	32701879	2766184	2608521
文化、体育用品及器材批发	27576702	22961083	2389659	1963830
文具用品批发	6484750	4632626	463674	289530
体育用品及器材批发	1152403	934218	162833	147094
图书批发	5592064	5261748	998898	941818
医药及医疗器材批发	62038995	55960030	4883743	4280690
西药批发	39695232	36316964	2521653	2188942
中药批发	13495097	12300990	963563	816894
矿产品、建材及化工产品批发	611298666	418979161	54115171	44175036
煤炭及制品批发	98292657	72967712	7040786	5259399
石油及制品批发	108093785	86090007	28461675	27187653
金属及金属矿批发	262755403	168762125	9431768	6159764
建材批发	43303663	25395750	3189231	1953247
化肥批发	21386097	18114076	1722424	1204101
农药批发	1787955	1479993	130575	82228
机械设备、五金产品及电子产品批发	188317492	157565930	10211794	7937501
汽车批发	52724698	49685790	1780221	1489220
计算机、软件及辅助设备批发	13683562	10612080	415505	314084
通讯及广播电视设备批发	19991443	17304313	1271676	1200093
贸易经纪与代理	37243487	33457341	803509	641808
其他批发业	31032345	19889633	2531721	1590500
(三)按控股情况分				
国有控股	443343705	410723717	53729805	51416104
集体控股	31465906	25206295	3070789	2509762
私人控股	500093287	284948875	40979243	25337640
港澳台控股	50478819	41922955	3002355	2742203
外商控股	96554845	86833635	5140645	4814049

单位：万元

累计折旧		资产总计		负债合计		所有者权益合计	
限额以上	大中型企业	限额以上	大中型企业	限额以上	大中型企业	限额以上	大中型企业
1900272	1384621	58161490	46770649	41904650	33580889	16256840	13189760
8123795	7545990	156160649	136436965	82591271	67976592	73569378	68460373
739113	580554	31388220	25175236	26897878	21643568	4490342	3531668
731244	652514	8431008	6768519	5452111	4346389	2978897	2422130
500648	418738	28855054	25129470	17876796	15232247	10978258	9897223
4851481	4842420	56914416	56215560	11242044	10748758	45672372	45466803
3338703	2785857	145124300	117848562	107905290	86798740	37219010	31049822
991186	867904	38452617	32365766	25999347	21331476	12453270	11034290
188799	166036	9280085	7802309	6529427	5423710	2750658	2378600
661298	616377	42504026	38062852	33376249	29753029	9127777	8309822
840027	662822	35864485	30310727	24784501	20739161	11079984	9571566
178829	84401	7278192	5165707	5845002	4241170	1433191	924537
72036	65842	1367112	1106886	1071496	913212	295617	193674
332190	312250	8767000	8346306	4914294	4631520	3852706	3714786
1785113	1590147	72512506	65418591	55687227	50437862	16825279	14980729
826229	718582	46165868	42116052	36203963	33114521	9961904	9001531
334155	290646	15563455	14178045	12125812	11119950	3437643	3058096
17254897	14178361	790713899	567106237	612092281	434294112	179731048	133922399
1934826	1431151	134854016	104863920	100409304	77897721	34444580	26966199
9537465	9031147	161275776	135102226	115805377	94665090	46580443	41547409
2985101	1976294	315072981	209182753	259511730	172721263	55561251	36461491
820129	540405	55571405	33987103	42207491	25669668	13363914	8317436
443932	331507	27883191	23821722	22080050	18926843	5803141	4894880
32109	20348	2493346	2074310	1785404	1498322	707943	575989
3699389	2945063	226921180	190339301	167323502	140104995	59597678	50234307
550382	474458	62666087	58900059	48175347	45266224	14490740	13633836
162631	116113	15237334	11708261	11448633	8974278	3788701	2733983
603855	575231	24741889	21865631	16645565	14350032	8096324	7515599
264980	207233	41742576	37489021	35313682	32239945	6428894	5249076
708998	489485	39734604	26846780	30642334	20480948	9092609	6365831
18982749	18228818	604273724	565108680	419968269	388686878	185415728	177532075
954205	766638	38015523	30621659	30739103	24825257	7276420	5796402
11941860	7503487	605521721	352543590	475683321	277879037	129837839	74664553
1134426	1045133	61691433	51481243	42064459	35107529	19627313	16373714
2427586	2293019	117777071	106532704	77932173	69966914	39844898	36565790

1-4 续表 2

项　目	流动资产合计		固定资产原价	
	限额以上	大中型企业	限额以上	大中型企业
二、零售业	**295237947**	**241940671**	**95869509**	**79959393**
(一)按登记注册类型分				
1.内资企业	**252763647**	**200869041**	**80732562**	**65176468**
国有企业	5229486	3868927	2986031	2465859
集体企业	1926631	1140927	1315408	839796
股份合作企业	334421	138446	182717	99915
联营企业	166262	85518	73509	27492
国有联营企业	33000	16050	20924	10439
集体联营企业	55464	36679	20401	6043
国有与集体联营企业	41839	13506	20237	3532
其他联营企业	35959	19282	11947	7479
有限责任公司	111333189	92872150	31946652	26980548
国有独资公司	2803491	2303675	2084636	1858376
其他有限责任公司	108529698	90568475	29862016	25122172
股份有限公司	38172167	37016857	19108901	18548003
私营企业	94284883	64935401	24457122	15832702
私营独资企业	1894507	635476	1420859	304763
私营合伙企业	291652	152213	158477	56438
私营有限责任公司	86733193	59814282	21543585	14481223
私营股份有限公司	5365532	4333430	1334201	990279
其他企业	1316608	810816	662222	382152
2.港、澳、台商投资企业	**21098733**	**20323315**	**7223622**	**7085680**
合资经营企业	6180398	6089365	1507931	1461081
合作经营企业	402450	226253	204877	195456
独资经营企业	13155600	12652416	4009495	3932060
投资股份有限公司	805469	800465	1357486	1353250
其他港澳台商投资企业	554817	554817	143833	143833
3.外商投资企业	**21375567**	**20748315**	**7913325**	**7697244**
中外合资经营企业	7115742	6924803	3022286	2888810
中外合作经营企业	971397	958989	315773	312496
外资企业	12714167	12402462	4177658	4100191
外商投资股份有限公司	431954	424796	359372	358557
其他外商投资企业	142307	37264	38236	37190

单位：万元

累计折旧		资产总计		负债合计		所有者权益合计	
限额以上	大中型企业	限额以上	大中型企业	限额以上	大中型企业	限额以上	大中型企业
29871073	**25773086**	**444384417**	**368703936**	**320289038**	**272219663**	**124419846**	**96808484**
23803138	**19793518**	**377847308**	**304035300**	**270758781**	**224044208**	**107412995**	**80315303**
1014303	831852	9320210	7319067	5806900	4563836	3513310	2755231
426017	278499	3311956	1984630	2100455	1326840	1211501	657791
65360	32840	545809	263081	354644	166687	191165	96393
33863	12057	230786	114311	130225	82785	100561	31527
10806	5955	47458	21941	29075	18648	18383	3293
6079	2211	81770	49894	50364	34710	31406	15184
11961	1331	55083	16663	23319	10016	31765	6648
5016	2560	46475	25812	27467	19410	19008	6402
9564442	8276999	159879837	133291734	120021522	102814156	39863893	30482901
630375	564376	5970362	5166074	3211210	2830705	2759152	2335369
8934067	7712623	153909476	128125660	116810313	99983451	37104741	28147532
5936270	5758913	72016533	70195664	45610767	44564680	26721325	25946543
6599718	4490888	130390026	89551804	95485988	69703314	34907368	19851820
288692	68775	3482548	974181	1617603	582138	1864945	392043
45806	17243	480311	234747	289003	168394	191307	66352
5880351	4119357	118793415	82244144	88384150	64729180	30412595	17518294
384869	285512	7633753	6098732	5195232	4223602	2438521	1875130
163166	111470	2152151	1315009	1248279	821911	903872	493098
2976676	**2931850**	**35542731**	**34574289**	**25937935**	**25243671**	**9604796**	**9330618**
534837	521150	8652399	8474187	5802128	5708583	2850271	2765605
80292	75229	633294	449980	434397	239720	198898	210259
1255682	1230131	23628177	23031666	18262099	17862826	5366079	5168841
1057838	1057312	1655739	1645335	1016650	1009882	639089	635453
48027	48027	973122	973122	422662	422662	550460	550460
3091259	**3047719**	**30994378**	**30094347**	**23592323**	**22931784**	**7402055**	**7162563**
1240932	1220454	10409685	10067727	7824341	7570690	2585345	2497037
202167	200289	1172936	1153515	893261	884285	279675	269231
1571365	1550988	18291897	17867084	14028942	13734456	4262955	4132628
65672	65304	935505	927895	685257	679902	250248	247993
11123	10684	184355	78126	160522	62451	23833	15675

1-4 续表 3

项 目	流动资产合计		固定资产原价	
	限额以上	大中型企业	限额以上	大中型企业
(二)按国民经济行业分				
综合零售	81486800	78230441	38949038	37022620
百货零售	47797445	46132614	24508860	23310780
超级市场零售	31554386	30443587	13330424	12878791
食品、饮料及烟草制品专门零售	8604746	5091390	3447211	1967778
粮油零售	1249431	572595	525754	226098
肉、禽、蛋、奶及水产品零售	981991	693846	715441	456025
酒、饮料及茶叶零售	3088635	1762178	900770	474838
烟草制品零售	1014387	658643	162681	88187
纺织、服装及日用品专门零售	16496144	13587585	4680431	3663366
服装零售	10728065	8954429	3287004	2644891
文化、体育用品及器材专门零售	13239913	10084589	4452120	3504836
体育用品及器材零售	820725	745857	123992	105322
图书、报刊零售	5628658	4632952	2591350	2205693
医药及医疗器材专门零售	19731027	16736578	2291568	1747122
药品零售	18004167	16079662	2091717	1663173
汽车、摩托车、燃料及零配件专门零售	111130314	87031124	29734749	23650330
汽车零售	93657392	74294555	17446179	13464238
机动车燃料零售	14970265	11700560	11667778	9992242
家用电器及电子产品专门零售	26381395	19517083	4151361	2644303
日用家电设备零售	14332827	11612817	2270348	1563496
计算机、软件及辅助设备零售	4494522	2494021	504423	214475
通信设备零售	2404157	1834512	247454	156218
五金、家具及室内装饰材料专门零售	7744726	4566457	4817258	3525537
货摊、无店铺及其他零售业	10422883	7095425	3345772	2233500
互联网零售	3909904	3562153	189270	160262
(三)按控股情况分				
国有控股	49279325	45433154	24111056	22716893
集体控股	10352201	8824546	5084999	4245258
私人控股	160774512	118471329	42153668	30136737
港澳台控股	18484978	17722418	6716825	6592909
外商控股	20060991	19632615	6968495	6836526

单位：万元

累计折旧		资产总计		负债合计		所有者权益合计	
限额以上	大中型企业	限额以上	大中型企业	限额以上	大中型企业	限额以上	大中型企业
12546967	12105636	139156374	133203786	103291267	99595241	35870685	33613869
7349407	7091639	87902569	84625079	62495317	60548115	25412575	24082287
4856162	4737516	47772683	45992775	38278719	37052962	9494219	8939813
873254	541626	13723367	7909096	7315520	4377270	6407848	3531826
137842	67185	1957778	942457	1286340	658353	671438	284104
164722	113400	1976829	1323613	904648	645255	1072180	678358
237691	142404	4598220	2358817	2572477	1443322	2025743	915495
59033	32127	1381038	886082	620790	373906	760249	512176
1402280	1152624	23465469	19052516	16183942	13549403	7284858	5506443
978286	812854	15687156	12912756	11120663	9406726	4569823	3509360
1439575	1182704	19253374	14730170	11593706	9101428	7659669	5628742
41472	36447	1014306	919862	681052	615553	333255	304309
952998	810557	8960830	7489459	4836406	4165905	4124424	3323554
755778	594743	24581903	20927192	18974606	16421145	5607297	4506048
692897	565124	22633406	20175783	17523477	15856173	5109929	4319610
9114652	7457344	160583559	127823456	117730462	95023765	43168656	33115250
5070520	4081473	121352490	95949782	95546417	77056675	25806073	18893107
3853782	3304581	35967503	30593497	19971874	17025657	16311188	13883398
1087679	655634	34386475	25560136	23946061	18843265	10440414	6716871
577902	368935	19298848	15636996	13726215	11534907	5572633	4102089
162157	59619	5440385	3093778	3394402	2258443	2045983	835335
82151	55919	2908528	2206093	2171661	1718779	736867	487314
1835861	1559349	14240283	9248971	9249361	6267948	4990923	2981023
815028	523425	14993613	10248614	12004116	9040200	2989497	1208415
58514	54125	4308435	3900509	5084530	4740407	-776094	-839898
7830870	7355060	88620702	82818043	55744670	52486052	33191591	30647549
1561913	1305712	17359085	14736897	12266797	10747447	5097612	3994773
11540577	8602120	225877636	166620329	167212866	129329456	58668356	37294204
2798318	2761084	31952982	31010001	23963449	23268318	7989533	7741682
2803847	2770683	28202001	27610115	21934479	21540609	6267522	6069506

1-5 大中型批发和零售业

项目	实收资本		国家资本		集体资本	
	限额以上	大中型企业	限额以上	大中型企业	限额以上	大中型企业
总计	**293700164**	**205447674**	**57036805**	**52732911**	**5512462**	**4003854**
一、批发业	**212704979**	**146616352**	**47060190**	**43724048**	**3439889**	**2495792**
(一)按登记注册类型分						
1.内资企业	**184555609**	**123585246**	**46560487**	**43295034**	**3408440**	**2467825**
国有企业	11454974	9970234	7319279	6123150	19640	11078
集体企业	618906	436852	2596	1353	545223	401436
股份合作企业	186714	87132	13578	13273	25979	3276
联营企业	100622	83959	57309	51052	9007	6585
国有联营企业	29168	19701	22953	16701	529	
集体联营企业	8535	6095			7358	5621
国有与集体联营企业	46825	45822	34356	34352	156	
其他联营企业	16094	12341			964	964
有限责任公司	80353718	61122987	22852556	21291901	1917950	1362317
国有独资公司	14699493	13879836	8909701	8351557	48035	46632
其他有限责任公司	65654225	47243151	13942855	12940344	1869915	1315686
股份有限公司	27551564	25869388	16107295	15640887	598108	559792
私营企业	63425226	25725456	203455	173279	191818	103151
私营独资企业	367581	98007	570		116	
私营合伙企业	62120	26496	27		1203	
私营有限责任公司	60929343	24317980	200875	172141	183458	98325
私营股份有限公司	2066183	1282973	1983	1138	7041	4826
其他企业	863884	289238	4420	140	100717	20190
2.港、澳、台商投资企业	**10207092**	**7607012**	**150789**	**117989**	**5091**	**3783**
合资经营企业	1588074	1058993	149889	117989	4191	3783
合作经营企业	69508	67430				
独资经营企业	8391576	6368577	900		900	
投资股份有限公司	152934	107012				
其他港澳台商投资企业	5000	5000				
3.外商投资企业	**17942278**	**15424094**	**348914**	**311025**	**26358**	**24184**
中外合资经营企业	2509802	2027856	346369	310235	26305	24132
中外合作经营企业	180757	176114	2011	754		
外资企业	14944412	12929312				
外商投资股份有限公司	235807	221778				
其他外商投资企业	71500	69035	535	35	53	53

企业实收资本及构成

单位：万元

法人资本		个人资本		港澳台资本		外商资本	
限额以上	大中型企业	限额以上	大中型企业	限额以上	大中型企业	限额以上	大中型企业
111878566	**78395863**	**83717500**	**39212486**	**14371450**	**11981234**	**21183581**	**19121326**
78632259	**53824383**	**58898323**	**25851810**	**9117664**	**6985143**	**15556655**	**13735177**
75308897	**51592689**	**58623489**	**25635580**	**141324**	**94162**	**512972**	**499957**
4098769	3821889	16220	13050			1068	1068
43576	24196	27510	9867				
48224	32022	98934	38562				
17263	13000	17044	13321				
4267	3000	1420					
604		574	474				
10843	10000	1470	1470				
1550		13580	11377				
41040747	31760996	14405985	6618636	66235	30292	70245	58845
5657473	5407087	83624	73951			660	610
35383274	26353910	14322362	6544685	66235	30292	69586	58235
6253255	5592372	4090905	3579040	64168	59666	437833	437631
23475777	10211154	39542009	15233463	8518	2162	3650	2247
132021	34835	234872	63172	1		1	
12580	6244	48310	20252				
22648711	9773648	37884513	14269457	8143	2162	3642	2247
682464	396428	1374314	880581	373		7	
331286	137059	424882	129642	2404	2042	176	166
1067987	**619059**	**113843**	**102285**	**8716889**	**6677864**	**152494**	**86033**
529321	248693	74508	64697	745956	575361	84209	48470
13255	12834	28034	26879	27439	27075	780	641
473343	342472	6020	5569	7845369	5986075	65044	34461
52069	15059	5280	5139	93125	84353	2461	2461
				5000	5000		
2255376	**1612635**	**160991**	**113945**	**259451**	**213118**	**14891189**	**13149188**
1032237	808618	137516	98369	134862	105979	832513	680524
103616	102516	166	166	4483	4483	70482	68195
907811	491190	8030	131	118585	101272	13909986	12336719
183325	182925			1384	1384	51098	37468
28386	27386	15280	15280	137		27110	26282

1-5 续表 1

项目	实收资本		国家资本		集体资本	
	限额以上	大中型企业	限额以上	大中型企业	限额以上	大中型企业
(二)按国民经济行业分						
农、林、牧产品批发	7429701	5205039	2208577	1924027	291085	178945
食品、饮料及烟草制品批发	14128632	10762713	2854176	2475739	279194	149840
米、面制品及食用油批发	2691732	1897008	801494	652815	19709	16189
肉、禽、蛋、奶及水产品批发	1251893	782499	122515	112674	21137	6616
酒、饮料及茶叶批发	2722792	2179311	139832	131948	21111	12634
烟草制品批发	2622297	2600352	751896	742348	2823	1005
纺织、服装及家庭用品批发	17772648	13126648	1003338	918691	259271	214622
服装批发	6012847	4948390	336112	326653	75564	70651
鞋帽批发	942277	679774	56050	55100	2668	754
家用电器批发	3596161	2962430	134954	132931	59971	57413
文化、体育用品及器材批发	5823987	4706694	1695981	1645878	57547	42545
文具用品批发	931937	568989	61790	52426	4369	831
体育用品及器材批发	179076	91401	286	286	368	50
图书批发	1473312	1380370	901072	882383	18622	18080
医药及医疗器材批发	8788126	7485779	1107291	917302	151593	123340
西药批发	5667390	4907888	951843	780174	107869	89335
中药批发	2035354	1734589	107400	95467	36743	33025
矿产品、建材及化工产品批发	123671939	79828736	33585346	31507122	1953772	1450771
煤炭及制品批发	19151862	12847767	3894117	3628093	206060	145503
石油及制品批发	33513014	29339311	19019652	18475049	132713	61586
金属及金属矿批发	43581115	22502332	6863266	6201510	891120	700573
建材批发	9587888	4296660	423053	352027	72928	38079
化肥批发	3312191	2691537	697673	669001	456594	356920
农药批发	348219	256769	8279	5001	20029	15178
机械设备、五金产品及电子产品批发	26387727	19746212	2959990	2786811	300015	250255
汽车批发	4493281	3770188	347663	282881	65498	56282
计算机、软件及辅助设备批发	2649959	1843809	63805	52515	16337	9485
通讯及广播电视设备批发	3155223	2580171	91405	85051	92345	89350
贸易经纪与代理	3505333	2821763	1150501	1089999	14374	6985
其他批发业	5196885	2932768	494989	458478	133039	78489
(三)按控股情况分						
国有控股	78078761	71775167	45494024	42318523	296801	251149
集体控股	3674165	2673176	42319	30599	1926362	1407202
私人控股	90194941	40508152	314246	243312	451347	270503
港澳台控股	9893351	7379702	22437	19410	2612	1423
外商控股	16176412	13795793	42969	37757	15395	14331

单位：万元

法人资本		个人资本		港澳台资本		外商资本	
限额以上	大中型企业	限额以上	大中型企业	限额以上	大中型企业	限额以上	大中型企业
2193791	1520252	2192764	1090008	297931	254863	245552	236944
6813343	5658723	2991055	1539248	556251	463046	634613	476116
1115439	816098	654535	337315	47193	35361	53362	39229
489094	376932	564183	264086	18091	14091	36873	8101
1648044	1408580	553828	321921	257180	215913	102797	88315
1859419	1854230	8159	2769				
6107690	4634449	5269180	2922388	2032594	1537924	3100577	2898574
2839755	2416767	1418812	947480	854382	761830	488223	425010
414164	325583	276993	143435	151986	123858	40417	31045
841613	645202	561054	353323	225985	43093	1772584	1730469
1868743	1427971	1238938	810535	573044	431337	389734	348429
264493	174079	341515	166311	87758	10656	172012	164687
49309	20287	38253	20100	78945	42568	11914	8110
448133	407990	81867	51300	3000		20617	20617
4256751	3781157	2563221	2018134	247820	225838	461450	420008
2553861	2270002	1634570	1379113	130768	116410	288480	272853
1282584	1149670	527871	394191	55268	54767	25488	7470
45284356	28466847	35960953	13067011	2492757	1879028	4394755	3457957
7883630	5735490	6654162	2842330	56991	47315	456903	449038
10250195	8210387	2986968	1730818	576091	418437	547395	443034
18842644	9499724	15254643	5079420	727257	464321	1002186	556784
3174404	1894261	5098268	1304140	674547	595921	144689	112232
688158	512025	693356	379900	5400	4900	771010	768792
216308	185448	102530	50468	298		775	675
8634836	6155035	6780676	3658888	2034194	1535758	5678016	5359465
1385207	1031063	1056408	780650	112829	98719	1525675	1520593
1019545	739689	799390	477555	422134	258916	328748	305648
1105315	808367	613643	403429	370110	318727	882405	875248
1446088	1182511	399554	185659	160825	57947	333991	298662
2026662	997438	1501981	559939	722247	599403	317968	239021
29704608	26789939	1704332	1582080	114864	86030	764132	747447
1337770	980763	355118	248727	2307	2267	10288	3618
35306461	17474665	54013489	22440946	51080	37547	58320	41180
868571	448491	69080	65564	8852736	6787408	77915	57406
1590451	973482	23951	11009	23636	18801	14480010	12740414

1-5 续表 2

项　　目	实收资本					
			国家资本		集体资本	
	限额以上	大中型企业	限额以上	大中型企业	限额以上	大中型企业
二、零售业	**80995186**	**58831322**	**9976616**	**9008863**	**2072573**	**1508062**
(一)按登记注册类型分						
1.内资企业	**66957207**	**45420326**	**9795150**	**8834524**	**1908463**	**1345499**
国有企业	1999775	1637195	1711604	1463918	17094	6570
集体企业	649094	352631	3371	1666	510293	282384
股份合作企业	115444	61061	1274	405	29888	16750
联营企业	52926	28826	12984	8083	20166	11083
国有联营企业	12563	7366	7116	4925	51	
集体联营企业	21201	12224	80		15479	9198
国有与集体联营企业	10607	4802	4891	3158	2097	
其他联营企业	8555	4433	896		2538	1885
有限责任公司	25556490	18456341	3618536	2985082	955191	755694
国有独资公司	998545	726776	723380	485847	27184	26367
其他有限责任公司	24557945	17729566	2895156	2499235	928007	729327
股份有限公司	11153703	10646885	4396332	4354059	205288	166198
私营企业	26962167	14028577	47273	20819	145844	98033
私营独资企业	1228449	257820	9502	2958	4240	331
私营合伙企业	148728	56831	165		1075	
私营有限责任公司	24329163	12879171	37196	17706	137349	96287
私营股份有限公司	1255828	834757	410	155	3181	1416
其他企业	467609	208810	3777	493	24700	8787
2.港、澳、台商投资企业	**6801585**	**6449933**	**101205**	**95962**	**55852**	**55092**
合资经营企业	1389374	1310724	52555	48856	30001	29949
合作经营企业	149661	133629	2209	666	709	
独资经营企业	4660894	4409322	42235	42235	25142	25142
投资股份有限公司	496937	491541	4205	4205		
其他港澳台商投资企业	104718	104718				
3.外商投资企业	**7236394**	**6961063**	**80261**	**78378**	**108258**	**107472**
中外合资经营企业	2201617	2092005	62509	61140	107843	107058
中外合作经营企业	236125	229709	810	296	415	415
外资企业	4544581	4393212				
外商投资股份有限公司	210746	209512	16942	16942		
其他外商投资企业	43325	36625				

单位：万元

法人资本		个人资本		港澳台资本		外商资本	
限额以上	大中型企业	限额以上	大中型企业	限额以上	大中型企业	限额以上	大中型企业
33246307	**24571480**	**24819178**	**13360677**	**5253786**	**4996091**	**5626926**	**5386149**
30411076	**21878096**	**24578607**	**13131334**	**114990**	**103459**	**149123**	**127415**
260173	160078	10787	6576	12		105	53
89879	39015	45354	29566	27		170	
29032	12645	55251	31262				
12633	4242	7144	5417				
4352	1953	1043	488				
2204	226	3437	2800				
3054	1275	564	369				
3022	788	2099	1760				
14499009	10910827	6349644	3696666	26190	17971	108121	90102
230697	203583	14337	8032			2947	2947
14268311	10707244	6335307	3688634	26190	17971	105174	87155
4802541	4551847	1652845	1479130	63238	62238	33459	33414
10524879	6089654	16213104	7794641	23848	21604	7218	3826
391876	95956	822674	158573	84	1	75	1
34414	7696	112874	48935	200	200		
9509943	5553701	14614352	7186549	23410	21253	6913	3675
588647	432302	663205	400584	155	150	231	150
192930	109788	244478	88076	1675	1645	50	20
1077034	**975383**	**201152**	**197373**	**5067317**	**4831988**	**299026**	**294136**
370544	336794	117605	114735	706970	668760	111699	111629
14395	10063	494		125585	118127	6270	4774
278530	214961	79953	79558	4053977	3869692	181057	177733
339867	339867	3100	3080	149764	144388		
73697	73697			31021	31021		
1758198	**1718002**	**39420**	**31969**	**71479**	**60644**	**5178778**	**4964598**
798682	765000	32451	25583	30834	29838	1169297	1103386
41889	41720	488		21076	17396	171448	169883
792785	788115	4271	4176	19569	13410	3727955	3587511
119492	119417	959	959			73353	72195
5350	3750	1250	1250			36725	31625

1-5 续表 3

项 目	实收资本		国家资本		集体资本	
	限额以上	大中型企业	限额以上	大中型企业	限额以上	大中型企业
(二)按国民经济行业分						
综合零售	20193232	18384082	1253817	1095672	1045597	847207
百货零售	11719160	10683121	1004568	914895	663653	542815
超级市场零售	7450646	6929386	165618	111333	238464	229962
食品、饮料及烟草制品专门零售	3160451	1319455	356712	163907	114950	48847
粮油零售	346333	122108	101267	30858	19755	9447
肉、禽、蛋、奶及水产品零售	552909	272384	32326	24474	10697	5306
酒、饮料及茶叶零售	1077745	289290	96297	11061	17274	5170
烟草制品零售	197895	107274	81562	61485	8392	3350
纺织、服装及日用品专门零售	5084496	3942881	242462	225675	67395	38584
服装零售	3245906	2583711	49968	46130	30680	16680
文化、体育用品及器材专门零售	3936012	2713524	1283441	998055	50933	16477
体育用品及器材零售	247946	224114	2139	2050		
图书、报刊零售	1634116	1216741	1109599	862661	7449	1419
医药及医疗器材专门零售	3140895	2369299	554015	512565	79824	64388
药品零售	2865799	2274874	551344	510918	79294	64388
汽车、摩托车、燃料及零配件专门零售	32731646	23078311	5932795	5716908	476926	332985
汽车零售	22481611	14755520	755065	675896	315770	234072
机动车燃料零售	9569620	8127409	5165849	5030427	153290	95097
家用电器及电子产品专门零售	6866160	3824007	54154	43376	87114	69959
日用家电设备零售	3101067	2179836	7666	4383	38699	32016
计算机、软件及辅助设备零售	1318307	550521	9855	7529	1774	888
通信设备零售	1190386	402678	10747	10681	3699	3483
五金、家具及室内装饰材料专门零售	2899205	1486112	45627	37591	55073	32239
货摊、无店铺及其他零售业	2983089	1713651	253593	215114	94763	57378
互联网零售	798281	703774	47946	47935	26212	25462
(三)按控股情况分						
国有控股	15326195	13814215	9143698	8308547	170771	151039
集体控股	2372315	1727993	49581	25508	1233326	838326
私人控股	42125674	24254969	122465	82725	299448	224999
港澳台控股	6236589	5907732	51515	47038	30160	29399
外商控股	6445588	6218530	30063	30039	29604	28818

单位：万元

法人资本		个人资本		港澳台资本		外商资本	
限额以上	大中型企业	限额以上	大中型企业	限额以上	大中型企业	限额以上	大中型企业
8100585	7469192	4385308	3630288	2408070	2368922	3000056	2972802
4642822	4286680	2587839	2172844	1546585	1508007	1273694	1257880
3134034	2951861	1616067	1345564	781615	781107	1515050	1509559
1143799	442448	1403425	567200	103931	79876	37636	17178
80345	25057	120117	31898	24849	24849		
176516	101308	322459	132308	7395	7161	3516	1828
540558	133279	396191	116417	25684	22204	1741	1158
68592	29787	39295	12652	45		10	
1668488	1304606	1226710	625344	1088655	1029419	790785	719253
1097428	887140	761280	437162	750181	701311	556369	495289
1063339	571367	827868	446272	390887	376023	319544	305330
38644	30443	28432	18584	119976	117906	58755	55130
408783	273395	71769	42912	216	55	36300	36300
1350196	1047493	1045241	663317	53356	43306	58262	38230
1261200	1006778	906018	634925	51165	41165	16778	16700
13762986	10174747	11172948	5572659	797582	728626	588410	552386
10329056	7519577	10044123	5350905	764575	710711	273022	264360
3163414	2554901	756466	154743	30629	16207	299972	276035
3837130	2359826	2438377	923540	167309	164827	282077	262478
1798822	1469192	920849	340434	132378	132178	202654	201633
562364	309430	696007	193773	9262	7000	39046	31900
866139	191236	270181	158088	21794	21794	17825	17395
1143818	558825	1303597	534298	60583	49664	290508	273496
1175966	642977	1015704	397758	183414	155429	259649	244995
266007	215328	171576	144730	108536	97316	178004	173004
4991840	4365451	700946	671729	79582	78946	239357	238504
923087	740793	144689	114443	2456	2067	19177	6857
19107554	12268455	22493602	11591022	79396	70179	23410	17590
883161	793780	111958	110858	4924559	4691421	235237	235236
1519106	1486542	16755	10667	15635	13414	4834424	4649050

1-6 大中型批发和零售业

项目	主营业务收入		主营业务成本	
	限额以上	大中型企业	限额以上	大中型企业
总计	**4438865567**	**3478023159**	**4095585070**	**3197566960**
一、批发业	**3576617652**	**2784392079**	**3337317086**	**2585808460**
(一)按登记注册类型分				
1.内资企业	**3140879434**	**2389322757**	**2956356877**	**2242324747**
国有企业	372731277	352316099	331022914	311566075
集体企业	13865850	11107249	12682545	10184637
股份合作企业	4182390	2917605	3986536	2823677
联营企业	2072077	1859267	1957319	1759798
国有联营企业	1377208	1320013	1344193	1290407
集体联营企业	173020	95192	166283	92197
国有与集体联营企业	435774	402437	387314	355243
其他联营企业	86075	41625	59528	21950
有限责任公司	1469171115	1202109507	1402693029	1147005225
国有独资公司	280598506	258736056	269867658	248840371
其他有限责任公司	1188572609	943373451	1132825372	898164854
股份有限公司	384308741	369523628	367474904	353240484
私营企业	881776665	442334237	825376094	409320179
私营独资企业	6355532	2371168	5366594	1956109
私营合伙企业	1229704	561299	1085838	462707
私营有限责任公司	845771586	420901319	793115103	390400555
私营股份有限公司	28419842	18500451	25808559	16500808
其他企业	12771319	7155164	11163537	6424672
2.港、澳、台商投资企业	**118800395**	**99571451**	**103428988**	**85381578**
合资经营企业	15622000	12963146	14664595	12092958
合作经营企业	1057008	1027961	929648	903039
独资经营企业	99586156	84106784	85712231	71167839
投资股份有限公司	2459031	1397360	2057369	1152596
其他港澳台商投资企业	76200	76200	65146	65146
3.外商投资企业	**316937823**	**295497871**	**277531221**	**258102135**
中外合资经营企业	85587569	81565432	78442607	74696005
中外合作经营企业	6628496	6571603	6411850	6356899
外资企业	218035338	200809945	186672369	171163839
外商投资股份有限公司	3279593	3218120	2805934	2755498
其他外商投资企业	3406827	3332770	3198461	3129895

企业损益及分配

单位：万元

主营业务税金及附加		主营业务利润		其他业务利润		销售费用	
限额以上	大中型企业	限额以上	大中型企业	限额以上	大中型企业	限额以上	大中型企业
20247144	**16585908**	**323033353**	**263870291**	**15316077**	**13722565**	**133876461**	**115873665**
14898461	**12935067**	**224402105**	**185648552**	**6267467**	**5227534**	**84971219**	**72821419**
13003490	**11104558**	**171519066**	**135893451**	**4117505**	**3206906**	**54899922**	**44108783**
6397628	6362178	35310735	34387846	-274700	-309535	5759696	5542845
59911	41466	1123395	881146	31287	22660	364446	278523
8790	4302	187065	89625	7412	4188	66510	37651
2624	1031	112134	98437	1288	884	50390	47534
1046	172	31969	29433	401	17	4023	2729
552	23	6185	2972	679	679	1603	553
761	735	47699	46459	119	99	41491	41228
266	101	26282	19573	89	89	3273	3024
3382494	2801118	63095592	52303164	2705456	2357871	22766677	19686908
569182	511832	10161667	9383853	627892	598163	2914058	2796775
2813312	2289286	52933925	42919311	2077564	1759708	19852618	16890134
510406	480507	16323431	15802638	399930	379744	7262120	7105133
2539029	1375835	53861542	31638224	1235010	744536	18352889	11278788
78397	35293	910541	379767	2702	1018	181188	79217
7829	4188	136037	94404	1256	229	41643	27646
2298196	1232823	50358288	29267941	1149545	672455	17458142	10661234
154607	103531	2456676	1896112	81507	70835	671916	510691
102609	38121	1505173	692371	11823	6558	277194	131403
274799	**243782**	**15096608**	**13946091**	**432167**	**393811**	**8101065**	**7685276**
20370	18343	937035	851845	68584	66375	527387	494855
1839	1750	125521	123172	451	451	52674	51505
245030	216570	13628896	12722376	347111	311057	7312160	6932462
7377	6937	394285	237827	9518	9424	195551	193161
183	183	10872	10872	6504	6504	13293	13293
1620172	**1586726**	**37786431**	**35809010**	**1717795**	**1626818**	**21970232**	**21027360**
102313	91931	7042650	6777497	88103	79076	4309070	4235105
2541	2510	214105	212194	4771	4667	69965	68438
1505795	1483017	29857175	28163089	1620013	1538219	17208191	16352523
6282	6121	467378	456501	4670	4616	316299	307230
3242	3148	205123	199728	239	239	66708	64062

1-6 续表 1

项　　目	管理费用		财务费用		营业利润	
	限额以上	大中型企业	限额以上	大中型企业	限额以上	大中型企业
总　计	**73435887**	**59660886**	**18969809**	**13304696**	**113242916**	**90271897**
一、批发业	**46791330**	**38059950**	**12995593**	**8506902**	**86132739**	**71959263**
(一)按登记注册类型分						
1.内资企业	**35958100**	**28082023**	**13209591**	**8802457**	**70533809**	**57391941**
国有企业	7207883	6981737	237145	150802	17866875	17436050
集体企业	309423	235745	74476	61585	453232	389825
股份合作企业	48514	25328	34362	11423	45958	20723
联营企业	13278	10586	10006	9617	19896	12229
国有联营企业	4067	2895	5077	5102	3508	3184
集体联营企业	1943	1188	1497	1224	1820	686
国有与集体联营企业	4062	3741	3406	3405	7280	6909
其他联营企业	3206	2763	25	-114	7288	1450
有限责任公司	12911059	10756784	5627745	4305817	26142157	21834601
国有独资公司	2084090	1954309	809544	753583	5935994	5429113
其他有限责任公司	10826969	8802475	4818200	3552234	20206163	16405488
股份有限公司	3152125	3015597	1277966	1206817	6011684	5816388
私营企业	12096600	6967178	5876445	3034119	19056481	11430299
私营独资企业	135043	60928	42104	16639	556159	223621
私营合伙企业	22172	13401	9120	5948	55964	39895
私营有限责任公司	11506255	6581662	5628324	2899747	17237336	10161969
私营股份有限公司	433130	311186	196898	111784	1207022	1004815
其他企业	219219	89069	71446	22279	937527	451825
2.港、澳、台商投资企业	**3290114**	**3008071**	**298960**	**256806**	**4514374**	**4057373**
合资经营企业	221982	192751	48920	43930	244041	215060
合作经营企业	23429	22515	1473	1311	48392	48239
独资经营企业	2975652	2727852	229140	197898	4088267	3804643
投资股份有限公司	65303	61205	19385	13626	133383	-10861
其他港澳台商投资企业	3749	3749	42	42	292	292
3.外商投资企业	**7543116**	**6969855**	**-512958**	**-552361**	**11084557**	**10509950**
中外合资经营企业	533772	480733	147333	136663	2159227	2022805
中外合作经营企业	16218	15416	-1104	-1516	140364	140484
外资企业	6886615	6371983	-665378	-693615	8595215	8159368
外商投资股份有限公司	76762	73150	4948	4903	74002	75832
其他外商投资企业	29749	28574	1243	1203	115748	111461

单位：万元

利润总额		应交所得税		应付职工薪酬		应交增值税	
限额以上	大中型企业	限额以上	大中型企业	限额以上	大中型企业	限额以上	大中型企业
112317345	**90929261**	**20917135**	**17823849**	**64101937**	**55091720**	**56761761**	**46694934**
86751703	**73150898**	**16436655**	**14345998**	**36687603**	**31747517**	**39978398**	**32839010**
69815510	**57332103**	**12918398**	**11076017**	**27210363**	**22682103**	**32644982**	**25845124**
18512618	18092597	4407808	4314588	5875668	5714000	7106575	6992255
409425	354484	33394	28460	194165	146796	103747	69761
26357	11040	5919	1660	31937	18064	18008	8956
18575	10715	2081	1958	13586	11198	12928	9177
4028	3702	997	955	3727	2647	2698	2001
-180	-1471	53		2076	1483	3668	1999
7332	6856	349	322	6800	6490	4453	4084
7395	1628	682	681	984	578	2108	1093
25988872	21807608	4739457	4166518	9863044	8579836	12099698	9620757
6334114	5798307	1282679	1228140	1598903	1516251	2481722	2081537
19654759	16009301	3456778	2938377	8264141	7063586	9617976	7539219
6127715	5967827	1071864	1043100	3583878	3503320	3819541	3740790
17848616	10666115	2598790	1490998	7408250	4621914	9266674	5313197
483227	183510	45285	18018	82860	33449	155110	67206
52755	38704	6545	4570	16249	10124	13913	8080
16167367	9477000	2436407	1378208	7017301	4349728	8791069	5024321
1145267	966900	110553	90201	291840	228613	306582	213591
883330	421717	59087	28736	239837	86975	217810	90234
4934582	**4461685**	**960558**	**886901**	**2780292**	**2638932**	**1842081**	**1710334**
252741	220039	51286	42382	219140	200602	149114	132735
49932	49781	10325	10300	27511	26866	22448	22276
4492978	4197680	886515	822321	2439113	2318320	1632069	1520967
138721	-6025	12432	11899	89717	88332	37201	33107
210	210			4812	4812	1250	1250
12001611	**11357110**	**2557700**	**2383081**	**6696948**	**6426482**	**5491335**	**5283551**
2193570	2063569	512203	474474	607882	575675	1054809	1040519
128873	128607	8688	8517	38652	37990	20320	19548
9482776	8971123	2001360	1866177	5935455	5703416	4353698	4164722
82500	84421	7315	6950	89446	86110	48347	45468
113892	109390	28134	26962	25512	23292	14161	13295

1-6 续表 2

项目	主营业务收入		主营业务成本	
	限额以上	大中型企业	限额以上	大中型企业
(二)按国民经济行业分				
农、林、牧产品批发	76137379	57396583	70388043	53403053
食品、饮料及烟草制品批发	308565913	267366064	251576724	214549432
米、面制品及食用油批发	44426473	34272678	41755324	32152797
肉、禽、蛋、奶及水产品批发	21675914	17462352	19077645	15307351
酒、饮料及茶叶批发	45159379	37435714	33758208	27068207
烟草制品批发	139357518	136400616	107104468	104394822
纺织、服装及家庭用品批发	286316033	230609063	251530366	199556089
服装批发	73059697	61398041	62011857	51216867
鞋帽批发	16203929	12604625	13839331	10474791
家用电器批发	84410539	77962904	76951568	70881053
文化、体育用品及器材批发	58630598	48509421	53964530	44616952
文具用品批发	15018504	10764034	14029704	10055676
体育用品及器材批发	2249189	1758028	1929560	1494970
图书批发	5955262	5546326	5100935	4767052
医药及医疗器材批发	134987141	124338931	121062228	111730117
西药批发	87590187	82519103	80643659	76160550
中药批发	28405284	26044577	25450067	23347102
矿产品、建材及化工产品批发	2150107340	1589484222	2073163954	1534681919
煤炭及制品批发	298315503	231730662	284669742	222240183
石油及制品批发	640994849	569208110	616656463	547467082
金属及金属矿批发	767161465	493395095	747941894	482089143
建材批发	105729449	69472423	100362686	66480575
化肥批发	50780265	40605134	48562810	39064334
农药批发	3364267	2628287	3076974	2409303
机械设备、五金产品及电子产品批发	436928012	375887792	398493810	342315295
汽车批发	153895162	147852228	139080508	133483993
计算机、软件及辅助设备批发	38840989	31343663	36716959	29539665
通讯及广播电视设备批发	54399184	49492717	50801867	46139200
贸易经纪与代理	44873336	34389003	42506703	32540230
其他批发业	80071899	56410999	74630727	52415373
(三)按控股情况分				
国有控股	1544775445	1437317709	1460093705	1356297910
集体控股	80497688	66040961	75996971	62281525
私人控股	1266217294	696835678	1185133712	646092026
港澳台控股	114601509	96177498	99409340	82200849
外商控股	255871390	235418040	220971542	202459855

单位：万元

主营业务税金及附加		主营业务利润		其他业务利润		销售费用	
限额以上	大中型企业	限额以上	大中型企业	限额以上	大中型企业	限额以上	大中型企业
282849	170060	5466487	3823470	152719	114916	1459331	1032114
7793353	7561006	49195836	45255627	695694	615512	14070225	12579629
85273	57614	2585876	2062267	111371	84970	1596604	1350257
155054	131024	2443215	2023977	86965	82454	798999	653956
365380	315325	11035791	10052182	119200	105531	5070507	4668210
6792547	6786054	25460503	25219740	105160	104142	3167663	3147464
793515	663403	33992151	30389570	692888	587193	17148983	15929417
291710	260853	10756131	9920322	160383	135776	4152375	3857170
78460	73157	2286138	2056677	55531	49818	811604	729564
141439	125632	7317533	6956219	138033	127471	4259470	4101303
146090	110223	4519978	3782246	147568	103740	1980828	1721311
23628	14366	965172	693993	29045	22849	333424	245943
6342	5373	313287	257685	-30607	-31217	207150	189146
18674	14502	835654	764772	81459	78264	381010	348133
341116	293023	13583797	12315791	733213	698806	6940918	6403402
191878	173901	6754651	6184652	328211	312736	3290431	3039955
81092	70094	2874125	2627381	225681	215180	1532415	1423804
3099412	2107078	73843974	52695225	1572097	1047432	23754377	17505995
658133	448641	12987629	9041839	553425	479691	4478466	3067934
659503	534413	23678884	21206615	469340	422046	7466181	6895103
784450	465118	18435121	10840835	-56798	-232798	5335998	3160963
271317	147540	5095447	2844308	229594	120787	1363411	805613
176397	126072	2041059	1414729	50012	38597	857028	669653
6649	3538	280644	215446	14514	12352	111208	87738
2065283	1790994	36368919	31781503	1926678	1763308	17031676	15567889
1440664	1378004	13373990	12990231	479803	465222	7242162	7125043
40472	31933	2083558	1772066	75530	63574	923061	791552
77060	69583	3520258	3283934	495716	491460	1651931	1590079
64544	49928	2302089	1798845	183882	169771	1043748	910737
312298	189352	5128875	3806274	162728	126856	1541133	1170924
8145795	8015222	76535946	73004577	1508974	1380743	21945926	21178961
232589	191650	4268127	3567786	139172	112914	1441292	1210955
3723239	2146039	77360344	48597613	1946399	1271858	26910685	17866043
267683	237123	14924486	13739526	377215	338841	7953198	7526985
1549326	1520197	33350523	31437989	1686018	1594655	19591247	18677941

1-6 续表 3

项　目	管理费用		财务费用		营业利润	
	限额以上	大中型企业	限额以上	大中型企业	限额以上	大中型企业
(二)按国民经济行业分						
农、林、牧产品批发	1558686	1224507	928370	736795	2804973	2055945
食品、饮料及烟草制品批发	10195495	9407063	101829	-171670	25954784	24462907
米、面制品及食用油批发	664410	534936	364041	265952	269403	166624
肉、禽、蛋、奶及水产品批发	472303	376095	241323	207218	994706	841273
酒、饮料及茶叶批发	1082086	922895	80318	38964	5077538	4685048
烟草制品批发	6228309	6214913	-587848	-578921	16849254	16632068
纺织、服装及家庭用品批发	7178052	6199650	809717	426782	9943589	8824277
服装批发	2958869	2673848	284858	187763	3792162	3606045
鞋帽批发	784252	725546	74653	51561	733440	675347
家用电器批发	1042258	949212	-24614	-54045	2143112	2062267
文化、体育用品及器材批发	1215091	986578	220935	171982	1526379	1295906
文具用品批发	243275	168356	60224	40283	332584	245735
体育用品及器材批发	88284	73094	18369	15329	23808	4985
图书批发	351364	321627	-4281	-6491	300929	291607
医药及医疗器材批发	3181780	2780276	661841	614953	3692921	3363787
西药批发	1595826	1420660	494284	469643	1881670	1731870
中药批发	545370	475797	150992	138779	764098	697816
矿产品、建材及化工产品批发	13278043	9208765	8555691	5538502	26806588	18801213
煤炭及制品批发	2344014	1738267	1735833	1226934	5077110	3673494
石油及制品批发	2884183	2466291	1024254	772918	7663704	6724197
金属及金属矿批发	3686794	2250261	3925577	2378199	6647435	3972879
建材批发	1134268	694360	653549	390935	2693258	1645942
化肥批发	459933	334329	411817	345553	462192	217057
农药批发	72995	58019	27223	22554	126137	103268
机械设备、五金产品及电子产品批发	8366540	6903092	1130965	813029	12459480	10892282
汽车批发	1311266	1184334	208952	167488	5365191	5229774
计算机、软件及辅助设备批发	577113	441887	80148	70611	625228	574385
通讯及广播电视设备批发	1329877	1243983	-7242	-37847	1187706	1123740
贸易经纪与代理	617696	496595	-28548	-59846	948314	710460
其他批发业	1199946	853424	614794	436376	1995712	1552486
(三)按控股情况分						
国有控股	15189065	14505474	3133793	2809566	35925968	34334662
集体控股	926475	739957	412831	346162	1798781	1559334
私人控股	17050448	10543593	8490611	4814514	27484362	17236145
港澳台控股	3206679	2930264	304399	262096	4487248	4005581
外商控股	7228532	6679172	-571688	-603136	9340526	8773158

单位：万元

利润总额		应交所得税		应付职工薪酬		应交增值税	
限额以上	大中型企业	限额以上	大中型企业	限额以上	大中型企业	限额以上	大中型企业
2991150	2211756	210467	133128	880377	621221	365899	207026
26508739	25002842	5907275	5663085	8596728	7972484	9694311	9082662
654745	477021	72686	49582	499215	419807	399682	294754
988816	843848	87965	70589	400891	313939	155252	119851
5166393	4768417	1188165	1118041	1232143	1094789	1767894	1616987
17390578	17175570	4214982	4162021	5001571	4996374	6198424	6158367
10127669	8976999	1876665	1704436	5582346	4919997	4719713	3953613
3746175	3504814	636199	592755	1722529	1542158	1566494	1350724
734088	675981	156585	148078	399209	360274	281756	253296
2246128	2189228	477450	464932	1198876	1129465	1070488	983538
1566917	1340502	249971	211672	1171617	1003889	612233	514905
324879	259929	33379	24048	164042	125906	106840	68968
21514	723	27249	20346	69568	60411	53062	46254
341066	331259	22030	20275	308118	284601	82325	75577
3561463	3245407	731388	662285	3277691	3036871	2286886	2068289
1834722	1688987	363619	327928	1726100	1625509	1255323	1158579
660327	598798	113023	101822	593198	537895	548848	510169
25677294	18297445	4272608	3171389	9448075	7555023	14422199	10694781
4584175	3352497	727325	567185	1173675	921276	2824828	2064584
6944525	6116856	1388068	1254577	3609700	3352563	5330253	4797753
6740749	4249186	1101004	670016	1963240	1408526	3221000	2052623
2604104	1643113	273064	140246	657678	428362	1196195	729438
576518	339186	84256	55820	353588	268056	190416	114929
127200	101121	12678	10141	54203	43509	12366	7334
13406610	11867813	2645748	2373232	6486498	5654208	6030967	5176828
5483971	5345907	1318406	1290889	903435	849093	2748617	2618803
651020	596878	96043	83154	476565	382123	236891	186231
1524486	1467095	163315	148883	1163184	1118251	528190	480023
988727	745065	211147	177679	461679	401371	357579	291404
1923135	1463068	331386	249091	782592	582453	1488612	849502
37026276	35505665	8149780	7881930	13696718	13236495	16440998	15597692
1626353	1390670	241437	220168	681494	565204	608103	498910
26064968	16365226	3722138	2318012	10829765	7206111	13306510	8100691
4910279	4409511	938311	866034	2723348	2581743	1813882	1683893
10251377	9615581	2193736	2018998	6322625	6066165	4754445	4542328

1-6 续表 4

项　　目	主营业务收入		主营业务成本	
	限额以上	大中型企业	限额以上	大中型企业
二、零售业	**862247916**	**693631081**	**758267984**	**611758499**
(一)按登记注册类型分				
1.内资企业	**765244587**	**599443851**	**677903749**	**533734142**
国有企业	22661459	18213814	20016921	16178352
集体企业	13377962	7419419	11531954	6301047
股份合作企业	1638257	787068	1424729	663615
联营企业	1096160	362576	967834	303744
国有联营企业	267627	70007	243107	62854
集体联营企业	244991	115588	206235	93987
国有与集体联营企业	348002	76772	316382	67289
其他联营企业	235541	100209	202110	79614
有限责任公司	317870438	265078420	282304442	235889078
国有独资公司	13463445	12158660	12032667	10901638
其他有限责任公司	304406994	252919760	270271775	224987440
股份有限公司	133405062	128466185	120241497	115967192
私营企业	269433941	175620914	236544721	155412578
私营独资企业	12227803	3280823	9976044	2737284
私营合伙企业	1541437	679340	1289501	566942
私营有限责任公司	241103307	161131278	212694593	142978395
私营股份有限公司	14561394	10529473	12584583	9129957
其他企业	5761309	3495456	4871652	3018537
2.港、澳、台商投资企业	**44804221**	**43518777**	**36619659**	**35538405**
合资经营企业	11846985	11635865	9801398	9614818
合作经营企业	740438	653289	636983	563654
独资经营企业	30320556	29349301	24835046	24028770
投资股份有限公司	927205	911286	602925	587856
其他港澳台商投资企业	969037	969037	743307	743307
3.外商投资企业	**52199108**	**50668452**	**43744576**	**42485953**
中外合资经营企业	22510076	21952222	19424230	18965949
中外合作经营企业	2412230	2340411	2081493	2022732
外资企业	25696754	25012910	20874541	20338256
外商投资股份有限公司	1222231	1210646	1048374	1038753
其他外商投资企业	357816	152263	315938	120262

单位：万元

主营业务税金及附加		主营业务利润		其他业务利润		销售费用	
限额以上	大中型企业	限额以上	大中型企业	限额以上	大中型企业	限额以上	大中型企业
5348683	**3650842**	**98631248**	**78221740**	**9048610**	**8495031**	**48905242**	**43052246**
4835928	**3154889**	**82504909**	**62554821**	**7011874**	**6490568**	**38007748**	**32415410**
138053	85224	2506485	1950238	173189	147025	938123	757836
162550	92957	1683458	1025415	39437	31697	443658	293323
14593	9494	198935	113958	12100	8395	69137	40000
8062	3997	120265	54835	4797	1581	43577	25336
1347	775	23173	6379	771	752	7416	2585
3440	1932	35316	19669	158	71	11458	7930
2143	883	29477	8600	3337	234	10799	4490
1132	407	32299	20188	531	524	13904	10330
1799053	1383249	33766943	27806093	3667278	3470260	17763296	15883294
71681	64166	1359096	1192856	133590	124758	578012	514887
1727371	1319084	32407847	26613237	3533689	3345502	17185284	15368408
564464	516723	12599101	11982270	1310863	1295136	6268264	6116823
2093273	1039666	30795947	19168670	1785990	1522688	12216983	9121048
215487	40047	2036272	503492	19336	8252	420133	139462
35432	19954	216504	92445	8747	7995	70949	43572
1688733	880794	26719980	17272088	1637440	1398843	10897550	8254851
153621	98870	1823190	1300646	120468	107597	828351	683163
55881	23579	833776	453341	18219	13787	264709	177750
257676	**249200**	**7926886**	**7731172**	**886864**	**874540**	**5189399**	**5051072**
68827	67873	1976760	1953174	248016	246331	1196255	1187446
4211	2233	99244	87402	5194	4342	55935	50682
157705	152237	5327805	5168293	615607	606308	3695818	3572348
21572	21495	302709	301935	9897	9410	92199	91402
5361	5361	220369	220369	8150	8150	149194	149194
255079	**246753**	**8199453**	**7935746**	**1149872**	**1129923**	**5708096**	**5585765**
97627	94750	2988220	2891523	437483	426801	2029058	1980833
11142	10877	319596	306801	59062	57604	223626	219347
137479	132938	4684734	4541716	619393	612206	3355073	3292194
7353	7264	166504	164629	32169	32168	75639	73994
1479	924	40399	31077	1765	1144	24700	19397

1-6 续表 5

项目	管理费用		财务费用		营业利润	
	限额以上	大中型企业	限额以上	大中型企业	限额以上	大中型企业
二、零售业	**26644557**	**21600936**	**5974217**	**4797794**	**27110176**	**18312634**
(一)按登记注册类型分						
1.内资企业	**21908345**	**16970065**	**5565153**	**4407891**	**24655247**	**15968005**
国有企业	679393	506990	76895	64158	847321	626213
集体企业	392647	238532	76185	51695	822648	491913
股份合作企业	58676	32726	7177	3947	76133	44393
联营企业	23895	13402	3180	1940	48546	13464
国有联营企业	6994	4054	425	169	9009	230
集体联营企业	5346	1483	1268	648	15000	7360
国有与集体联营企业	3611	2464	481	336	15131	1682
其他联营企业	7944	5402	1007	787	9406	4192
有限责任公司	9175771	7682286	2263606	1892993	8561240	6128680
国有独资公司	409624	355704	24122	19757	499000	436771
其他有限责任公司	8766146	7326582	2239484	1873237	8062239	5691909
股份有限公司	3019655	2890735	534772	505184	4593295	4280918
私营企业	8388026	5507218	2565837	1865687	9320001	4205368
私营独资企业	389398	116822	118308	32075	1111852	215395
私营合伙企业	47487	18873	11492	5218	96311	34359
私营有限责任公司	7540319	5062444	2328148	1755612	7428456	3532895
私营股份有限公司	410823	309080	107889	72782	683382	422718
其他企业	170282	98176	37501	22286	386064	177058
2.港、澳、台商投资企业	**2306761**	**2263617**	**238661**	**231173**	**1269767**	**1243493**
合资经营企业	463925	456384	100413	98018	609683	602060
合作经营企业	42214	37736	1200	446	11122	9145
独资经营企业	1578496	1547923	108791	104594	508890	491903
投资股份有限公司	160951	160398	19420	19279	77612	77925
其他港澳台商投资企业	61176	61176	8837	8837	62461	62461
3.外商投资企业	**2429452**	**2367255**	**170403**	**158730**	**1185162**	**1101136**
中外合资经营企业	817977	802049	42374	36293	594391	562507
中外合作经营企业	87676	86640	1046	914	76798	67053
外资企业	1410333	1366988	107347	101832	503825	464472
外商投资股份有限公司	102548	102268	17640	17652	5589	5630
其他外商投资企业	10917	9310	1996	2039	4560	1475

单位：万元

利润总额		应交所得税		应付职工薪酬		应交增值税	
限额以上	大中型企业	限额以上	大中型企业	限额以上	大中型企业	限额以上	大中型企业
25565643	**17778363**	**4480480**	**3477851**	**27414335**	**23344204**	**16783364**	**13855923**
22766638	**15089550**	**3617750**	**2634712**	**23061234**	**19058740**	**14619220**	**11762381**
799165	595843	78635	55458	847593	727759	537279	460984
734758	439870	83449	54743	318044	222636	214684	136638
54705	28148	6176	3476	51576	30848	20678	11572
48684	13480	8439	1625	35592	24680	16730	8015
9036	203	2258	297	13160	10321	3881	1758
14576	7345	1397	779	7730	5577	4282	2998
14457	1741	3051	191	7169	3323	4925	1468
10616	4191	1734	359	7534	5460	3641	1792
8092562	5899236	1560349	1262143	10119439	8832523	6131091	5234152
527663	459359	83534	76701	396217	350429	459137	441409
7564899	5439877	1476815	1185443	9723222	8482094	5671954	4792743
4373566	4119503	558172	533816	3570027	3487860	2487416	2429364
8331227	3829476	1290982	708045	7907125	5595837	5083663	3386223
964096	173678	97875	24210	351574	151595	240890	52881
85728	33446	6010	1308	45304	25121	22555	7737
6661255	3226090	1101151	626763	7101931	5082706	4513230	3083666
620149	396262	85946	55765	408316	336415	306988	241939
331972	163994	31548	15406	211839	136599	127678	95434
1509939	**1476767**	**435602**	**429980**	**1998296**	**1967528**	**1029007**	**1004520**
618572	609147	142656	141644	478314	472654	354525	350691
15549	13558	6323	5540	21589	19372	11638	8076
724536	702357	263420	259663	1374570	1352181	618244	601307
80553	80975	16562	16493	66500	65997	32435	32282
70730	70730	6640	6640	57324	57324	12165	12165
1289066	**1212047**	**427128**	**413159**	**2354805**	**2317936**	**1135136**	**1089022**
646157	618715	167978	164568	917562	908145	426111	405537
80073	70574	18944	17291	83353	82108	64129	62319
537541	500365	234330	226261	1277778	1253308	606320	587147
20304	20531	4992	4929	70471	69811	31066	30796
4991	1861	884	110	5641	4565	7510	3223

1-6 续表 6

项 目	主营业务收入		主营业务成本	
	限额以上	大中型企业	限额以上	大中型企业
(二)按国民经济行业分				
综合零售	206035197	192416763	174450847	163055650
百货零售	112096940	104653881	94351116	88079242
超级市场零售	83579909	80435535	71491164	68871388
食品、饮料及烟草制品专门零售	25285616	13001633	20398098	10213655
粮油零售	3293175	1389458	2869114	1219104
肉、禽、蛋、奶及水产品零售	4735094	2621006	3905347	2172441
酒、饮料及茶叶零售	6439442	2505692	5061297	1822485
烟草制品零售	2320479	1538836	1895164	1238959
纺织、服装及日用品专门零售	36248289	27698428	26540764	19530346
服装零售	23290447	18893853	16802409	13177815
文化、体育用品及器材专门零售	27120370	19049727	22153285	15526220
体育用品及器材零售	1793742	1577859	1525777	1341572
图书、报刊零售	8649831	6738188	6708516	5205312
医药及医疗器材专门零售	41886802	34804305	36364583	30373952
药品零售	38780955	33696940	33887311	29524098
汽车、摩托车、燃料及零配件专门零售	400360051	323426170	369980037	300527734
汽车零售	272204870	218941528	252070660	203590324
机动车燃料零售	119608149	101415299	110470414	94173733
家用电器及电子产品专门零售	68773833	48250118	60771768	43016597
日用家电设备零售	29283117	21341009	25516774	18667255
计算机、软件及辅助设备零售	17587888	12363951	16149444	11527604
通信设备零售	7380339	5631855	6633110	5127682
五金、家具及室内装饰材料专门零售	25119186	13148662	20003970	10146612
货摊、无店铺及其他零售业	31418572	21835275	27604631	19367735
互联网零售	13810123	12762802	12862514	11877252
(三)按控股情况分				
国有控股	188149574	175355875	169117396	157869161
集体控股	39974025	30607949	34963062	26704611
私人控股	444519572	314905722	391529118	279203077
港澳台控股	40989026	39773550	33594314	32573376
外商控股	48949325	47990957	41420977	40637030

单位：万元

主营业务税金及附加		主营业务利润		其他业务利润		销售费用	
限额以上	大中型企业	限额以上	大中型企业	限额以上	大中型企业	限额以上	大中型企业
1928782	1702337	29655568	27658776	5752626	5673451	18207877	17695358
1269410	1144007	16476414	15430633	3020725	2965146	7993167	7729066
520424	470563	11568322	11093584	2566698	2553446	9394009	9235372
332453	161495	4555066	2626482	177628	149221	1706587	1215497
33726	11586	390335	158769	20176	13366	145945	91731
68329	32027	761418	416537	15375	13220	220629	157339
110478	53535	1267667	629673	80888	72365	521554	332075
19915	11816	405399	288061	21658	17593	118370	86217
404590	301013	9302934	7867070	341835	296412	5295830	4744716
267275	212308	6220762	5503730	205390	181624	3538210	3240328
262217	161413	4704868	3362095	303904	263142	2122360	1723434
7889	5979	260076	230307	3821	1377	137811	122503
45366	31939	1895949	1500937	154746	134451	820884	670121
189620	125494	5332599	4304859	178697	151455	2463227	2111328
164250	118502	4729394	4054340	151637	134091	2190330	1978690
1178383	638734	29201631	22259702	1445702	1250886	11769345	9727126
825550	483732	19308661	14867472	1272205	1113936	7661422	6269019
266625	140671	8871110	7100895	151088	124046	3815764	3345071
399022	203659	7603043	5029863	646969	561488	4056143	3312995
181229	94901	3585115	2578853	258646	234184	2094251	1796908
70284	29445	1368160	806902	58034	34842	584151	412753
35637	21745	711591	482428	226238	202981	492095	411461
465300	266253	4649916	2735798	112670	83403	1312619	901684
188318	90444	3625624	2377096	88580	65574	1971256	1620108
18189	14934	929421	870617	-7313	-8269	1075840	1037907
772702	681746	18259475	16804969	1433013	1367093	8995147	8488545
381458	284600	4629505	3618738	513502	490181	1992079	1742141
3162770	1770172	49827684	33932473	3836003	3452636	21860027	17508247
234307	226603	7160405	6973572	825679	814610	4739541	4599801
233363	227896	7294984	7126031	960158	953144	5258968	5185487

1-6 续表 7

项　　目	管理费用		财务费用		营业利润	
	限额以上	大中型企业	限额以上	大中型企业	限额以上	大中型企业
(二)按国民经济行业分						
综合零售	9387504	8912671	1342025	1217300	7764214	6752229
百货零售	5753968	5474949	963468	902326	5526196	5030154
超级市场零售	3192895	3079100	329850	282983	1798436	1574330
食品、饮料及烟草制品专门零售	1004101	572053	192964	98437	1848708	900709
粮油零售	97484	37460	28710	12430	151864	41429
肉、禽、蛋、奶及水产品零售	160185	97507	40813	20055	345532	150284
酒、饮料及茶叶零售	281088	135254	63642	32183	466554	189975
烟草制品零售	116879	81029	2201	2140	214750	149716
纺织、服装及日用品专门零售	2433782	2083531	230249	166132	1766234	1244333
服装零售	1700433	1507961	161536	120890	1085326	858058
文化、体育用品及器材专门零售	1509389	1153688	160122	108729	1198994	617933
体育用品及器材零售	84902	77866	6592	5969	27194	18648
图书、报刊零售	762582	624368	-1225	-4036	452963	328698
医药及医疗器材专门零售	1376106	1083422	361474	320070	1398172	1038496
药品零售	1185793	1009919	345807	313080	1258256	988912
汽车、摩托车、燃料及零配件专门零售	7212496	5405947	3004812	2492527	8393404	5674498
汽车零售	5811679	4524131	2693547	2293615	4422387	2922745
机动车燃料零售	1167475	803038	254585	174695	3508226	2656194
家用电器及电子产品专门零售	1781276	1164962	283928	159363	2109498	994229
日用家电设备零售	846433	632885	123731	69906	810870	381791
计算机、软件及辅助设备零售	345323	165694	42105	18891	418213	217266
通信设备零售	215863	153667	46311	35781	186867	89352
五金、家具及室内装饰材料专门零售	1005994	596236	274754	172703	2098542	1102652
货摊、无店铺及其他零售业	933911	628425	123889	62535	532411	-12442
互联网零售	227313	205588	-889	-1902	-595458	-594174
(三)按控股情况分						
国有控股	4422470	4023833	539830	502262	6307797	5713047
集体控股	1253520	1010683	210071	173752	1720209	1233795
私人控股	13535842	9613022	4151299	3151840	14149889	7243899
港澳台控股	2141678	2100024	213354	206510	1024716	1008244
外商控股	2192949	2140900	122240	117099	867956	820692

单位：万元

利润总额		应交所得税		应付职工薪酬		应交增值税	
限额以上	大中型企业	限额以上	大中型企业	限额以上	大中型企业	限额以上	大中型企业
7550330	6760444	1628669	1550433	9727078	9343173	4121099	3885283
5415001	4980905	1183402	1134974	4755154	4538322	2446902	2309395
1818355	1629697	401238	385639	4534352	4425528	1491326	1440124
1749816	901722	249988	156088	1081719	728647	640056	405801
176110	56053	17471	8581	88070	44530	36132	15272
287794	125060	22738	11838	180988	128727	82678	45195
422721	179011	72034	35464	265133	141713	189751	94921
232730	176535	43999	36039	112479	83217	121033	106864
1682785	1205222	401015	337549	2259707	2029884	1193013	984333
1020904	811658	253878	225911	1463800	1348064	762036	667597
1185652	630786	150704	99459	1457562	1203338	498389	357271
32718	25202	7566	6544	71160	65078	40031	35975
455685	343129	35608	27467	811029	702288	185945	152549
1262126	942347	238601	188203	1792059	1372165	896738	723599
1143476	903227	213187	177862	1641188	1294040	784410	684428
7849819	5366084	1142355	757835	7663339	6231090	7102147	5926913
4193217	2814141	784762	561867	5540287	4510144	4465337	3684831
3246924	2464467	293456	177134	1924818	1637741	2434910	2136191
1856794	893979	294361	168264	1886874	1372158	1111919	757558
708719	359750	118560	77476	823946	630350	462271	320214
362132	181296	57996	31142	352485	212182	220967	140646
183208	89422	40574	24431	295277	249404	179657	142038
1789029	939045	212331	117162	743538	456760	490678	261949
639291	138735	162457	102859	802459	606989	729324	553218
-337544	-337142	22141	18763	315036	303204	310498	293511
6143659	5575865	883622	799236	5596978	5268956	3970488	3743803
1581209	1151945	216261	171029	1258064	1095174	618775	505745
12769557	6693566	2096425	1304060	13352260	10132552	8055048	5756352
1248411	1225896	387551	381840	1797175	1767371	939340	914362
962735	917985	375616	367706	2087594	2057680	998764	968111

1-7 大中型批发和零售业企业经济效益分析指标

项目	负债比率(%)		主营业务毛利率(%)		人均营业收入(万元)		费用率(%)	
	限额以上	大中型企业	限额以上	大中型企业	限额以上	大中型企业	限额以上	大中型企业
总　　计	**73.5**	**73.0**	**7.7**	**8.1**	**393.2**	**380.4**	**5.1**	**5.4**
一、批发业	**73.9**	**72.8**	**6.7**	**7.1**	**744.4**	**751.4**	**4.0**	**4.2**
(一)按登记注册类型分								
1.内资企业	**74.9**	**73.8**	**5.9**	**6.2**	**766.3**	**785.4**	**3.3**	**3.4**
国有企业	57.7	56.4	11.2	11.6	847.5	877.3	3.5	3.6
集体企业	82.1	82.8	8.5	8.3	280.4	314.3	5.4	5.2
股份合作企业	89.7	85.6	4.7	3.2	512.8	685.8	3.6	2.5
联营企业	81.5	80.0	5.5	5.3	559.0	634.1	3.5	3.6
国有联营企业	78.9	80.0	2.4	2.2	1569.7	2600.0	1.0	0.8
集体联营企业	83.8	84.0	3.9	3.1	147.5	96.3	2.8	3.0
国有与集体联营企业	80.0	79.9	11.1	11.7	333.8	320.5	11.2	12.0
其他联营企业	92.6	77.3	30.8	47.3	260.1	287.2	7.6	13.6
有限责任公司	78.7	78.5	4.5	4.6	1024.3	1048.9	2.8	2.9
国有独资公司	70.6	70.2	3.8	3.8	1877.1	1884.4	2.0	2.1
其他有限责任公司	80.2	80.4	4.7	4.8	923.9	934.1	3.0	3.1
股份有限公司	65.3	65.1	4.4	4.4	772.0	772.0	3.0	3.0
私营企业	78.6	78.8	6.4	7.5	553.2	462.9	4.1	4.8
私营独资企业	61.4	51.3	15.6	17.5	285.3	274.3	5.6	6.6
私营合伙企业	73.4	67.7	11.7	17.6	243.5	185.6	5.9	8.4
私营有限责任公司	78.7	78.9	6.2	7.2	566.0	473.9	4.1	4.8
私营股份有限公司	77.8	78.1	9.2	10.8	393.6	331.9	4.6	5.0
其他企业	61.7	64.5	12.6	10.2	169.0	338.1	4.4	3.4
2.港、澳、台商投资企业	**68.0**	**67.9**	**12.9**	**14.3**	**381.0**	**341.2**	**9.8**	**10.9**
合资经营企业	71.5	72.1	6.1	6.7	550.9	501.8	5.0	5.5
合作经营企业	56.9	56.8	12.0	12.2	139.4	156.4	7.3	7.3
独资经营企业	67.3	67.3	13.9	15.4	379.6	341.6	10.5	11.7
投资股份有限公司	74.8	68.9	16.3	17.5	187.2	109.3	11.3	19.0
其他港澳台商投资企业	94.8	94.8	14.5	14.5	118.1	118.1	22.4	22.4
3.外商投资企业	**66.8**	**66.3**	**12.4**	**12.7**	**803.8**	**794.7**	**9.1**	**9.2**
中外合资经营企业	78.3	78.9	8.3	8.4	1938.3	2015.9	5.8	5.9
中外合作经营企业	68.6	66.5	3.3	3.3	3025.6	3132.5	1.3	1.3
外资企业	64.4	63.8	14.4	14.8	659.9	643.2	10.7	10.9
外商投资股份有限公司	56.7	56.0	14.4	14.4	235.6	237.9	12.1	12.0
其他外商投资企业	46.2	46.3	6.1	6.1	1031.1	1056.4	2.9	2.8

注：费用率等于销售费用、管理费用、财务费用三项之和除以营业收入合计(下表同)。

1-7 续表 1

项　　目	负债比率(%)		主营业务毛利率(%)		人均营业收入(万元)		费用率(%)	
	限额以上	大中型企业	限额以上	大中型企业	限额以上	大中型企业	限额以上	大中型企业
(二)按国民经济行业分								
农、林、牧产品批发	72.0	71.8	7.6	7.0	351.7	437.0	5.1	5.2
食品、饮料及烟草制品批发	52.9	49.8	18.5	19.8	332.6	353.4	7.8	8.1
米、面制品及食用油批发	85.7	86.0	6.0	6.2	496.7	508.4	5.9	6.2
肉、禽、蛋、奶及水产品批发	64.7	64.2	12.0	12.3	203.2	219.2	6.9	7.0
酒、饮料及茶叶批发	62.0	60.6	25.2	27.7	237.2	240.0	13.7	14.9
烟草制品批发	19.8	19.1	23.1	23.5	501.6	493.4	6.3	6.4
纺织、服装及家庭用品批发	74.4	73.7	12.1	13.5	341.8	328.9	8.7	9.7
服装批发	67.6	65.9	15.1	16.6	289.0	286.2	10.0	10.8
鞋帽批发	70.4	69.5	14.6	16.9	258.6	238.0	10.3	11.9
家用电器批发	78.5	78.2	8.8	9.1	498.8	511.4	6.2	6.4
文化、体育用品及器材批发	69.1	68.4	8.0	8.0	357.3	366.3	5.8	5.9
文具用品批发	80.3	82.1	6.6	6.6	561.2	588.4	4.2	4.2
体育用品及器材批发	78.4	82.5	14.2	15.0	228.6	216.0	13.8	15.6
图书批发	56.1	55.5	14.3	14.1	161.4	172.0	12.0	11.7
医药及医疗器材批发	76.8	77.1	10.3	10.1	298.4	317.0	7.9	7.8
西药批发	78.4	78.6	7.9	7.7	328.5	349.6	6.1	5.9
中药批发	77.9	78.4	10.4	10.4	246.6	261.2	7.8	7.8
矿产品、建材及化工产品批发	77.4	76.6	3.6	3.4	1578.9	1649.3	2.1	2.0
煤炭及制品批发	74.5	74.3	4.6	4.1	1427.3	1593.0	2.8	2.6
石油及制品批发	71.8	70.1	3.8	3.8	1404.2	1342.4	1.8	1.8
金属及金属矿批发	82.4	82.6	2.5	2.3	2895.9	3355.5	1.7	1.6
建材批发	76.0	75.5	5.1	4.3	788.2	907.1	3.0	2.7
化肥批发	79.2	79.5	4.4	3.8	630.1	763.9	3.4	3.3
农药批发	71.6	72.2	8.5	8.3	336.9	375.8	6.3	6.4
机械设备、五金产品及电子产品批发	73.7	73.6	8.8	8.9	648.6	735.3	6.0	6.1
汽车批发	76.9	76.9	9.6	9.7	1597.2	1791.1	5.7	5.7
计算机、软件及辅助设备批发	75.1	76.6	5.5	5.8	597.8	657.3	4.1	4.1
通讯及广播电视设备批发	67.3	65.6	6.6	6.8	724.5	740.2	5.0	5.1
贸易经纪与代理	84.6	86.0	5.3	5.4	1031.6	1006.4	3.6	3.9
其他批发业	77.1	76.3	6.8	7.1	641.5	684.3	4.2	4.3
(三)按控股情况分								
国有控股	69.5	68.8	5.5	5.6	1263.0	1253.9	2.6	2.6
集体控股	80.9	81.1	5.6	5.7	594.4	628.1	3.4	3.5
私人控股	78.6	78.8	6.4	7.3	537.4	467.0	4.1	4.7
港澳台控股	68.2	68.2	13.3	14.5	369.9	331.4	9.9	11.1
外商控股	66.2	65.7	13.6	14.0	694.1	677.5	10.2	10.4

1-7 续表 2

项目	负债比率(%)		主营业务毛利率(%)		人均营业收入(万元)		费用率(%)	
	限额以上	大中型企业	限额以上	大中型企业	限额以上	大中型企业	限额以上	大中型企业
二、零售业	**72.1**	**73.8**	**12.1**	**11.8**	**133.6**	**128.3**	**9.3**	**9.8**
(一)按登记注册类型分								
1.内资企业	**71.7**	**73.7**	**11.4**	**11.0**	**135.5**	**130.0**	**8.4**	**8.8**
国有企业	62.3	62.4	11.7	11.2	147.3	145.7	7.4	7.2
集体企业	63.4	66.9	13.8	15.1	118.8	90.3	6.8	7.8
股份合作企业	65.0	63.4	13.0	15.7	84.3	55.0	8.0	9.6
联营企业	56.4	72.4	11.7	16.2	144.5	70.4	6.4	11.1
国有联营企业	61.3	85.0	9.2	10.2	103.6	35.5	5.5	9.6
集体联营企业	61.6	69.6	15.8	18.7	111.1	77.6	7.3	8.5
国有与集体联营企业	42.3	60.1	9.1	12.4	244.4	105.0	4.3	9.3
其他联营企业	59.1	75.2	14.2	20.6	171.5	104.2	9.7	16.4
有限责任公司	75.1	77.1	11.2	11.0	131.2	125.8	9.0	9.4
国有独资公司	53.8	54.8	10.6	10.3	210.6	218.6	7.4	7.2
其他有限责任公司	75.9	78.0	11.2	11.0	129.1	123.3	9.1	9.5
股份有限公司	63.3	63.5	9.9	9.7	202.8	202.8	7.2	7.2
私营企业	73.2	77.8	12.2	11.5	121.5	109.4	8.5	9.3
私营独资企业	46.4	59.8	18.4	16.6	101.7	61.6	7.6	8.7
私营合伙企业	60.2	71.7	16.3	16.5	98.4	76.7	8.4	9.8
私营有限责任公司	74.4	78.7	11.8	11.3	123.6	112.3	8.5	9.2
私营股份有限公司	68.1	69.3	13.6	13.3	110.8	97.1	9.2	10.0
其他企业	58.0	62.5	15.4	13.6	99.8	85.6	8.1	8.4
2.港、澳、台商投资企业	**73.0**	**73.0**	**18.3**	**18.3**	**118.9**	**117.0**	**16.8**	**16.9**
合资经营企业	67.1	67.4	17.3	17.4	139.1	138.7	14.5	14.6
合作经营企业	68.6	53.3	14.0	13.7	156.3	148.2	13.2	13.3
独资经营企业	77.3	77.6	18.1	18.1	114.6	112.2	17.3	17.3
投资股份有限公司	61.4	61.4	35.0	35.5	89.3	88.8	28.6	28.9
其他港澳台商投资企业	43.4	43.4	23.3	23.3	81.0	81.0	22.4	22.4
3.外商投资企业	**76.1**	**76.2**	**16.2**	**16.1**	**121.9**	**119.9**	**15.4**	**15.5**
中外合资经营企业	75.2	75.2	13.7	13.6	125.2	123.5	12.5	12.5
中外合作经营企业	76.2	76.7	13.7	13.6	157.9	155.4	12.7	12.8
外资企业	76.7	76.9	18.8	18.7	115.0	113.5	18.3	18.3
外商投资股份有限公司	73.2	73.3	14.2	14.2	142.8	143.3	15.6	15.6
其他外商投资企业	87.1	79.9	11.7	21.0	326.1	159.7	10.4	20.0

1-7 续表 3

项目	负债比率(%)		主营业务毛利率(%)		人均营业收入(万元)		费用率(%)	
	限额以上	大中型企业	限额以上	大中型企业	限额以上	大中型企业	限额以上	大中型企业
(二)按国民经济行业分								
综合零售	74.2	74.8	15.3	15.3	80.2	78.8	13.6	13.9
百货零售	71.1	71.5	15.8	15.8	98.6	97.5	12.7	13.0
超级市场零售	80.1	80.6	14.5	14.4	64.5	64.3	14.9	15.1
食品、饮料及烟草制品专门零售	53.3	55.3	19.3	21.4	81.9	62.4	11.4	14.3
粮油零售	65.7	69.9	12.9	12.3	105.3	73.6	8.2	10.0
肉、禽、蛋、奶及水产品零售	45.8	48.7	17.5	17.1	75.3	56.3	8.9	10.4
酒、饮料及茶叶零售	55.9	61.2	21.4	27.3	93.6	73.2	13.2	19.3
烟草制品零售	45.0	42.2	18.3	19.5	118.0	111.8	10.1	10.8
纺织、服装及日用品专门零售	69.0	71.1	26.8	29.5	71.1	62.2	21.6	24.8
服装零售	70.9	72.8	27.9	30.3	70.1	63.2	22.8	25.4
文化、体育用品及器材专门零售	60.2	61.8	18.3	18.5	109.4	99.9	13.8	15.4
体育用品及器材零售	67.1	66.9	14.9	15.0	107.7	105.0	12.7	13.1
图书、报刊零售	54.0	55.6	22.4	22.7	72.0	68.5	17.9	18.7
医药及医疗器材专门零售	77.2	78.5	13.2	12.7	97.8	93.8	10.0	10.0
药品零售	77.4	78.6	12.6	12.4	95.5	93.4	9.5	9.7
汽车、摩托车、燃料及零配件专门零售	73.3	74.3	7.6	7.1	263.1	277.5	5.4	5.4
汽车零售	78.7	80.3	7.4	7.0	238.6	244.8	5.9	5.9
机动车燃料零售	55.5	55.7	7.6	7.1	367.5	403.4	4.3	4.2
家用电器及电子产品专门零售	69.6	73.7	11.6	10.8	144.3	151.9	8.8	9.4
日用家电设备零售	71.1	73.8	12.9	12.5	139.7	145.4	10.3	11.5
计算机、软件及辅助设备零售	62.4	73.0	8.2	6.8	211.3	298.0	5.5	4.8
通信设备零售	74.7	77.9	10.1	9.0	107.2	101.1	9.9	10.2
五金、家具及室内装饰材料专门零售	65.0	67.8	20.4	22.8	127.6	105.7	10.2	12.6
货摊、无店铺及其他零售业	80.1	88.2	12.1	11.3	192.9	194.6	9.5	10.4
互联网零售	118.0	121.5	6.9	6.9	282.6	276.1	9.2	9.5
(三)按控股情况分								
国有控股	62.9	63.4	10.1	10.0	202.3	202.5	7.3	7.3
集体控股	70.7	72.9	12.5	12.8	116.4	103.7	8.5	9.4
私人控股	74.0	77.6	11.9	11.3	121.7	112.2	8.8	9.5
港澳台控股	75.0	75.0	18.0	18.1	122.3	120.3	16.8	16.9
外商控股	77.8	78.0	15.4	15.3	132.4	131.3	15.0	15.1

1-8 大中型住宿和餐饮业企业基本情况

项目	住宿业					
	大中型		大型		中型	
	2013年	2012年	2013年	2012年	2013年	2012年
一、法人单位数(个)	**3924**	**4089**	**422**	**480**	**3502**	**3609**
二、年末从业人数(万人)	**118.1**	**129.7**	**26.9**	**32.2**	**91.2**	**97.5**
三、经营情况(亿元)						
营业额	2277.0	2422.3	752.3	854.0	1524.7	1568.3
客房收入	1002.5	1018.1	335.9	360.9	666.6	657.2
餐费收入	948.8	1072.9	283.4	352.8	665.3	720.1
商品销售额	58.3	65.8	21.8	26.7	36.5	39.1
其他收入	267.4	265.5	111.1	113.6	156.3	151.9
四、实收资本及构成(亿元)						
实收资本	2066.6	2088.0	699.2	734.7	1367.4	1353.3
国家资本	621.8	587.6	246.7	253.0	375.0	334.7
集体资本	46.5	89.0	3.8	6.8	42.7	82.2
法人资本	746.8	751.8	228.5	240.6	518.3	511.1
个人资本	233.9	253.0	24.6	42.5	209.4	210.5
港澳台资本	260.5	251.5	133.5	126.8	127.0	124.7
外商资本	157.2	155.1	62.2	65.0	95.0	90.0
五、主要财务指标(亿元)						
(一)年末资产负债						
流动资产合计	2375.6	2232.0	804.5	843.5	1571.1	1388.5
固定资产原价	4853.3	4634.9	1738.2	1743.5	3115.1	2891.5
累计折旧	1898.9	1772.6	712.3	701.8	1186.7	1070.8
资产总计	7135.3	6710.9	2491.6	2540.4	4643.7	4170.6
负债合计	5104.5	4719.4	1544.6	1588.6	3559.9	3130.9
所有者权益	2030.7	1991.5	946.9	951.8	1083.8	1039.7
(二)损益及分配						
主营业务收入	2262.0	2390.7	754.6	850.0	1507.4	1540.7
主营业务成本	779.8	780.4	227.2	247.4	552.7	532.9
主营业务税金及附加	122.4	128.3	40.2	45.5	82.2	82.8
主营业务利润	1359.8	1482.0	487.3	557.1	872.6	924.9
其他业务利润	50.9	46.8	15.8	17.4	35.1	29.4
销售费用	643.0	694.2	185.1	215.3	457.8	478.8
管理费用	671.7	691.8	226.4	246.7	445.4	445.1
财务费用	114.0	117.8	38.9	45.6	75.2	72.3
营业利润	-28.5	5.2	57.8	64.3	-86.2	-59.2
利润总额	-10.8	14.7	63.3	62.4	-74.2	-47.7
应交所得税	22.0	24.3	13.0	15.6	9.0	8.7
应付职工薪酬	528.9	483.1	167.5	165.3	361.4	317.8

1-8 续表

项目	餐饮业					
	大中型		大型		中型	
	2013年	2012年	2013年	2012年	2013年	2012年
一、法人单位数(个)	**2956**	**3209**	**326**	**331**	**2630**	**2878**
二、年末从业人数(万人)	**128.7**	**136.3**	**69.3**	**70.2**	**59.3**	**66.1**
三、经营情况(亿元)						
营业额	2542.9	2586.7	1430.4	1388.8	1112.5	1197.8
客房收入	118.9	117.1	19.9	23.5	99.0	93.6
餐费收入	2312.7	2355.2	1366.3	1320.3	946.4	1034.9
商品销售额	53.2	61.3	23.9	27.9	29.3	33.5
其他收入	58.1	53.0	20.3	17.2	37.8	35.9
四、实收资本及构成(亿元)						
实收资本	508.1	472.2	162.6	168.8	345.6	303.5
国家资本	36.1	32.2	11.8	9.8	24.2	22.3
集体资本	9.3	8.7	3.5	3.4	5.8	5.3
法人资本	209.1	186.1	55.4	58.6	153.8	127.5
个人资本	133.9	126.0	21.2	23.2	112.6	102.8
港澳台资本	58.0	52.6	22.5	20.0	35.5	32.7
外商资本	61.8	66.7	48.1	53.8	13.7	12.9
五、主要财务指标(亿元)						
(一)年末资产负债						
流动资产合计	1082.6	1006.4	391.0	373.7	691.6	632.7
固定资产原价	1077.8	977.6	420.8	406.1	657.0	571.5
累计折旧	361.4	321.7	155.1	146.0	206.3	175.7
资产总计	2487.5	2308.2	982.5	960.2	1505.0	1348.0
负债合计	1764.7	1613.6	640.3	614.2	1124.4	999.4
所有者权益	722.9	694.6	342.2	345.9	380.6	348.7
(二)损益及分配						
主营业务收入	2528.4	2467.3	1430.6	1290.5	1097.8	1176.8
主营业务成本	1184.9	1139.5	637.9	569.7	547.1	569.8
主营业务税金及附加	132.3	132.8	75.8	70.8	56.4	62.0
主营业务利润	1211.2	1195.0	716.9	649.9	494.3	545.0
其他业务利润	22.3	20.8	8.9	6.2	13.4	14.6
销售费用	833.6	807.3	502.1	457.8	331.5	349.5
管理费用	286.9	280.4	134.6	124.6	152.4	155.8
财务费用	36.5	43.3	11.5	15.6	25.0	27.7
营业利润	74.3	119.3	82.4	101.4	-8.1	17.9
利润总额	70.8	134.6	78.6	102.6	-7.9	32.0
应交所得税	30.1	36.6	21.1	25.7	9.1	11.0
应付职工薪酬	468.9	403.1	253.7	205.9	215.2	197.2

1-9 大中型住宿和餐饮业企业单位数和从业人数

项　　目	法人单位数(个)		年末从业人数(人)	
	限额以上	大中型企业	限额以上	大中型企业
总　计	**45180**	**6880**	**4561878**	**2467538**
一、住宿业	**18437**	**3924**	**2094185**	**1180996**
(一)按登记注册类型分				
1.内资企业	**17463**	**3395**	**1854243**	**976086**
国有企业	2289	554	296824	165707
集体企业	489	60	39310	14498
股份合作企业	99	11	7633	2887
联营企业	35	10	3911	2147
国有联营企业	14	4	2090	1217
集体联营企业	12	2	883	226
国有与集体联营企业	6	3	718	569
其他联营企业	3	1	220	135
有限责任公司	5906	1596	781652	481167
国有独资公司	321	141	58988	44661
其他有限责任公司	5585	1455	722664	436506
股份有限公司	602	149	76515	44927
私营企业	7760	987	627082	257676
私营独资企业	1178	54	65633	13157
私营合伙企业	304	18	17498	4143
私营有限责任公司	5869	851	507793	225462
私营股份有限公司	409	64	36158	14914
其他企业	283	28	21316	7077
2.港、澳、台商投资企业	**549**	**311**	**143306**	**122903**
合资经营企业	242	150	70050	60791
合作经营企业	61	41	16816	14874
独资经营企业	215	106	50236	42288
投资股份有限公司	27	13	5403	4485
其他港澳台商投资企业	4	1	801	465
3.外商投资企业	**425**	**218**	**96636**	**82007**
中外合资经营企业	181	106	44537	38410
中外合作经营企业	54	34	14458	12583
外资企业	174	73	34841	28990
外商投资股份有限公司	12	4	1995	1541
其他外商投资企业	4	1	805	483
(二)按国民经济行业分				
旅游饭店	12082	3472	1700087	1063063
一般旅馆	5770	390	347145	100777
其他住宿业	585	62	46953	17156
(三)按控股情况分				
国有控股	3633	1190	560542	374091
集体控股	904	176	93427	46208
私人控股	11183	1607	986735	435764
港澳台控股	427	242	108067	92797
外商控股	293	140	61610	52059

1-9 续表

项目	法人单位数(个)		年末从业人数(人)	
	限额以上	大中型企业	限额以上	大中型企业
二、餐饮业	**26743**	**2956**	**2467693**	**1286542**
(一)按登记注册类型分				
1.内资企业	**25507**	**2506**	**1903042**	**763590**
国有企业	499	70	47052	18129
集体企业	273	9	13819	2551
股份合作企业	150	9	9440	3666
联营企业	10	1	667	262
国有联营企业	1			
集体联营企业	9	1	667	262
国有与集体联营企业				
其他联营企业				
有限责任公司	6304	834	578950	270091
国有独资公司	111	34	16914	10879
其他有限责任公司	6193	800	562036	259212
股份有限公司	510	68	67518	40002
私营企业	17128	1484	1152529	422854
私营独资企业	4223	141	177549	28081
私营合伙企业	510	30	26439	5022
私营有限责任公司	11759	1249	895895	366858
私营股份有限公司	636	64	52646	22893
其他企业	633	31	33067	6035
2.港、澳、台商投资企业	**659**	**260**	**173226**	**149728**
合资经营企业	149	52	44069	38763
合作经营企业	34	18	8660	7707
独资经营企业	463	187	119507	102831
投资股份有限公司	10	3	812	427
其他港澳台商投资企业	3		178	
3.外商投资企业	**577**	**190**	**391425**	**373224**
中外合资经营企业	148	34	82752	77774
中外合作经营企业	25	8	5967	4843
外资企业	377	143	299646	288911
外商投资股份有限公司	20	5	2451	1696
其他外商投资企业	7		609	
(二)按国民经济行业分				
正餐服务	25105	2593	1904408	779893
快餐服务	909	238	445029	415077
饮料及冷饮服务	209	28	36752	30068
其他餐饮业	520	97	81504	61504
(三)按控股情况分				
国有控股	907	208	128907	80538
集体控股	559	62	48379	22865
私人控股	22271	2014	1573389	599387
港澳台控股	606	238	160847	138739
外商控股	465	170	353245	339641

1-10 大中型住宿和餐饮业

项　　目	营业额		客房收入	
	限额以上	大中型企业	限额以上	大中型企业
总　　计	**80613212**	**48199205**	**19696757**	**11214427**
一、住宿业	**35279900**	**22770371**	**17054268**	**10025366**
(一)按登记注册类型分				
1.内资企业	**29810652**	**17787537**	**14356429**	**7610201**
国有企业	4950255	3049971	2274861	1227945
集体企业	616831	262911	264065	101620
股份合作企业	118371	55865	52226	17983
联营企业	68539	48147	30266	19743
国有联营企业	31445	21977	15445	9550
集体联营企业	18003	10781	5789	3211
国有与集体联营企业	12918	11225	5901	4850
其他联营企业	6174	4165	3131	2133
有限责任公司	12533203	8815647	6079004	3949910
国有独资公司	1015461	821584	457851	363497
其他有限责任公司	11517742	7994063	5621153	3586414
股份有限公司	1276046	864932	560249	339474
私营企业	9894835	4545186	4927764	1890084
私营独资企业	1094887	245766	524957	97962
私营合伙企业	261068	61600	120994	19449
私营有限责任公司	7939605	3929987	4003994	1656082
私营股份有限公司	599275	307834	277820	116592
其他企业	352572	144878	167995	63441
2.港、澳、台商投资企业	**3211762**	**2944057**	**1550624**	**1405562**
合资经营企业	1577430	1474781	732715	682508
合作经营企业	382200	351749	175436	164548
独资经营企业	1138947	1021250	582963	508689
投资股份有限公司	99622	84919	51887	43250
其他港澳台商投资企业	13562	11359	7623	6568
3.外商投资企业	**2257486**	**2038777**	**1147214**	**1009603**
中外合资经营企业	1077905	987077	512139	461388
中外合作经营企业	309352	290230	135795	122713
外资企业	822719	724709	478878	410964
外商投资股份有限公司	36735	28624	17722	12850
其他外商投资企业	10776	8137	2680	1688
(二)按国民经济行业分				
旅游饭店	28381848	20508576	12852381	8841171
一般旅馆	6118494	1942504	3795724	1030845
其他住宿业	779559	319291	406163	153350
(三)按控股情况分				
国有控股	10034909	7350906	4616207	3141492
集体控股	1590736	930643	669163	355085
私人控股	15167750	7611451	7548782	3215284
港澳台控股	2402816	2175727	1179723	1058040
外商控股	1440559	1282863	791591	684231

企业经营情况

单位：万元

餐费收入		商品销售额		其他收入	
限额以上	大中型企业	限额以上	大中型企业	限额以上	大中型企业
54305178	**32614549**	**2134969**	**1115378**	**4476308**	**3254851**
13744508	**9487538**	**941697**	**583447**	**3539428**	**2674019**
11797216	**7677517**	**810833**	**461213**	**2846174**	**2038606**
1901753	1252783	138222	85452	635420	483792
255210	111693	17061	7667	80495	41931
41325	20053	6793	5215	18027	12613
29433	22966	2902	1998	5939	3440
12397	10184	428	292	3175	1951
10839	7412	554	4	821	155
3551	3388	1702	1702	1765	1285
2646	1982	218		179	49
4866682	3672731	305242	198879	1282276	994127
381273	315139	24000	16136	152337	126812
4485409	3357592	281241	182743	1129939	867315
520626	367420	58401	48778	136770	109260
4032457	2168342	268598	106422	666016	380339
474720	116307	44649	13206	50561	18291
114819	36778	11747	847	13507	4526
3176139	1855741	193948	82683	565525	335481
266779	159516	18253	9685	36423	22042
149732	61531	13615	6803	21231	13104
1148807	**1065482**	**101544**	**96516**	**410786**	**376497**
579612	541892	36306	34512	228798	215869
142241	131443	8130	6950	56394	48808
385485	357084	55856	54105	114643	101372
37960	32610	726	423	9048	8637
3509	2453	526	526	1904	1812
798486	**744540**	**29320**	**25718**	**282467**	**258916**
391147	364712	11240	8897	163379	152080
133779	130442	6071	6050	33707	31025
254133	233446	11612	10410	78096	69890
12229	10247	386	361	6398	5166
7199	5692	10		887	757
11701866	8682675	763250	534950	3064351	2449780
1780380	683410	148547	43157	393844	185092
262262	121454	29900	5341	81233	39147
3752432	2875290	271856	198422	1394415	1135703
688168	425536	44554	28413	188851	121610
6106496	3514215	403653	180976	1108820	700976
850748	778076	79478	73505	292866	266106
480659	443316	18328	16282	149981	139034

1-10 续表

项　　目	营业额			
			客房收入	
	限额以上	大中型企业	限额以上	大中型企业
二、餐饮业	**45333312**	**25428834**	**2642489**	**1189061**
(一)按登记注册类型分				
1.内资企业	**33467840**	**14374789**	**2563456**	**1137594**
国有企业	724194	299628	155592	74005
集体企业	269009	54560	26957	2114
股份合作企业	174173	78107	7508	2272
联营企业	54418	46840	383	
国有联营企业				
集体联营企业	54418	46840	383	
国有与集体联营企业				
其他联营企业				
有限责任公司	9404109	4907925	879980	488346
国有独资公司	321507	232566	35610	20774
其他有限责任公司	9082602	4675359	844370	467572
股份有限公司	1379236	950846	102742	58346
私营企业	20907242	7921128	1346862	500432
私营独资企业	3841243	591426	202390	34456
私营合伙企业	450685	99963	34761	8281
私营有限责任公司	15707709	6856814	1040121	433048
私营股份有限公司	907605	372925	69590	24647
其他企业	555461	115755	43434	12079
2.港、澳、台商投资企业	**3559144**	**3125336**	**49949**	**37251**
合资经营企业	700585	608341	13634	10833
合作经营企业	213426	198202	3057	2909
独资经营企业	2622421	2307307	33185	23508
投资股份有限公司	19950	11486	17	
其他港澳台商投资企业	2762		56	
3.外商投资企业	**8306328**	**7928709**	**29084**	**14217**
中外合资经营企业	1854146	1749584	17488	11536
中外合作经营企业	130166	110609	1848	
外资企业	6258831	6037307	9085	2681
外商投资股份有限公司	44639	31209	664	
其他外商投资企业	18546			
(二)按国民经济行业分				
正餐服务	34015094	15314985	2611205	1177432
快餐服务	8987888	8312139	8613	2216
饮料及冷饮服务	864292	760507	638	
其他餐饮业	1466038	1041203	22034	9413
(三)按控股情况分				
国有控股	2214974	1461912	277008	157812
集体控股	971262	544848	103231	56417
私人控股	27736283	11114086	1907487	758810
港澳台控股	3362518	2958857	46469	33779
外商控股	7558431	7270327	20129	11811

单位：万元

餐费收入		商品销售额		其他收入	
限额以上	大中型企业	限额以上	大中型企业	限额以上	大中型企业
40560670	**23127010**	**1193272**	**531931**	**936880**	**580832**
29026839	**12334008**	**1068972**	**431598**	**808573**	**471589**
502561	195756	22122	8027	43919	21839
208717	42299	17075	5161	16259	4986
148392	62515	11007	7157	7266	6162
36221	29225	17774	17616	40	
36221	29225	17774	17616	40	
7842641	3977503	348530	209485	332959	232590
229226	166775	26378	18747	30294	26269
7613416	3810728	322151	190738	302665	206321
1165799	823233	68833	35096	41863	34171
18635351	7103749	566770	147891	358260	169056
3466033	538293	139917	12291	32903	6385
400228	89319	11280	1810	4416	553
13986977	6143373	390441	124441	290171	155953
782113	332764	25132	9349	30770	6166
487157	99727	16862	1165	8008	2784
3409579	**3009595**	**57581**	**48842**	**42036**	**29649**
657378	574443	16339	12131	13235	10934
199034	185054	8296	7332	3038	2907
2532190	2238612	31583	29379	25462	15808
18682	11486	951		301	
2295		411			
8124252	**7783407**	**66720**	**51492**	**86272**	**79593**
1798133	1706322	15223	11201	23302	20526
110274	94684	197		17847	15925
6161884	5951962	43189	39818	44674	42846
42452	30440	1074	473	449	296
11509		7037			
29563787	13243290	1039651	426136	800451	468127
8827444	8191928	62001	41921	89831	76074
802633	709346	55794	47760	5228	3401
1366807	982445	35827	16115	41371	33230
1654499	1110536	118737	67455	164730	126110
718656	385733	87679	68029	61696	34669
24557111	9862161	759072	226188	512613	266927
3226078	2854779	52408	45170	37563	25130
7415229	7152150	51457	39748	71617	66618

1-11 大中型住宿和餐饮业

项目	流动资产合计		固定资产原价	
	限额以上	大中型企业	限额以上	大中型企业
总计	**54828228**	**34582268**	**88735982**	**59311158**
一、住宿业	**35155522**	**23755792**	**68095684**	**48533113**
(一)按登记注册类型分				
1.内资企业	**28922226**	**18261455**	**53124596**	**35153221**
国有企业	3226974	2197551	10773389	7440104
集体企业	437648	214157	1105301	571952
股份合作企业	113803	72676	183232	64590
联营企业	43770	26532	151646	94434
国有联营企业	21828	12761	89840	59725
集体联营企业	10208	4747	24643	4899
国有与集体联营企业	10735	8174	35257	28548
其他联营企业	999	849	1907	1262
有限责任公司	13609451	9474192	25418101	18753922
国有独资公司	841460	681685	2811723	2269946
其他有限责任公司	12767991	8792506	22606378	16483976
股份有限公司	1539404	1218384	2507895	1712913
私营企业	9778483	4974322	12666113	6405010
私营独资企业	524352	139163	1103262	279797
私营合伙企业	103297	24501	225910	51277
私营有限责任公司	8483026	4454157	10542648	5655645
私营股份有限公司	667807	356501	794294	418292
其他企业	172692	83641	318919	110296
2.港、澳、台商投资企业	**3783280**	**3338447**	**9039286**	**7981181**
合资经营企业	1826714	1659885	4361868	3985775
合作经营企业	477185	400854	1102291	899222
独资经营企业	1365777	1190540	3200626	2766550
投资股份有限公司	103676	83968	278646	251292
其他港澳台商投资企业	9927	3199	95854	78343
3.外商投资企业	**2450016**	**2155891**	**5931802**	**5398712**
中外合资经营企业	1277323	1154943	2648875	2417555
中外合作经营企业	325095	289110	847665	785963
外资企业	829809	699518	2080916	1874996
外商投资股份有限公司	11544	8380	331790	312820
其他外商投资企业	6245	3939	22556	7378
(二)按国民经济行业分				
旅游饭店	29607474	21631537	60888893	45833131
一般旅馆	4763578	1716333	6092339	2175552
其他住宿业	784470	407922	1114452	524430
(三)按控股情况分				
国有控股	7471437	5689535	24287590	18752792
集体控股	1117043	732255	2951352	1866242
私人控股	17005423	9722109	21642931	11984318
港澳台控股	3000434	2648276	6668602	5815380
外商控股	1661766	1452647	3945456	3587098

企业年末资产负债

单位：万元

累计折旧		资产总计		负债合计		所有者权益合计	
限额以上	大中型企业	限额以上	大中型企业	限额以上	大中型企业	限额以上	大中型企业
32720186	**22603211**	**149265711**	**96227839**	**105228026**	**68692156**	**44044979**	**27535683**
26107706	**18989300**	**103687937**	**71352549**	**73567183**	**51045445**	**30128154**	**20307104**
19212839	**12830210**	**84070634**	**54088466**	**59610374**	**38877696**	**24467659**	**15210770**
4534904	3168993	12548187	8894077	6748105	4627387	5800082	4266690
494035	239186	1293032	676997	894137	489032	398895	187965
87646	34241	258504	136987	205218	107141	59949	29846
75371	43380	141943	89803	79369	61827	62574	27976
44997	28229	77257	47070	37353	25761	39904	21308
11389	2146	27414	10009	8771	4864	18644	5145
17754	11968	34931	30983	27873	25951	7058	5032
1232	1037	2341	1741	5372	5251	-3031	-3509
8619291	6411136	41136406	28717798	30013058	20981874	11123348	7735924
1088109	898846	3465854	2824348	1999129	1623182	1466724	1201166
7531182	5512290	37670552	25893450	28013929	19358692	9656624	6534758
933823	640097	4109822	3083796	2791454	2165336	1318367	918460
4346973	2246438	24136599	12323468	18595375	10329125	5541223	1994343
338977	120965	1628509	387179	858920	297893	769589	89285
70413	17534	315875	77193	159950	48806	155925	28387
3703194	1984564	20572075	10951650	16384660	9294829	4187416	1656821
234389	123375	1620139	907447	1191846	687597	428293	219850
120796	46739	446141	165541	283657	115975	163221	49566
4211159	**3732406**	**12474186**	**10961153**	**8971949**	**7769255**	**3502237**	**3191899**
2282537	2066563	5804777	5289947	4410325	3974208	1394452	1315739
545399	439337	1237619	1014415	1086766	807026	150853	207390
1262817	1123151	4985444	4289168	3169566	2740219	1815878	1548949
68065	56972	373820	332464	252230	212643	121590	119821
52340	46382	72526	35160	53061	35160	19465	
2683707	**2426685**	**7143118**	**6302930**	**4984860**	**4398495**	**2158258**	**1904436**
1263684	1142172	3271698	2930757	2287263	2069411	984435	861346
484198	440945	849599	762058	833448	728207	16151	33851
880644	795462	2668108	2290470	1495624	1256001	1172484	1034469
49680	43787	327336	310684	353790	336334	-26454	-25649
5502	4319	26378	8961	14736	8542	11643	419
23632890	18064690	89387253	65517929	63931981	46940901	25461935	18577028
2108322	735714	12239235	4776997	8118361	3259904	4121610	1517093
366494	188896	2061450	1057624	1516841	844640	544609	212983
9973490	7742310	29096602	22669810	16594781	12709118	12508484	9960692
1251015	762825	3624242	2334587	2720028	1837137	904214	497450
7085846	3962383	42540730	23491755	33287920	19787409	9253546	3704346
3000948	2638893	9433600	8140917	6822727	5835245	2610873	2305672
1640460	1465898	5037088	4442296	3578667	3138111	1458421	1304185

1-11 续表

项目	流动资产合计		固定资产原价	
	限额以上	大中型企业	限额以上	大中型企业
二、餐饮业	**19672706**	**10826476**	**20640299**	**10778045**
(一)按登记注册类型分				
1.内资企业	**16944722**	**8591521**	**17372066**	**7956256**
国有企业	364093	187265	876646	378466
集体企业	182335	30913	95434	13202
股份合作企业	252849	217016	93723	64057
联营企业	5928	4057	11109	8051
国有联营企业				
集体联营企业	5928	4057	11109	8051
国有与集体联营企业				
其他联营企业				
有限责任公司	5833503	3306103	6067896	3338185
国有独资公司	233497	160981	264193	180042
其他有限责任公司	5600006	3145122	5803703	3158143
股份有限公司	1133919	811834	833895	541564
私营企业	9034306	3998939	9143798	3548430
私营独资企业	756580	133968	1401080	193170
私营合伙企业	96334	20818	151723	25528
私营有限责任公司	7682506	3593928	7180525	3190512
私营股份有限公司	498885	250226	410469	139221
其他企业	137790	35395	249564	64300
2.港、澳、台商投资企业	**1508423**	**1187913**	**1359775**	**1109332**
合资经营企业	360377	266988	291251	247532
合作经营企业	89130	78414	115321	110922
独资经营企业	991480	837580	936997	748798
投资股份有限公司	66261	4932	15641	2080
其他港澳台商投资企业	1175		565	
3.外商投资企业	**1219561**	**1047042**	**1908458**	**1712458**
中外合资经营企业	274980	214736	619044	541157
中外合作经营企业	30993	21428	30320	23099
外资企业	893264	802396	1243728	1139732
外商投资股份有限公司	15759	8482	13798	8471
其他外商投资企业	4565		1568	
(二)按国民经济行业分				
正餐服务	17134326	8736858	18224627	8656827
快餐服务	1616544	1400447	1933702	1800950
饮料及冷饮服务	264632	208228	160218	128180
其他餐饮业	657203	480943	321751	192089
(三)按控股情况分				
国有控股	1520386	971442	2027452	1251225
集体控股	541157	295859	704359	400932
私人控股	13038026	6047786	12583225	5120008
港澳台控股	1435761	1135112	1221113	987253
外商控股	1074204	950696	1734051	1594729

单位：万元

累计折旧		资产总计		负债合计		所有者权益合计	
限额以上	大中型企业	限额以上	大中型企业	限额以上	大中型企业	限额以上	大中型企业
6612480	**3613912**	**45577774**	**24875290**	**31660843**	**17646711**	**13916825**	**7228579**
5245412	**2459598**	**38323025**	**18631749**	**26780580**	**13546773**	**11542499**	**5084977**
275813	125746	1231105	592805	763593	381338	467512	211467
41732	6567	277845	42708	220626	30040	57219	12669
40985	25906	412753	349610	336127	286107	76625	63503
1434	1057	17323	11051	5034	2017	12289	9035
1434	1057	17323	11051	5034	2017	12289	9035
1860032	1027236	13381390	7427332	10048326	5654665	3333127	1772667
69351	45118	521238	322430	390236	264158	131002	58272
1790681	982117	12860152	7104901	9658090	5390507	3202125	1714395
265258	194852	2508163	1753738	1629100	995659	879064	758079
2690343	1059061	20103318	8359403	13566480	6124206	6536829	2235198
360848	65619	2267821	337718	928964	173945	1338857	163773
44102	8904	236192	41838	100211	17780	135981	24058
2154870	934976	16477904	7394730	11768501	5490741	4709394	1903990
130522	49562	1121401	585117	768804	441741	352596	143376
69816	19175	391130	95102	211295	72743	179835	22359
566568	**442377**	**3113747**	**2504603**	**2082428**	**1603514**	**1031319**	**901090**
130561	106312	720508	567153	473087	368140	247421	199013
61437	58021	177400	157407	163981	136260	13419	21147
368832	276686	2133530	1772874	1398987	1096167	734543	676707
5469	1359	80754	7170	45259	2948	35495	4222
269		1555		1114		441	
800500	**711937**	**4141001**	**3738938**	**2797835**	**2496425**	**1343007**	**1242513**
258293	216183	1063426	931724	699837	580372	363429	351352
16660	12663	62559	47867	49226	41263	13334	6604
518822	478947	2944753	2741476	2011623	1866084	933129	875392
6106	4144	63328	17871	33247	8706	30081	9165
619		6936		3903		3033	
5606225	2719261	39349380	19421170	27478293	14024294	11870982	5396876
839190	785695	4494719	4119716	3032311	2795300	1462409	1324416
56340	45003	534792	443501	295533	244361	239259	199140
110726	63952	1198882	890904	854706	582757	344176	308147
636110	391074	3841082	2485417	2558460	1619697	1282622	865720
294962	173677	1336897	776144	1063123	605941	273773	170204
3707490	1563653	28771856	12684807	20173313	9480376	8598436	3204431
508496	393336	2887002	2327472	1885407	1448000	1001595	879471
719989	657451	3779706	3478872	2590598	2361127	1189108	1117745

1-12 大中型住宿和餐饮业

项　　目	实收资本		国家资本		集体资本	
	限额以上	大中型企业	限额以上	大中型企业	限额以上	大中型企业
总　计	**43890197**	**25747015**	**9201690**	**6578242**	**1125694**	**557617**
一、住宿业	**31767819**	**20665568**	**8469959**	**6217556**	**870998**	**465077**
(一)按登记注册类型分						
1.内资企业	**24123818**	**14356436**	**7599417**	**5413703**	**806626**	**424285**
国有企业	4669512	3051847	4030007	2630822	47302	42580
集体企业	309332	93711	4261	1560	272122	77943
股份合作企业	55579	18317	10491	9673	17139	3996
联营企业	63171	31851	44272	25481	11223	2552
国有联营企业	46369	26061	39400	24361	3480	400
集体联营企业	8029	1751			6308	1551
国有与集体联营企业	7005	2518	4772	1120	1436	601
其他联营企业	1768	1522	100			
有限责任公司	11718752	8007826	3263879	2572427	366893	239306
国有独资公司	1279457	1091214	864851	731551	2116	2044
其他有限责任公司	10439295	6916612	2399028	1840876	364777	237262
股份有限公司	1019309	627217	223505	171212	62227	41659
私营企业	6160677	2500231	18393	1420	17733	4809
私营独资企业	571837	123031	3761		560	
私营合伙企业	118559	19060	500		668	
私营有限责任公司	5012619	2167231	13636	1420	16360	4809
私营股份有限公司	457662	190909	495		145	
其他企业	127487	25437	4609	1109	11987	11440
2.港、澳、台商投资企业	**4729969**	**3886979**	**708428**	**665405**	**27451**	**11301**
合资经营企业	1948626	1614684	331144	294640	26542	11249
合作经营企业	503616	454567	101975	95885	909	52
独资经营企业	2110075	1690143	263500	263500		
投资股份有限公司	146160	127586	11810	11380		
其他港澳台商投资企业	21492					
3.外商投资企业	**2914032**	**2422153**	**162114**	**138449**	**36921**	**29491**
中外合资经营企业	1225025	1056243	149256	130650	17832	16130
中外合作经营企业	298257	251920	12859	7799	5728	
外资企业	1312839	1050134				
外商投资股份有限公司	47382	44532				
其他外商投资企业	30529	19325			13361	13361
(二)按国民经济行业分						
旅游饭店	27676985	19140384	7904102	5984325	743820	425526
一般旅馆	3590669	1371980	467925	195324	113371	34084
其他住宿业	500165	153204	97932	37907	13807	5468
(三)按控股情况分						
国有控股	11128954	8409363	7431585	5397279	78670	66251
集体控股	961645	516640	20756	9420	561075	252195
私人控股	10462293	4642711	44707	13819	39511	13957
港澳台控股	3844571	3144415	371361	355460	22355	9121
外商控股	2042007	1685600	28562	18230	16130	16130

企业实收资本及构成

单位：万元

法人资本		个人资本		港澳台资本		外商资本	
限额以上	大中型企业	限额以上	大中型企业	限额以上	大中型企业	限额以上	大中型企业
16127196	**9558976**	**10472525**	**3677722**	**4071331**	**3184393**	**2891267**	**2190065**
11495281	**7467559**	**5738205**	**2339207**	**3252111**	**2604528**	**1940770**	**1571641**
10053331	**6209672**	**5611735**	**2271892**	**33076**	**22393**	**19140**	**14492**
571884	364180	9684	5009	5749	5629	4886	3627
30821	14198	2129	11				
13127	100	14821	4548				
6960	3618	715	200				
2975	1300	515					
1521		200	200				
797	797						
1668	1522						
6243091	4389108	1811595	781605	20527	15974	12272	9407
401947	347976	7743	6843			2800	2800
5841143	4041131	1803852	774762	20527	15974	9472	6607
469180	262529	262674	150360			1724	1458
2666541	1171519	3451743	1322482	6010		258	
181156	48767	386256	74264	42		63	
28916	9267	88475	9793				
2220004	992169	2756456	1168834	5968		194	
236465	121317	220557	69592				
51726	4421	58375	7677	790	790		
811921	**710430**	**65941**	**33461**	**3067946**	**2447315**	**48281**	**19068**
581932	527485	57756	32262	916700	737926	34553	11122
100773	90265	1348		288009	260919	10602	7446
120858	85057	4350		1718241	1341085	3126	500
8357	7623	2021	1198	123972	107385		
		467		21025			
630030	**547457**	**60529**	**33854**	**151089**	**134820**	**1873348**	**1538082**
496662	438471	54393	33304	41489	34893	465394	402795
86960	79008	654	550	90013	81279	102043	83283
34846	19616	5127		19587	18647	1253279	1011870
11563	10363					35820	34169
		354				16814	5963
9835265	6735931	4410822	2103472	3043590	2462188	1739386	1428942
1474489	661152	1152506	215340	187003	124622	194881	141459
185527	70476	174877	20395	21518	17718	6503	1240
3324795	2693065	73599	58858	142032	122846	78272	71066
366142	247603	12499	6394	1163	1028	10	
5210274	2552097	5100371	2025688	35568	22430	31367	14721
506922	424749	37945	21681	2896624	2330678	9364	2727
324511	290558	14707	10144	17115	14085	1640983	1336453

1-12 续表

项　　目	实收资本		国家资本		集体资本	
	限额以上	大中型企业	限额以上	大中型企业	限额以上	大中型企业
二、餐饮业	**12122379**	**5081447**	**731731**	**360686**	**254696**	**92539**
(一)按登记注册类型分						
1.内资企业	**9824911**	**3470259**	**705277**	**344176**	**224715**	**67251**
国有企业	351182	112843	314183	104655	3152	2100
集体企业	45773	2931	83		36191	2481
股份合作企业	55509	40814	101		4431	1231
联营企业	10636	8000			577	
国有联营企业						
集体联营企业	10636	8000			577	
国有与集体联营企业						
其他联营企业						
有限责任公司	3180658	1352758	322729	204453	150865	51656
国有独资公司	117947	81380	77096	50752		
其他有限责任公司	3062712	1271378	245634	153701	150865	51656
股份有限公司	499674	310933	54760	33120	11662	7381
私营企业	5527995	1610574	11063	1948	15583	1716
私营独资企业	869966	87784	847		1980	100
私营合伙企业	106822	15311	22		669	
私营有限责任公司	4243085	1393223	10110	1948	10929	1259
私营股份有限公司	308122	114256	83		2005	357
其他企业	153484	31406	2358		2256	686
2.港、澳、台商投资企业	**994903**	**700624**	**19515**	**16420**	**1647**	**846**
合资经营企业	238087	160245	18242	15147	1647	846
合作经营企业	75817	59538	1273	1273		
独资经营企业	656562	478910				
投资股份有限公司	23773	1932				
其他港澳台商投资企业	664					
3.外商投资企业	**1302564**	**910564**	**6939**	**90**	**28334**	**24442**
中外合资经营企业	371478	170197	6288	90	28294	24442
中外合作经营企业	26406	14689	441			
外资企业	874212	720180	10		40	
外商投资股份有限公司	29234	5497	200			
其他外商投资企业	1234					
(二)按国民经济行业分						
正餐服务	10755583	4038137	703647	339817	241828	84608
快餐服务	976802	827507	18503	15444	6641	6202
饮料及冷饮服务	124106	88024	75	25	18	
其他餐饮业	265887	127780	9507	5400	6210	1730
(三)按控股情况分						
国有控股	951370	538421	608112	279904	15712	14158
集体控股	266760	119846	6165	2725	121610	30230
私人控股	7718738	2440983	23774	6357	25948	5101
港澳台控股	908820	629126	4213	676	786	636
外商控股	1187849	840531	300	90	22610	22442

单位：万元

法人资本		个人资本		港澳台资本		外商资本	
限额以上	大中型企业	限额以上	大中型企业	限额以上	大中型企业	限额以上	大中型企业
4631914	**2091417**	**4734320**	**1338515**	**819220**	**579865**	**950497**	**618425**
4173675	**1728215**	**4703228**	**1327537**	**14886**	**1807**	**3131**	**1273**
32607	6088	1186		27		26	
8254	450	1246					
43681	38160	7296	1423				
9824	8000	235					
9824	8000	235					
1615981	775929	1075277	319158	13903	1312	1904	250
38566	30629	2285					
1577415	745301	1072992	319158	13903	1312	1904	250
220443	157793	211787	111616			1023	1023
2175258	719855	3325454	887056	461		177	
274601	22413	592479	65270	36		23	
27579	5268	78507	10043	22		23	
1758567	639051	2463156	750966	299		24	
114511	53122	191313	60777	103		107	
67628	21940	80747	8284	496	495	1	
200138	**142610**	**14727**	**6201**	**745379**	**525652**	**13497**	**8896**
97713	73938	9468	3726	108872	64923	2145	1665
24120	20305	1634	800	42424	34895	6366	2265
59607	48160	3625	1675	588364	424109	4966	4966
18547	207			5206	1725	20	
151				513			
258102	**220593**	**16366**	**4776**	**58955**	**52407**	**933869**	**608256**
84973	65153	12809	2286	15328	11402	223786	66825
3353	32			1197		21415	14657
168968	155208	3506	2491	42146	41005	659542	521477
708	200	50				28276	5297
100				284		850	
4171801	1724200	4507381	1277916	631657	407970	499269	203626
349364	297002	102508	36682	123574	114727	376214	357451
11511	2366	22916	354	52338	48723	37248	36557
99238	67849	101515	23564	11651	8446	37766	20790
284057	207044	37017	33632	3085	3059	3387	623
125191	82054	11850	4767	1046	70	898	
3251732	1193409	4407027	1234140	2593	975	7664	1002
160649	110799	6936	4318	728644	510432	7592	2265
244455	217430	6235	1048	3262	1609	910986	597911

1-13 大中型住宿和餐饮业

项目	主营业务收入		主营业务成本	
	限额以上	大中型企业	限额以上	大中型企业
总　计	**79423325**	**47904156**	**36554024**	**19647890**
一、住宿业	**34580471**	**22620480**	**13437303**	**7798404**
(一)按登记注册类型分				
1.内资企业	**29122822**	**17641720**	**11801777**	**6345703**
国有企业	4590014	3028423	1841306	1088513
集体企业	609647	261885	274465	96354
股份合作企业	114766	55768	46312	20043
联营企业	67850	48069	26086	17124
国有联营企业	31226	21898	10691	6515
集体联营企业	17575	10781	8584	5755
国有与集体联营企业	12876	11225	3661	3219
其他联营企业	6174	4165	3151	1636
有限责任公司	12417492	8762310	4587546	2958681
国有独资公司	1003814	813858	384493	297224
其他有限责任公司	11413678	7948452	4203053	2661457
股份有限公司	1244527	847919	537833	349369
私营企业	9733833	4493168	4317204	1753081
私营独资企业	1069778	243303	592170	103077
私营合伙企业	259819	61172	142642	32014
私营有限责任公司	7827205	3889160	3294853	1472672
私营股份有限公司	577031	299532	287539	145318
其他企业	344694	144179	171026	62537
2.港、澳、台商投资企业	**3222360**	**2955115**	**934291**	**830680**
合资经营企业	1588429	1485319	456318	410612
合作经营企业	373537	343205	97186	88503
独资经营企业	1147899	1030911	339048	296057
投资股份有限公司	99696	84974	38654	33069
其他港澳台商投资企业	12800	10706	3085	2438
3.外商投资企业	**2235289**	**2023645**	**701235**	**622020**
中外合资经营企业	1063553	974907	250617	210609
中外合作经营企业	307594	288946	140569	135164
外资企业	817193	723070	297942	267695
外商投资股份有限公司	36198	28585	8588	5969
其他外商投资企业	10752	8137	3520	2584
(二)按国民经济行业分				
旅游饭店	28062943	20365227	10481665	6891939
一般旅馆	5752618	1941574	2621141	803236
其他住宿业	764911	313679	334497	103229
(三)按控股情况分				
国有控股	9646630	7312694	3526283	2448067
集体控股	1572827	927663	645628	329611
私人控股	14944691	7534120	6422586	2812350
港澳台控股	2410149	2184764	736004	652490
外商控股	1418748	1267070	475488	426601

企业损益及分配

单位：万元

主营业务税金及附加		主营业务利润		其他业务利润		销售费用	
限额以上	大中型企业	限额以上	大中型企业	限额以上	大中型企业	限额以上	大中型企业
4197549	**2546436**	**38671751**	**25709830**	**1132144**	**732066**	**21849312**	**14766126**
1871644	**1223868**	**19271524**	**13598208**	**717224**	**508931**	**9602210**	**6429700**
1572396	**951694**	**15748650**	**10344323**	**585540**	**391158**	**8220169**	**5195446**
246809	156298	2501899	1783612	117397	86139	1378400	942064
33236	14778	301946	150752	8799	3647	142283	67935
6214	2342	62240	33382	3218	2745	34553	15346
3199	2125	38566	28820	38	10	19802	14521
1754	1183	18781	14200	16	10	10779	7885
575	245	8416	4782	22		4535	2769
556	464	8659	7542			3609	3058
313	233	2710	2296			879	810
681679	485345	7148267	5318284	259259	194681	3726243	2582258
53987	44230	565335	472405	10038	8950	280350	226708
627693	441115	6582933	4845880	249221	185731	3445892	2355550
64141	43258	642553	455292	31458	24096	310563	211881
519341	239987	4897289	2500099	158250	76850	2541626	1331359
55476	13064	422133	127162	5278	118	157088	62645
13217	2630	103960	26529	1746		45462	15073
422428	210154	4109923	2206334	145007	76105	2214962	1186306
28220	14140	261273	140074	6220	627	124114	67335
17777	7561	155891	74081	7121	2991	66699	30081
176802	**161557**	**2111268**	**1962878**	**85981**	**79378**	**834830**	**757773**
90514	84533	1041597	990173	43046	42204	396351	367176
19735	17947	256617	236755	3755	3755	116307	106549
60416	53563	748436	681291	35867	30931	295556	262039
5439	4925	55603	46981	3312	2489	24768	21608
699	588	9015	7679			1848	401
122446	**110618**	**1411607**	**1291007**	**45703**	**38395**	**547211**	**476481**
60000	55269	752936	709029	27187	25300	289226	266353
16998	15939	150027	137843	7030	4188	60706	51906
43101	37659	476149	417716	11461	8907	178539	143001
1706	1257	25904	21359	26		14179	11748
642	493	6591	5060			4561	3472
1530394	1108021	16050884	12365267	596722	456070	8005742	5877784
300381	99629	2831096	1038709	98159	38801	1420117	471188
40869	16218	389545	194232	22343	14061	176351	80728
523434	390286	5596912	4474341	217948	171388	2833768	2160218
84160	50266	843038	547786	30625	20159	425776	271143
799695	406712	7722410	4315058	261300	145302	4064265	2225048
130739	118681	1543405	1413594	61658	55500	639760	574931
76973	68167	866287	772302	23063	17234	337291	280093

1-13 续表 1

项　　目	主营业务收入		主营业务成本	
	限额以上	大中型企业	限额以上	大中型企业
二、餐饮业	**44842853**	**25283676**	**23116721**	**11849486**
(一)按登记注册类型分				
1.内资企业	**33006024**	**14249724**	**17814323**	**6934652**
国有企业	689577	297992	374715	146864
集体企业	262623	54243	152430	28338
股份合作企业	169941	74945	89612	37203
联营企业	53876	46840	35254	30346
国有联营企业				
集体联营企业	53876	46840	35254	30346
国有与集体联营企业				
其他联营企业				
有限责任公司	9326602	4896802	4748881	2252927
国有独资公司	318259	233354	156918	109476
其他有限责任公司	9008343	4663449	4591963	2143451
股份有限公司	1311889	891802	662341	418937
私营企业	20643239	7872073	11416747	3949008
私营独资企业	3779882	581717	2275437	340385
私营合伙企业	446858	102714	266506	58090
私营有限责任公司	15518117	6813314	8380331	3360934
私营股份有限公司	898383	374328	494474	189599
其他企业	548278	115026	334344	71031
2.港、澳、台商投资企业	**3600317**	**3170240**	**1441094**	**1232301**
合资经营企业	698311	606898	339323	291408
合作经营企业	212954	197877	82785	75358
独资经营企业	2666438	2354080	1008987	860855
投资股份有限公司	19853	11386	8423	4680
其他港澳台商投资企业	2762		1576	
3.外商投资企业	**8236512**	**7863712**	**3861303**	**3682533**
中外合资经营企业	1841499	1738897	860575	809479
中外合作经营企业	126371	106723	72823	64273
外资企业	6206834	5987178	2899273	2796732
外商投资股份有限公司	43264	30913	18381	12050
其他外商投资企业	18545		10252	
(二)按国民经济行业分				
正餐服务	33589730	15222695	17831762	7323250
快餐服务	8876075	8211005	4205985	3781202
饮料及冷饮服务	861089	759862	276598	224195
其他餐饮业	1515960	1090114	802377	520839
(三)按控股情况分				
国有控股	2188950	1478420	1099025	697461
集体控股	948771	533738	500534	258594
私人控股	27386940	11033807	14977597	5464507
港澳台控股	3403353	3003625	1347524	1155729
外商控股	7512109	7226640	3458780	3328759

单位：万元

主营业务税金及附加		主营业务利润		其他业务利润		销售费用	
限额以上	大中型企业	限额以上	大中型企业	限额以上	大中型企业	限额以上	大中型企业
2325906	**1322568**	**19400227**	**12111622**	**414921**	**223135**	**12247102**	**8336426**
1695385	**735628**	**13496317**	**6579443**	**334356**	**150704**	**7852892**	**4207405**
33320	14290	281542	136838	11855	3812	160953	79688
12129	2818	98064	23088	2195	717	43145	11157
9655	4313	70674	33429	640	1	47164	23090
491	160	18131	16335			2273	1544
491	160	18131	16335			2273	1544
489001	255953	4088721	2387923	129421	64043	2660017	1598348
15857	11987	145485	111892	13242	12499	63629	47030
473144	243966	3943236	2276031	116179	51543	2596387	1551319
61446	40670	588102	432195	8791	4871	333034	256124
1058658	410019	8167834	3513047	175141	74702	4529274	2213396
181745	26048	1322699	215284	12717	3252	393990	87597
20983	4607	159369	40017	2413	18	70612	22949
810066	360460	6327721	3091920	151247	71121	3846510	1984288
45865	18904	358045	165826	8764	311	218162	118562
30686	7406	183249	36590	6313	2558	77032	24058
189602	**166124**	**1969621**	**1771816**	**25960**	**23007**	**1519419**	**1368974**
35938	31257	323050	284233	6172	5292	240521	212848
10498	9702	119671	112817	-501	-599	91449	84480
141948	124530	1515503	1368695	20226	18314	1178551	1066649
1107	634	10323	6072	63		8260	4998
112		1074				638	
440919	**420816**	**3934290**	**3760363**	**54604**	**49424**	**2874791**	**2760047**
97442	92189	883482	837228	5286	2942	674965	645011
6815	5787	46733	36664	1508	33	32021	26108
333377	321212	2974183	2869235	46440	45576	2146888	2075909
2264	1628	22619	17235	891	872	16010	13019
1021		7273		480		4908	
1751702	800586	14006266	7098858	337602	156420	8373632	4654466
459329	431862	4210762	3997941	71334	64524	3113094	3000624
44121	38924	540369	496743	1088	22	391142	369728
70754	51195	642830	518079	4897	2169	369233	311608
103785	69757	986140	711202	38865	27760	554674	398273
43011	22950	405226	252194	14060	8979	217470	135428
1412746	575922	10996597	4993378	257698	101375	6350522	3252536
181683	159684	1874146	1688212	22231	18852	1452421	1309394
398682	383092	3654647	3514789	49316	48302	2678592	2585887

1-13 续表 2

项　　目	管理费用		财务费用	
	限额以上	大中型企业	限额以上	大中型企业
总　　计	**14736706**	**9586748**	**2183168**	**1505287**
一、住宿业	**9497828**	**6717250**	**1514729**	**1140415**
(一)按登记注册类型分				
1.内资企业	**7710674**	**5101871**	**1245537**	**898357**
国有企业	1368212	965118	61686	47581
集体企业	157397	90184	8378	3885
股份合作企业	28034	16601	3656	2009
联营企业	17112	11971	1403	1214
国有联营企业	7568	5295	1063	910
集体联营企业	3098	1029	73	59
国有与集体联营企业	4414	3660	235	226
其他联营企业	2032	1988	33	19
有限责任公司	3718404	2690045	617554	495076
国有独资公司	346446	282952	20378	16684
其他有限责任公司	3371958	2407093	597175	478392
股份有限公司	308744	224696	53442	40834
私营企业	2056873	1071879	489908	303436
私营独资企业	137282	48351	30400	12126
私营合伙企业	33573	8434	5820	1417
私营有限责任公司	1772690	956383	415779	263962
私营股份有限公司	113329	58711	37909	25931
其他企业	55900	31377	9510	4321
2.港、澳、台商投资企业	**1093410**	**986701**	**183444**	**164529**
合资经营企业	538763	497488	79693	73704
合作经营企业	126455	109186	24044	18483
独资经营企业	399583	355698	73661	66569
投资股份有限公司	23378	21055	5837	5771
其他港澳台商投资企业	5230	3273	209	2
3.外商投资企业	**693744**	**628679**	**85748**	**77529**
中外合资经营企业	380572	352381	55529	53379
中外合作经营企业	71330	66733	12076	10964
外资企业	223610	195413	16903	12054
外商投资股份有限公司	14550	12265	724	666
其他外商投资企业	3682	1886	516	465
(二)按国民经济行业分				
旅游饭店	8041764	6158983	1336438	1053710
一般旅馆	1263305	457748	147649	68004
其他住宿业	192759	100519	30642	18700
(三)按控股情况分				
国有控股	3029072	2366299	220423	188779
集体控股	409404	270416	35223	23357
私人控股	3518585	1977433	846616	574475
港澳台控股	813760	729651	152165	137220
外商控股	440745	393370	59732	53005

单位：万元

营业利润		利润总额		应交所得税		应付职工薪酬	
限额以上	大中型企业	限额以上	大中型企业	限额以上	大中型企业	限额以上	大中型企业
918189	**458051**	**963669**	**599325**	**820915**	**521777**	**16135812**	**9977802**
-628585	**-284580**	**-406254**	**-108398**	**317267**	**220417**	**7999262**	**5288715**
-862180	**-591202**	**-678691**	**-446458**	**226714**	**134160**	**6749310**	**4159640**
-219399	-125728	-147870	-87229	25348	15173	1246511	823086
845	-9206	-2677	-8579	6187	2248	138715	63142
-993	285	781	2711	1749	1545	26667	10612
373	1024	-774	-464	399	217	17573	11842
-645	89	-377	23	268	197	9743	6625
836	884	494	524	94	13	2638	941
415	572	-657	-490	26	8	4080	3391
-234	-521	-234	-521	11		1112	886
-574659	-314532	-503985	-263889	102749	74603	3072103	2137642
-59657	-32316	-46505	-21668	12705	11691	285974	228278
-515001	-282216	-457480	-242221	90044	62912	2786129	1909364
3693	8522	3038	14119	10512	7403	277602	192739
-97326	-158320	-48073	-110889	77712	32479	1901569	887911
100536	5296	90431	3002	11231	2778	168672	39018
19563	1594	16546	1647	1834	288	43503	9479
-214080	-161970	-152584	-114939	60837	27731	1583420	790674
-3345	-3241	-2466	-599	3811	1682	105975	48740
25287	6753	20868	7761	2059	494	68570	32668
111279	**163474**	**143179**	**187788**	**51038**	**48789**	**738248**	**665748**
69522	93591	70910	93515	27495	27135	385683	354903
-7025	5767	-11408	1422	5373	5236	81250	73044
50761	65396	84985	93516	17691	16172	243041	213193
-2444	-4019	-1771	-3404	474	246	24776	22008
465	2740	463	2740	6		3499	2600
122316	**143148**	**129258**	**150271**	**39515**	**37468**	**511705**	**463327**
42211	49695	47121	54349	19293	18384	246032	225948
9726	11951	9712	11660	5295	5218	74057	69245
75574	85587	76312	87140	14524	13489	176996	155681
-3050	-3321	-1754	-2112	384	377	11711	10349
-2145	-764	-2133	-765	19		2907	2105
-870112	-369339	-651687	-211599	247074	192901	6730104	4832248
232736	76787	232597	89701	64037	25036	1112429	389417
8791	7972	12836	13501	6156	2479	156730	67049
-285560	-102031	-166387	-22350	98526	81757	2639033	1995139
-11540	-9657	-6470	-232	17701	12221	346901	199914
-399590	-367304	-358262	-317868	111226	48641	3092213	1555410
26721	59557	52483	82955	30832	28894	533164	477916
50766	67172	54255	71435	20992	19629	320367	286801

1-13 续表 3

项　　目	管理费用		财务费用	
	限额以上	大中型企业	限额以上	大中型企业
二、餐饮业	**5238879**	**2869498**	**668439**	**364872**
(一)按登记注册类型分				
1.内资企业	**4084248**	**1863190**	**601261**	**309255**
国有企业	120408	58494	9137	3899
集体企业	27506	6555	1828	461
股份合作企业	19462	9557	1994	1130
联营企业	2325	1639	1444	1385
国有联营企业				
集体联营企业	2325	1639	1444	1385
国有与集体联营企业				
其他联营企业				
有限责任公司	1345063	728775	180832	110633
国有独资公司	74844	55741	5463	4750
其他有限责任公司	1270219	673035	175369	105883
股份有限公司	189447	126039	32781	19689
私营企业	2327695	922590	366552	169822
私营独资企业	289653	54751	49468	12231
私营合伙企业	43849	8102	5572	1247
私营有限责任公司	1897270	822142	291916	145691
私营股份有限公司	96923	37595	19596	10653
其他企业	52342	9539	6695	2237
2.港、澳、台商投资企业	**393475**	**314637**	**35445**	**28651**
合资经营企业	86621	71290	7889	6522
合作经营企业	32331	29937	2209	1848
独资经营企业	270525	212300	24481	20221
投资股份有限公司	3758	1109	853	60
其他港澳台商投资企业	240		14	
3.外商投资企业	**761156**	**691671**	**31733**	**26966**
中外合资经营企业	160820	143132	8031	6571
中外合作经营企业	17121	12049	1252	1115
外资企业	577274	534437	21677	18758
外商投资股份有限公司	4668	2054	721	522
其他外商投资企业	1273		52	
(二)按国民经济行业分				
正餐服务	4281139	2037296	616475	322169
快餐服务	739202	671770	37709	33189
饮料及冷饮服务	60536	45253	2514	1632
其他餐饮业	158002	115179	11741	7882
(三)按控股情况分				
国有控股	407629	282164	34611	21826
集体控股	125059	76614	9092	5191
私人控股	3192417	1315740	510655	255869
港澳台控股	356008	283497	32541	26169
外商控股	679546	620634	30548	26828

单位：万元

营业利润		利润总额		应交所得税		应付职工薪酬	
限额以上	大中型企业	限额以上	大中型企业	限额以上	大中型企业	限额以上	大中型企业
1546774	**742631**	**1369923**	**707723**	**503648**	**301360**	**8136550**	**4689087**
1179608	**324998**	**1026799**	**312064**	**357208**	**161217**	**6088098**	**2798943**
3005	1353	-14	-2778	5732	1398	161172	73042
26317	5648	24934	5665	3125	1445	48125	13948
5163	2528	12166	9813	3663	2722	33061	15489
3553	2766	3996	2766	709	691	1605	622
3553	2766	3996	2766	709	691	1605	622
-19901	-6384	-19883	15826	98598	58615	1898537	1002401
5012	6583	7131	7797	3975	3414	67752	47253
-24913	-12966	-27014	8028	94623	55200	1830786	955148
118406	89591	108909	89216	18170	12259	270508	195147
994486	228497	860206	194815	222909	83449	3583913	1480047
596743	61401	504340	47654	53141	6133	501958	98344
39921	7726	36477	7659	4060	702	72196	15364
331578	159813	296719	138667	157990	74729	2849803	1289960
26244	-443	22670	834	7718	1885	159956	76380
48579	999	36484	-3258	4302	638	91178	18249
39564	**75172**	**31083**	**67835**	**38255**	**35381**	**638472**	**547705**
-12281	-6738	-9492	-2806	4091	3405	134239	115122
-5739	-2955	-5968	-3115	1941	1829	39936	35502
59904	84960	49344	73829	32161	30139	459400	394660
2503	-95	-2981	-73	26	7	4383	2422
183		180		36		513	
327602	**342461**	**312042**	**327825**	**108185**	**104762**	**1409981**	**1342438**
38239	42367	38702	42621	18079	16787	356041	337951
-3438	-2695	-3333	-2751	701	601	30689	26217
289163	300278	274398	285586	88505	86772	1012056	971709
2320	2511	1145	2369	666	602	9170	6561
1319		1129		234		2025	
970723	226106	842710	223147	359093	167309	6237393	2960474
378133	346775	339496	314118	93594	86806	1473728	1383973
86389	80338	87566	82652	23129	21991	133646	113684
111529	89412	100152	87807	27832	25255	291783	230956
59918	64555	71942	73246	27896	21464	552622	392071
49070	27639	51872	34903	11190	8096	171801	95507
1069699	220282	897707	184554	291915	115573	4871463	2077625
47964	80973	39740	73561	39395	36719	597785	511322
293322	309865	277483	294394	97406	95793	1267407	1213810

1-14 大中型住宿和餐饮业企业经济效益分析指标

项目	负债比率(%)		主营业务毛利率(%)		人均营业收入(万元)		费用率(%)	
	限额以上	大中型企业	限额以上	大中型企业	限额以上	大中型企业	限额以上	大中型企业
总　　计	**70.5**	**71.4**	**54.0**	**59.0**	**17.6**	**19.6**	**48.3**	**53.4**
一、住宿业	**71.0**	**71.5**	**61.1**	**65.5**	**16.8**	**19.4**	**58.8**	**62.3**
(一)按登记注册类型分								
1.内资企业	**70.9**	**71.9**	**59.5**	**64.0**	**15.9**	**18.3**	**58.2**	**62.7**
国有企业	53.8	52.0	59.9	64.1	15.8	18.6	60.0	63.5
集体企业	69.2	72.2	55.0	63.2	15.7	18.2	49.9	61.4
股份合作企业	79.4	78.2	59.6	64.1	15.5	19.6	56.1	59.9
联营企业	55.9	68.8	61.6	64.4	17.5	22.5	56.1	57.5
国有联营企业	48.3	54.7	65.8	70.2	15.0	18.1	61.9	63.9
集体联营企业	32.0	48.6	51.2	46.6	20.2	47.7	43.1	35.8
国有与集体联营企业	79.8	83.8	71.6	71.3	18.0	19.7	63.9	61.9
其他联营企业	229.5	301.5	49.0	60.7	28.1	30.8	47.7	67.6
有限责任公司	73.0	73.1	63.1	66.2	16.1	18.4	64.1	65.1
国有独资公司	57.7	57.5	61.7	63.5	17.3	18.5	63.5	63.7
其他有限责任公司	74.4	74.8	63.2	66.5	16.0	18.4	64.2	65.3
股份有限公司	67.9	70.2	56.8	58.8	16.5	19.1	53.4	55.7
私营企业	77.0	83.8	55.6	61.0	15.7	17.7	51.6	59.5
私营独资企业	52.7	76.9	44.6	57.6	16.5	18.7	30.1	50.0
私营合伙企业	50.6	63.2	45.1	47.7	14.9	14.8	32.5	40.7
私营有限责任公司	79.6	84.9	57.9	62.1	15.6	17.5	55.5	61.0
私营股份有限公司	73.6	75.8	50.2	51.5	16.0	20.2	47.5	50.6
其他企业	63.6	70.1	50.4	56.6	16.3	20.5	38.0	45.4
2.港、澳、台商投资企业	**71.9**	**70.9**	**71.0**	**71.9**	**22.9**	**24.5**	**64.2**	**63.3**
合资经营企业	76.0	75.1	71.3	72.4	23.2	25.0	62.4	61.7
合作经营企业	87.8	79.6	74.0	74.2	22.7	23.6	69.8	66.6
独资经营企业	63.6	63.9	70.5	71.3	23.2	24.8	65.9	65.4
投资股份有限公司	67.5	64.0	61.2	61.1	18.6	19.1	53.8	56.6
其他港澳台商投资企业	73.2	100.0	75.9	77.2	16.0	23.0	56.9	34.3
3.外商投资企业	**69.8**	**69.8**	**68.6**	**69.3**	**23.5**	**25.0**	**58.5**	**57.6**
中外合资经营企业	69.9	70.6	76.4	78.4	24.2	25.6	67.4	68.2
中外合作经营企业	98.1	95.6	54.3	53.2	21.5	23.2	46.3	44.4
外资企业	56.1	54.8	63.5	63.0	23.9	25.5	50.3	47.5
外商投资股份有限公司	108.1	108.3	76.3	79.1	18.4	18.5	80.3	86.3
其他外商投资企业	55.9	95.3	67.3	68.2	13.4	16.8	81.3	71.6
(二)按国民经济行业分								
旅游饭店	71.5	71.6	62.6	66.2	16.8	19.4	61.0	63.4
一般旅馆	66.3	68.2	54.4	58.6	16.8	19.5	48.6	50.8
其他住宿业	73.6	79.9	56.3	67.1	16.5	18.4	51.5	63.2
(三)按控股情况分								
国有控股	57.0	56.1	63.4	66.5	17.5	19.8	61.9	63.5
集体控股	75.1	78.7	59.0	64.5	17.0	20.2	54.7	60.4
私人控股	78.2	84.2	57.0	62.7	15.3	17.5	55.7	62.7
港澳台控股	72.3	71.7	69.5	70.1	22.7	24.0	65.3	64.7
外商控股	71.0	70.6	66.5	66.3	23.4	24.8	58.0	56.4

1-14 续表

项目	负债比率(%)		主营业务毛利率(%)		人均营业收入(万元)		费用率(%)	
	限额以上	大中型企业	限额以上	大中型企业	限额以上	大中型企业	限额以上	大中型企业
二、餐饮业	**69.5**	**70.9**	**48.4**	**53.1**	**18.3**	**19.8**	**40.2**	**45.5**
(一)按登记注册类型分								
1.内资企业	**69.9**	**72.7**	**46.0**	**51.3**	**17.5**	**18.8**	**37.7**	**44.4**
国有企业	62.0	64.3	45.7	50.7	14.9	16.7	41.3	46.9
集体企业	79.4	70.3	42.0	47.8	19.2	21.5	27.3	33.1
股份合作企业	81.4	81.8	47.3	50.4	18.3	21.2	39.7	43.5
联营企业	29.1	18.2	34.6	35.2	81.5	178.8	11.1	9.8
国有联营企业								
集体联营企业	29.1	18.2	34.6	35.2	81.5	178.8	11.1	9.8
国有与集体联营企业								
其他联营企业								
有限责任公司	75.1	76.1	49.1	54.0	16.3	18.4	44.3	49.2
国有独资公司	74.9	81.9	50.7	53.1	19.1	21.7	44.6	45.4
其他有限责任公司	75.1	75.9	49.0	54.0	16.2	18.2	44.3	49.3
股份有限公司	65.0	56.8	49.5	53.0	19.8	22.8	41.6	44.0
私营企业	67.5	73.3	44.7	49.8	18.0	18.7	34.8	41.9
私营独资企业	41.0	51.5	39.8	41.5	21.4	20.8	19.3	26.5
私营合伙企业	42.4	42.5	40.4	43.4	17.0	20.5	26.7	31.4
私营有限责任公司	71.4	74.3	46.0	50.7	17.4	18.6	38.7	43.2
私营股份有限公司	68.6	75.5	45.0	49.3	17.2	16.4	37.1	44.5
其他企业	54.0	76.5	39.0	38.2	16.7	19.1	24.6	31.0
2.港、澳、台商投资企业	**66.9**	**64.0**	**60.0**	**61.1**	**20.9**	**21.3**	**53.9**	**53.8**
合资经营企业	65.7	64.9	51.4	52.0	15.9	15.7	47.9	47.8
合作经营企业	92.4	86.6	61.1	61.9	24.6	25.7	59.1	58.7
独资经营企业	65.6	61.8	62.2	63.4	22.4	23.0	55.0	54.9
投资股份有限公司	56.0	41.1	57.6	58.9	24.6	26.7	64.4	54.2
其他港澳台商投资企业	71.6		42.9		15.5		32.3	
3.外商投资企业	**67.6**	**66.8**	**53.1**	**53.2**	**21.2**	**21.2**	**44.3**	**44.0**
中外合资经营企业	65.8	62.3	53.3	53.4	22.4	22.5	45.5	45.3
中外合作经营企业	78.7	86.2	42.4	39.8	21.2	22.0	39.9	36.8
外资企业	68.3	68.1	53.3	53.3	20.8	20.8	44.0	43.7
外商投资股份有限公司	52.5	48.7	57.5	61.0	17.9	18.4	48.9	50.0
其他外商投资企业	56.3		44.7		30.5		33.6	
(二)按国民经济行业分								
正餐服务	69.8	72.2	46.9	51.9	17.8	19.7	39.2	45.8
快餐服务	67.5	67.9	52.6	53.9	20.1	19.9	43.5	44.8
饮料及冷饮服务	55.3	55.1	67.9	70.5	23.4	25.3	52.7	54.8
其他餐饮业	71.3	65.4	47.1	52.2	18.7	17.8	35.4	39.6
(三)按控股情况分								
国有控股	66.6	65.2	49.8	52.8	17.4	18.8	44.5	46.4
集体控股	79.5	78.1	47.2	51.6	19.9	23.6	36.5	40.2
私人控股	70.1	74.7	45.3	50.5	17.5	18.5	36.5	43.5
港澳台控股	65.3	62.2	60.4	61.5	21.3	21.7	53.9	53.7
外商控股	68.5	67.9	54.0	53.9	21.4	21.4	44.9	44.5

地区篇

简要说明：

一、本篇资料主要内容为分地区大中型批发和零售业、住宿和餐饮业企业单位数和从业人员数情况；分地区大中型批发和零售业企业商品购、销、存情况；分地区大中型住宿和餐饮业企业经营情况；分地区大中型批发和零售业、住宿和餐饮业企业主要财务及经济效益分析指标等。

二、批发和零售业、住宿和餐饮业统计采用“法人在地统计”原则，即按法人企业主要经营活动所在地确定法人企业所在地区。

2-1 各地区大中型批发和零售业企业基本情况

地区	大中型		大型		中型	
	法人单位数（个）	年末从业人数（人）	法人单位数（个）	年末从业人数（人）	法人单位数（个）	年末从业人数（人）
全国	**53318**	**9242517**	**4574**	**4479867**	**48744**	**4762650**
北京	3033	642360	333	375483	2700	266877
天津	1210	167413	74	70435	1136	96978
河北	1507	307755	137	146373	1370	161382
山西	1215	226376	128	98156	1087	128220
内蒙古	674	119128	61	54456	613	64672
辽宁	1559	296492	163	164934	1396	131558
吉林	531	102940	60	54350	471	48590
黑龙江	694	124855	77	53045	617	71810
上海	3303	712956	447	445581	2856	267375
江苏	4832	791974	375	406662	4457	385312
浙江	4231	550995	283	233328	3948	317667
安徽	1606	275163	175	122832	1431	152331
福建	2104	283969	137	109784	1967	174185
江西	671	136605	67	64237	604	72368
山东	4771	770772	330	354240	4441	416532
河南	2541	397532	149	131029	2392	266503
湖北	2135	451640	163	253426	1972	198214
湖南	1603	276487	137	121782	1466	154705
广东	6509	1081871	492	519195	6017	562676
广西	905	138082	89	55800	816	82282
海南	252	40381	17	15103	235	25278
重庆	1319	246098	109	122039	1210	124059
四川	1971	366227	179	168091	1792	198136
贵州	541	94390	48	45661	493	48729
云南	1027	177620	84	84085	943	93535
西藏	38	6670	3	1995	35	4675
陕西	1103	230559	109	115513	994	115046
甘肃	455	72598	44	27390	411	45208
青海	126	22194	13	9213	113	12981
宁夏	190	32894	16	12577	174	20317
新疆	662	97521	75	43072	587	54449

2-2 各地区大中型批发和零售业企业商品购、销、存情况

单位：万元

地区	商品购进额	进口	商品销售额	出口	期末商品库存额
全国	**3517020582**	**324440564**	**3907128613**	**171956153**	**261081979**
北京	487422989	81172324	516593563	20851425	43900009
天津	191838134	11789363	203086290	3939864	9215777
河北	87308418	675233	96691029	685480	5713224
山西	101203297	3600459	108666113	476736	4846916
内蒙古	34141765	856654	38907242	553632	3372548
辽宁	109846261	4077839	124836226	2828870	6711239
吉林	25787181	572525	30711681	77863	2702189
黑龙江	41140761	8460196	47114696	1357574	3983925
上海	399203335	77223519	469820124	25327499	30286122
江苏	263872471	16303806	291672809	18208644	18474628
浙江	236613660	15971777	263355584	28263080	16354466
安徽	67195316	2182158	76022292	1655396	5121645
福建	102242255	10035355	112899025	9627394	8919571
江西	22121384	150547	29604709	562632	2198428
山东	198078981	9804494	228187248	7932186	14815041
河南	67522255	2589840	78749625	603462	6025461
湖北	119390729	1696931	127727434	1095872	8307601
湖南	55848311	1327293	60826097	479314	4443052
广东	457984157	43086430	496403103	40225067	30100510
广西	30308999	468634	37878298	90958	2534213
海南	18622991	1613793	19959438	1283592	982281
重庆	69248312	2086821	75851394	1019851	4600114
四川	82274336	1557764	90636851	1087760	6817830
贵州	23980781	1597576	30514402	1593043	2702568
云南	50540960	2966332	58698154	994240	6251567
西藏	1215982	2194	1624649		154552
陕西	64170714	2597584	69475829	689850	3087175
甘肃	25206398	50120	33241663	56183	2147598
青海	7277975	19792	8264491	62558	354560
宁夏	8697362	165218	9350116	35026	654513
新疆	66714118	19737993	69758442	291105	5302661

2-3 各地区大型批发和零售业企业商品购、销、存情况

单位：万元

地 区	商品购进额	进 口	商品销售额	出 口	期末商品库存额
全 国	**1482639608**	**117963229**	**1716055494**	**51855201**	**99453581**
北 京	274848330	35320274	289740933	10149195	18530648
天 津	57800909	2847546	61962874	160505	1542477
河 北	30017666	4002	36087350	159328	1740781
山 西	38564238	4598	43374103	4490	2118956
内蒙古	9604347	264454	11950007		679684
辽 宁	28338232	1910157	35029222	83655	2084798
吉 林	11417367	117	15740754		879207
黑龙江	15568129	155108	18456991	798	1740691
上 海	191999036	49600653	243188217	6754078	14880775
江 苏	92522127	3866049	108481568	6221023	7753113
浙 江	80605170	3418540	94866789	6049745	4572313
安 徽	30927222	584932	36690309	712189	2090029
福 建	41535087	4822215	46799318	1470970	3320376
江 西	8255188	14561	14232950	282888	917477
山 东	67065681	866441	81080088	2095899	4540864
河 南	23645234	97277	29850174		1810385
湖 北	73009119	245139	78658601	637077	4138602
湖 南	20308571	9280	28756182	48093	1557134
广 东	217142989	12719062	238433882	16061210	10840051
广 西	9144298	63224	15160871		641988
海 南	4063507	238824	4600631	2853	325669
重 庆	21728890	124709	25352918		1746848
四 川	40160427	342041	45348202	263522	2794392
贵 州	12541041	117782	17997823	208532	1701956
云 南	21054687	216387	26406943	6476	3460560
西 藏	273005		503982		43521
陕 西	29126726	100439	32793340	482675	1174286
甘 肃	8385342		9499708		304922
青 海	2658092	405	2996796		118416
宁 夏	3443734		3783777		174450
新 疆	16885218	9015	18230192		1228213

2-4 各地区中型批发和零售业企业商品购、销、存情况

单位：万元

地区	商品购进额	进口	商品销售额	出口	期末商品库存额
全国	**2034380975**	**206477335**	**2191073119**	**120100952**	**161628398**
北京	212574659	45852050	226852630	10702230	25369361
天津	134037225	8941817	141123416	3779359	7673300
河北	57290751	671231	60603678	526151	3972443
山西	62639059	3595861	65292010	472246	2727960
内蒙古	24537418	592200	26957235	553632	2692864
辽宁	81508030	2167682	89807005	2745216	4626441
吉林	14369814	572408	14970927	77863	1822981
黑龙江	25572631	8305088	28657705	1356776	2243234
上海	207204299	27622866	226631906	18573421	15405347
江苏	171350344	12437757	183191242	11987621	10721515
浙江	156008490	12553238	168488794	22213334	11782153
安徽	36268094	1597226	39331983	943207	3031616
福建	60707168	5213140	66099708	8156424	5599195
江西	13866196	135986	15371759	279744	1280950
山东	131013300	8938053	147107160	5836287	10274177
河南	43877021	2492563	48899451	603462	4215076
湖北	46381610	1451793	49068833	458795	4168999
湖南	35539740	1318014	32069915	431221	2885919
广东	240841169	30367368	257969220	24163857	19260459
广西	21164700	405410	22717427	90958	1892225
海南	14559484	1374969	15358807	1280740	656611
重庆	47519421	1962112	50498477	1019851	2853266
四川	42113909	1215723	45288648	824238	4023439
贵州	11439740	1479794	12516579	1384511	1000612
云南	29486273	2749945	32291211	987764	2791007
西藏	942977	2194	1120667		111031
陕西	35043988	2497145	36682489	207175	1912888
甘肃	16821056	50120	23741955	56183	1842676
青海	4619883	19387	5267696	62558	236145
宁夏	5253628	165218	5566338	35026	480062
新疆	49828900	19728978	51528250	291105	4074448

2-5 各地区大中型批发业企业商品购、销、存情况

单位：万元

地区	商品购进额	进口	商品销售额	出口	期末商品库存额
全国	**2827745338**	**302645106**	**3107205083**	**171662396**	**186310098**
北京	423140763	79753721	446084300	20814755	37069035
天津	176026890	11581687	185062412	3929429	7919857
河北	65156279	375211	72507211	684680	2759682
山西	86633560	3385308	90444707	476736	3207612
内蒙古	23188114	690008	25673681	553632	2009600
辽宁	87857443	3244517	96828546	2812356	4495455
吉林	17018873	487642	17834493	77863	1736224
黑龙江	32446052	8321632	35741957	1357552	2900716
上海	360537038	74324718	423440628	25317222	25094023
江苏	197025595	14071161	215734727	18203103	12356877
浙江	188590618	13544040	209990584	28207186	10754233
安徽	45592521	2043356	52003241	1655233	2739861
福建	81363606	9446910	85776706	9616665	6832851
江西	13358032	68804	19306165	562632	1154943
山东	143570329	9091034	165228551	7923286	7150818
河南	44795706	1857902	53016727	600908	3728733
湖北	84256900	1072030	89078217	1090640	5049381
湖南	35474143	581068	32952012	478514	2477722
广东	390496227	39553209	417057315	40134509	22563123
广西	21714247	219767	28249472	90958	1533014
海南	14914554	1326696	15951208	1283592	500343
重庆	52519841	1477138	56093717	1013636	3209557
四川	49178105	432684	54747162	1087708	4081817
贵州	16221859	1245152	21176497	1591567	2039012
云南	36895122	2479130	43534866	968589	4602017
西藏	529612		859059		74933
陕西	46660812	2301413	49867144	689850	1482892
甘肃	19666191	99	26585175	53197	1692282
青海	6171946	405	6928896	62558	252907
宁夏	6016527	64657	6544514	32738	264354
新疆	60727836	19604009	62905192	291105	4576224

2-6 各地区大中型零售业企业商品购、销、存情况

单位：万元

地 区	商品购进额	进 口	商品销售额	出 口	期末商品库存额
全 国	**689275244**	**21795458**	**799923530**	**293757**	**74771881**
北 京	64282226	1418604	70509263	36670	6830974
天 津	15811244	207676	18023878	10434	1295921
河 北	22152139	300022	24183818	800	2953542
山 西	14569737	215152	18221406		1639304
内蒙古	10953651	166646	13233561		1362948
辽 宁	21988819	833322	28007680	16514	2215784
吉 林	8768308	84883	12877188		965965
黑龙江	8694709	138564	11372739	23	1083209
上 海	38666297	2898800	46379496	10277	5192099
江 苏	66846876	2232645	75938083	5541	6117750
浙 江	48023043	2427737	53364999	55894	5600232
安 徽	21602795	138802	24019052	163	2381784
福 建	20878649	588445	27122319	10729	2086721
江 西	8763352	81744	10298544		1043484
山 东	54508652	713460	62958697	8900	7664223
河 南	22726550	731938	25732898	2555	2296728
湖 北	35133828	624902	38649217	5233	3258220
湖 南	20374167	746225	27874084	800	1965330
广 东	67487931	3533221	79345787	90557	7537387
广 西	8594751	248867	9628826		1001199
海 南	3708437	287098	4008229		481937
重 庆	16728471	609683	19757678	6216	1390557
四 川	33096231	1125079	35889688	52	2736013
贵 州	7758922	352423	9337904	1476	663556
云 南	13645838	487202	15163288	25651	1649549
西 藏	686369	2194	765589		79620
陕 西	17509902	296171	19608685		1604282
甘 肃	5540207	50022	6656488	2986	455316
青 海	1106029	19387	1335595		101654
宁 夏	2680835	100561	2805602	2288	390158
新 疆	5986281	133984	6853250		726437

2-7 各地区大中型批发和零售业企业年末资产负债

单位：万元

地　区	流动资产合计	固定资产原价	累计折旧	资产总计	负债合计	所有者权益合计
全　国	**1185861628**	**173649048**	**57562664**	**1587270769**	**1158872906**	**429832347**
北　京	209335636	12851980	4650674	289039922	206997313	82042609
天　津	46744945	4789327	1363943	61609363	47852958	13756404
河　北	27955650	5429925	1445195	37897260	27484476	10412784
山　西	31904218	4502987	1367255	41426375	33372674	8053701
内蒙古	12612844	2649865	770315	18231310	13261234	4970076
辽　宁	36664447	7260350	2080274	49745395	37828379	11763369
吉　林	8542240	2738701	781753	11857784	8311040	3546744
黑龙江	14304254	2701224	928413	17839871	14439032	3400840
上　海	126768041	12568134	4970069	161994421	116613059	45381362
江　苏	89059004	15114203	4815036	118459776	88502587	31080530
浙　江	83504167	10861285	3948316	110199698	83228397	26971301
安　徽	23156574	4072520	1311388	30551822	21393434	9158388
福　建	39686807	4704537	1470281	55445890	37038961	18406929
江　西	7695455	2355638	751120	11310831	6893377	4417454
山　东	65486709	15256624	4453430	88180344	67349324	20831020
河　南	21245215	4725187	1416729	27965384	20480501	7533870
湖　北	30132434	8917458	2561394	42755346	30714610	12046059
湖　南	16741884	4670380	1454534	24552409	16002326	8550084
广　东	154315232	21413373	8396601	194848953	147288193	47617817
广　西	10753602	1924657	625141	15422970	10429488	4993482
海　南	5206020	813380	279763	7348001	3970551	3377450
重　庆	20912433	3686181	1270656	26764803	19304493	7460310
四　川	26830662	4835040	1541338	35216031	24636699	10579333
贵　州	9493785	1567884	546769	16520558	10715718	5804840
云　南	24771161	4012599	1483856	33229601	21851618	11377982
西　藏	393888	183555	64002	568180	281019	287162
陕　西	16110266	3354636	1037314	23083995	16653965	6498442
甘　肃	5397104	1400376	462095	7272572	3986425	3278330
青　海	1589655	607234	160718	2373113	1435252	937860
宁　夏	2061814	606008	152701	3278420	2397330	881090
新　疆	16485485	3073800	1001589	22280372	18158473	4414728

2-8 各地区大型批发和零售业企业年末资产负债

单位：万元

地区	流动资产合计	固定资产原价	累计折旧	资产总计	负债合计	所有者权益合计
全国	**485373190**	**91992399**	**32052066**	**690877583**	**467717119**	**224195878**
北京	113937761	7128246	2999514	162409789	114826125	47583664
天津	6996633	2512487	748379	9998650	7227583	2771067
河北	12151192	3307818	846765	18459033	11693664	6765369
山西	13816979	2152192	661267	18265305	14452957	3812348
内蒙古	2768038	1051620	369739	4288884	2798133	1490751
辽宁	9925360	3718774	1030437	15768829	10473426	5141757
吉林	3553929	1607395	472150	5529830	3252440	2277391
黑龙江	5072327	1359031	528104	6787142	4978510	1808632
上海	61953673	7732292	3265868	80272402	55493387	24779015
江苏	39393702	7726181	2563683	54438757	38373107	16798572
浙江	23174268	4137126	1620951	31921543	20429894	11491649
安徽	10240961	2059477	692012	13617341	8770618	4846723
福建	12267213	1984531	644527	19225525	10598517	8627008
江西	3513871	1315243	431672	5447941	2569251	2878689
山东	24434455	6780274	2264865	34656855	24717238	9939617
河南	6289558	1931716	689631	8779546	6110253	2718279
湖北	15390325	5531030	1625072	23459785	16075923	7383862
湖南	7239911	2707590	961439	12151693	6573965	5577727
广东	62541250	12876185	4612029	85306322	59516229	25843821
广西	2542710	1253148	406181	4933913	2132344	2801568
海南	1153299	390543	126760	1758402	1002755	755648
重庆	7047274	2092355	803506	9968108	6086221	3881887
四川	10774844	2700526	850479	15492166	9140992	6351174
贵州	4041338	1050600	372520	9218993	4857432	4361561
云南	10666872	2463058	996212	16101049	8210997	7890052
西藏	188891	43912	17864	235922	85561	150361
陕西	7289325	1683038	578241	10849979	7558676	3359715
甘肃	1035267	540624	198527	1639501	698080	933604
青海	424502	266848	86458	760892	462557	298335
宁夏	742558	271707	65739	1386322	1027905	358417
新疆	4804907	1616835	518477	7747165	7522379	517615

2-9　各地区中型批发和零售业企业年末资产负债

单位：万元

地　区	流动资产合计	固定资产原价	累计折旧	资产总计	负债合计	所有者权益合计
全　国	**700488439**	**81656649**	**25510598**	**896393186**	**691155787**	**205636470**
北　京	95397875	5723735	1651160	126630133	92171187	34458946
天　津	39748312	2276839	615565	51610712	40625375	10985337
河　北	15804458	2122107	598430	19438227	15790812	3647415
山　西	18087239	2350795	705988	23161070	18919717	4241353
内蒙古	9844806	1598245	400576	13942426	10463101	3479325
辽　宁	26739088	3541576	1049837	33976566	27354953	6621613
吉　林	4988311	1131306	309603	6327953	5058601	1269353
黑龙江	9231927	1342193	400310	11052729	9460522	1592207
上　海	64814368	4835842	1704202	81722019	61119672	20602347
江　苏	49665303	7388022	2251353	64021020	50129480	14281958
浙　江	60329899	6724159	2327365	78278155	62798503	15479651
安　徽	12915612	2013043	619377	16934481	12622816	4311665
福　建	27419595	2720007	825754	36220365	26440444	9779922
江　西	4181584	1040395	319448	5862891	4324126	1538764
山　东	41052254	8476351	2188566	53523489	42632086	10891403
河　南	14955658	2793470	727098	19185838	14370248	4815590
湖　北	14742109	3386428	936322	19295561	14638687	4662197
湖　南	9501972	1962789	490095	12400717	9428361	2972356
广　东	91773982	8537188	3784571	109542631	87771964	21773996
广　西	8210893	671510	218960	10489057	8297144	2191913
海　南	4052721	422838	153004	5589599	2967796	2621803
重　庆	13865159	1593826	467150	16796695	13218273	3578423
四　川	16055818	2134515	690860	19723866	15495707	4228159
贵　州	5452447	517284	174249	7301565	5858285	1443279
云　南	14104290	1549542	487644	17128551	13640621	3487930
西　藏	204997	139643	46138	332259	195458	136801
陕　西	8820941	1671598	459073	12234015	9095289	3138726
甘　肃	4361837	859752	263568	5633071	3288344	2344726
青　海	1165153	340386	74260	1612221	972696	639525
宁　夏	1319255	334301	86962	1892098	1369425	522673
新　疆	11680578	1456966	483112	14533208	10636095	3897113

2-10 各地区大中型批发业企业年末资产负债

单位：万元

地 区	流动资产合计	固定资产原价	累计折旧	资产总计	负债合计	所有者权益合计
全 国	**943920958**	**93689656**	**31789578**	**1218566833**	**886653243**	**333023863**
北 京	183796685	8294925	2863127	255079208	180465582	74613626
天 津	42068064	2252059	685997	53011440	41547524	11463916
河 北	22038568	3310299	807616	29007963	20341112	8666851
山 西	26172628	2401381	788121	32892082	26685508	6206574
内蒙古	8220732	1245376	358522	11655005	8167677	3487328
辽 宁	28142670	3345412	925176	35075593	27003684	7935411
吉 林	5607380	845440	296436	6610027	4327523	2282504
黑龙江	11135496	1329308	497446	13044406	10839350	2205056
上 海	109867313	7105449	2796536	134034211	94559765	39474447
江 苏	67262540	7319013	2312666	83181541	62289039	21675317
浙 江	66065372	5998911	2443120	85128428	63801666	21326762
安 徽	15395353	1671708	556804	19286281	13184974	6101306
福 建	32682151	2981507	942932	45373274	30401698	14971576
江 西	4657154	1170685	394362	6451622	3723090	2728532
山 东	46912105	7804766	2281483	59832816	45738401	14094415
河 南	13821130	2505740	788525	17541706	12266747	5323946
湖 北	19848381	4466825	1357770	26181161	18676022	7505139
湖 南	10297557	1796626	564055	13518050	8713658	4804393
广 东	127558357	14502167	5209843	156957015	121054831	35955912
广 西	7446256	1076474	360187	10932163	7189992	3742171
海 南	3881244	285972	122759	5428089	2742913	2685176
重 庆	15813531	1899745	673541	18992497	14002147	4990350
四 川	18146674	1717829	617809	20967228	15040143	5927085
贵 州	7421965	900777	355738	12818289	7788862	5029428
云 南	19205332	2508036	1060622	24821461	16188701	8632759
西 藏	321207	78581	29310	410996	201556	209440
陕 西	10045213	1294447	480509	13745853	10155347	3658918
甘 肃	4101785	757492	274813	4984563	2436847	2547716
青 海	1188883	357126	107943	1690961	928966	761995
宁 夏	1215163	355735	86692	2060484	1448398	612087
新 疆	13584069	2109846	749118	17852421	14741521	3403729

2-11 各地区大中型零售业企业年末资产负债

单位：万元

地区	流动资产合计	固定资产原价	累计折旧	资产总计	负债合计	所有者权益合计
全国	**241940671**	**79959393**	**25773086**	**368703936**	**272219663**	**96808484**
北京	25538951	4557055	1787547	33960714	26531731	7428983
天津	4676881	2537267	677946	8597923	6305435	2292488
河北	5917082	2119626	637579	8889297	7143364	1745933
山西	5731590	2101606	579134	8534293	6687166	1847127
内蒙古	4392112	1404490	411794	6576305	5093557	1482748
辽宁	8521777	3914938	1155098	14669803	10824695	3827958
吉林	2934860	1893261	485317	5247757	3983517	1264240
黑龙江	3168758	1371916	430968	4795466	3599682	1195784
上海	16900728	5462684	2173533	27960210	22053295	5906915
江苏	21796464	7795190	2502370	35278235	26213548	9405213
浙江	17438794	4862375	1505196	25071270	19426731	5644539
安徽	7761221	2400812	754585	11265542	8208460	3057082
福建	7004656	1723030	527349	10072616	6637263	3435353
江西	3038301	1184953	356758	4859209	3170287	1688922
山东	18574604	7451858	2171947	28347528	21610923	6736605
河南	7424086	2219447	628205	10423678	8213754	2209924
湖北	10284053	4450633	1203624	16574185	12038588	4540920
湖南	6444327	2873753	890479	11034359	7288668	3745691
广东	26756875	6911206	3186757	37891938	26233362	11661906
广西	3307346	848183	264954	4490806	3239496	1251310
海南	1324775	527409	157004	1919912	1227638	692274
重庆	5098902	1786436	597115	7772306	5302347	2469960
四川	8683988	3117212	923529	14248803	9596555	4652248
贵州	2071821	667107	191031	3702269	2926856	775412
云南	5565829	1504563	423234	8408140	5662917	2745223
西藏	72681	104973	34692	157185	79463	77722
陕西	6065052	2060189	556805	9338142	6498618	2839524
甘肃	1295320	642884	187282	2288009	1549578	730614
青海	400772	250109	52776	682152	506287	175865
宁夏	846651	250273	66009	1217936	948932	269004
新疆	2901416	963955	252472	4427951	3416952	1010999

2-12 各地区大中型批发和零售业企业实收资本及构成

单位：万元

地　区	实收资本	国家资本	集体资本	法人资本	个人资本	港澳台资本	外商资本
全　国	**205447674**	**52732911**	**4003854**	**78395863**	**39212486**	**11981234**	**19121326**
北　京	39315910	10661414	121288	17456004	2530700	1490124	7056379
天　津	9678214	3562702	86184	3786615	1414555	402438	425721
河　北	5022309	1662449	114820	1684311	1519399	12975	28355
山　西	3761420	956754	188673	1746840	823262	31336	14554
内蒙古	2093700	731337	30317	829864	493839	7240	1103
辽　宁	7107285	2338963	67097	2707308	877590	543103	573225
吉　林	1121421	270038	47083	495264	263810	11911	33317
黑龙江	1509777	313117	33430	735255	375623	47081	5272
上　海	21058855	2611767	364954	5676940	2852230	2969447	6583517
江　苏	13897245	2143535	305421	3987960	4766646	1590562	1103120
浙　江	12736304	2565622	358043	4698777	4189272	512993	411597
安　徽	4019874	1450125	167725	1275062	983717	112771	30475
福　建	10011362	2471048	89841	4631381	2369491	232712	216889
江　西	1782521	891492	18004	525049	320179	21020	6777
山　东	9759565	1547914	488486	3979972	3175671	315026	252497
河　南	3798864	725191	155005	1378261	1364788	135024	40596
湖　北	7064812	2235279	103892	3318043	1069799	211453	126346
湖　南	4044024	1580982	112335	1312566	905458	30449	102234
广　东	21389833	4925978	289834	8051614	4162092	2636435	1323880
广　西	2736562	1046754	33158	1178527	432565	41586	3973
海　南	1159890	387800	34775	536891	123326	7550	69548
重　庆	3026268	747058	69161	1448950	499471	160292	101336
四　川	4947667	1359463	127505	1899876	1044861	203602	312359
贵　州	1599426	806936	37099	504939	225846	15960	8646
云　南	3459020	1312572	71291	1337862	543927	121351	72018
西　藏	83037	57869	851	19046	5271		
陕　西	3269875	822472	345912	1276875	531752	99330	193534
甘　肃	1980580	1329635	33936	411686	201478	1845	2000
青　海	399728	227269	15808	77249	77302	2100	
宁　夏	515627	161343	10464	259562	79890		4368
新　疆	3096699	828034	81466	1167312	988677	13518	17692

2-13 各地区大型批发和零售业企业实收资本及构成

单位：万元

地区	实收资本	国家资本	集体资本	法人资本	个人资本	港澳台资本	外商资本
全国	**79314521**	**26995537**	**1245088**	**26869283**	**6729056**	**5507925**	**11967632**
北京	17591537	3051063	54328	7394262	699954	754949	5636981
天津	1671369	586378	2555	696871	85165	103499	196902
河北	2590646	1367321	33965	536305	629725		23331
山西	1104228	365266	35519	499195	198543	705	5000
内蒙古	344314	59667	538	187931	94807	1372	
辽宁	2724487	814047	33932	1514656	128381	64568	168903
吉林	383336	145946	5093	152022	55686	10222	14366
黑龙江	510686	153913	4100	233643	78043	35743	5244
上海	9427207	1641937	39468	2130889	343425	1557603	3713886
江苏	4812553	1215765	58373	1759510	656224	575062	547619
浙江	3610504	1629365	94051	1054515	493826	194570	144176
安徽	1320728	445977	58253	514974	204057	90918	6549
福建	4085733	1471151	34322	2189173	237216	30523	123348
江西	695056	466964	7262	128916	84922	2917	4076
山东	3016245	1224443	162427	770903	548007	191974	118492
河南	773211	299873	27865	285998	83804	55429	20242
湖北	3193121	1826800	19219	987217	212376	66551	80958
湖南	1908931	1225884	11421	403048	191274	11602	65702
广东	9211560	3529350	132385	2325604	1086772	1478484	658966
广西	1109172	806991	5386	204413	82188	6222	3973
海南	516877	367274		139633	4500		5470
重庆	1006599	437483	45502	324832	68042	79619	51121
四川	2267061	1083359	19690	632512	191151	128263	212086
贵州	629166	455069	5400	152214	14375		2109
云南	1753733	1088476	3636	515951	78019	30856	36795
西藏	11184	8934		1250	1000		
陕西	1434946	388161	301920	554921	46075	36275	107594
甘肃	186138	65614	175	91864	28485		
青海	212765	199546	8049	2043	3128		
宁夏	205585	128042	9200	67911	432		
新疆	1005843	445479	31054	416110	99456		13744

2-14 各地区中型批发和零售业企业实收资本及构成

单位：万元

地区	实收资本	国家资本	集体资本	法人资本	个人资本	港澳台资本	外商资本
全国	**126133153**	**25737374**	**2758766**	**51526580**	**32483431**	**6473309**	**7153694**
北京	21724373	7610351	66960	10061743	1830747	735175	1419398
天津	8006844	2976324	83629	3089744	1329390	298939	228819
河北	2431663	295128	80855	1148006	889674	12975	5025
山西	2657192	591488	153154	1247646	624719	30631	9554
内蒙古	1749386	671670	29779	641933	399032	5868	1103
辽宁	4382798	1524916	33166	1192651	749209	478535	404322
吉林	738085	124092	41989	343242	208123	1688	18950
黑龙江	999092	159204	29330	501612	297580	11338	28
上海	11631648	969831	325486	3546051	2508805	1411844	2869631
江苏	9084691	927771	247048	2228450	4110422	1015500	555501
浙江	9125800	936257	263992	3644262	3695446	318423	267421
安徽	2699146	1004147	109472	760088	779661	21853	23926
福建	5925629	999897	55519	2442209	2132275	202189	93540
江西	1087464	424529	10741	396133	235258	18103	2701
山东	6743321	323472	326058	3209069	2627664	123053	134005
河南	3025654	425318	127139	1092263	1280984	79595	20354
湖北	3871691	408479	84673	2330827	857423	144902	45388
湖南	2135093	355097	100914	909518	714184	18847	36532
广东	12178273	1396628	157449	5726010	3075320	1157951	664914
广西	1627390	239763	27771	974115	350377	35364	
海南	643013	20526	34775	397258	118826	7550	64078
重庆	2019670	309575	23659	1124118	431428	80674	50215
四川	2680606	276104	107815	1267364	853711	75338	100274
贵州	970260	351868	31699	352725	211471	15960	6537
云南	1705288	224096	67654	821911	465909	90495	35223
西藏	71853	48935	851	17796	4271		
陕西	1834929	434311	43991	721955	485677	63055	85940
甘肃	1794442	1264020	33761	319823	172993	1845	2000
青海	186963	27723	7760	75206	74174	2100	
宁夏	310042	33301	1264	191651	79458		4368
新疆	2090856	382555	50412	751203	889221	13518	3948

2-15 各地区大中型批发业企业实收资本及构成

单位：万元

地区	实收资本	国家资本	集体资本	法人资本	个人资本	港澳台资本	外商资本
全 国	**146616352**	**43724048**	**2495792**	**53824383**	**25851810**	**6985143**	**13735177**
北 京	34687941	10451816	54063	14957446	1890666	1175266	6158684
天 津	7722216	3228094	60892	2715544	1174023	293945	249720
河 北	3879303	1617465	56449	1021797	1160014	12966	10612
山 西	2639119	699202	153628	1320632	439389	21043	5226
内蒙古	1357290	687243	20551	383238	265972	287	
辽 宁	4634864	1853231	10174	1879964	567987	95063	228445
吉 林	455521	169451	4046	210800	65723	500	5000
黑龙江	893320	269747	16969	449631	156939	5	28
上 海	15476228	2322202	309004	4117367	1378903	2000161	5348590
江 苏	8244151	1698988	223377	2007633	2962322	909133	442698
浙 江	9107215	2230063	280434	3144390	3262371	124379	65577
安 徽	2332674	1010976	135906	619895	553039	1313	11545
福 建	7997266	1972679	46028	3772295	1918120	146079	142064
江 西	859433	567740	2287	165580	121867	1132	828
山 东	6194353	1198468	184797	2457098	2177410	146630	29950
河 南	2100141	576016	78673	688889	683093	71425	2046
湖 北	3917977	1675565	24997	1513121	576811	115051	12432
湖 南	1703353	558007	42344	675052	421849	402	5700
广 东	15959730	3916221	215856	5908361	3291365	1782432	845495
广 西	2023418	936333	18318	818326	244960	5481	
海 南	589421	76944	27895	370205	58573	4086	51718
重 庆	1917415	642359	17582	889618	278661	43895	45300
四 川	2200772	450017	107534	1078460	528290	20540	15930
贵 州	1092554	618930	29337	319543	123344	1400	
云 南	2237357	1126724	51749	740027	308886	7042	2929
西 藏	31062	22515		7548	1000		
陕 西	1790201	785296	220294	531305	199192	4279	49834
甘 肃	1647539	1297051	29523	237001	83914	50	
青 海	317434	219096	667	47291	50380		
宁 夏	316916	124231	560	153620	38206		300
新 疆	2290168	721376	71859	622709	868542	1158	4524

2-16 各地区大中型零售业企业实收资本及构成

单位：万元

地区	实收资本	国家资本	集体资本	法人资本	个人资本	港澳台资本	外商资本
全 国	**58831322**	**9008863**	**1508062**	**24571480**	**13360677**	**4996091**	**5386149**
北 京	4627969	209598	67225	2498559	640034	314858	897695
天 津	1955997	334608	25292	1071071	240532	108493	176001
河 北	1143006	44984	58371	662514	359385	9	17744
山 西	1122300	257552	35045	426209	383873	10293	9328
内蒙古	736410	44093	9767	446626	227867	6954	1103
辽 宁	2472421	485732	56924	827344	309603	448040	344779
吉 林	665901	100586	43037	284464	198087	11411	28317
黑龙江	616457	43370	16461	285624	218684	47076	5244
上 海	5582627	289565	55950	1559573	1473327	969286	1234927
江 苏	5653093	444547	82043	1980327	1804324	681430	660422
浙 江	3629089	335559	77609	1554388	926900	388614	346020
安 徽	1687200	439148	31819	655167	430678	111458	18930
福 建	2014095	498369	43813	859086	451371	86632	74824
江 西	923088	323752	15716	359469	198313	19888	5949
山 东	3565213	349446	303689	1522874	998261	168396	222547
河 南	1698723	149176	76332	689372	681695	63599	38550
湖 北	3146836	559714	78896	1804922	492988	96401	113914
湖 南	2340670	1022975	69991	637514	483610	30047	96534
广 东	5430103	1009757	73978	2143253	870727	854004	478385
广 西	713144	110421	14839	360201	187605	36105	3973
海 南	570470	310856	6880	166687	64753	3464	17830
重 庆	1108853	104699	51579	559332	220810	116397	56036
四 川	2746895	909446	19971	821416	516572	183062	296429
贵 州	506873	188006	7763	185397	102502	14560	8646
云 南	1221664	185848	19542	597835	235042	114309	69088
西 藏	51975	35355	851	11499	4271		
陕 西	1479674	37175	125618	745570	332560	95051	143700
甘 肃	333041	32584	4413	174685	117565	1795	2000
青 海	82295	8174	15142	29958	26921	2100	
宁 夏	198711	37112	9904	105943	41684		4068
新 疆	806531	106657	9606	544603	120136	12360	13169

2-17 各地区大中型批发和

地 区	主营业务收入	主营业务成本	主营业务税金及附加	主营业务利润	其他业务利润	销售费用
全 国	**3478023159**	**3197566960**	**16585908**	**263870291**	**13722565**	**115873665**
北 京	434818175	407566042	787661	26464472	2387521	15695547
天 津	172716309	164622919	1483436	6609954	418520	2882598
河 北	87123299	82250740	417471	4455088	348378	2001557
山 西	97883902	93765183	301873	3816846	474790	1835694
内蒙古	35910319	32571212	291138	3047969	105867	1057508
辽 宁	121459200	114568111	515419	6375670	471102	2607776
吉 林	26829528	24411166	184021	2234341	218373	1007172
黑龙江	42966797	39526049	348827	3091921	110605	1055077
上 海	425579924	384687338	776333	40116253	1691333	23256795
江 苏	257783569	232837260	1006222	23940087	1061386	8714814
浙 江	232708541	218166120	836975	13705446	916550	6884052
安 徽	64594283	58305174	450151	5838958	211061	2812838
福 建	96200679	89046696	459995	6693988	302764	3108826
江 西	26651837	23641613	288514	2721710	84701	878527
山 东	213854877	192309191	1798962	19746724	749464	5986802
河 南	71043826	63656951	769035	6617840	362491	2145421
湖 北	108525391	97776276	900386	9848729	431666	3905475
湖 南	54803916	48562407	642785	5598724	228436	2193217
广 东	448951100	413045067	1312712	34593321	1429958	13185632
广 西	33748557	31045504	233186	2469867	189795	1093792
海 南	18197385	16777615	75698	1344072	55234	486974
重 庆	69035710	62282723	561858	6191129	305938	2662383
四 川	80956602	73162896	600465	7193241	417837	3268723
贵 州	27340353	21802322	331734	5206297	90412	1124802
云 南	53232707	46948023	345559	5939125	138692	2113896
西 藏	1508767	1110937	31199	366631	2871	206145
陕 西	63185002	57807660	475844	4901498	281933	1728425
甘 肃	29754986	28397813	136664	1220509	72165	508632
青 海	7416209	6737939	39946	638324	26483	187182
宁 夏	8419858	7891128	43578	485152	46345	249837
新 疆	64821554	62286888	138263	2396403	89898	1027551

零售业企业损益及分配

单位：万元

管理费用	财务费用	营业利润	利润总额	应交所得税	应付职工薪酬	应交增值税
59660886	**13304696**	**90271897**	**90929261**	**17823849**	**55091720**	**46694934**
7376283	839054	8815779	10092132	2083299	7169285	3821413
1329700	826255	1759818	1891883	475847	1054585	1746501
1224927	580055	1125613	1104856	261396	1108274	696490
1184141	468760	759341	759901	230389	866770	1185118
600263	203220	1027743	917814	142779	604447	944290
2123888	598160	1640339	1701462	336446	1558246	1330641
650393	154758	893798	616155	148696	479025	439555
766492	233938	1130975	856309	172013	624106	555222
8631393	206566	10127039	11014157	2602356	6980374	4320967
5051815	1132944	10620864	9883809	1816796	4442109	4254827
3580867	1090074	3721332	4221590	1086817	3526651	2112699
1257064	244278	1687464	1679142	312039	1185629	1097190
1584186	450681	2229647	2316347	473638	1603655	1078724
537968	90677	1228646	1150363	226836	612117	588407
3897158	1241116	9391019	8859111	1329635	3555177	3300812
1634822	368022	2836922	2764057	424163	1612327	997000
2098581	460081	3677595	3517737	654242	2228536	2105036
1481776	283742	1930933	1792039	328175	1279033	869579
6887525	1837498	10089258	10448480	1710168	6715649	6602356
629899	184729	753131	775406	184173	671203	675755
240248	45770	671851	653810	109752	242599	188438
1165726	248809	2419838	2313792	343142	1230570	1214144
1637961	473634	2022053	2123208	466524	1790008	1363665
631325	87946	3448124	3348722	711433	618908	1054188
1342191	320278	2391054	2736395	563383	1053578	1367697
51784	2585	109172	117366	12159	61202	42967
987795	253410	2221448	1809312	296951	993896	1310164
293757	80614	321211	292691	60371	342566	190996
102894	18080	329129	146310	29595	117809	86468
112813	42337	116421	140905	30233	158728	239176
565252	234628	774342	883999	200407	604662	914450

2-18 各地区大型批发和

地　区	主营业务收入	主营业务成本	主营业务税金及附加	主营业务利润	其他业务利润	销售费用
全　国	**1502220924**	**1345227823**	**10529203**	**146463898**	**8047014**	**69002362**
北　京	237385933	220846429	422643	16116861	2189551	10727031
天　津	51171662	47763490	1154207	2253965	158399	1142124
河　北	33997915	31444757	270004	2283154	165706	1092876
山　西	38800771	36524798	230581	2045392	372715	877467
内蒙古	10816350	9505152	155446	1155752	33954	420225
辽　宁	31078708	26918307	327861	3832540	204475	1402651
吉　林	12624960	11158772	117770	1348418	49670	638778
黑龙江	15633025	14025237	152373	1455415	61487	540798
上　海	220613631	191659233	555517	28398881	854166	17368909
江　苏	96584110	83768358	659498	12156254	527377	5056793
浙　江	83403034	75768210	624739	7010085	465182	3434116
安　徽	29945294	26127664	322351	3495279	100644	1808690
福　建	38417395	35087591	299575	3030229	101236	1429566
江　西	12653024	10727972	219713	1705339	35352	504174
山　东	80936287	72176673	939520	7820094	448533	3024862
河　南	26349395	23014186	448166	2887043	202393	1014411
湖　北	65382636	59831309	376692	5174635	326177	2503839
湖　南	25925612	22577859	418656	2929097	144254	1151958
广　东	211003906	190504421	777600	19721885	734184	7018914
广　西	13225523	11594410	188291	1442822	81527	548248
海　南	3959872	3406963	54196	498713	7048	226909
重　庆	22682391	19783485	289465	2609441	198883	1217229
四　川	39760229	35426471	400396	3933362	255133	1806486
贵　州	16018382	11360625	291178	4366579	19276	709815
云　南	23277556	19297596	273746	3706214	44254	1260837
西　藏	453087	280775	18317	153995	250	107419
陕　西	29262676	26226022	314943	2721711	197704	992323
甘　肃	8761476	8057178	86903	617395	16057	244101
青　海	2624609	2216979	24236	383394	7631	92000
宁　夏	3101945	2839862	26572	235511	12873	127079
新　疆	16369533	15307040	88048	974445	30925	511739

零售业企业损益及分配

单位：万元

管理费用	财务费用	营业利润	利润总额	应交所得税	应付职工薪酬	应交增值税
29917230	**2884885**	**52803789**	**54234343**	**11239984**	**31590659**	**25652991**
4437248	122406	5448949	6395534	1126447	4613133	2295490
450852	92804	551193	586980	196169	507109	1034794
586202	216450	617545	672791	167468	596655	381255
596889	198220	647296	621269	173087	503451	487601
206988	36957	509278	345360	82383	338745	505895
1199341	151026	1283759	1247332	196336	941949	646066
335893	65017	687783	389436	105819	295199	296563
351885	55993	570952	544456	123602	391428	390321
5032653	35879	7228744	7997032	1836709	4504541	2741691
2609074	199123	5166087	5070920	1131841	2554176	2488052
1343787	17233	2965523	3114996	750234	1748115	1084828
663290	35799	1065128	1061877	226755	660087	535375
575387	82149	1390021	1424742	282358	723260	518385
324804	9665	848077	824355	198033	372040	323304
1877773	326092	3018271	2983530	521260	1924744	1499083
799408	50524	1200604	1199496	267474	786542	499723
1161170	143319	1721835	1794349	428639	1449478	1177714
816894	36131	1144964	1177064	267003	723955	510218
2797788	557451	6155329	6350546	1056623	3521921	3109668
325750	29085	599462	590069	142441	358452	461120
80536	11204	188668	181650	36447	111554	60330
576836	48105	982776	1029366	169257	659640	540496
805876	141729	1401717	1448090	319276	969341	836970
406865	-23140	3273672	3158100	675130	411428	679207
557807	58852	1958396	2296702	483317	635989	858608
24591	335	21409	28823	4808	33125	20859
553049	81238	1297581	1078517	185960	625487	717978
112570	12874	282614	220312	31271	180294	110403
31841	4998	266252	48190	7666	58038	32213
32951	4066	65571	85377	16580	77383	179382
241234	83304	244337	267083	29591	313403	629402

2-19　各地区中型批发和

地　区	主营业务收入	主营业务成本	主营业务税金及附加	主营业务利润	其他业务利润	销售费用
全　国	**1975802235**	**1852339137**	**6056706**	**117406392**	**5675551**	**46871302**
北　京	197432242	186719613	365019	10347610	197971	4968516
天　津	121544647	116859430	329228	4355989	260121	1740474
河　北	53125384	50805983	147467	2171934	182672	908681
山　西	59083131	57240385	71292	1771454	102075	958227
内蒙古	25093969	23066060	135692	1892217	71913	637282
辽　宁	90380493	87649804	187557	2543132	266627	1205125
吉　林	14204568	13252394	66251	885923	168703	368394
黑龙江	27333772	25500812	196454	1636506	49118	514279
上　海	204966293	193028104	220816	11717373	837166	5887886
江　苏	161199459	149068902	346724	11783833	534009	3658021
浙　江	149305507	142397910	212236	6695361	451368	3449937
安　徽	34648989	32177510	127800	2343679	110417	1004149
福　建	57783284	53959105	160420	3663759	201528	1679260
江　西	13998813	12913641	68801	1016371	49349	374354
山　东	132918590	120132518	859442	11926630	300931	2961940
河　南	44694432	40642765	320868	3730799	160098	1131010
湖　北	43142755	37944968	523695	4674092	105489	1401635
湖　南	28878304	25984548	224129	2669627	84182	1041259
广　东	237947194	222540646	535112	14871436	695774	6166717
广　西	20523034	19451094	44894	1027046	108269	545544
海　南	14237513	13370652	21501	845360	48186	260064
重　庆	46353319	42499237	272394	3581688	107055	1445154
四　川	41196373	37736425	200069	3259879	162704	1462237
贵　州	11321970	10441697	40556	839717	71136	414987
云　南	29955150	27650427	71813	2232910	94438	853059
西　藏	1055680	830161	12882	212637	2621	98726
陕　西	33922326	31581638	160901	2179787	84229	736102
甘　肃	20993510	20340635	49761	603114	56108	264531
青　海	4791600	4520960	15710	254930	18851	95182
宁　夏	5317913	5051266	17006	249641	33472	122758
新　疆	48452021	46979848	50215	1421958	58973	515812

零售业企业损益及分配

单位：万元

管理费用	财务费用	营业利润	利润总额	应交所得税	应付职工薪酬	应交增值税
29743656	**10419811**	**37468108**	**36694918**	**6583866**	**23501062**	**21041943**
2939036	716648	3366830	3696598	956852	2556151	1525923
878849	733451	1208625	1304903	279677	547477	711707
638725	363605	508067	432065	93928	511619	315236
587252	270539	112045	138632	57301	363320	697517
393275	166262	518465	572454	60396	265702	438395
924547	447135	356580	454130	140110	616297	684575
314500	89742	206015	226720	42877	183825	142993
414608	177945	560023	311853	48411	232678	164901
3598740	170687	2898296	3017124	765647	2475833	1579275
2442741	933822	5454777	4812889	684955	1887933	1766774
2237080	1072841	755809	1106594	336583	1778536	1027872
593774	208480	622336	617265	85284	525543	561815
1008799	368532	839626	891605	191280	880396	560339
213165	81012	380570	326007	28803	240078	265104
2019384	915025	6372748	5875582	808376	1630433	1801729
835414	317498	1636318	1564562	156689	825785	497276
937411	316762	1955761	1723388	225603	779058	927323
664882	249612	785969	614975	61172	555078	359361
4089737	1280047	3933929	4097934	653545	3193728	3492688
304149	155644	153669	185337	41732	312751	214635
159712	34567	483183	472160	73304	131044	128108
588890	200704	1437062	1284426	173885	570929	673648
832085	331905	620336	675118	147248	820667	526694
224460	111085	174452	190622	36302	207480	374981
784384	261426	432659	439692	80067	417588	509089
27193	2251	87764	88543	7351	28077	22107
434746	172172	923867	730796	110991	368410	592186
181187	67740	38597	72380	29100	162272	80592
71052	13082	62878	98121	21929	59771	54256
79863	38271	50850	55528	13653	81344	59794
324019	151324	530005	616916	170816	291260	285048

2-20 各地区大中型批发业

地 区	主营业务收入	主营业务成本	主营业务税金及附加	主营业务利润	其他业务利润	销售费用
全 国	**2784392079**	**2585808460**	**12935067**	**185648552**	**5227534**	**72821419**
北 京	374490087	353519523	562036	20408528	1098828	11067621
天 津	157768224	151122841	1438297	5207086	180551	1901946
河 北	71010327	67681656	331083	2997588	110689	1169399
山 西	81695869	78844827	253426	2597616	336838	1129918
内蒙古	23687393	21732810	231103	1723480	29084	508069
辽 宁	97056125	92870406	357962	3827757	94869	1330384
吉 林	16742516	15618324	137035	987157	116520	480454
黑龙江	33513816	31336497	278740	1898579	-6325	611633
上 海	383572858	349678453	564830	33329575	975514	18457321
江 苏	192147020	174897526	718711	16530783	329628	5076974
浙 江	186889144	176741510	664633	9483001	305435	4224690
安 徽	43712426	39675134	364722	3672570	56332	1717687
福 建	76259527	71438058	377926	4443543	135677	1779234
江 西	17374954	15459676	215270	1700008	19384	424423
山 东	157594166	143039093	1313669	13241404	255573	3299882
河 南	47840491	43171587	596323	4072581	50393	1051125
湖 北	76224701	69916929	627667	5680105	92133	2016094
湖 南	29388120	25908690	477864	3001566	29229	829992
广 东	377533214	350329621	1052773	26150820	598317	7924385
广 西	25066511	23322663	199839	1544009	27858	548160
海 南	14699001	13738758	55766	904477	5255	280224
重 庆	51541718	47187933	410931	3942854	79328	1547388
四 川	48842738	44545471	450768	3846499	72617	1346499
贵 州	19071845	14643768	307965	4120112	29822	728281
云 南	39639640	34995898	298964	4344778	51187	1307930
西 藏	796824	503975	27866	264983	945	179570
陕 西	45581758	42593475	324950	2663333	55416	789166
甘 肃	23757310	23035958	112367	608985	45541	250426
青 海	6143611	5609109	35640	498862	10694	114384
宁 夏	6164106	5864667	36021	263418	6991	93989
新 疆	58586039	56783629	109925	1692485	33211	634176

企业损益及分配

单位：万元

管理费用	财务费用	营业利润	利润总额	应交所得税	应付职工薪酬	应交增值税
38059950	**8506902**	**71959263**	**73150898**	**14345998**	**31747517**	**32839010**
5523499	565561	7851841	9058698	1744288	4886419	2911117
851134	709305	1709088	1830415	423468	587631	1501904
651089	442708	918036	881518	193530	582212	468224
786081	336737	645822	686077	205210	509247	933460
317883	102162	615027	679514	112742	282749	501356
1044488	350009	1186963	1209627	234227	638088	647505
211444	65462	570858	345124	70067	216565	258487
397254	152499	699898	555435	116024	353965	445777
6398435	45794	9877192	10309519	2332582	5294282	3514362
2968660	643714	8584144	8094345	1450550	2409479	2832316
2247472	715481	3139615	3605680	858132	2045781	1426074
700900	114238	1180765	1201190	241471	559173	757800
1031598	313419	1767956	1906562	398975	912954	764967
291062	27478	914080	864239	179292	313460	382713
2264280	764774	7178211	6646648	963595	1753829	2103596
934629	184734	1998774	1951422	311316	763711	680829
1065776	225935	2278531	2262668	436169	1018983	1449629
818314	149031	1275808	1250546	236624	572139	534262
4922752	1432842	8115462	8357650	1352567	3967257	4850002
366967	129439	563733	590955	146250	362365	467478
117705	22468	545294	521636	72842	121526	114525
698892	139786	1647561	1601858	244816	551943	868246
818411	261225	1311227	1411780	340619	763419	659509
472491	36627	2880931	2903047	682407	429022	757331
983232	205312	1955462	2133180	498416	613745	874250
37202	1968	47218	65252	11013	40817	33389
500312	109035	1319346	1117748	223751	505959	981060
185168	44679	155430	158174	42621	164740	90245
62853	4913	310162	123360	22998	73959	54988
52448	22082	104409	117029	23116	80441	213056
337518	187486	610421	710004	176324	371657	760555

2-21 各地区大中型零售业

地 区	主营业务收入	主营业务成本	主营业务税金及附加	主营业务利润	其他业务利润	销售费用
全 国	**693631081**	**611758499**	**3650842**	**78221740**	**8495031**	**43052246**
北 京	60328088	54046519	225626	6055943	1288693	4627926
天 津	14948085	13500079	45139	1402867	237969	980652
河 北	16112973	14569084	86389	1457500	237689	832158
山 西	16188033	14920356	48448	1219229	137953	705776
内蒙古	12222926	10838401	60035	1324490	76782	549439
辽 宁	24403075	21697706	157457	2547912	376233	1277392
吉 林	10087012	8792842	46986	1247184	101852	526718
黑龙江	9452980	8189552	70088	1193340	116930	443444
上 海	42007066	35008885	211503	6786678	715819	4799475
江 苏	65636549	57939735	287511	7409303	731758	3637840
浙 江	45819397	41424610	172342	4222445	611114	2659363
安 徽	20881857	18630039	85430	2166388	154729	1095151
福 建	19941152	17608638	82069	2250445	167087	1329592
江 西	9276883	8181937	73244	1021702	65317	454105
山 东	56260711	49270097	485293	6505321	493891	2686920
河 南	23203336	20485364	172712	2545260	312099	1094296
湖 北	32300690	27859348	272720	4168622	339533	1889381
湖 南	25415796	22653717	164921	2597158	199207	1363225
广 东	71417886	62715446	259938	8442502	831641	5261246
广 西	8682046	7722841	33346	925859	161937	545633
海 南	3498384	3038857	19932	439595	49979	206750
重 庆	17493992	15094789	150927	2248276	226610	1114995
四 川	32113864	28617425	149698	3346741	345220	1922224
贵 州	8268507	7158555	23769	1086183	60590	396522
云 南	13593067	11952125	46595	1594347	87505	805966
西 藏	711943	606962	3333	101648	1925	26576
陕 西	17603244	15214185	150894	2238165	226518	939258
甘 肃	5997677	5361855	24297	611525	26624	258206
青 海	1272598	1128830	4306	139462	15788	72798
宁 夏	2255752	2026461	7557	221734	39354	155848
新 疆	6235515	5503259	28339	703917	56686	393375

企业损益及分配

单位：万元

管理费用	财务费用	营业利润	利润总额	应交所得税	应付职工薪酬	应交增值税
21600936	**4797794**	**18312634**	**17778363**	**3477851**	**23344204**	**13855923**
1852784	273493	963938	1033435	339011	2282865	910296
478566	116950	50730	61467	52379	466955	244597
573838	137347	207577	223339	67866	526063	228266
398060	132023	113518	73824	25179	357524	251658
282380	101058	412716	238300	30038	321698	442934
1079400	248152	453376	491835	102219	920158	683136
438949	89296	322940	271031	78629	262459	181069
369238	81438	431076	300873	55990	270140	109445
2232958	160772	249847	704638	269774	1686092	806604
2083155	489230	2036719	1789464	366246	2032630	1422510
1333395	374593	581717	615910	228685	1480869	686625
556164	130040	506699	477952	70568	626456	339390
552588	137262	461691	409786	74662	690701	313757
246907	63199	314566	286124	47544	298657	205695
1632878	476342	2212809	2212464	366041	1801348	1197216
700193	183288	838147	812636	112847	848616	316171
1032804	234146	1399064	1255068	218073	1209552	655408
663462	136712	655125	541493	91550	706894	335316
1964773	404656	1973796	2090830	357601	2748392	1752355
262931	55290	189398	184452	37923	308839	208278
122543	23303	126557	132174	36910	121073	73913
466834	109023	772278	711935	98325	678626	345899
819550	212409	710827	711428	125906	1026589	704156
158834	51319	567193	445675	29026	189886	296857
358960	114967	435593	603215	64967	439832	493447
14582	617	61955	52115	1146	20384	9578
487482	144375	902102	691564	73200	487937	329104
108590	35935	165781	134517	17750	177826	100751
40040	13168	18968	22950	6597	43850	31480
60365	20255	12013	23875	7117	78287	26119
227734	47142	163921	173995	24083	233005	153895

2-22 各地区大中型批发和零售业企业经济效益分析指标

地　区	负债比率 (%)	主营业务毛利率 (%)	人均营业收入 (万元)	费用率 (%)
全　国	**73.0**	**8.1**	**380.4**	**5.4**
北　京	71.6	6.3	692.1	5.4
天　津	77.7	4.7	1038.5	2.9
河　北	72.5	5.6	284.8	4.3
山　西	80.6	4.2	450.7	3.4
内蒙古	72.7	9.3	303.5	5.1
辽　宁	76.0	5.7	413.5	4.3
吉　林	70.1	9.0	268.1	6.6
黑龙江	80.9	8.0	346.3	4.8
上　海	72.0	9.6	599.8	7.5
江　苏	74.7	9.7	328.5	5.7
浙　江	75.5	6.2	426.4	4.9
安　徽	70.0	9.7	237.1	6.6
福　建	66.8	7.4	342.2	5.3
江　西	60.9	11.3	195.9	5.6
山　东	76.4	10.1	280.8	5.1
河　南	73.2	10.4	180.1	5.8
湖　北	71.8	9.9	242.4	5.9
湖　南	65.2	11.4	199.9	7.2
广　东	75.6	8.0	417.8	4.8
广　西	67.6	8.0	246.4	5.6
海　南	54.0	7.8	452.2	4.2
重　庆	72.1	9.8	283.0	5.9
四　川	70.0	9.6	223.0	6.6
贵　州	64.9	20.3	292.7	6.7
云　南	65.8	11.8	303.2	7.0
西　藏	49.5	26.4	227.4	17.2
陕　西	72.1	8.5	276.1	4.7
甘　肃	54.8	4.6	412.0	3.0
青　海	60.5	9.1	335.8	4.1
宁　夏	73.1	6.3	257.6	4.8
新　疆	81.5	3.9	667.6	2.8

注：费用率等于销售费用、管理费用、财务费用三项之和除以营业收入合计(下表同)。

2-23 各地区大型批发和零售业企业经济效益分析指标

地　区	负债比率 (%)	主营业务毛利率 (%)	人均营业收入 (万元)	费用率 (%)
全　国	**67.7**	**10.5**	**339.8**	**6.7**
北　京	70.7	7.0	651.5	6.2
天　津	72.3	6.7	729.9	3.3
河　北	63.3	7.5	234.5	5.5
山　西	79.1	5.9	398.5	4.3
内蒙古	65.2	12.1	200.3	6.1
辽　宁	66.4	13.4	190.4	8.8
吉　林	58.8	11.6	244.0	7.8
黑龙江	73.4	10.3	297.9	6.0
上　海	69.1	13.1	497.5	10.1
江　苏	70.5	13.3	240.9	8.0
浙　江	64.0	9.2	361.6	5.7
安　徽	64.4	12.7	246.9	8.3
福　建	55.1	8.7	354.6	5.4
江　西	47.2	15.2	197.9	6.6
山　东	71.3	10.8	230.9	6.4
河　南	69.6	12.7	203.5	7.0
湖　北	68.5	8.5	261.2	5.8
湖　南	54.1	12.9	215.5	7.6
广　东	69.8	9.7	409.8	4.9
广　西	43.2	12.3	239.7	6.8
海　南	57.0	14.0	263.8	8.0
重　庆	61.1	12.8	188.9	8.0
四　川	59.0	10.9	239.2	6.8
贵　州	52.7	29.1	354.6	6.8
云　南	51.0	17.1	281.5	7.9
西　藏	36.3	38.0	227.2	29.2
陕　西	69.7	10.4	256.1	5.5
甘　肃	42.6	8.0	323.2	4.2
青　海	60.8	15.5	287.8	4.9
宁　夏	74.1	8.4	248.9	5.2
新　疆	97.1	6.5	383.0	5.1

2-24 各地区中型批发和零售业企业经济效益分析指标

地　区	负债比率 (%)	主营业务毛利率 (%)	人均营业收入 (万元)	费用率 (%)
全　国	**77.1**	**6.2**	**418.6**	**4.4**
北　京	72.8	5.4	749.2	4.3
天　津	78.7	3.9	1262.7	2.7
河　北	81.2	4.4	330.4	3.6
山　西	81.7	3.1	490.7	2.9
内蒙古	75.0	8.1	390.3	4.7
辽　宁	80.5	3.0	693.3	2.8
吉　林	79.9	6.7	295.1	5.4
黑龙江	85.6	6.7	382.1	4.0
上　海	74.8	5.8	770.3	4.7
江　苏	78.3	7.5	421.0	4.3
浙　江	80.2	4.6	474.1	4.5
安　徽	74.5	7.1	229.2	5.2
福　建	73.0	6.6	334.4	5.2
江　西	73.8	7.8	194.2	4.8
山　东	79.7	9.6	323.3	4.4
河　南	74.9	9.1	168.6	5.1
湖　北	75.9	12.0	218.5	6.1
湖　南	76.0	10.0	187.7	6.7
广　东	80.1	6.5	425.2	4.8
广　西	79.1	5.2	251.0	4.9
海　南	53.1	6.1	564.7	3.2
重　庆	78.7	8.3	375.6	4.8
四　川	78.6	8.4	209.2	6.3
贵　州	80.2	7.8	234.8	6.6
云　南	79.6	7.7	322.7	6.3
西　藏	58.8	21.4	227.4	12.1
陕　西	74.3	6.9	296.1	3.9
甘　肃	58.4	3.1	465.8	2.4
青　海	60.3	5.6	369.9	3.7
宁　夏	72.4	5.0	263.0	4.5
新　疆	73.2	3.0	892.8	2.0

2-25 各地区大中型批发业企业经济效益分析指标

地 区	负债比率 (%)	主营业务毛利率 (%)	人均营业收入 (万元)	费用率 (%)
全 国	**72.8**	**7.1**	**751.4**	**4.2**
北 京	70.7	5.6	1193.8	4.5
天 津	78.4	4.2	2207.7	2.2
河 北	70.1	4.7	654.5	3.2
山 西	81.1	3.5	942.3	2.6
内蒙古	70.1	8.3	801.7	3.9
辽 宁	77.0	4.3	1026.9	2.8
吉 林	65.5	6.7	665.2	4.4
黑龙江	83.1	6.5	869.6	3.5
上 海	70.5	8.8	958.7	6.5
江 苏	74.9	9.0	624.5	4.5
浙 江	74.9	5.4	717.9	3.8
安 徽	68.4	9.2	505.2	5.7
福 建	67.0	6.3	697.2	4.1
江 西	57.7	11.0	355.4	4.3
山 东	76.4	9.2	552.9	4.0
河 南	69.9	9.8	402.3	4.5
湖 北	71.3	8.3	496.4	4.3
湖 南	64.5	11.8	360.3	6.1
广 东	77.1	7.2	687.3	3.8
广 西	65.8	7.0	491.3	4.1
海 南	50.5	6.5	941.0	2.9
重 庆	73.7	8.4	573.0	4.6
四 川	71.7	8.8	437.9	4.9
贵 州	60.8	23.2	457.0	6.4
云 南	65.2	11.7	592.4	6.2
西 藏	49.0	36.8	260.3	27.4
陕 西	73.9	6.6	677.4	3.1
甘 肃	48.9	3.0	1055.7	2.0
青 海	54.9	8.7	611.4	3.0
宁 夏	70.3	4.9	744.6	2.7
新 疆	82.6	3.1	1137.8	2.0

2-26 各地区大中型零售业企业经济效益分析指标

地　区	负债比率 (%)	主营业务毛利率 (%)	人均营业收入 (万元)	费用率 (%)
全　国	**73.8**	**11.8**	**128.3**	**9.8**
北　京	78.1	10.4	192.2	10.9
天　津	73.3	9.7	159.6	10.3
河　北	80.4	9.6	82.5	9.4
山　西	78.4	7.8	120.8	7.6
内蒙古	77.5	11.3	138.7	7.5
辽　宁	73.8	11.1	124.7	10.4
吉　林	75.9	12.8	136.2	10.0
黑龙江	75.1	13.4	111.3	9.3
上　海	78.9	16.7	137.5	16.8
江　苏	74.3	11.7	138.5	9.3
浙　江	77.5	9.6	161.7	9.4
安　徽	72.9	10.8	112.5	8.4
福　建	65.9	11.7	116.3	10.0
江　西	65.2	11.8	106.7	8.2
山　东	76.2	12.4	118.2	8.4
河　南	78.8	11.7	84.6	8.4
湖　北	72.6	13.7	111.0	9.6
湖　南	66.1	10.9	132.3	8.4
广　东	69.2	12.2	137.4	10.5
广　西	72.1	11.0	101.8	9.8
海　南	63.9	13.1	143.3	9.9
重　庆	68.2	13.7	114.5	9.5
四　川	67.3	10.9	128.2	9.1
贵　州	79.1	13.4	160.4	7.2
云　南	67.4	12.1	125.5	9.3
西　藏	50.6	14.7	199.4	5.8
陕　西	69.6	13.6	109.9	8.8
甘　肃	67.7	10.6	121.4	6.6
青　海	74.2	11.3	106.2	9.8
宁　夏	77.9	10.2	92.8	10.4
新　疆	77.2	11.7	138.3	10.5

2-27 各地区大中型住宿和餐饮业企业基本情况

地区	大中型		大型		中型	
	法人单位数(个)	年末从业人数(人)	法人单位数(个)	年末从业人数(人)	法人单位数(个)	年末从业人数(人)
全国	**6880**	**2467538**	**748**	**962497**	**6132**	**1505041**
北京	688	278203	127	152597	561	125606
天津	116	53443	8	26697	108	26746
河北	132	39334	6	4322	126	35012
山西	132	48609	7	11742	125	36867
内蒙古	93	24873	6	3374	87	21499
辽宁	177	52343	18	16642	159	35701
吉林	48	15118	5	2950	43	12168
黑龙江	49	16385	5	3232	44	13153
上海	501	217006	105	136188	396	80818
江苏	592	210560	42	81997	550	128563
浙江	567	176501	54	58052	513	118449
安徽	152	46492	7	11716	145	34776
福建	254	96796	34	39295	220	57501
江西	81	28144	3	7035	78	21109
山东	396	117796	25	27079	371	90717
河南	194	54698	9	9460	185	45238
湖北	227	86468	19	35727	208	50741
湖南	249	80409	23	23933	226	56476
广东	1013	390145	130	156907	883	233238
广西	93	32977	8	10224	85	22753
海南	118	43914	26	17041	92	26873
重庆	181	69569	20	29694	161	39875
四川	273	108694	24	51396	249	57298
贵州	61	16992	4	2650	57	14342
云南	132	45105	11	12342	121	32763
西藏	8	1797			8	1797
陕西	207	73507	12	22586	195	50921
甘肃	57	16263	3	2633	54	13630
青海	16	4584	1	432	15	4152
宁夏	21	4821			21	4821
新疆	52	15992	6	4554	46	11438

2-28 各地区大中型住宿和餐饮业企业经营情况

单位：万元

地区	营业额	客房收入	餐费收入	商品销售额	其他收入
全 国	**48199205**	**11214427**	**32614549**	**1115378**	**3254851**
北 京	6624287	1329827	4542969	95805	655686
天 津	966946	136355	762371	7453	60768
河 北	553692	172380	319465	7514	54334
山 西	636233	149107	424707	30937	31482
内蒙古	581483	116018	435075	6616	23774
辽 宁	1451800	274836	1089691	21879	65395
吉 林	259222	104732	128598	4503	21390
黑龙江	268838	106186	133920	13988	14744
上 海	5124189	829247	3942161	56902	295878
江 苏	3664043	686328	2699475	82347	195894
浙 江	3627281	895169	2452698	46374	233040
安 徽	706275	172058	456814	39718	37686
福 建	1870878	401154	1292209	69650	107864
江 西	382547	123790	226060	11847	20851
山 东	2415169	653343	1528248	90065	143514
河 南	951097	307129	510661	39320	93987
湖 北	1559374	368790	1085294	43165	62125
湖 南	1430311	409945	888002	51920	80444
广 东	7602028	1823154	5082533	136819	559522
广 西	463770	143834	266990	13079	39866
海 南	843119	494486	274040	12126	62467
重 庆	1322270	235984	974691	49246	62349
四 川	2062605	405271	1491285	52829	113221
贵 州	259545	104648	130085	8826	15987
云 南	745180	266889	368830	31297	78164
西 藏	26432	12813	10559	667	2393
陕 西	1171502	274831	751904	76999	67769
甘 肃	244427	85540	139248	5971	13668
青 海	62034	27504	29945	1476	3109
宁 夏	63592	21242	34941	1677	5733
新 疆	259035	81840	141082	4367	31746

2-29 各地区大型住宿和餐饮业企业经营情况

单位：万元

地区	营业额	客房收入	餐费收入	商品销售额	其他收入
全国	**21826998**	**3558054**	**16497502**	**457224**	**1314218**
北京	4067521	663450	2962159	56217	385695
天津	476312	11834	455687	421	8371
河北	80755	21973	44051	701	14030
山西	141825	24523	113332	1275	2696
内蒙古	128332	19752	104282		4298
辽宁	759455	58868	677488	8733	14366
吉林	67067	29312	30339	909	6508
黑龙江	76539	28674	41817	3976	2072
上海	3335277	465224	2618811	49503	201739
江苏	1350186	122235	1113662	48306	65983
浙江	1405720	224654	1085980	21598	73488
安徽	178996	12603	144035	16928	5430
福建	946270	119782	733558	40225	52705
江西	76359	6069	70066	27	198
山东	742114	166815	489836	21215	64248
河南	186936	25043	141295	2838	17761
湖北	584977	102763	471648	2310	8257
湖南	463294	86960	332307	17339	26689
广东	3739579	764729	2688883	67109	218858
广西	136488	22893	106085	4785	2724
海南	447561	275524	130541	10321	31176
重庆	579036	34277	519250	10650	14859
四川	1068361	131163	880317	17942	38940
贵州	61537	21608	34872	1796	3262
云南	228617	39690	160829	9455	18643
西藏					
陕西	346554	44649	246914	38490	16501
甘肃	48945	10754	36409	609	1173
青海	10800	6026	3570	976	228
宁夏					
新疆	91584	16209	59480	2573	13322

2-30 各地区中型住宿和餐饮业企业经营情况

单位：万元

地 区	营业额				
		客房收入	餐费收入	商品销售额	其他收入
全 国	**26372207**	**7656373**	**16117047**	**658154**	**1940633**
北 京	2556766	666377	1580811	39588	269991
天 津	490634	124521	306684	7032	52397
河 北	472937	150406	275413	6813	40304
山 西	494408	124585	311375	29662	28787
内蒙古	453151	96266	330793	6616	19476
辽 宁	692345	215968	412203	13146	51028
吉 林	192155	75420	98259	3594	14882
黑龙江	192300	77512	92104	10012	12673
上 海	1788911	364023	1323349	7400	94139
江 苏	2313857	564093	1585812	34041	129911
浙 江	2221562	670515	1366718	24777	159552
安 徽	527279	159455	312778	22789	32256
福 建	924608	281373	558651	29425	55159
江 西	306188	117721	155994	11820	20653
山 东	1673055	486527	1038412	68850	79266
河 南	764160	282086	369366	36482	76226
湖 北	974397	266027	613647	40855	53869
湖 南	967017	322985	555695	34582	53755
广 东	3862449	1058425	2393650	69710	340664
广 西	327282	120941	160905	8294	37142
海 南	395558	218962	143499	1806	31291
重 庆	743234	201707	455441	38596	47490
四 川	994244	274108	610968	34887	74281
贵 州	198008	83040	95214	7030	12725
云 南	516564	227199	208000	21843	59522
西 藏	26432	12813	10559	667	2393
陕 西	824948	230182	504990	38509	51268
甘 肃	195482	74786	102839	5361	12495
青 海	51234	21478	26376	500	2881
宁 夏	63592	21242	34941	1677	5733
新 疆	167451	65630	81602	1795	18424

2-31 各地区大中型住宿业企业经营情况

单位：万元

地区	营业额	客房收入	餐费收入	商品销售额	其他收入
全国	**22770371**	**10025366**	**9487538**	**583447**	**2674019**
北京	2757905	1305632	829927	42856	579490
天津	242369	112093	89953	2962	37361
河北	415830	155080	202574	5961	52214
山西	226160	85155	111787	6835	22383
内蒙古	212430	83699	108335	818	19578
辽宁	642129	249858	326830	15271	50170
吉林	193792	81398	91231	4247	16917
黑龙江	184130	96302	68369	9465	9995
上海	1706459	797857	618777	23827	265999
江苏	1493357	527952	761274	54007	150124
浙江	2030066	778270	1041269	25123	185404
安徽	332285	135004	156765	11799	28717
福建	999912	375218	470541	56984	97169
江西	229674	116328	87094	5952	20301
山东	1264058	472210	643826	43444	104578
河南	603650	266329	248249	30309	58764
湖北	651833	313840	265368	18505	54120
湖南	917949	370408	439801	42075	65665
广东	3635438	1697870	1409672	67817	460079
广西	321935	140893	133017	9778	38248
海南	795192	492032	235866	11684	55610
重庆	457848	205207	189814	14696	48131
四川	760899	358034	307132	18717	77017
贵州	191459	99869	72314	5820	13456
云南	483588	261005	136723	17272	68587
西藏	21210	12813	5338	667	2393
陕西	573192	237213	268676	25179	42124
甘肃	154181	79916	56543	4967	12755
青海	43793	24123	15211	1385	3073
宁夏	38989	17950	16851	719	3468
新疆	188657	75807	78411	4308	30132

2-32 各地区大中型餐饮业企业经营情况

单位：万元

地　区	营业额	客房收入	餐费收入	商品销售额	其他收入
全　国	**25428834**	**1189061**	**23127010**	**531931**	**580832**
北　京	3866383	24194	3713042	52949	76196
天　津	724578	24262	672418	4490	23407
河　北	137861	17299	116890	1552	2120
山　西	410073	63952	312920	24102	9099
内蒙古	369053	32319	326740	5798	4196
辽　宁	809670	24978	762861	6607	15225
吉　林	65430	23333	37367	256	4473
黑龙江	84708	9883	65552	4523	4750
上　海	3417729	31391	3323384	33075	29880
江　苏	2170687	158376	1938200	28340	45770
浙　江	1597216	116899	1411429	21251	47637
安　徽	373990	37054	300048	27918	8969
福　建	870966	25936	821668	12666	10695
江　西	152873	7462	138966	5895	550
山　东	1151111	181133	884422	46621	38935
河　南	347446	40800	262412	9011	35224
湖　北	907541	54950	819927	24660	8005
湖　南	512362	39537	448201	9845	14779
广　东	3966590	125284	3672861	69002	99443
广　西	141834	2941	133973	3302	1619
海　南	47927	2454	38174	442	6858
重　庆	864422	30778	784876	34550	14218
四　川	1301706	47237	1184153	34112	36204
贵　州	68086	4779	57771	3006	2531
云　南	261593	5885	232107	14025	9577
西　藏	5221		5221		
陕　西	598311	37618	483228	51820	25645
甘　肃	90246	5624	82706	1003	914
青　海	18241	3380	14734	91	36
宁　夏	24603	3292	18089	958	2264
新　疆	70378	6033	62671	60	1614

2-33 各地区大中型住宿和餐饮业企业年末资产负债

单位：万元

地 区	流动资产合计	固定资产原价	累计折旧	资产总计	负债合计	所有者权益合计
全 国	**34582268**	**59311158**	**22603211**	**96227839**	**68692156**	**27535683**
北 京	5016304	8028901	3485957	13686134	10023344	3662790
天 津	597116	746419	253593	1450155	1133002	317153
河 北	627522	1246772	401443	1911788	1526748	385039
山 西	435041	934825	278647	1437754	1088663	349091
内蒙古	375709	806118	252615	1212284	748598	463686
辽 宁	965229	1904659	825825	2664341	1970747	693593
吉 林	184404	730567	245484	797108	472768	324340
黑龙江	183464	469894	171989	580581	378833	201748
上 海	2694283	4849481	2139470	7750282	4409077	3341205
江 苏	2567728	4306204	1576470	7387623	5421381	1966242
浙 江	2937870	5432897	1870259	8652063	6641491	2010571
安 徽	638263	935183	288383	1877134	1393241	483893
福 建	1117743	1767366	587908	3049065	2009273	1039793
江 西	278269	480290	161390	876861	578315	298546
山 东	1679373	3537684	1120804	5356741	3787749	1568992
河 南	1023108	1219080	454173	2273707	1674185	599522
湖 北	881549	1735582	593740	2594520	1946411	648109
湖 南	937203	2057069	710656	2981246	2092005	889241
广 东	5084723	7604479	3417999	12447808	9198173	3249635
广 西	289267	867866	367295	1146443	798253	348190
海 南	874183	1381470	476306	2423416	1670042	753374
重 庆	891110	1140560	423551	2112707	1584705	528002
四 川	1861378	2423526	903877	4299054	3249739	1049315
贵 州	212731	387556	110186	560172	442003	118170
云 南	955113	1305242	515133	2441189	1477331	963858
西 藏	23018	113630	36510	106045	22470	83574
陕 西	732715	1843204	563716	2522831	1856127	666704
甘 肃	155964	275939	129333	427921	274695	153225
青 海	71340	131129	37678	214272	73425	140847
宁 夏	93441	194769	34807	291267	255576	35690
新 疆	197107	452800	168016	695332	493786	201546

2-34 各地区大型住宿和餐饮业企业年末资产负债

单位：万元

地区	流动资产合计	固定资产原价	累计折旧	资产总计	负债合计	所有者权益合计
全国	**11954799**	**21589878**	**8673384**	**34740368**	**21848746**	**12891623**
北京	2817610	4494887	2029620	7517206	4933226	2583980
天津	138734	199024	70253	383784	246215	137569
河北	153292	275589	74104	397104	337787	59317
山西	44190	92544	41660	133889	97733	36156
内蒙古	97272	216655	81567	275075	138389	136686
辽宁	240510	553444	251920	753839	460195	293644
吉林	55959	191612	73353	228804	107481	121323
黑龙江	75169	58851	28946	134161	93429	40732
上海	1488428	3286896	1453708	5190262	2488428	2701835
江苏	547430	1027767	355224	1924823	1389192	535631
浙江	921027	1935272	599374	2942471	2117840	824632
安徽	100080	110830	44390	202329	166694	35635
福建	404172	703970	244411	1120171	776735	343436
江西	17835	26085	11994	65187	58787	6400
山东	392454	1157460	326942	1673104	946922	726182
河南	246731	85748	30785	380319	328877	51442
湖北	170427	458521	187733	639562	502611	136951
湖南	348561	576342	254699	954283	612604	341679
广东	1867584	3245878	1512562	5007621	3139012	1868609
广西	32005	138340	54196	197089	97102	99987
海南	437904	470463	163188	1173142	757730	415412
重庆	325799	345471	163990	610972	415228	195744
四川	540769	733020	262297	1268518	816502	452016
贵州	20322	67752	26127	68262	46043	22219
云南	186495	294853	99079	426717	207463	219254
西藏						
陕西	194802	640389	123774	867032	492668	374363
甘肃	14691	55206	38954	34896	24975	9921
青海	4484	17295	5854	17768	3039	14729
宁夏						
新疆	70065	129716	62681	151982	45842	106140

2-35 各地区中型住宿和餐饮业企业年末资产负债

单位：万元

地 区	流动资产合计	固定资产原价	累计折旧	资产总计	负债合计	所有者权益合计
全 国	**22627470**	**37721280**	**13929827**	**61487471**	**46843410**	**14644061**
北 京	2198694	3534014	1456337	6168928	5090118	1078811
天 津	458382	547395	183340	1066371	886788	179584
河 北	474230	971183	327339	1514684	1188962	325722
山 西	390851	842281	236987	1303864	990930	312935
内 蒙 古	278437	589463	171048	937209	610209	327000
辽 宁	724720	1351215	573905	1910502	1510553	399949
吉 林	128446	538956	172131	568304	365287	203017
黑 龙 江	108296	411043	143043	446420	285404	161016
上 海	1205855	1562586	685762	2560020	1920650	639370
江 苏	2020298	3278437	1221246	5462800	4032189	1430611
浙 江	2016844	3497625	1270885	5709591	4523652	1185940
安 徽	538183	824353	243993	1674805	1226547	448258
福 建	713572	1063396	343498	1928895	1232538	696357
江 西	260434	454205	149395	811674	519528	292146
山 东	1286919	2380225	793863	3683637	2840828	842810
河 南	776377	1133332	423388	1893388	1345308	548080
湖 北	711122	1277061	406007	1954958	1443800	511158
湖 南	588642	1480727	455957	2026963	1479402	547562
广 东	3217140	4358601	1905437	7440187	6059161	1381026
广 西	257262	729526	313099	949354	701151	248203
海 南	436280	911007	313118	1250274	912312	337961
重 庆	565310	795089	259562	1501735	1169476	332258
四 川	1320609	1690506	641581	3030536	2433238	597299
贵 州	192409	319803	84059	491910	395960	95951
云 南	768618	1010388	416054	2014473	1269869	744604
西 藏	23018	113630	36510	106045	22470	83574
陕 西	537913	1202815	439943	1655800	1363459	292341
甘 肃	141273	220733	90378	393025	249720	143305
青 海	66856	113833	31824	196505	70386	126119
宁 夏	93441	194769	34807	291267	255576	35690
新 疆	127042	323084	105335	543350	447944	95407

2-36 各地区大中型住宿业企业年末资产负债

单位：万元

地 区	流动资产合计	固定资产原价	累计折旧	资产总计	负债合计	所有者权益合计
全 国	**23755795**	**48533113**	**18989300**	**71352549**	**51045445**	**20307104**
北 京	3438490	7201458	3115329	10601902	7769612	2832291
天 津	317986	510997	177315	831142	711387	119755
河 北	544890	1147219	364351	1693936	1363040	330896
山 西	193500	435091	162639	601674	420277	181397
内 蒙 古	182398	528582	190124	674155	430349	243807
辽 宁	643634	1527646	694998	1826018	1307599	518419
吉 林	129920	564201	202309	552835	362705	190130
黑 龙 江	157623	414345	158659	479536	323300	156236
上 海	1626706	4090468	1864633	5697926	3018793	2679133
江 苏	1554260	3255733	1244214	5034285	3599854	1434431
浙 江	2217597	4410791	1586020	6728290	5133359	1594930
安 徽	399647	758599	219827	1332897	995721	337176
福 建	851493	1508984	479556	2491493	1605712	885781
江 西	220060	422351	143367	750238	509580	240659
山 东	1038621	2510906	866941	3331816	2370273	961543
河 南	857047	1055659	405319	1888727	1398253	490474
湖 北	543245	1299642	443816	1712228	1223813	488415
湖 南	787039	1802819	643618	2495435	1751790	743645
广 东	3816002	6266705	2863138	9621899	7260891	2361008
广 西	248679	837908	355976	1064985	743916	321069
海 南	777482	1278368	437888	2210256	1535019	675237
重 庆	595982	856712	330068	1517780	1271796	245984
四 川	905842	1791931	643667	2507703	1986862	520840
贵 州	169702	361716	98784	494250	391764	102486
云 南	664011	1159740	483060	1992251	1201160	791091
西 藏	18971	113383	36445	101816	21689	80127
陕 西	452418	1522528	440469	1812810	1442652	370158
甘 肃	126665	248947	121427	357051	230366	126686
青 海	62931	104672	31710	172417	60246	112170
宁 夏	40170	151257	27011	168896	154911	13985
新 疆	172784	393756	156624	605905	448759	157146

2-37 各地区大中型餐饮业企业年末资产负债

单位：万元

地 区	流动资产合计	固定资产原价	累计折旧	资产总计	负债合计	所有者权益合计
全 国	**10826476**	**10778045**	**3613912**	**24875290**	**17646711**	**7228579**
北 京	1577814	827442	370628	3084232	2253732	830500
天 津	279130	235422	76278	619013	421615	197398
河 北	82632	99554	37092	217851	163708	54143
山 西	241541	499734	116008	836080	668386	167693
内蒙古	193311	277536	62492	538129	318250	219879
辽 宁	321596	377013	130827	838323	663149	175174
吉 林	54484	166366	43175	244273	110063	134210
黑龙江	25841	55549	13330	101045	55533	45512
上 海	1067577	759013	274838	2052356	1390284	662072
江 苏	1013468	1050471	332256	2353338	1821527	531811
浙 江	720274	1022106	284239	1923773	1508132	415641
安 徽	238616	176583	68556	544237	397520	146717
福 建	266251	258382	108352	557573	403561	154012
江 西	58208	57939	18022	126622	68735	57887
山 东	640752	1026779	253864	2024925	1417477	607449
河 南	166061	163420	48854	384980	275933	109048
湖 北	338304	435940	149924	882292	722598	159694
湖 南	150164	254250	67038	485811	340215	145596
广 东	1268721	1337774	554860	2825909	1937282	888628
广 西	40589	29958	11319	81458	54337	27121
海 南	96701	103102	38418	213160	135023	78136
重 庆	295128	283848	93484	594927	312909	282018
四 川	955536	631596	260210	1791351	1262877	528475
贵 州	43029	25839	11403	65922	50239	15684
云 南	291102	145501	32073	448939	276171	172768
西 藏	4047	247	65	4229	782	3447
陕 西	280297	320676	123247	710022	413476	296546
甘 肃	29299	26992	7905	70869	44329	26540
青 海	8409	26456	5968	41856	13179	28677
宁 夏	53271	43513	7795	122371	100665	21706
新 疆	24323	59044	11392	89427	45027	44401

2-38 各地区大中型住宿和餐饮业企业实收资本及构成

单位：万元

地区	实收资本						
		国家资本	集体资本	法人资本	个人资本	港澳台资本	外商资本
全国	**25747015**	**6578242**	**557617**	**9558976**	**3677722**	**3184393**	**2190065**
北京	3656569	867976	31375	1725613	193160	602226	236219
天津	396751	43687	10731	222448	94744	235	24905
河北	569921	192351	5668	222298	134107	15498	
山西	334102	88558	2709	104692	129079	7325	1739
内蒙古	357666	90216	11371	144905	31321	27044	52811
辽宁	765845	140565	7518	301018	140488	129037	47220
吉林	248220	104388	30	38961	71268	1348	32225
黑龙江	194873	56974	529	83867	17714	15671	20119
上海	2560502	1059341	26780	814468	104131	257998	297785
江苏	2342385	758078	126217	531758	380928	229611	315794
浙江	2111806	424378	50322	882498	384792	253903	115913
安徽	384046	54195	7311	216550	86706	19284	
福建	934308	132471	21081	360034	136143	181298	103280
江西	236131	95884	360	68703	51670	4314	15200
山东	1008836	307376	81108	362047	145871	82697	29738
河南	482334	167035	9797	162587	90011	50359	2545
湖北	698788	224108	9383	236569	119709	83589	25430
湖南	742840	150946	10851	393351	145251	35700	6741
广东	3273322	523819	38097	939167	388317	854339	529582
广西	418458	93515		112574	55004	151606	5760
海南	542782	62799	43422	364019	22745	25809	23988
重庆	459378	38164	7662	241793	81627	46283	43849
四川	871859	177539	14323	283771	235229	33785	127211
贵州	145289	47939	1300	43193	44077	6800	1980
云南	650443	260429	24222	151761	149229	5910	58892
西藏	62510	54392			8118		
陕西	791257	160179	10420	344486	179408	48454	48310
甘肃	146032	72067	615	47785	11884	12272	1410
青海	100489	29399	41	18429	31196		21424
宁夏	53348	20857	2875	22666	6950		
新疆	205930	78616	1502	116965	6847	2000	

2-39 各地区大型住宿和餐饮业企业实收资本及构成

单位：万元

地区	实收资本						
		国家资本	集体资本	法人资本	个人资本	港澳台资本	外商资本
全国	**8617388**	**2585623**	**73201**	**2838133**	**457897**	**1559580**	**1102955**
北京	1887110	347799	2956	880425	57676	452971	145283
天津	63897		1268	26160	18840		17630
河北	98206	36447		56380	5380		
山西	21130	6896		2100	10396		1739
内蒙古	89297			27361	9125		52811
辽宁	225552	60335	7128	13522	12566	111919	20082
吉林	38153	18653		2800			16700
黑龙江	25647			5938			19709
上海	1728234	922797	5851	442524	5809	170433	180820
江苏	501723	248506	9940	96217	35571	41117	70373
浙江	613950	144357	26184	188837	56796	144858	52917
安徽	19941	5000		14431	510		
福建	229539	36924	1050	94478	7700	66081	23306
江西	4269			1960	200		2109
山东	293845	151183	950	47618	22124	60375	11596
河南	57658			3955	19945	31356	2401
湖北	145816	77966	5500	10362	5660	25036	21292
湖南	185175	71957	3500	100466	5821	1690	1741
广东	1271358	177177	6143	350962	70734	329953	336389
广西	85164	36320		1350	4243	39366	3885
海南	221183	11524		199359	10300		
重庆	89354			18497	5878	40183	24796
四川	219634	57552	2731	21035	58484	23292	56540
贵州	10326	6026		300	4000		
云南	120106	73455		43714	1880	477	579
西藏							
陕西	260650	84652		98691	28257	10200	38849
甘肃	14785	861		2242		10272	1410
青海	14729			14729			
宁夏							
新疆	80960	9238		71722			

2-40 各地区中型住宿和餐饮业企业实收资本及构成

单位：万元

地 区	实收资本	国家资本	集体资本	法人资本	个人资本	港澳台资本	外商资本
全 国	**17129627**	**3992619**	**484416**	**6720843**	**3219825**	**1624814**	**1087110**
北 京	1769459	520177	28419	845188	135484	149256	90936
天 津	332854	43687	9464	196288	75904	235	7275
河 北	471715	155904	5668	165919	128727	15498	
山 西	312973	81663	2709	102592	118684	7325	
内蒙古	268370	90216	11371	117544	22196	27044	
辽 宁	540293	80230	390	287495	127922	17118	27137
吉 林	210066	85735	30	36162	71268	1348	15525
黑龙江	169226	56974	529	77928	17714	15671	410
上 海	832268	136544	20929	371944	98322	87565	116965
江 苏	1840662	509572	116277	435541	345358	188494	245421
浙 江	1497856	280021	24138	693661	327996	109045	62996
安 徽	364105	49195	7311	202119	86196	19284	
福 建	704769	95547	20031	265556	128443	115217	79975
江 西	231862	95884	360	66743	51470	4314	13091
山 东	714991	156193	80158	314430	123747	22322	18142
河 南	424676	167035	9797	158632	70066	19003	144
湖 北	552972	146142	3883	226207	114049	58553	4139
湖 南	557665	78990	7351	292885	139429	34010	5000
广 东	2001963	346642	31954	588206	317583	524386	193194
广 西	333294	57195		111224	50761	112240	1875
海 南	321599	51275	43422	164661	12445	25809	23988
重 庆	370024	38164	7662	223296	75749	6100	19053
四 川	652224	119988	11592	262736	176745	10493	70671
贵 州	134963	41913	1300	42893	40076	6800	1980
云 南	530336	186974	24222	108047	147349	5433	58312
西 藏	62510	54392			8118		
陕 西	530607	75527	10420	245795	151151	38254	9461
甘 肃	131248	71206	615	45544	11884	2000	
青 海	85760	29399	41	3700	31196		21424
宁 夏	53348	20857	2875	22666	6950		
新 疆	124970	69378	1502	45243	6847	2000	

2-41 各地区大中型住宿业企业实收资本及构成

单位：万元

地区	实收资本	国家资本	集体资本	法人资本	个人资本	港澳台资本	外商资本
全国	**20665568**	**6217556**	**465077**	**7467559**	**2339207**	**2604528**	**1571641**
北京	3126756	857163	27158	1498134	77369	536112	130821
天津	287559	40158	5623	193984	42405		5388
河北	512151	190358	5668	197129	103499	15498	
山西	200090	76058	1830	23617	91260	7325	
内蒙古	225000	77582	6371	49558	11685	26994	52811
辽宁	614368	135995	7518	222167	100107	123059	25522
吉林	167276	85735		33561	14408	1348	32225
黑龙江	166037	55836		74023	7974	10568	17635
上海	1949284	1023196	25990	581922	67802	123155	127219
江苏	1813140	694416	110447	407464	210439	146609	243765
浙江	1710921	422463	23008	702980	267373	216704	78395
安徽	282192	46951	7078	159876	49251	19036	
福建	799478	122377	20492	320931	94943	141501	99235
江西	211655	95352	360	59301	40066	3501	13076
山东	679649	243995	76274	204944	63612	74333	16492
河南	413584	167003	3827	137977	56435	48289	53
湖北	512072	215308	9383	151302	59296	75935	850
湖南	606187	149462	10851	299794	106125	34956	5000
广东	2696599	494844	30228	741359	273638	722719	433812
广西	397252	93515		100981	50736	150145	1875
海南	485270	62799	43422	313969	20429	20662	23988
重庆	334558	30071	7390	206231	55160	3100	32607
四川	620556	126971	7122	169597	176269	31160	109437
贵州	133030	47439	1300	37485	39026	6800	980
云南	612562	254974	24222	135415	135969	3670	58312
西藏	59392	54392			5000		
陕西	603755	152274	4521	267856	91304	47079	40722
甘肃	134991	72067	615	44535	5502	12272	
青海	86593	29399	41	18229	17500		21424
宁夏	30247	20857	2875	6279	237		
新疆	193365	78546	1467	106962	4390	2000	

2-42 各地区大中型餐饮业企业实收资本及构成

单位：万元

地区	实收资本	国家资本	集体资本	法人资本	个人资本	港澳台资本	外商资本
全国	**5081447**	**360686**	**92539**	**2091417**	**1338515**	**579865**	**618425**
北京	529813	10813	4218	227479	115791	66114	105398
天津	109192	3529	5108	28464	52339	235	19517
河北	57770	1993		25169	30608		
山西	134012	12500	879	81075	37820		1739
内蒙古	132667	12634	5000	95347	19636	50	
辽宁	151477	4570		78851	40381	5977	21697
吉林	80943	18653	30	5400	56860		
黑龙江	28836	1137	529	9843	9740	5103	2484
上海	611218	36145	789	232546	36329	134844	170566
江苏	529244	63662	15770	124294	170489	83002	72029
浙江	400884	1916	27314	179519	117419	37199	37518
安徽	101854	7244	233	56675	37454	248	
福建	134829	10094	589	39104	41200	39797	4046
江西	24475	532		9403	11604	813	2124
山东	329187	63381	4834	157103	82259	8364	13246
河南	68750	32	5970	24610	33576	2070	2492
湖北	186716	8800		85268	60414	7654	24580
湖南	136652	1485		93557	39126	744	1741
广东	576723	28975	7869	197808	114679	131621	95771
广西	21206			11593	4268	1460	3885
海南	57512			50050	2316	5147	
重庆	124820	8093	272	35562	26467	43183	11243
四川	251303	50568	7201	114174	58960	2626	17775
贵州	12259	500		5708	5050		1000
云南	37881	5455		16346	13260	2240	579
西藏	3118				3118		
陕西	187502	7906	5900	76630	88104	1375	7588
甘肃	11041			3250	6382		1410
青海	13896			200	13696		
宁夏	23101			16387	6713		
新疆	12565	70	35	10003	2457		

2-43 各地区大中型住宿和餐饮业企业损益及分配

单位：万元

地 区	主营业务收入	主营业务成本	主营业务税金及附加	主营业务利润	其他业务利润	销售费用
全 国	**47904156**	**19647890**	**2546436**	**25709830**	**732066**	**14766126**
北 京	6658252	2310358	358422	3989472	35766	2363507
天 津	962903	425178	50178	487547	19025	316836
河 北	542563	238156	29736	274671	6844	185257
山 西	631226	314967	33364	282895	22346	201204
内蒙古	581009	312280	26168	242561	1017	156135
辽 宁	1448314	658427	76815	713072	40209	403952
吉 林	256210	102021	14232	139957	3355	72168
黑龙江	268809	105243	14485	149081	12335	74387
上 海	5143124	1992577	277093	2873454	140919	1737462
江 苏	3655385	1585849	187353	1882183	27008	1059620
浙 江	3614606	1415327	197552	2001727	61366	1164222
安 徽	691525	305261	35637	350627	12760	217945
福 建	1852282	800196	106141	945945	9432	519908
江 西	381997	166748	16612	198637	1946	92607
山 东	2331971	1029124	124026	1178821	50818	604982
河 南	924422	401705	47500	475217	21120	243361
湖 北	1542918	718628	80392	743898	28119	422564
湖 南	1405265	627155	72946	705164	30458	333430
广 东	7519079	3005125	407258	4106696	79561	2517869
广 西	465623	169509	25495	270619	8107	153950
海 南	884687	237747	48240	598700	12502	222367
重 庆	1296999	659425	65204	572370	1609	311839
四 川	2071924	850845	108826	1112253	44848	606814
贵 州	254444	102880	14076	137488	5116	65280
云 南	729258	329460	34596	365202	21292	184575
西 藏	27116	7417	1557	18142	398	13029
陕 西	1133230	492234	59329	581667	21969	349963
甘 肃	243020	112171	13074	117775	6980	60511
青 海	61910	21776	3332	36802	106	20779
宁 夏	63738	26566	3054	34118	1084	25464
新 疆	260348	123537	13745	123066	3652	64138

2-43 续表

单位：万元

地 区	管理费用	财务费用	营业利润	利润总额	应交所得税	应付职工薪酬
全 国	**9586748**	**1505287**	**458051**	**599325**	**521777**	**9977802**
北 京	1462618	165650	78317	104580	93810	1629086
天 津	150661	19239	10738	25636	11553	203706
河 北	158085	29258	-96027	-84945	2588	139189
山 西	140600	22828	-76112	-71933	4016	116274
内 蒙 古	127646	11207	-54486	-61032	4740	120028
辽 宁	286064	26621	10587	22391	15911	200326
吉 林	78697	12219	-20258	-22783	1601	48286
黑 龙 江	64312	4490	5866	3836	2527	48117
上 海	970116	106981	152660	208684	77851	929215
江 苏	735888	126473	4454	-14048	31559	779588
浙 江	821833	198889	-108147	-70631	32356	767843
安 徽	133185	30982	-16623	-8868	6722	155341
福 建	339809	66230	41390	33155	22119	381792
江 西	73279	15654	19964	220	2931	72367
山 东	446439	63342	82361	87451	24045	473888
河 南	193693	33540	20113	18609	7028	174900
湖 北	226774	46873	48195	49834	15550	288048
湖 南	326618	73580	49	-10674	7376	274392
广 东	1301566	215311	140247	160233	66079	1614154
广 西	124415	22201	-25074	-2950	3845	94657
海 南	264646	23687	92263	92812	11041	224205
重 庆	183077	34671	100491	80134	13034	245990
四 川	370693	71854	80173	73951	35700	387858
贵 州	67251	20755	-13153	-10218	1648	59421
云 南	165070	19963	5155	16854	9012	153931
西 藏	5801	261	-753	-651	112	5949
陕 西	221999	27158	-8474	-8611	9787	245191
甘 肃	47019	3794	6568	6839	4063	40261
青 海	15632	1715	-489	-503	62	16612
宁 夏	15318	3752	-10210	-8308	150	16596
新 疆	67947	6112	-11732	-9738	2964	70592

2-44 各地区大型住宿和餐饮业企业损益及分配

单位：万元

地 区	主营业务收入	主营业务成本	主营业务税金及附加	主营业务利润	其他业务利润	销售费用
全 国	**21852313**	**8650244**	**1160647**	**12041422**	**247055**	**6872518**
北 京	4103276	1432359	218639	2452278	14717	1410719
天 津	480356	214026	25020	241310	5481	164532
河 北	78711	29720	4475	44516	336	30422
山 西	143804	64726	7536	71542	14837	39048
内 蒙 古	126355	68472	3900	53983		15007
辽 宁	754550	339493	41004	374053	28595	224110
吉 林	66506	22711	3595	40200	2	12288
黑 龙 江	76539	16605	4220	55714	327	25977
上 海	3361931	1283676	180738	1897517	78224	1108874
江 苏	1378824	607530	70669	700625	8763	425327
浙 江	1419411	574381	78398	766632	14823	433684
安 徽	174736	72629	8372	93735	401	77032
福 建	941201	424905	54572	461724	5031	223158
江 西	76006	37110	1266	37630	80	5944
山 东	709024	268185	38776	402063	9889	224173
河 南	173906	72277	9429	92200	9295	57021
湖 北	584239	266481	30509	287249	492	193555
湖 南	459850	177607	24159	258084	7645	126156
广 东	3697780	1473094	194888	2029798	25819	1223685
广 西	135822	55360	7435	73027	169	43210
海 南	491379	126328	26314	338737	364	99381
重 庆	570027	311475	31561	226991	407	149917
四 川	1081644	400439	58255	622950	15657	315176
贵 州	60397	16526	3375	40496	870	19740
云 南	225789	99766	8169	117854	1964	58945
西 藏						
陕 西	330357	118548	17244	194565	1580	139119
甘 肃	48945	18626	2501	27818		12405
青 海	10800	5704	567	4529		
宁 夏						
新 疆	90147	51486	5065	33596	1287	13914

2-44 续表

单位：万元

地区	管理费用	财务费用	营业利润	利润总额	应交所得税	应付职工薪酬
全国	**3609322**	**503839**	**1401533**	**1419525**	**340863**	**4211805**
北京	770494	90046	229139	240891	75932	958113
天津	42834	5203	35129	42665	8669	84945
河北	22782	4802	-13154	-12449	176	17762
山西	26041	3787	2451	2767	2415	17976
内蒙古	23444	2701	10785	6104	225	12163
辽宁	109623	4668	46918	48118	11485	84678
吉林	25907	1821	186	-5496	1313	11152
黑龙江	18943	285	10569	10906	1922	14405
上海	574065	56594	238752	257360	65445	566828
江苏	197692	38966	59597	58165	18201	259768
浙江	263231	73418	31631	43890	20271	275436
安徽	10907	6081	3764	5124	2931	35577
福建	153014	24143	73016	57465	13489	159289
江西	9015	3242	19974	-398	1541	9625
山东	147424	10415	30173	34396	5085	146665
河南	41895	7045	-4425	-3845	1727	27666
湖北	58237	10525	22274	24701	7433	117268
湖南	95229	27120	23868	26773	4659	91249
广东	531845	79601	237412	247964	35561	731954
广西	22196	3544	4521	17970	2546	21602
海南	114746	14954	111654	108219	9344	103638
重庆	52770	12879	53109	45575	7727	108270
四川	164343	18108	130955	120800	29071	205015
贵州	16589	2561	2636	3347	821	10923
云南	41159	439	17092	14860	5035	40659
西藏						
陕西	42798	2151	13447	13893	5189	69524
甘肃	10328	-19	5103	5013	1245	4944
青海	4560	-13	-18	-18		2386
宁夏						
新疆	17212	-1226	4975	4766	1407	22326

2-45　各地区中型住宿和餐饮业企业损益及分配

单位：万元

地　区	主营业务收入	主营业务成本	主营业务税金及附加	主营业务利润	其他业务利润	销售费用
全　国	**26051843**	**10997646**	**1385789**	**13668408**	**485011**	**7893608**
北　京	2554976	877999	139783	1537194	21049	952788
天　津	482546	211152	25158	246236	13544	152305
河　北	463852	208436	25261	230155	6508	154835
山　西	487422	250240	25828	211354	7509	162156
内蒙古	454654	243808	22268	188578	1017	141129
辽　宁	693764	318934	35811	339019	11614	179842
吉　林	189704	79311	10637	99756	3353	59880
黑龙江	192271	88638	10265	93368	12008	48411
上　海	1781193	708901	96355	975937	62696	628588
江　苏	2276561	978319	116684	1181558	18245	634293
浙　江	2195195	840946	119154	1235095	46543	730538
安　徽	516788	232632	27264	256892	12359	140913
福　建	911081	375291	51569	484221	4401	296751
江　西	305991	129639	15346	161006	1866	86663
山　东	1622948	760939	85251	776758	40928	380809
河　南	750516	329428	38071	383017	11825	186340
湖　北	958679	452146	49882	456651	27626	229009
湖　南	945415	449548	48787	447080	22813	207274
广　东	3821299	1532031	212370	2076898	53743	1294184
广　西	329801	114149	18061	197591	7938	110741
海　南	393308	111419	21926	259963	12138	122986
重　庆	726972	347951	33643	345378	1202	161922
四　川	990280	450406	50571	489303	29191	291638
贵　州	194046	86354	10701	96991	4246	45540
云　南	503469	229693	26428	247348	19328	125630
西　藏	27116	7417	1557	18142	398	13029
陕　西	802874	373686	42085	387103	20389	210844
甘　肃	194075	93545	10573	89957	6980	48106
青　海	51110	16072	2765	32273	106	20779
宁　夏	63738	26566	3054	34118	1084	25464
新　疆	170201	72051	8680	89470	2366	50224

2-45 续表

单位：万元

地　区	管理费用	财务费用	营业利润	利润总额	应交所得税	应付职工薪酬
全　国	**5977426**	**1001448**	**-943482**	**-820199**	**180913**	**5765997**
北　京	692123	75604	-150822	-136311	17878	670973
天　津	107827	14036	-24391	-17029	2883	118761
河　北	135304	24456	-82874	-72495	2412	121428
山　西	114559	19042	-78563	-74700	1601	98298
内蒙古	104202	8506	-65271	-67136	4515	107865
辽　宁	176441	21953	-36332	-25727	4426	115648
吉　林	52790	10398	-20444	-17287	288	37134
黑龙江	45369	4205	-4703	-7070	606	33711
上　海	396051	50387	-86091	-48677	12406	362387
江　苏	538196	87508	-55143	-72214	13358	519820
浙　江	558603	125471	-139778	-114522	12086	492406
安　徽	122278	24901	-20388	-13993	3791	119764
福　建	186795	42087	-31626	-24310	8629	222503
江　西	64263	12412	-10	618	1390	62742
山　东	299015	52927	52189	53056	18960	327223
河　南	151798	26495	24538	22454	5301	147235
湖　北	168538	36348	25921	25134	8117	170781
湖　南	231389	46459	-23819	-37447	2718	183143
广　东	769721	135710	-97165	-87731	30518	882200
广　西	102219	18657	-29595	-20920	1299	73055
海　南	149900	8733	-19392	-15408	1696	120567
重　庆	130307	21792	47382	34559	5307	137721
四　川	206350	53747	-50782	-46849	6629	182842
贵　州	50663	18194	-15788	-13564	827	48498
云　南	123911	19524	-11937	1993	3977	113272
西　藏	5801	261	-753	-651	112	5949
陕　西	179202	25007	-21922	-22504	4598	175666
甘　肃	36690	3812	1465	1825	2818	35316
青　海	11072	1728	-471	-485	62	14226
宁　夏	15318	3752	-10210	-8308	150	16596
新　疆	50734	7338	-16706	-14504	1557	48267

2-46 各地区大中型住宿业企业损益及分配

单位：万元

地 区	主营业务收入	主营业务成本	主营业务税金及附加	主营业务利润	其他业务利润	销售费用
全 国	**22620480**	**7798404**	**1223868**	**13598208**	**508931**	**6429700**
北 京	2779058	710798	152159	1916101	17676	789469
天 津	240250	86285	12979	140986	12656	78633
河 北	406480	169665	22697	214118	6610	139338
山 西	223795	93421	12717	117657	12190	85258
内蒙古	213684	92897	10694	110093	785	57134
辽 宁	643010	283681	32419	326910	40147	146769
吉 林	189540	75312	10672	103556	3235	55324
黑龙江	184097	58839	10081	115177	8538	51084
上 海	1756215	535210	95795	1125210	109530	462885
江 苏	1464244	544368	76502	843374	11516	422339
浙 江	2023718	645386	113383	1264949	51180	644804
安 徽	323018	134508	18429	170081	5027	93578
福 建	986218	354947	56392	574879	5617	295729
江 西	228971	80145	12204	136622	934	66867
山 东	1243557	492303	66731	684523	42951	328889
河 南	595058	235352	31163	328543	8080	153252
湖 北	648040	291921	31769	324350	19881	142359
湖 南	905885	357816	45946	502123	19783	197045
广 东	3578816	1172656	197663	2208497	45040	1111972
广 西	320113	97875	17442	204796	7847	110483
海 南	789484	211300	43584	534600	10207	187197
重 庆	447160	171431	23754	251975	734	122886
四 川	758187	241512	40122	476553	35972	231220
贵 州	187621	67614	10540	109467	5085	46908
云 南	470165	187130	25205	257830	15711	117874
西 藏	21895	4507	1257	16131	398	11577
陕 西	565128	217374	28810	318944	6398	163888
甘 肃	153598	64850	8558	80190	2724	37431
青 海	43688	13335	2441	27912	87	15065
宁 夏	39135	14341	1672	23122	129	18269
新 疆	190658	91626	10089	88943	2264	44175

2-46 续表

单位：万元

地　区	管理费用	财务费用	营业利润	利润总额	应交所得税	应付职工薪酬
全　国	**6717250**	**1140415**	**-284580**	**-108398**	**220417**	**5288715**
北　京	1023438	129493	19736	39586	46821	795292
天　津	78716	13113	-29093	-22689	354	62243
河　北	144060	23598	-91132	-81238	1719	110022
山　西	61278	10420	-35607	-33937	633	50230
内蒙古	72589	5509	-28653	-23151	549	49596
辽　宁	195217	19011	-19217	-6949	3246	110931
吉　林	58566	10895	-18471	-16000	915	37516
黑龙江	54772	4045	5324	3107	2122	31691
上　海	601659	77423	62119	90616	30003	387276
江　苏	457248	82200	-86333	-92449	6302	350188
浙　江	621261	156604	-99278	-76890	17694	460096
安　徽	93096	19692	-24987	-16838	1538	80997
福　建	239888	56650	-5805	735	11730	223683
江　西	60445	13933	-3133	-3293	628	50425
山　东	293491	39414	35995	44774	11626	266748
河　南	162391	25940	-6833	-7142	3510	123194
湖　北	141870	33757	14596	16471	3299	123237
湖　南	271970	63433	-8928	-16024	5451	183124
广　东	918137	174916	45932	62390	35311	858925
广　西	109760	20566	-29685	-8487	1135	72558
海　南	247680	21235	82744	82759	7528	206075
重　庆	111909	28516	6741	2755	4143	102936
四　川	222785	49626	-17670	-13194	8124	154611
贵　州	58216	18800	-12667	-10367	1503	40440
云　南	130619	10488	8033	16506	6055	110734
西　藏	5416	260	-926	-824	79	5004
陕　西	162539	20003	-26877	-23448	3897	134932
甘　肃	40391	2624	136	1686	2715	29763
青　海	12688	1579	-605	-602	21	11705
宁　夏	10027	1421	-6430	-4946	53	10902
新　疆	55131	5256	-13607	-11319	1716	53642

2-47　各地区大中型餐饮业企业损益及分配

单位：万元

地　区	主营业务收入	主营业务成本	主营业务税金及附加	主营业务利润	其他业务利润	销售费用
全　国	**25283676**	**11849486**	**1322568**	**12111622**	**223135**	**8336426**
北　京	3879194	1599560	206263	2073371	18090	1574038
天　津	722653	338892	37199	346562	6369	238204
河　北	136083	68491	7039	60553	234	45919
山　西	407431	221546	20647	165238	10156	115946
内蒙古	367324	219384	15474	132466	232	99001
辽　宁	805304	374745	44396	386163	62	257183
吉　林	66670	26709	3561	36400	120	16844
黑龙江	84713	46405	4404	33904	3797	23303
上　海	3386909	1457367	181298	1748244	31390	1274577
江　苏	2191142	1041481	110851	1038810	15492	637281
浙　江	1590889	769941	84169	736779	10187	519419
安　徽	368507	170753	17208	180546	7733	124367
福　建	866064	445249	49749	371066	3816	224180
江　西	153026	86604	4408	62014	1011	25741
山　东	1088414	536820	57296	494298	7867	276093
河　南	329364	166354	16337	146673	13040	90109
湖　北	894878	426707	48623	419548	8238	280205
湖　南	499380	269339	27000	203041	10676	136385
广　东	3940263	1832469	209595	1898199	34521	1405897
广　西	145510	71634	8054	65822	260	43467
海　南	95203	26447	4656	64100	2295	35169
重　庆	849839	487995	41450	320394	875	188953
四　川	1313737	609333	68704	635700	8876	375594
贵　州	66823	35265	3535	28023	31	18372
云　南	259093	142329	9392	107372	5581	66700
西　藏	5221	2910	300	2011		1452
陕　西	568103	274860	30520	262723	15571	186075
甘　肃	89423	47321	4516	37586	4256	23080
青　海	18223	8442	891	8890	18	5714
宁　夏	24603	12225	1383	10995	955	7195
新　疆	69690	31912	3656	34122	1389	19963

2-47 续表

单位：万元

地 区	管理费用	财务费用	营业利润	利润总额	应交所得税	应付职工薪酬
全 国	**2869498**	**364872**	**742631**	**707723**	**301360**	**4689087**
北 京	439180	36156	58581	64994	46990	833794
天 津	71945	6127	39831	48325	11198	141463
河 北	14026	5661	-4895	-3707	869	29168
山 西	79322	12408	-40504	-37996	3383	66044
内蒙古	55057	5699	-25833	-37881	4192	70432
辽 宁	90847	7610	29803	29340	12664	89395
吉 林	20131	1324	-1787	-6784	686	10770
黑龙江	9540	445	542	729	406	16426
上 海	368457	29559	90541	118067	47848	541938
江 苏	278640	44274	90787	78400	25257	429401
浙 江	200572	42285	-8870	6259	14662	307746
安 徽	40089	11290	8364	7970	5184	74344
福 建	99921	9580	47194	32420	10389	158109
江 西	12833	1721	23096	3513	2303	21942
山 东	152948	23929	46366	42678	12419	207140
河 南	31302	7600	26946	25751	3518	51706
湖 北	84904	13116	33599	33363	12251	164812
湖 南	54648	10147	8977	5350	1925	91268
广 东	383430	40395	94315	97843	30768	755230
广 西	14655	1635	4611	5537	2710	22100
海 南	16966	2452	9519	10053	3513	18130
重 庆	71169	6155	93750	77379	8891	143054
四 川	147908	22228	97843	87145	27576	233247
贵 州	9035	1955	-485	150	145	18982
云 南	34451	9475	-2879	347	2956	43197
西 藏	385	1	173	173	33	945
陕 西	59460	7156	18402	14837	5890	110259
甘 肃	6628	1169	6432	5153	1348	10497
青 海	2943	136	115	99	41	4907
宁 夏	5291	2332	-3780	-3362	98	5694
新 疆	12816	856	1875	1581	1247	16950

2-48　各地区大中型住宿和餐饮业企业经济效益分析指标

地　区	负债比率(%)	主营业务毛利率(%)	人均营业收入(万元)	费用率(%)
全　国	**71.4**	**59.0**	**19.6**	**53.4**
北　京	73.2	65.3	24.1	59.6
天　津	78.1	55.8	18.1	50.3
河　北	79.9	56.1	13.8	68.5
山　西	75.7	50.1	13.1	57.2
内蒙古	61.8	46.3	23.6	50.3
辽　宁	74.0	54.5	27.7	49.4
吉　林	59.3	60.2	17.2	62.6
黑龙江	65.3	60.8	16.5	53.0
上　海	56.9	61.3	23.9	54.2
江　苏	73.4	56.6	17.5	52.0
浙　江	76.8	60.8	20.8	59.6
安　徽	74.2	55.9	15.2	54.2
福　建	65.9	56.8	19.4	49.4
江　西	66.0	56.3	13.6	47.4
山　东	70.7	55.9	20.0	47.4
河　南	73.6	56.5	17.1	50.4
湖　北	75.0	53.4	17.9	45.0
湖　南	70.2	55.4	17.6	51.9
广　东	73.9	60.0	19.4	53.2
广　西	69.6	63.6	14.3	63.6
海　南	68.9	73.1	20.3	57.3
重　庆	75.0	49.2	19.0	40.0
四　川	75.6	58.9	19.3	50.1
贵　州	78.9	59.6	15.6	57.7
云　南	60.5	54.8	17.0	48.3
西　藏	21.2	72.6	15.2	69.7
陕　西	73.6	56.6	15.6	52.2
甘　肃	64.2	53.8	15.0	45.7
青　海	34.3	64.8	13.6	61.1
宁　夏	87.7	58.3	13.2	69.8
新　疆	71.0	52.5	16.5	52.3

注：费用率等于销售费用、管理费用、财务费用三项之和除以营业收入合计(下表同)。

2-49 各地区大型住宿和餐饮业企业经济效益分析指标

地　区	负债比率 (%)	主营业务毛利率 (%)	人均营业收入 (万元)	费用率 (%)
全　国	**62.9**	**60.4**	**22.9**	**49.9**
北　京	65.6	65.1	27.0	55.1
天　津	64.2	55.4	18.0	44.2
河　北	85.1	62.2	18.2	73.7
山　西	73.0	55.0	12.4	47.5
内蒙古	50.3	45.8	38.0	32.1
辽　宁	61.0	55.0	45.3	44.8
吉　林	47.0	65.9	22.5	60.2
黑龙江	69.6	78.3	23.7	59.1
上　海	47.9	61.8	24.9	51.2
江　苏	72.2	55.9	17.0	47.4
浙　江	72.0	59.5	24.7	53.7
安　徽	82.4	58.4	15.3	52.5
福　建	69.3	54.9	24.1	42.2
江　西	90.2	51.2	10.8	23.9
山　东	56.6	62.2	26.6	53.0
河　南	86.5	58.4	18.4	60.9
湖　北	78.6	54.4	16.4	44.9
湖　南	64.2	61.4	19.2	54.0
广　东	62.7	60.2	23.7	49.4
广　西	49.3	59.2	13.3	50.5
海　南	64.6	74.3	29.0	46.4
重　庆	68.0	45.4	19.6	37.1
四　川	64.4	63.0	21.3	45.4
贵　州	67.5	72.6	23.2	63.2
云　南	48.6	55.8	18.4	44.2
西　藏				
陕　西	56.8	64.1	14.7	55.5
甘　肃	71.6	61.9	18.6	46.4
青　海	17.1	47.2	25.0	42.1
宁　夏				
新　疆	30.2	42.9	20.1	32.6

2-50 各地区中型住宿和餐饮业企业经济效益分析指标

地区	负债比率 (%)	主营业务毛利率 (%)	人均营业收入 (万元)	费用率 (%)
全国	**76.2**	**57.8**	**17.5**	**56.4**
北京	82.5	65.6	20.5	66.8
天津	83.2	56.2	18.2	56.2
河北	78.5	55.1	13.3	67.6
山西	76.0	48.7	13.4	60.1
内蒙古	65.1	46.4	21.3	55.3
辽宁	79.1	54.0	19.5	54.3
吉林	64.3	58.2	15.9	63.4
黑龙江	63.9	53.9	14.7	50.6
上海	75.0	60.2	22.2	59.8
江苏	73.8	57.0	17.9	54.8
浙江	79.2	61.7	18.8	63.4
安徽	73.2	55.0	15.1	54.7
福建	63.9	58.8	16.1	56.8
江西	64.0	57.6	14.5	53.2
山东	77.1	53.1	18.0	44.9
河南	71.1	56.1	16.8	48.0
湖北	73.9	52.8	19.0	45.0
湖南	73.0	52.4	16.9	50.9
广东	81.4	59.9	16.6	56.8
广西	73.9	65.4	14.8	68.9
海南	73.0	71.7	14.8	71.0
重庆	77.9	52.1	18.6	42.4
四川	80.3	54.5	17.5	55.1
贵州	80.5	55.5	14.2	56.0
云南	63.0	54.4	16.4	50.0
西藏	21.2	72.6	15.2	69.7
陕西	82.3	53.5	16.0	50.9
甘肃	63.5	51.8	14.3	45.5
青海	35.8	68.6	12.4	65.1
宁夏	87.7	58.3	13.2	69.8
新疆	82.4	57.7	15.1	62.8

2-51 各地区大中型住宿业企业经济效益分析指标

地　区	负债比率 (%)	主营业务毛利率 (%)	人均营业收入 (万元)	费用率 (%)
全　国	**71.5**	**65.5**	**19.4**	**62.3**
北　京	73.3	74.4	25.0	69.5
天　津	85.6	64.1	17.7	70.5
河　北	80.5	58.3	13.9	75.2
山　西	69.9	58.3	12.6	69.2
内蒙古	63.8	56.5	14.7	62.2
辽　宁	71.6	55.9	20.6	55.9
吉　林	65.6	60.3	17.8	64.5
黑龙江	67.4	68.0	19.6	59.4
上　海	53.0	69.5	30.1	63.7
江　苏	71.5	62.8	19.6	64.5
浙　江	76.3	68.1	21.0	68.9
安　徽	74.7	58.4	15.4	62.1
福　建	64.4	64.0	19.3	59.2
江　西	67.9	65.0	14.4	61.4
山　东	71.1	60.4	18.4	52.7
河　南	74.0	60.4	16.6	56.6
湖　北	71.5	55.0	19.8	48.8
湖　南	70.2	60.5	17.4	58.4
广　东	75.5	67.2	18.6	60.8
广　西	69.9	69.4	15.3	73.9
海　南	69.4	73.2	19.9	57.3
重　庆	83.8	61.7	18.0	57.9
四　川	79.2	68.1	18.7	65.8
贵　州	79.3	64.0	16.4	65.3
云　南	60.3	60.2	16.4	51.4
西　藏	21.3	79.4	14.7	77.8
陕　西	79.6	61.5	16.3	60.8
甘　肃	64.5	57.8	15.0	52.2
青　海	34.9	69.5	14.6	66.5
宁　夏	91.7	63.4	14.3	75.9
新　疆	74.1	51.9	16.4	54.2

2-52 各地区大中型餐饮业企业经济效益分析指标

地　区	负债比率 (%)	主营业务毛利率 (%)	人均营业收入 (万元)	费用率 (%)
全　国	**70.9**	**53.1**	**19.8**	**45.5**
北　京	73.1	58.8	23.5	52.5
天　津	68.1	53.1	18.3	43.5
河　北	75.1	49.7	13.6	48.2
山　西	79.9	45.6	13.4	50.6
内蒙古	59.1	40.3	36.8	43.2
辽　宁	79.1	53.5	38.2	44.1
吉　林	45.1	59.9	15.7	57.3
黑龙江	55.0	45.2	12.2	39.2
上　海	67.7	57.0	21.6	49.2
江　苏	77.4	52.5	16.4	43.6
浙　江	78.4	51.6	20.5	47.6
安　徽	73.0	53.7	15.0	47.1
福　建	72.4	48.6	19.4	38.2
江　西	54.3	43.4	12.6	26.3
山　东	70.0	50.7	22.1	41.3
河　南	71.7	49.5	18.0	39.1
湖　北	81.9	52.3	16.7	42.2
湖　南	70,0	46.1	18.0	40.0
广　东	68.6	53.5	20.3	46.2
广　西	66.7	50.8	12.6	40.7
海　南	63.3	72.2	24.2	57.3
重　庆	52.6	42.6	19.6	30.7
四　川	70.5	53.6	19.6	41.0
贵　州	76.2	47.2	14.0	38.6
云　南	61.5	45.1	18.3	42.2
西　藏	18.5	44.3	18.2	35.2
陕　西	58.2	51.6	15.0	43.8
甘　肃	62.6	47.1	15.0	34.5
青　海	31.5	53.7	11.7	48.2
宁　夏	82.3	50.3	11.9	60.1
新　疆	50.4	54.2	16.8	47.4

行业篇

简要说明：

一、本篇资料主要内容为分行业分地区大中型批发和零售业、住宿和餐饮业企业单位数和从业人员数情况；分行业分地区大中型批发和零售业企业商品购、销、存情况；分行业分地区大中型住宿和餐饮业企业经营情况；分行业分地区大中型批发和零售业、住宿和餐饮业企业主要财务及经济效益分析指标等。

二、行业分类按照《国民经济行业分类》（GB/T 4754-2011）列示，包括批发和零售业、住宿和餐饮业两个门类，批发业、零售业、住宿业、餐饮业四个大类和25个行业中类。

3-1 大中型批发业企业分行业基本情况

地 区	批发业		农、林、牧产品批发		食品、饮料及烟草制品批发	
	法人单位数（个）	年末从业人数（人）	法人单位数（个）	年末从业人数（人）	法人单位数（个）	年末从业人数（人）
全 国	**27753**	**3739135**	**1382**	**132659**	**3394**	**763095**
北 京	1954	320599	33	4460	177	38693
天 津	833	71846	14	940	59	6258
河 北	645	108819	52	3272	60	15110
山 西	516	90914	12	4142	52	12394
内蒙古	252	29608	32	2380	42	7903
辽 宁	766	94932	41	2568	100	16667
吉 林	185	25663	55	7431	18	5590
黑龙江	284	38692	68	7307	50	8360
上 海	2447	401375	22	1775	201	45568
江 苏	2566	309656	151	12863	250	46231
浙 江	2559	262272	32	2991	219	47734
安 徽	609	87310	47	4428	98	26402
福 建	1154	110409	33	2597	157	31149
江 西	241	49002	17	3905	44	17142
山 东	2410	288390	209	13069	318	68853
河 南	869	119488	109	11649	130	42746
湖 北	898	154070	94	9879	166	39592
湖 南	576	82020	46	5851	96	35780
广 东	4210	551742	78	7357	477	89512
广 西	351	51275	12	1265	39	13684
海 南	114	15635	2	107	15	2129
重 庆	771	90437	22	1640	143	18779
四 川	808	112073	31	3219	196	35598
贵 州	226	42114			47	26422
云 南	446	67603	10	612	74	27484
西 藏	15	3064	1	90	6	896
陕 西	308	67497	12	734	45	19509
甘 肃	186	22581	10	580	42	7730
青 海	64	10087			14	1784
宁 夏	64	8315	1	23	14	2328
新 疆	426	51647	136	15525	45	5068

3-1 续表 1

地区	纺织、服装及家庭用品批发		文化、体育用品及器材批发		医药及医疗器材批发	
	法人单位数（个）	年末从业人数（人）	法人单位数（个）	年末从业人数（人）	法人单位数（个）	年末从业人数（人）
全　国	**3767**	**706593**	**872**	**133528**	**3080**	**394483**
北　京	233	73277	104	21853	198	31499
天　津	55	15685	27	2451	55	4872
河　北	24	2983	5	656	104	13281
山　西	16	2973	9	1369	36	5166
内蒙古	6	1227	3	354	20	2437
辽　宁	71	31277	15	1015	82	6901
吉　林	6	888	5	624	41	3450
黑龙江	16	1711	2	238	47	4833
上　海	460	133739	76	8638	164	42173
江　苏	473	90919	90	16754	138	31919
浙　江	759	74758	116	7482	180	22290
安　徽	52	10409	9	1047	147	13798
福　建	281	26033	34	2225	78	6702
江　西	14	1898	5	332	69	12206
山　东	180	26412	46	14976	179	20477
河　南	56	5684	17	2422	113	14028
湖　北	68	7564	13	6771	157	25842
湖　南	39	6661	14	1249	113	12868
广　东	730	150811	218	30685	501	45533
广　西	38	5455	5	753	51	6505
海　南	9	1110	2	546	42	6995
重　庆	49	8333	16	6292	129	13578
四　川	70	10900	11	1216	198	18653
贵　州	10	1070	5	338	40	4020
云　南	12	1658	7	442	74	10261
西　藏			1	76	3	1690
陕　西	16	9754	9	702	43	4449
甘　肃	6	805	4	1025	36	3660
青　海	2	199	1	241	9	995
宁　夏	2	72	1	134	3	408
新　疆	14	2328	2	622	30	2994

3-1 续表 2

地区	矿产品、建材及化工产品批发		机械设备、五金产品及电子产品批发	
	法人单位数（个）	年末从业人数（人）	法人单位数（个）	年末从业人数（人）
全国	**9258**	**970938**	**4746**	**520811**
北京	467	52624	675	90727
天津	394	20575	150	12482
河北	318	43473	77	29743
山西	338	59744	43	4425
内蒙古	126	13304	22	1952
辽宁	295	24989	145	8917
吉林	34	5987	23	1620
黑龙江	62	13546	33	2152
上海	603	53849	668	90147
江苏	957	68774	384	35727
浙江	770	71989	418	31577
安徽	143	20552	83	7674
福建	376	27427	141	10079
江西	63	10830	24	2258
山东	1095	104233	289	33472
河南	319	32716	94	8531
湖北	249	52216	116	8723
湖南	188	14001	59	4301
广东	1143	114222	805	87123
广西	148	18517	55	4993
海南	22	2121	15	2120
重庆	271	26712	103	9089
四川	196	23898	90	14312
贵州	91	7921	29	2076
云南	206	21808	52	3866
西藏			4	312
陕西	132	27140	46	4855
甘肃	67	7179	19	1535
青海	31	6232	7	636
宁夏	29	4503	12	659
新疆	125	19856	65	4728

3-1 续表 3

地区	贸易经纪与代理		其他批发业	
	法人单位数(个)	年末从业人数(人)	法人单位数(个)	年末从业人数(人)
全国	**345**	**34319**	**909**	**82709**
北京	36	4023	31	3443
天津	22	5543	57	3040
河北	2	119	3	182
山西	1	114	9	587
内蒙古			1	51
辽宁	4	1394	13	1204
吉林			3	73
黑龙江	1	62	5	483
上海	102	8534	151	16952
江苏	19	1032	104	5437
浙江	13	453	52	2998
安徽			30	3000
福建	13	1743	41	2454
江西	1	51	4	380
山东	22	2006	72	4892
河南			31	1712
湖北	4	1722	31	1761
湖南	1	23	20	1286
广东	94	7002	164	19497
广西	2	63	1	40
海南			7	507
重庆			38	6014
四川	3	106	13	4171
贵州			4	267
云南	2	156	9	1316
西藏				
陕西	2	115	3	239
甘肃			2	67
青海				
宁夏			2	188
新疆	1	58	8	468

3-2 大中型批发业企业分行业商品购、销、存情况

农、林、牧产品批发

单位：万元

地区	商品购进额	进口	商品销售额	出口	期末商品库存额
全国	**59161494**	**8628398**	**61291306**	**749072**	**11854077**
北京	8301964	4022824	8686923	61701	995817
天津	309614	42041	402946	13531	315868
河北	2612443	19594	2681487	4568	290419
山西	191527	460	183059	4028	59178
内蒙古	1586611		1496755	10227	747687
辽宁	2156998	193751	2274587	123843	254881
吉林	3370949	369424	2915202	24501	1201601
黑龙江	3052144	6877	3029804	798	828974
上海	2126533	656431	2097221	26297	419454
江苏	2876358	137510	3156575	69405	447495
浙江	643135	49835	648022	18029	136373
安徽	1403251	5291	1370499	131	292539
福建	751345	90649	781619	1733	413054
江西	211705		276895		94320
山东	5432308	250003	5897308	65555	501912
河南	2561275	383634	2868683	57364	982651
湖北	2787608	7995	2604481	11954	866777
湖南	969283	9053	985714	28598	149071
广东	2921505	405315	3198264	138481	402605
广西	170030		244233		58740
海南	31671		28738		3415
重庆	508775	899	536637	41725	46262
四川	1062605	8832	950035	30886	436458
贵州					
云南	1734815	1664072	1752089	1120	33883
西藏	15905		8338		3379
陕西	127381		140077	13075	17448
甘肃	157322		166537	1480	20045
青海					
宁夏	7000		6518		6498
新疆	11079437	303909	11902062	43	1827277

3-2 续表 1

食品、饮料及烟草制品批发　　单位：万元

地 区	商品购进额	进 口	商品销售额	出 口	期末商品库存额
全 国	**243952633**	**8176797**	**300599333**	**4982407**	**26630215**
北 京	14471339	2074154	17133356	237450	2767883
天 津	4149986	564166	4818937	35974	343293
河 北	4826816	2207	6406008	15497	325597
山 西	3548143	2460	4462950	2460	332944
内蒙古	3048562	332	3869732		250564
辽 宁	5081022	144018	6447940	40455	527845
吉 林	1787182	117	2197837		209813
黑龙江	5672067	125839	7043683	107976	987548
上 海	21378984	2140292	24837766	735877	1579449
江 苏	14004769	91904	17663789	256346	1390969
浙 江	16999309	263569	21150347	285729	1046808
安 徽	6761279	294229	8565239	463092	628483
福 建	11772418	496219	14106677	876184	1281709
江 西	3087398	3625	4471207	31839	541542
山 东	19679948	740541	23899361	325171	1361356
河 南	8787403	15440	11078070	16077	1125607
湖 北	11623133	65573	13307796	52815	1042808
湖 南	8420231	7760	10075413	60081	1001229
广 东	31104800	1054291	35716357	1241925	2365909
广 西	3315680	803	4391641	126	242620
海 南	1851135	6661	2101329	122	101333
重 庆	8235728	373	9842252	22	732820
四 川	9793930	37741	12980751	1103	1318186
贵 州	5117006	43138	9384649	50737	1457117
云 南	9027953	824	11291543	104875	2891480
西 藏	332410		468552		55186
陕 西	3620575	45	5033214		227801
甘 肃	1918664	73	2472972	20437	178428
青 海	922527	405	1176980		24037
宁 夏	524049		698875	115	45112
新 疆	3088186		3504114	19925	244742

3-2 续表 2

纺织、服装及家庭用品批发　　　　单位：万元

地　区	商品购进额	进　口	商品销售额	出　口	期末商品库存额
全　国	**220953163**	**26474276**	**258345987**	**56501444**	**20525165**
北　京	17345872	3768759	20602320	550601	2322144
天　津	3414937	44911	4620619	443196	231142
河　北	958489	6434	1006917	97223	135471
山　西	369276		396081		71832
内蒙古	252969		257737		4551
辽　宁	5786785	100370	6382684	563141	280292
吉　林	156672		161241		7968
黑龙江	938217	977	1173405	857663	27350
上　海	32140634	13252244	44197899	9554958	4555020
江　苏	36771566	3436761	42468775	8960787	2972342
浙　江	26145858	1421096	29450659	14954474	2534149
安　徽	6388100	45567	7350622	603944	360146
福　建	12868814	770965	13287420	5415303	845091
江　西	862827	5	940309	100125	7899
山　东	11213096	560411	12905185	2308383	800449
河　南	3224356	130859	3361224	121185	280491
湖　北	2166900	2442	2441944	156163	362610
湖　南	1511944	16006	1562732	75997	154715
广　东	37146553	2867182	44350027	11143652	3166955
广　西	1591933	6893	1565102	54998	340550
海　南	227759		227497		28552
重　庆	13708393	11534	13841941	13061	603482
四　川	1893137	4677	2088708	441268	167934
贵　州	201142		272791		33808
云　南	341708		451554		27341
西　藏					
陕　西	2912345		2532066	39667	96287
甘　肃	135679		145336		21575
青　海	58149		49321	22313	10174
宁　夏	35552	16289	31940	19327	17710
新　疆	183500	9894	221930	4015	57135

3-2 续表 3

文化、体育用品及器材批发　　　　单位：万元

地 区	商品购进额	进 口	商品销售额	出 口	期末商品库存额
全 国	**48344664**	**2165064**	**53536306**	**3461248**	**7005310**
北 京	12635532	216298	13316358	269665	1556493
天 津	829278	1320	890008	121032	87811
河 北	557404		530012	355	90206
山 西	622273		698744	18156	108177
内蒙古	31736	280	30600		3629
辽 宁	181768		209208	23457	38354
吉 林	55972		67497		14606
黑龙江	71014		122851		5488
上 海	6984939	706122	8611262	132104	598220
江 苏	3270588	77092	3498724	263216	755711
浙 江	3652617	270846	3814574	751239	506268
安 徽	693266	297897	1088695	322967	122425
福 建	698601	74365	806222	145223	54141
江 西	163653		179587	44564	8424
山 东	4020828	884	4436590	47820	440808
河 南	764819	1000	828249	83454	91149
湖 北	1007091	7191	1115253	1605	188752
湖 南	505773		552859	58881	60466
广 东	9011975	483159	9982825	1142265	1722124
广 西	235756		239339	14459	40850
海 南	9227		56244		21158
重 庆	426351	25570	530670		204804
四 川	852962	306	865687	15278	71542
贵 州	139739		140102		17706
云 南	300907	2731	286397		84139
西 藏	12189		12959		5475
陕 西	199650		238408	5509	23214
甘 肃	172747		169338		41911
青 海	18540		20319		6439
宁 夏	19636		16602		4156
新 疆	197837		180124		30666

3-2 续表 4

医药及医疗器材批发　　　　单位：万元

地　区	商品购进额	进　口	商品销售额	出　口	期末商品库存额
全　国	**126582982**	**9170323**	**142010748**	**2104488**	**12747026**
北　京	11170259	1846446	12224453	326816	1860944
天　津	3452342	28333	3659646	93967	183892
河　北	4616507	25268	5316154	158202	352544
山　西	1165681	817	1255618		89956
内蒙古	400922	6185	421959		49791
辽　宁	3254871	75749	3775311		206862
吉　林	1187620	1015	1451709		102578
黑龙江	1876716		2347991		60791
上　海	12628692	4794494	15802504	305262	1910027
江　苏	6820169	131166	8912405	155439	751660
浙　江	9880174	470096	10791173	658977	938501
安　徽	6337936	33609	7162158	73777	441239
福　建	2328042	69819	2524790		213159
江　西	1937310		2096678	21427	149333
山　东	6940178	32023	7590123	5957	523279
河　南	5907758	180807	6208603	2471	412111
湖　北	6990627	22158	6974202	34101	771299
湖　南	3838737	49034	4125248	45	334772
广　东	16415926	1034089	18043332	129656	1769094
广　西	998826	50	1111663	54	72629
海　南	924355	64713	1146318	515	115520
重　庆	4266147	116275	4673651	33546	322839
四　川	5845311	10737	6213109	44985	446828
贵　州	779553	113516	966173		97546
云　南	2846554	28664	2933121	52090	245406
西　藏	120877		318700		3385
陕　西	1519972		1681702		131925
甘　肃	909130	26	1030336	48	82978
青　海	373079		373051		8984
宁　夏	173966		176345		15396
新　疆	674744	35235	702523	7154	81759

3-2 续表 5

矿产品、建材及化工产品批发 单位：万元

地区	商品购进额	进口	商品销售额	出口	期末商品库存额
全国	**1671531560**	**143813279**	**1764297104**	**44871081**	**69561317**
北京	250037891	33761356	249700865	10972938	15315637
天津	134555842	6740329	138716715	1660674	3800144
河北	44272427	265972	48848160	185355	1192980
山西	75315261	3094526	77860360	105512	2358876
内蒙古	17543286	683211	19198146	534521	830945
辽宁	66086887	2166224	71839799	1580228	2342458
吉林	8754809	97037	9189895	42151	134763
黑龙江	19152210	8126141	20103440	155103	853900
上海	181840982	11534892	189564686	4480075	7003838
江苏	109626812	7846269	113816453	4377599	4223013
浙江	109431197	10139193	121006018	5639058	4635483
安徽	19316882	823233	21443137	120736	530762
福建	43427300	6695527	44505475	1775936	3017901
江西	6312854	50613	10238393	16498	304828
山东	78995406	6081020	90023994	2765306	2598053
河南	19437101	1099156	24198033	141362	574657
湖北	47714885	807618	50223900	311668	1271636
湖南	18868163	409296	14051436	213697	661588
广东	222317720	17473641	230015574	6467744	9267015
广西	14398036	202554	19573403	18584	649450
海南	9534480	1251171	9871507	1269103	147934
重庆	18177674	1022804	18924230	77733	934756
四川	23378500	356683	24875030	157988	1060338
贵州	9248137	1082493	9637939	1512008	354908
云南	18963182	632235	22679676	76629	999157
西藏					
陕西	36134046	2227037	37777957	112434	816138
甘肃	15795303		22010286		1285482
青海	4687989		5171236	40245	180056
宁夏	5072823	36505	5427785	13296	136683
新疆	43133474	19106544	43803578	46904	2077938

3-2 续表 6

机械设备、五金产品及电子产品批发　　　　单位：万元

地　区	商品购进额	进　口	商品销售额	出　口	期末商品库存额
全　国	**365693947**	**83941544**	**428200381**	**37852944**	**31533556**
北　京	101079190	31822694	116667485	7267488	10671296
天　津	21133048	3621162	23250052	510414	2389224
河　北	7219836	55567	7619226	180395	368412
山　西	4763542	1972	4834620		128426
内蒙古	315144		389868		122433
辽　宁	5061938	547691	5415467	468428	751720
吉　林	1671623	20049	1813913	5675	62416
黑龙江	1297161	2891	1444454	236012	126383
上　海	88140672	36823016	120327381	6494954	7349818
江　苏	18318512	2143641	19996874	3549181	1642396
浙　江	18349588	525862	19467714	5369293	765392
安　徽	2904306	538670	3022170	64444	307964
福　建	4251962	276561	4477716	467955	659257
江　西	497566	14561	801523	289788	45416
山　东	12345940	264341	14931331	2308457	643888
河　南	3568244	32114	3809126	142763	221458
湖　北	3808713	115752	4258960	87359	302286
湖　南	1152230	89919	1240162	41215	107134
广　东	48912155	6534213	51688945	8249526	3071878
广　西	982755	9257	1100724	2465	127958
海　南	1036363		1195911	13852	39892
重　庆	6217463	222984	6617408	847549	324862
四　川	5777808	11860	6232893	385249	508334
贵　州	690722	6005	726365	28822	76119
云　南	1035456	38777	1170036	108296	175777
西　藏	48232		50511		7507
陕　西	2055080	73558	2369545	498893	165543
甘　肃	572095		572768	31232	61613
青　海	111661		137990		23217
宁　夏	134163		138390		34828
新　疆	2240779	148428	2430854	203238	250708

3-2 续表 7

贸易经纪与代理　　单位：万元

地区	商品购进额	进口	商品销售额	出口	期末商品库存额
全国	**35575807**	**5857656**	**38313637**	**8702332**	**2049160**
北京	3426593	1036491	3800382	785514	169379
天津	3812097	225131	4151489	731492	306109
河北	40518	170	43338	43085	166
山西	316397	285073	401947	346579	14079
内蒙古					
辽宁	48146	11231	235493	12804	66691
吉林					
黑龙江	6080	6080	6512		115
上海	5508290	1707900	6272467	1444726	567558
江苏	1468374	174145	1560685	460565	29507
浙江	295946	58975	290949	236211	38980
安徽					
福建	1169769	46427	1228735	573067	66590
江西	58547		58391	58391	156
山东	1381494	872534	1647025	50080	138428
河南					
湖北	7704663	43301	7692890	434975	213178
湖南	12548		16109		50
广东	9222578	1295855	9747502	3127832	389847
广西	12007	210	14143	272	217
海南					
重庆					
四川	52177	1848	54047	10953	995
贵州					
云南	1005466	91513	1055350	360853	42421
西藏					
陕西	30406	774	30590	20273	3287
甘肃					
青海					
宁夏					
新疆	3712		5593	4661	1407

3-2 续表 8

其他批发业　　　　单位：万元

地　　区	商品购进额	进　口	商品销售额	出　口	期末商品库存额
全　　国	**55949090**	**14417770**	**60610280**	**12437380**	**4404271**
北　　京	4672122	1204698	3952157	342581	1409441
天　　津	4369746	314294	4552001	319150	262374
河　　北	51839		55909		3886
山　　西	341460		351327		44145
内 蒙 古	8885		8885	8885	
辽　　宁	199029	5481	248057		26352
吉　　林	34047		37201	5536	2479
黑 龙 江	380443	52828	469817		10168
上　　海	9787312	2709327	11729442	2142970	1110640
江　　苏	3868448	32674	4660447	110565	143785
浙　　江	3192792	344568	3371130	294176	152281
安　　徽	1787501	4860	2000720	6142	56304
福　　建	4095355	926379	4058053	361265	281948
江　　西	226171		243182		3026
山　　东	3561131	289277	3897635	46557	142647
河　　南	544750	14892	664740	36232	40609
湖　　北	453282		458792		30034
湖　　南	195234		342339		8699
广　　东	13443015	8405465	14314489	8493430	407696
广　　西	9225		9225		
海　　南	1299563	4151	1323664		42540
重　　庆	979310	76700	1126927		39733
四　　川	521676		486902		71203
贵　　州	45560		48478		1807
云　　南	1639081	20314	1915101	264727	102414
西　　藏					
陕　　西	61357		63585		1249
甘　　肃	5250		17604		250
青　　海					
宁　　夏	49339	11863	48059		3972
新　　疆	126169		154413	5164	4592

3-3 大中型批发业企业分行业年末资产负债

农、林、牧产品批发 单位：万元

地　区	流动资产合计	固定资产原价	累计折旧	资产总计	负债合计	所有者权益合计
全　国	**32188083**	**4946309**	**1384621**	**46770649**	**33580889**	**13189760**
北　京	7006707	354105	80457	14798472	9695660	5102812
天　津	348956	18175	3943	368504	257645	110860
河　北	691867	140675	32943	889727	674735	214993
山　西	102483	46143	8475	162490	91074	71416
内蒙古	1114047	181460	39258	1339027	1151632	187395
辽　宁	1271348	107543	32580	1571355	1424846	146509
吉　林	2641282	238012	80913	2892938	1725161	1167777
黑龙江	1737595	298857	56948	2092071	1897978	194093
上　海	1229626	226565	46691	1856410	1134051	722359
江　苏	1351460	362379	105863	1839776	1405510	434267
浙　江	302499	101249	27120	471539	347678	123860
安　徽	495297	112186	29397	729918	408703	321215
福　建	653550	203823	44321	844770	637178	207592
江　西	139454	82017	31707	220887	196289	24598
山　东	2133731	540315	130310	3100474	1997838	1102636
河　南	1973029	365770	77298	2576804	1917729	659076
湖　北	1487571	294438	74974	1825669	1395578	430092
湖　南	489815	104888	33933	635043	407512	227531
广　东	1204930	164331	50576	1498732	1143237	355495
广　西	189322	30719	9645	303176	161742	141434
海　南	2705	516	134	3528	1695	1833
重　庆	96971	43439	17879	175205	89677	85528
四　川	635942	79953	33609	720744	613034	107710
贵　州						
云　南	273897	17633	4730	309290	226953	82337
西　藏	31463	6527	2188	44021	26014	18007
陕　西	53242	20271	4783	76874	57434	19441
甘　肃	100692	22134	7130	120367	104749	15618
青　海						
宁　夏	7416	1032	414	8034	8153	-119
新　疆	4421187	781157	316407	5294805	4381407	913399

3-3 续表 1

食品、饮料及烟草制品批发　　　　单位：万元

地　区	流动资产合计	固定资产原价	累计折旧	资产总计	负债合计	所有者权益合计
全　国	**105259400**	**19396508**	**7545990**	**136436965**	**67976592**	**68460373**
北　京	12868138	646536	263385	16155070	10147650	6007421
天　津	1846837	145838	50542	2246301	1499380	746921
河　北	1581538	325701	141135	1922681	472131	1450551
山　西	1012500	429243	147741	1397809	421404	976405
内蒙古	927401	249954	99521	1186728	343482	843246
辽　宁	2530648	456928	177536	2964990	1236798	1728193
吉　林	615569	223452	81960	795725	188665	607060
黑龙江	2443877	337568	146052	2979699	1743157	1236542
上　海	8297683	839845	371771	10228909	7464929	2763980
江　苏	7658236	1245882	402943	9232075	3796338	5435737
浙　江	8431079	1367841	664713	10646151	5362947	5283204
安　徽	3460972	481434	172739	4167892	1747673	2420218
福　建	4523524	875951	323922	6611015	3014425	3596590
江　西	1401577	392468	149688	1874671	538454	1336217
山　东	4720589	1848455	574453	6903779	3308509	3595269
河　南	2980469	772097	313752	3679648	1361946	2317702
湖　北	4312837	1148830	383679	5541273	3060359	2480914
湖　南	3058179	880553	328753	4398489	1702962	2695527
广　东	11084852	1915881	700784	14458973	8781278	5677696
广　西	1491813	317098	120119	1963328	1086576	876752
海　南	467070	95112	40531	565822	107210	458612
重　庆	2826844	662971	273070	3716208	2038432	1677776
四　川	4472096	832082	310599	5295951	2298088	2997863
贵　州	2588196	696561	283768	5763763	2048344	3715419
云　南	5944457	1282527	667447	7023375	2772873	4250502
西　藏	143312	62455	23818	213655	49873	163781
陕　西	1255726	339223	131689	1575714	488886	1086829
甘　肃	711303	178278	68564	898667	230509	668158
青　海	317647	49952	23216	371339	56951	314388
宁　夏	284496	74041	22145	354769	85103	269667
新　疆	999935	221752	85956	1302497	521262	781236

3-3 续表 2

纺织、服装及家庭用品批发 单位：万元

地区	流动资产合计	固定资产原价	累计折旧	资产总计	负债合计	所有者权益合计
全国	**97660298**	**8757475**	**2785857**	**117848562**	**86798740**	**31049822**
北京	8682238	390687	148826	11573651	6771722	4801929
天津	1007794	63239	24252	1116571	951598	164973
河北	444614	11003	4757	466746	423617	43129
山西	229443	8970	3835	261693	166132	95560
内蒙古	12538	22440	251	35173	34639	533
辽宁	1283701	823790	49666	2301362	1108994	1192368
吉林	17843	2410	479	19937	22830	-2893
黑龙江	138085	20202	5360	189385	132389	56996
上海	15958919	1288382	564660	19680495	12874628	6805867
江苏	17584528	1129023	373548	20859412	16013588	4845824
浙江	15975087	1055086	494270	18097436	15018128	3079308
安徽	1680963	90000	33723	1839713	1908087	-68374
福建	7962110	320436	87635	9470055	7000339	2469716
江西	363083	8323	3038	383739	302670	81069
山东	3683819	332217	90688	4469780	3434365	1035415
河南	1507468	232065	21923	1780366	1524760	255607
湖北	1124504	65170	17477	1227351	1053218	174133
湖南	806202	21952	6432	883035	784468	98567
广东	14420729	2646278	779328	18063670	12653440	5410230
广西	789155	19621	4255	833776	750071	83705
海南	133261	1325	819	134025	129938	4087
重庆	2461552	29027	12043	2549375	2463518	85857
四川	485168	55139	12588	592501	464800	127701
贵州	64175	2876	1032	66648	60109	6539
云南	257700	5217	2368	263130	158141	104989
西藏						
陕西	419307	63230	34889	471381	412436	58944
甘肃	33973	4997	1767	40886	34095	6791
青海	11967	91	36	12029	12760	-731
宁夏	25841	10591	606	36858	13958	22900
新疆	94530	33687	5306	128386	119303	9084

3-3 续表 3

文化、体育用品及器材批发

单位：万元

地 区	流动资产合计	固定资产原价	累计折旧	资产总计	负债合计	所有者权益合计
全 国	**22961083**	**1963830**	**662822**	**30310727**	**20739161**	**9571566**
北 京	4642533	396065	136995	7046055	5147848	1898207
天 津	797911	18731	4951	1168546	866954	301592
河 北	247541	41747	3638	432208	239267	192941
山 西	451916	27312	7589	491886	427755	64131
内蒙古	9336	27880	8310	72709	39799	32910
辽 宁	120605	21499	9578	161410	106000	55410
吉 林	56565	21527	7188	93757	59196	34561
黑龙江	17798	8577	3641	38007	29333	8674
上 海	2386285	119681	47927	2789969	1872753	917216
江 苏	2013780	250923	93542	2811875	1441971	1369904
浙 江	1495379	113934	47159	1867855	1331361	536493
安 徽	648746	22029	8571	901104	472618	428486
福 建	266864	32329	12023	325999	186702	139297
江 西	51365	14072	4555	62166	46863	15302
山 东	1647242	238795	75000	2041956	1607864	434091
河 南	315059	51862	15357	619380	259428	359952
湖 北	491066	113861	23579	639387	406272	233115
湖 南	305277	13520	5299	566398	303596	262802
广 东	5530573	241494	84957	6177026	4535439	1641587
广 西	146569	26949	7348	276619	121169	155450
海 南	46907	21050	3818	97786	34287	63499
重 庆	338595	23413	8453	361674	248277	113398
四 川	298893	17568	3321	350068	335171	14897
贵 州	150682	9000	3569	162415	136886	25529
云 南	149019	16756	7798	215797	138416	77381
西 藏	6153	3512	1143	8649	5587	3062
陕 西	112353	12927	5451	195241	121708	73533
甘 肃	112658	13560	4782	157287	112056	45230
青 海	19234	9451	4368	26098	19928	6170
宁 夏	8802	3397	1599	18515	5480	13035
新 疆	75379	30413	11316	132888	79177	53711

3-3 续表 4

医药及医疗器材批发　　单位：万元

地　区	流动资产合计	固定资产原价	累计折旧	资产总计	负债合计	所有者权益合计
全　国	**55960030**	**4280690**	**1590147**	**65418591**	**50437862**	**14980729**
北　京	5818084	323610	147606	7543288	5251160	2292128
天　津	1405966	81273	23179	1540528	1170979	369549
河　北	1856652	75610	28778	2018397	1800226	218172
山　西	561638	41061	10770	632246	540301	91945
内 蒙 古	205644	12946	3654	220461	193633	26827
辽　宁	1315440	79751	24580	1457667	1129558	328109
吉　林	818621	64361	9068	906242	745065	161177
黑 龙 江	334156	16487	5552	364937	311009	53928
上　海	5958120	1037643	478245	6983239	5087188	1896051
江　苏	4025352	281498	98969	4707798	3900776	807022
浙　江	3808011	298684	108479	4479569	3277843	1201726
安　徽	1999070	187426	50827	2258621	1922272	336349
福　建	969802	46530	16567	1099538	836824	262714
江　西	764000	67155	18028	885168	695172	189996
山　东	2880909	239963	60045	3456190	2905495	550696
河　南	2433149	85224	24579	2584202	2226363	357839
湖　北	2703535	306032	84221	3191668	2471416	720252
湖　南	1520301	116390	26378	1716905	1385546	331359
广　东	7144390	404119	194542	8463615	6303126	2160489
广　西	463706	32522	10221	521349	420564	100786
海　南	773580	12893	5670	1049326	730455	318871
重　庆	1767221	112392	38747	2141839	1493947	647892
四　川	3095384	134019	47072	3469291	2696417	772874
贵　州	507506	25296	9078	568416	463693	104723
云　南	1172311	72899	26639	1342061	963831	378230
西　藏	126088	2028	264	128221	110513	17708
陕　西	649379	18411	9047	698893	616623	82270
甘　肃	423737	30065	7849	465257	378903	86354
青　海	71131	19349	5844	78005	53512	24493
宁　夏	68120	3963	1170	73383	57818	15565
新　疆	319027	51092	14481	372272	297634	74638

3-3 续表 5

矿产品、建材及化工产品批发 单位：万元

地　区	流动资产合计	固定资产原价	累计折旧	资产总计	负债合计	所有者权益合计
全　国	**418979161**	**44175036**	**14178361**	**567106237**	**434294112**	**133922399**
北　京	76006337	3625042	975919	110688293	80245006	30443287
天　津	26317493	1345703	436600	34405907	26735033	7670874
河　北	13478197	2483111	540120	17483869	11997694	5486176
山　西	22755151	1768746	585339	28723928	23983694	4740234
内蒙古	5700767	724990	200135	8495262	6137514	2357748
辽　宁	17685587	1654057	568631	21575472	17740892	3698083
吉　林	1175248	259935	101874	1572527	1334259	238268
黑龙江	5830547	606775	264668	6639364	6086538	552826
上　海	34549436	2112375	675471	44595480	32106802	12488678
江　苏	24685255	2990970	944625	31717459	26643981	5856293
浙　江	28537183	2582265	925451	40438671	31428898	9009772
安　徽	4783208	649321	215353	6829526	4504821	2324706
福　建	14133258	1269878	379020	21795248	14867090	6928158
江　西	1580958	577076	179817	2618431	1620500	997931
山　东	25478424	3788458	1097937	32308620	26484761	5823860
河　南	3379729	886798	303593	4913271	3812236	1150023
湖　北	5726380	2305728	673128	9191055	6494207	2696848
湖　南	3658009	587705	140517	4722404	3695061	1027343
广　东	55096049	7914953	3016690	70843631	56807292	14090066
广　西	3796230	616775	195917	6388619	4108959	2279660
海　南	2236688	140620	66962	2566547	1568841	997706
重　庆	5575649	926441	290827	6990267	5314095	1676173
四　川	6957982	499043	172595	8162082	6683050	1479032
贵　州	3752037	151328	51696	5849285	4746271	1103014
云　南	9164712	1014233	303851	13182285	10173419	3008867
西　藏						
陕　西	6624050	789001	275126	9717300	7561138	2224574
甘　肃	2491303	494472	179818	3047889	1346089	1701801
青　海	681689	271784	72052	1098746	693355	405392
宁　夏	639776	253151	58406	1300364	1066986	233377
新　疆	6501832	884304	286225	9244435	8305632	1231632

3-3 续表 6

机械设备、五金产品及电子产品批发 单位：万元

地 区	流动资产合计	固定资产原价	累计折旧	资产总计	负债合计	所有者权益合计
全 国	**157565930**	**7937501**	**2945063**	**190339301**	**140104995**	**50234307**
北 京	46403019	2294735	1033365	60482489	39596549	20885940
天 津	7927645	442173	110476	9427769	7750727	1677042
河 北	3695379	224890	53725	5746111	4697427	1048684
山 西	834017	51602	16157	960841	843946	116895
内 蒙 古	243924	25680	7384	296174	260900	35274
辽 宁	3599853	180588	54567	4679678	4007827	671851
吉 林	269579	33208	14831	308849	233686	75164
黑 龙 江	600546	37623	13749	698040	595416	102624
上 海	34148602	1015927	439847	39424449	28141807	11282642
江 苏	8521684	845020	228545	10120575	7655564	2465011
浙 江	6688639	396048	147960	8097633	6253705	1843928
安 徽	1412616	75082	28118	1546635	1370737	175898
福 建	2237474	128345	43838	2616718	1814730	801988
江 西	328777	27394	6476	376783	306710	70073
山 东	5000340	593999	196295	5690137	4529927	1160210
河 南	1069350	58155	22747	1163065	988544	174522
湖 北	1453001	151266	68635	1633364	1304979	328385
湖 南	418955	52408	18600	537786	411985	125800
广 东	23765579	847207	282876	26575732	21327059	5248673
广 西	554076	32297	12570	628936	526656	102280
海 南	128487	6866	3117	147967	96219	51748
重 庆	2548057	86226	26513	2831743	2165030	666713
四 川	2109675	90738	34723	2255116	1864290	390827
贵 州	326007	12973	5688	361562	303193	58369
云 南	826538	56330	21879	960565	769792	190773
西 藏	14192	4060	1896	16449	9569	6881
陕 西	913733	48027	18745	987845	881260	106585
甘 肃	225594	13852	4877	251203	228456	22747
青 海	87215	6499	2426	104742	92460	12283
宁 夏	106164	5643	1711	118241	110946	7296
新 疆	1107215	92643	22724	1292105	964901	327204

3-3 续表 7

贸易经纪与代理　　　　单位：万元

地　区	流动资产合计	固定资产原价	累计折旧	资产总计	负债合计	所有者权益合计
全　国	**33457341**	**641808**	**207233**	**37489021**	**32239945**	**5249076**
北　京	19282570	195537	54674	21278051	18445820	2832231
天　津	1063948	36246	11667	1183318	1158032	25286
河　北	11975	114	63	12026	11472	554
山　西	140764	17174	4643	166291	132843	33449
内蒙古						
辽　宁	180964	7300	2876	185784	113344	72440
吉　林						
黑龙江	1132	100	69	1164	988	176
上　海	2565797	107944	46010	2835557	2068872	766685
江　苏	350634	27821	6858	400558	343368	57190
浙　江	128467	10918	1878	152594	130317	22277
安　徽						
福　建	421152	41520	10538	609318	465644	143674
江　西	10493	430	84	11361	6878	4484
山　东	613656	26570	10167	754090	665071	89020
河　南						
湖　北	2412914	35730	16553	2750561	2386148	364413
湖　南		300	65	360	160	200
广　东	5743636	124579	37087	6604382	5805703	798679
广　西	11030	494	114	11500	9886	1615
海　南						
重　庆						
四　川	17629	4075	1684	24073	10580	13493
贵　州						
云　南	482161	1154	416	486164	466965	19199
西　藏						
陕　西	10051	426	70	10750	9556	1193
甘　肃						
青　海						
宁　夏						
新　疆	8370	3378	1718	11120	8299	2821

3-3 续表 8

其他批发业　　单位：万元

地　区	流动资产合计	固定资产原价	累计折旧	资产总计	负债合计	所有者权益合计
全　国	**19889633**	**1590500**	**489485**	**26846780**	**20480948**	**6365831**
北　京	3087058	68609	21902	5513839	5164167	349672
天　津	1351514	100683	20388	1553997	1157177	396820
河　北	30806	7448	2458	36198	24545	11654
山　西	84716	11130	3570	94898	78360	16538
内蒙古	7074	26	10	9473	6079	3394
辽　宁	154524	13958	5162	177875	135424	42451
吉　林	12673	2535	124	20052	18661	1391
黑龙江	31760	3119	1407	41740	42542	-803
上　海	4772846	357089	125915	5639705	3808736	1830969
江　苏	1071611	185498	57774	1492013	1087942	404071
浙　江	699029	72886	26089	876981	650787	226194
安　徽	914481	54229	18075	1012873	850064	162809
福　建	1514416	62697	25068	2000612	1578766	421846
江　西	17449	1751	968	18417	9555	8862
山　东	753395	195995	46588	1107791	804572	303219
河　南	162877	53768	9277	224970	175743	49227
湖　北	136573	45771	15526	180832	103846	76987
湖　南	40819	18910	4078	57631	22367	35264
广　东	3567621	243326	63004	4271255	3698257	572997
广　西	4355			4860	4370	491
海　南	92548	7589	1708	863090	74269	788821
重　庆	198643	15837	6011	226185	189171	37014
四　川	73905	5211	1618	97402	74713	22689
贵　州	33362	2745	907	46200	30365	15835
云　南	934538	41289	25496	1038794	518311	520482
西　藏						
陕　西	7372	2931	708	11857	6307	5550
甘　肃	2525	134	26	3008	1991	1017
青　海						
宁　夏	74548	3917	642	150320	99954	50366
新　疆	56596	11421	4986	73913	63907	10006

3-4 大中型批发业企业分行业实收资本及构成

农、林、牧产品批发

单位：万元

地区	实收资本	国家资本	集体资本	法人资本	个人资本	港澳台资本	外商资本
全国	**5205039**	**1924027**	**178945**	**1520252**	**1090008**	**254863**	**236944**
北京	1467540	793664		282455	31486	179701	180234
天津	102854	92536	350	2880	6538		550
河北	136577	44544	3070	29562	59402		
山西	32988	6008	2789	18737	5454		
内蒙古	110054	31645	2397	37777	38235		
辽宁	99728	19360	269	47217	32883		
吉林	125735	51991		52393	21350		
黑龙江	158015	49479	575	60293	47668		
上海	326497	166873	1800	114178	2598	905	40144
江苏	229408	99134	22801	25794	81679		
浙江	54378	21478	5600	18010	9290		
安徽	142220	41377	3828	28093	68922		
福建	121761	15890		29811	53315	16529	6216
江西	29265	25418	1160	436	1120	1132	
山东	463632	31861	33410	210016	174886	12675	786
河南	409607	94803	40459	69863	167980	35602	900
湖北	215566	32282	1670	116639	62695	2280	
湖南	130490	39001	5468	44448	41573		
广东	165033	46648	1365	71511	37912	4882	2715
广西	56964	12966		41330	2668		
海南	1500			245	1255		
重庆	28486	7706	817	12861	7103		
四川	55481	16574	1887	21520	10100		5400
贵州							
云南	25049	362	509	6600	17577		
西藏	4329	4329					
陕西	12309	3748		2162	6400		
甘肃	16214	7403	6102		2708		
青海							
宁夏	407	407					
新疆	482953	166542	42618	175424	97211	1158	

3-4 续表 1

食品、饮料及烟草制品批发　　　　单位：万元

地　区	实收资本	国家资本	集体资本	法人资本	个人资本	港澳台资本	外商资本
全　国	**10762713**	**2475739**	**149840**	**5658723**	**1539248**	**463046**	**476116**
北　京	2122125	297632	8350	1534109	59790	181831	40413
天　津	120763	14067	3727	50470	37321	10771	4407
河　北	87334	10486	6064	54576	16208		
山　西	67720	10997	7724	23781	25219		
内蒙古	69880	34501		23420	11959		
辽　宁	266460	35076	1000	192068	38315		
吉　林	23192	16228		3534	3430		
黑龙江	293157	28119		251727	13312		
上　海	1143085	159325	11227	558758	79344	168823	165609
江　苏	487196	239496	2880	60422	146196	33820	4383
浙　江	584777	127340	8298	260821	185068	3250	
安　徽	193699	70765	37202	52052	33681		
福　建	1188455	88753	373	957766	133576	4777	3210
江　西	74189	60570	277	9372	3970		
山　东	580438	86377	14080	288369	165077	23745	2790
河　南	330735	187260	17677	77577	46738	855	628
湖　北	386146	130813	1911	147063	101155		5205
湖　南	328227	106838	4995	182785	33563	2	44
广　东	1082430	181192	12910	436997	168968	34074	248291
广　西	70204	25234		12635	32335		
海　南	28225	7831		17662	2682	50	
重　庆	225767	88720	1434	116874	18688		50
四　川	261242	89991	680	79845	89940		787
贵　州	185620	82317	1123	81424	20756		
云　南	198734	115210	2102	60651	19772	1000	
西　藏	18236	15288		2948			
陕　西	80757	20132	5500	23527	31599		
甘　肃	56323	16215	226	30250	9582	50	
青　海	26639	15827		9812	1000		
宁　夏	23868	10781		11737	1050		300
新　疆	157094	102358	83	45695	8957		

3-4 续表 2

纺织、服装及家庭用品批发　　　　单位：万元

地区	实收资本	国家资本	集体资本	法人资本	个人资本	港澳台资本	外商资本
全国	**13126648**	**918691**	**214622**	**4634449**	**2922388**	**1537924**	**2898574**
北京	2522086	78822		444454	88912	164577	1745321
天津	96308	16494	879	50108	19621	1358	7849
河北	21697	2329	2000	7884	9424	60	
山西	46518			20686	4790	21043	
内蒙古	1187			749	151	287	
辽宁	1131036	2208		1030402	93505	3831	1090
吉林	2810			1410	900	500	
黑龙江	30107	100		13637	16370		
上海	2550942	138784	40695	695224	174301	541126	960812
江苏	1432604	335564	45567	152719	450775	389368	58610
浙江	1490053	29007	53985	489854	836205	60708	20295
安徽	80077	6546	600	19852	47079		6000
福建	1006824	30096	754	482180	397920	61969	33906
江西	7805	359	530	4884	2032		
山东	418355	4158	33886	280068	98270	1320	653
河南	85467	4878	355	42282	37952		
湖北	113630	3000	919	36102	32372	41237	
湖南	44645	6875	1501	16408	19861		
广东	1821750	233341	25384	782757	477267	238963	64039
广西	28089		436	11693	10480	5481	
海南	2978			700	2278		
重庆	43423	13153	3303	12795	14172		
四川	56341	4787	3828	17598	30129		
贵州	5654			1635	4019		
云南	12057	3000		919	4039	4099	
西藏							
陕西	42008	5190		14600	20218	2000	
甘肃	4731			550	4181		
青海	1000				1000		
宁夏	20542				20542		
新疆	5927			2300	3627		

3-4 续表 3

文化、体育用品及器材批发　　　　单位：万元

地区	实收资本						
		国家资本	集体资本	法人资本	个人资本	港澳台资本	外商资本
全　国	**4706694**	**1645878**	**42545**	**1427971**	**810535**	**431337**	**348429**
北　京	1083692	723187	3240	250749	58798	33810	13908
天　津	205551	10837	1020	21970	164600	3012	4112
河　北	14814	6149	3053	5112	500		
山　西	26020	14320		8500	3200		
内蒙古	28455	26714			1741		
辽　宁	20517	2957		7400	10160		
吉　林	24845	22151		1268	1426		
黑龙江	2710	2000			710		
上　海	437712	17660	1552	108614	28719	53720	227447
江　苏	540893	272182	1350	55985	71644	69923	69809
浙　江	216526	8375	17754	111691	76275		2431
安　徽	114068	93822	14120	1113	5012		
福　建	185704	16300		28512	139616	500	776
江　西	2400			1200	1200		
山　东	142487	49722	330	60397	32039		
河　南	161703	25000		122506	13679		518
湖　北	111006	72251		4644	1124	32987	
湖　南	161008	153859		5516	1594	40	
广　东	868258	43182	126	400613	185591	214285	24460
广　西	119570	2010		117365	195		
海　南	57958			57958			
重　庆	64079	5200		33800	2018	23061	
四　川	12721	800		4998	6923		
贵　州	8835	6375		2060	400		
云　南	12832	498		11005	500		828
西　藏	2310	2310					
陕　西	34871	26000		2421	2310		4140
甘　肃	23403	20269		2572	562		
青　海	3070	3070					
宁　夏	7009	7009					
新　疆	11669	11669					

3-4 续表 4

医药及医疗器材批发　　单位：万元

地区	实收资本	国家资本	集体资本	法人资本	个人资本	港澳台资本	外商资本
全国	**7485779**	**917302**	**123340**	**3781157**	**2018134**	**225838**	**420008**
北京	993905	45963	3563	710388	125498	42280	66214
天津	221712	93839	2725	80574	25193	10000	9381
河北	160337	15163	4575	69357	71242		
山西	67081	6671	30	27354	33027		
内蒙古	21472	73	337	13796	7267		
辽宁	219275	120895	221	32578	60445		5137
吉林	38936	3350	2512	17386	15688		
黑龙江	40570	8012	184	20364	11977	5	28
上海	618959	248000	3985	211870	21333	47810	85961
江苏	593182	66058	15609	185499	159386	38715	127916
浙江	435845	67410	4778	168915	190242	4500	
安徽	236878	7921	14683	117897	91377		5000
福建	208848	20599	7393	120528	54328	6000	
江西	154719	7310		78606	68803		
山东	315226	13512	1736	204173	90904	4900	
河南	287021	28797	1849	149207	107167		
湖北	341736	10906	1898	230681	92318	4950	984
湖南	217706	11487	1963	91548	112708		
广东	911229	48864	3814	431444	300725	61134	65249
广西	87466		800	38548	48118		
海南	138169	3360		63499	17274	4036	50000
重庆	182479	16291	2587	118711	44465		425
四川	547114	40201	27367	371070	104763		3713
贵州	71079	6455	18	27608	36999		
云南	191663	2650	1973	118765	66768	1508	
西藏	3250			2250	1000		
陕西	51738	10585	460	18791	21902		
甘肃	58161	4292	17450	18735	17684		
青海	13181			2981	10200		
宁夏	8936			8546	390		
新疆	47908	8640	832	29490	8947		

3-4 续表 5

矿产品、建材及化工产品批发　　　　单位：万元

地　区	实收资本						
		国家资本	集体资本	法人资本	个人资本	港澳台资本	外商资本
全　国	**79828736**	**31507122**	**1450771**	**28466847**	**13067011**	**1879028**	**3457957**
北　京	17305834	6222400	26171	8433193	1057741	38688	1527642
天　津	5730874	2879823	13806	2071104	735633	25948	4561
河　北	2887303	1535531	24755	817371	486128	12906	10612
山　西	2278310	630964	142947	1167211	331962		5226
内蒙古	1096283	594040	17600	291803	192840		
辽　宁	2379849	1610875	6319	427515	271716	56508	6915
吉　林	211768	68230	1534	130580	11424		
黑龙江	307855	175085	13210	81247	38313		
上　海	5695424	1210168	225112	1852019	744443	406054	1257629
江　苏	3685387	556549	117300	968934	1685400	252135	105070
浙　江	5337852	1926654	168953	1677084	1510477	30586	24098
安　徽	1393280	779526	62173	309273	242309		
福　建	4601195	1604006	27429	1881708	977305	19555	91192
江　西	553084	469226	320	52851	30687		
山　东	3470245	963763	87905	1123841	1280789		13946
河　南	667487	226037	17076	153104	236302	34968	
湖　北	2243541	1095990	11728	870915	228580	31348	4980
湖　南	736794	223724	20910	303175	183969	360	4655
广　东	8177493	2818074	63128	2717235	1265243	968237	345576
广　西	1603765	890871	14802	570261	127830		
海　南	307890	65753	1105	210110	29204		1718
重　庆	937989	486331	8334	281464	149159		12702
四　川	1037678	285021	73109	446993	232554		
贵　州	788910	511010	28193	197977	50330	1400	
云　南	1573504	996731	45366	363711	166942	335	420
西　藏							
陕　西	1489713	706069	203007	444800	94821		41016
甘　肃	1469120	1248072	5745	175937	39366		
青　海	265485	200199	518	29198	35570		
宁　夏	205490	106033	560	85909	12988		
新　疆	1389338	420367	21658	330324	616989		

3-4 续表 6

机械设备、五金产品及电子产品批发　　　　单位：万元

地　区	实收资本	国家资本	集体资本	法人资本	个人资本	港澳台资本	外商资本
全　国	**19746212**	**2786811**	**250255**	**6155035**	**3658888**	**1535758**	**5359465**
北　京	7749123	1838075	8940	2412688	448970	522295	2518156
天　津	847424	63263	24100	330254	99570	163480	166757
河　北	569207	2571	12932	36885	516820		
山　西	102155	25141	139	52264	24611		
内蒙古	25961	270	217	11694	13780		
辽　宁	420473	18855	200	114615	60231	11270	215303
吉　林	27915	7500		4110	11305		5000
黑龙江	51177	6953	3000	21663	19560		
上　海	3618309	220250	22145	390754	271729	458935	2254497
江　苏	952545	96102	6780	475487	246861	58620	68695
浙　江	848069	44104	18952	369257	371776	25335	18646
安　徽	121800	520	2000	74608	42813	1313	545
福　建	410186	67841	10080	177716	119465	28320	6765
江　西	33856	2674		16798	13555		828
山　东	517544	37775	2206	155441	254962	59150	8009
河　南	128247	9068	220	61471	57488		
湖　北	165211	17159	4794	92652	47093	2250	1263
湖　南	71706	16223	6659	24677	24147		
广　东	2023937	245716	104788	763348	692081	169341	48664
广　西	54862	5252	2280	23995	23335		
海　南	7816		535	3200	4081		
重　庆	408663	22554	500	302661	38295	12530	32124
四　川	206463	6314	612	123474	49492	20540	6031
贵　州	20848	2574		7434	10841		
云　南	63795	5722	1000	24873	30418	100	1681
西　藏	2937	587		2350			
陕　西	73253	12649	11000	25005	20342	2279	1978
甘　肃	18708	800		8958	8950		
青　海	8059		149	5300	2610		
宁　夏	9901			6665	3236		
新　疆	186064	10300	6030	34741	130470		4524

3-4 续表 7

贸易经纪与代理　　单位：万元

地　区	实收资本	国家资本	集体资本	法人资本	个人资本	港澳台资本	外商资本
全　国	**2821763**	**1089999**	**6985**	**1182511**	**185659**	**57947**	**298662**
北　京	1332229	416672		843507	7145	10520	54385
天　津	108683	37199	1333	26887	6265		37000
河　北	790			500	290		
山　西	5000				5000		
内蒙古							
辽　宁	65254	41800				23454	
吉　林							
黑龙江	30				30		
上　海	328806	28611	200	66182	11437	20622	201755
江　苏	46026	24473	150	8350	13053		
浙　江	17806	5000		618	12080		108
安　徽							
福　建	33670	10539		13834	9296		
江　西	1383	1383					
山　东	49099			12153	36496	450	
河　南							
湖　北	314770	312570	2000	200			
湖　南	200			200			
广　东	491051	205551	2975	191730	82479	2902	5414
广　西	2000			2000			
海　南							
重　庆							
四　川	12117	5279		6350	488		
贵　州							
云　南	10100			10000	100		
西　藏							
陕　西	1251	924	327				
甘　肃							
青　海							
宁　夏							
新　疆	1500				1500		

3-4 续表 8

其他批发业　　　　　　　　　　　　　　单位：万元

地区	实收资本	国家资本	集体资本	法人资本	个人资本	港澳台资本	外商资本
全国	**2932768**	**458478**	**78489**	**997438**	**559939**	**599403**	**239021**
北京	111408	35402	3800	45903	12325	1565	12413
天津	288049	20038	12952	81296	79283	79376	15103
河北	1243	693		550			
山西	13327	5101		2099	6127		
内蒙古	4000			4000			
辽宁	32273	1206	2165	28170	733		
吉林	319			119	200		
黑龙江	9700			700	9000		
上海	756494	132532	2289	119768	45000	302167	154737
江苏	276910	9431	10940	74443	107328	66553	8215
浙江	121911	696	2115	48141	70959		
安徽	50653	10500	1300	17008	21846		
福建	240624	118655		80240	33299	8430	
江西	2732	800		1432	500		
山东	237328	11301	11244	122640	43988	44391	3766
河南	29875	173	1036	12879	15787		
湖北	26372	595	77	14226	11474		
湖南	12578		849	6296	4433		1000
广东	418550	93653	1367	112727	81100	88616	41088
广西	500			500			
海南	44885		26255	16830	1800		
重庆	26531	2404	607	10452	4763	8305	
四川	11615	1050	52	6612	3901		
贵州	11608	10200	3	1405			
云南	149623	2550	800	143503	2770		
西藏							
陕西	4300				1600		2700
甘肃	881				881		
青海							
宁夏	40763			40763			
新疆	7716	1500	638	4736	842		

3-5 大中型批发业企业

农、林、牧产品批发

地　区	主营业务收入	主营业务成本	主营业务税金及附加	主营业务利润	其他业务利润	销售费用
全　国	**57396583**	**53403053**	**170060**	**3823470**	**114916**	**1032114**
北　京	7911327	7607979	8650	294698	33306	122002
天　津	358931	340249	222	18460	791	27458
河　北	2573567	2506663	916	65988	6638	31308
山　西	185044	156502	158	28384	367	4300
内蒙古	1500554	1283407	3302	213845	1245	22091
辽　宁	2063038	1975950	5221	81867	3076	38332
吉　林	2621989	2584628	1363	35998	11105	54263
黑龙江	3006569	2806735	26168	173666	11040	67371
上　海	2074866	2056190	758	17918	4979	35379
江　苏	3016732	2693382	8702	314648	4162	71729
浙　江	638236	606618	362	31256	3978	15838
安　徽	1290106	1163692	8226	118188	471	31788
福　建	744675	679318	793	64564	1383	29110
江　西	254242	240690	198	13354	3106	6505
山　东	5516421	4837902	30018	648501	1975	96517
河　南	2903888	2602030	35105	266753	2392	53116
湖　北	2417736	2155018	17841	244877	6820	34232
湖　南	927905	797748	9435	120722	2168	29877
广　东	2952979	2706156	6235	240588	7335	112100
广　西	238657	196703	748	41206	809	4720
海　南	26998	25190	67	1741		207
重　庆	432290	396354	1266	34670	121	6051
四　川	889212	848078	638	40496	1168	14960
贵　州						
云　南	1763760	1405762	581	357417	225	25058
西　藏	8338	13874	5	-5541		2379
陕　西	139246	127333	782	11131	52	1884
甘　肃	162212	158267	214	3731	300	1986
青　海						
宁　夏	6518	6402	14	102	105	63
新　疆	10770549	10424233	2075	344241	5801	91492

分行业损益及分配

单位：万元

管理费用	财务费用	营业利润	利润总额	应交所得税	应付职工薪酬	应交增值税
1224507	**736795**	**2055945**	**2211756**	**133128**	**621221**	**207026**
175849	163659	655334	753314	31472	98656	8096
5479	9185	-21915	5502	859	5395	600
18138	21643	2038	14022	1350	10605	1813
6278	2163	16176	7658	129	2467	16
15972	27265	149154	181297	938	8349	923
19645	30019	4236	14144	3583	10483	14577
28037	37616	249388	17818	1450	20377	21109
45074	58917	-29133	36098	1580	31236	4743
29686	22232	-50254	31860	4761	12382	310
69399	36051	143935	148396	9137	55370	7910
19405	17840	-17670	42	1881	15189	15142
26076	10144	56329	57934	5446	19068	2920
19082	15765	1826	16884	4236	13246	2181
8714	4627	-3479	5774	43	6998	1463
84266	53117	420487	416264	28168	50681	56163
52167	50631	134636	131045	9667	35188	14348
43432	31432	144245	92115	6738	37804	14954
37549	20041	30917	19873	639	20181	3969
59891	16590	50416	73826	3585	43918	10755
5894	3550	28289	26706	501	5016	313
405	2	1838	1455	42	189	193
7764	2514	18934	19645	816	6343	1973
18537	22946	-14336	21299	3466	26548	1027
312972	1947	17666	14253	219	1927	115
902	457	-7882	2366	135	792	
2562	2087	3686	3740	430	1904	939
2513	2100	-2567	330	6	1733	725
104	8	-74	15		73	
108716	72250	73725	98084	11854	79104	19750

3-5 续表 1

食品、饮料及烟草制品批发

地区	主营业务收入	主营业务成本	主营业务税金及附加	主营业务利润	其他业务利润	销售费用
全国	**267366064**	**214549432**	**7561006**	**45255627**	**615512**	**12579629**
北京	14425566	12240759	143485	2041322	110613	1451661
天津	4174723	3596878	84924	492921	5747	108489
河北	5533124	4246954	261454	1024716	4850	229291
山西	3948737	3100919	184368	663450	7339	87709
内蒙古	3508053	2773120	158187	576746	2949	81656
辽宁	5780323	4697698	220260	862365	4690	149797
吉林	2032026	1557529	110733	363764	-781	45002
黑龙江	6744493	5764136	213513	766844	-28166	143953
上海	23010158	19800217	172365	3037576	79753	2092964
江苏	15731345	12253405	442375	3035565	16897	590447
浙江	18487793	15089854	500663	2897276	71650	918483
安徽	7616097	5957864	270169	1388064	7473	381809
福建	11987453	10271019	250545	1465889	16424	400908
江西	4085640	3066776	190923	827941	4136	119445
山东	21438755	16941768	685789	3811198	108285	762230
河南	10098359	7769136	445169	1884054	8874	331564
湖北	10627826	7877099	334998	2415729	13097	856988
湖南	9289593	7240977	365245	1683371	8440	372992
广东	32034028	27650157	596000	3787871	98424	1138663
广西	3786591	2964831	177600	644160	5708	128228
海南	1812094	1580987	48197	182910	818	17552
重庆	9268705	7759247	298504	1210954	17313	223546
四川	11689075	9075999	385841	2227235	19946	538456
贵州	8257046	4466811	273061	3517174	5799	504069
云南	10071794	7299163	262911	2509720	6986	561373
西藏	410850	316600	23928	70322	279	10046
陕西	4618870	3509696	209806	899368	8962	175017
甘肃	2316763	1789696	104908	422159	3670	81140
青海	936286	805103	30323	100860	250	8973
宁夏	605226	452573	30632	122021	694	14943
新疆	3038673	2632462	84133	322078	4395	52239

单位：万元

管理费用	财务费用	营业利润	利润总额	应交所得税	应付职工薪酬	应交增值税
9407063	**-171670**	**24462907**	**25002842**	**5663085**	**7972484**	**9082662**
319912	-32066	670398	861305	134562	381378	251322
92630	19985	272981	276135	58711	66373	79446
255606	-13185	558265	532069	134071	178461	194092
181041	880	395369	401361	105234	152980	167932
163611	-6165	328421	326072	75578	165948	102471
193325	9020	515240	533080	137873	152640	157004
101780	1837	215143	217056	54430	96973	73185
189661	34491	419009	393656	89272	164974	127784
664598	-314994	777297	579994	156177	528909	361698
438625	-43782	2097483	2072181	469880	374038	1025885
583549	-37332	1578590	1642338	404540	546876	505529
283360	-36950	800736	818664	179002	195862	288983
334564	45734	820062	847025	180786	316229	269767
166626	-13824	560561	556985	143200	149859	165584
768400	48871	2292744	2281392	409690	597595	623294
542347	8001	1039768	1014910	230769	432348	348609
487841	-17693	1001136	1019413	247086	401567	604916
480793	7236	840508	884227	202625	340833	317152
886656	184060	1797978	2003855	395031	745517	940419
179371	12028	341305	355292	93119	167949	135535
44723	-7132	149928	146006	33115	42229	31970
341335	20452	623513	630530	111750	185277	358038
452465	31057	1029407	1101343	270364	377829	386574
374564	-28471	2639857	2661628	668962	347509	623805
394814	-39326	1590276	1766959	446932	383758	547477
31238	445	28382	27230	4868	24759	29033
212272	6936	508820	456332	103143	217497	177946
101762	-1669	251922	238803	35711	94486	57058
29091	-2804	50083	70593	17888	23836	22561
27808	-1712	71987	83473	19172	41264	45191
82696	-5600	195738	202935	49545	76729	62403

3-5 续表 2

纺织、服装及家庭用品批发

地区	主营业务收入	主营业务成本	主营业务税金及附加	主营业务利润	其他业务利润	销售费用
全国	**230609063**	**199556089**	**663403**	**30389570**	**587193**	**15929417**
北京	14291161	11518461	45768	2726932	153021	1836180
天津	4061390	3437781	14112	609497	3801	199384
河北	1095098	1030902	946	63250	1332	33408
山西	370921	332162	886	37873	2203	22660
内蒙古	252469	231720	4978	15771	1	6441
辽宁	6178919	4780917	29185	1368817	3424	437579
吉林	154741	142919	318	11504	964	7248
黑龙江	1047598	903329	1494	142775	1725	27653
上海	42075722	33046230	104998	8924494	91737	5815486
江苏	37472089	32666725	69983	4735381	57032	1763864
浙江	27831787	25566597	45452	2219738	55652	1132955
安徽	6411721	5627077	11626	773018	16915	654228
福建	12251666	11258167	55710	937789	41462	419498
江西	831185	769283	1201	60701	523	15081
山东	11637758	10697527	41241	898990	18686	357572
河南	2993771	2819815	10562	163394	1801	61719
湖北	2160568	1899649	8475	252444	12098	138389
湖南	1383204	1258453	4251	120500	1965	68523
广东	39259979	34302180	154605	4803194	100458	1939294
广西	1482934	1380108	1859	100967	3239	41186
海南	200664	187167	337	13160	42	12295
重庆	11946667	11040682	14216	891769	1647	660931
四川	1975797	1798368	11022	166407	10506	107846
贵州	234418	217008	474	16936	34	13131
云南	421365	299650	3276	118439	1798	80452
西藏						
陕西	2175071	1972783	25898	176390	4201	52938
甘肃	130731	117280	176	13275	52	7148
青海	49321	48550	14	757	375	920
宁夏	29600	26536	6	3058		2540
新疆	200748	178064	334	22350	502	12871

单位：万元

管理费用	财务费用	营业利润	利润总额	应交所得税	应付职工薪酬	应交增值税
6199650	**426782**	**8824277**	**8976999**	**1704436**	**4919997**	**3953613**
653968	-38139	548631	637147	115301	716532	342305
40220	11115	353459	361600	96110	72326	108758
10781	-649	20968	21441	2986	24855	6019
8925	874	3381	4787	1935	8942	18302
1956	256	7768	11285	11	5355	445
357674	35121	545739	504854	3780	127468	59982
1749	110	1696	3020	238	3581	1969
43274	8331	67674	4843	1280	5464	22330
1522211	29203	1847688	1967688	468533	1294719	732300
1122133	87498	2042364	2018018	429896	653495	550544
506027	154937	541291	583645	120721	472605	258556
102702	12260	4803	17908	11621	99560	115694
247053	35622	263905	292296	60539	187122	109114
6215	-1186	40150	38114	668	8808	9538
135022	15773	424528	426170	51544	133622	109382
22324	4030	79890	72752	9075	21826	19593
48124	10130	43206	44475	9464	33750	71324
25793	2940	24361	25930	5823	36071	15953
1176899	56258	1600993	1564702	241321	839442	1177888
27087	2257	35568	35091	6829	18776	13578
1643	526	-776	-638	294	4983	4364
65854	-10439	165011	192305	48519	36451	110504
27477	4776	26439	30896	7996	52419	22266
2705	351	550	949	512	5359	22231
3884	533	33819	33960	4933	8854	21828
26694	1595	99769	82550	3792	35436	25473
3718	800	618	148	37	3381	775
460	198	-820	-682	42	896	61
630	302	-425	-394	8	321	58
6449	1397	2030	2142	631	7582	2482

3-5 续表 3

文化、体育用品及器材批发

地　区	主营业务收入	主营业务成本	主营业务税金及附加	主营业务利润	其他业务利润	销售费用
全　国	**48509421**	**44616952**	**110223**	**3782246**	**103740**	**1721311**
北　京	11913253	11289874	20781	602598	32806	387619
天　津	800081	731346	2771	65964	2862	24366
河　北	376691	342129	957	33605	176	5403
山　西	626886	595051	776	31059	98	9521
内蒙古	23977	22361	31	1585	5008	1911
辽　宁	181501	164839	578	16084	2519	8637
吉　林	51379	42233	165	8981	3951	2814
黑龙江	98932	81478	37	17417	14	1610
上　海	7799427	7242275	24233	532919	21186	280857
江　苏	2964003	2612666	10455	340882	2055	157270
浙　江	3465322	3276161	4707	184454	4882	91631
安　徽	942945	889954	622	52369	1105	26994
福　建	726527	670986	1695	53846	2445	18732
江　西	157416	133717	538	23161		3090
山　东	3879935	3485637	8803	385495	4421	118926
河　南	752728	700645	3991	48092	2983	18606
湖　北	1003267	875772	2388	125107	101	54745
湖　南	488665	428697	1959	58009	72	21966
广　东	9926774	8939361	20563	966850	11971	379565
广　西	195062	169194	263	25605	475	11942
海　南	40829	36244	129	4456	410	2822
重　庆	481843	412583	980	68280	31	38265
四　川	751558	702375	865	48318	476	9341
贵　州	129721	117720	196	11805	5	3210
云　南	198734	178179	590	19965	910	12024
西　藏	8571	7457	19	1095		460
陕　西	211880	193309	339	18232	459	10008
甘　肃	154525	139776	214	14535		5834
青　海	20319	14187	186	5946	1257	3796
宁　夏	12806	10799	16	1991	139	639
新　疆	123866	109951	378	13537	926	8709

单位：万元

管理费用	财务费用	营业利润	利润总额	应交所得税	应付职工薪酬	应交增值税
986578	**171982**	**1295906**	**1340502**	**211672**	**1003889**	**514905**
212673	69131	67726	92773	64224	235907	106203
21780	4758	20501	22319	5387	15870	10111
12585	3810	16060	7193	7	5996	83
10843	1114	10084	9147	1882	5225	2870
3980	-112	-740	-179	27	1705	46
8114	1496	146	3036	267	4760	1673
7785	17	2333	2955	439	5066	143
2535	-5	13290	13295	6	1207	488
125859	21785	211954	241178	45712	96075	71320
80460	1984	180108	179732	18714	116561	46393
56132	16287	44474	48068	5722	44718	21190
10974	-10585	33244	32852	493	11740	437
20162	3321	14364	15794	910	16957	6138
2005	330	17737	17729	305	1303	3896
86437	-12252	202032	188551	11730	96771	45135
15705	2565	11796	9716	706	12430	5355
36951	2267	29843	30504	3657	40714	7512
14932	-5562	27058	23347	685	16993	10487
200830	58705	334044	338006	45657	197371	144310
6071	834	8854	11726	187	5732	1916
2112	-164	95	1161		2973	785
12011	2911	15364	17506	1646	35105	3552
6401	9322	7746	3341	424	3857	14504
997	199	7533	7760	36	2654	675
4924	174	11479	11429	531	4346	2691
604	-9	39	194	36	235	-281
5942	-309	4217	4324	643	5472	1602
8114	120	494	486	2	3581	1707
3037	-55	490	805	149	5040	672
1156	-5	203	334		889	146
4467	-90	3339	5423	1492	6638	3146

3-5 续表 4

医药及医疗器材批发

地区	主营业务收入	主营业务成本	主营业务税金及附加	主营业务利润	其他业务利润	销售费用
全国	**124338931**	**111730117**	**293023**	**12315791**	**698806**	**6403402**
北京	10588791	9267533	23208	1298050	108319	762111
天津	3146167	2946399	4853	194915	3401	62144
河北	4771919	4587015	4142	180762	3353	58446
山西	1142408	1048054	1807	92547	1923	54169
内蒙古	401053	360445	1231	39377	25	14643
辽宁	3249321	2966113	9870	273338	19655	106549
吉林	1398754	1177357	6085	215312	98406	122081
黑龙江	2135205	2050307	7246	77652	2194	55625
上海	13152142	10514630	22093	2615419	138526	1463853
江苏	7764655	6560122	23711	1180822	139479	868217
浙江	9289263	8509839	15545	763879	28391	339604
安徽	6289618	5988641	10834	290143	6388	129866
福建	2187962	2068434	3683	115845	3148	43355
江西	1994407	1736747	9214	248446	6968	100663
山东	6648663	6132365	15604	500694	7550	221076
河南	5564081	5272505	9807	281769	10374	74172
湖北	6032984	5515908	22711	494365	4411	190193
湖南	3565471	3283830	21492	260149	5640	118324
广东	16145168	14514169	36553	1594446	66020	799566
广西	1029748	944711	2769	82268	5031	31789
海南	1025993	811975	3051	210967	628	146660
重庆	4162522	3861990	7899	292633	19537	105874
四川	5507461	5144096	13725	349640	5553	161995
贵州	856597	786952	2163	67482	2009	29123
云南	2626294	2414906	3634	207754	2978	102010
西藏	318700	120384	3897	194419		164889
陕西	1473157	1391891	4110	77156	6210	30990
甘肃	967467	913486	879	53102	1540	20559
青海	97805	90673	194	6938	7	2641
宁夏	151063	143082	178	7803	43	2635
新疆	654093	605559	833	47701	1101	19584

单位：万元

管理费用	财务费用	营业利润	利润总额	应交所得税	应付职工薪酬	应交增值税
2780276	**614953**	**3363787**	**3245407**	**662285**	**3036871**	**2068289**
300706	22828	390141	398647	84408	407725	182137
52940	20590	62254	66237	15370	40333	27949
47693	30928	39917	33124	8659	37216	30227
22766	8090	10312	11185	3191	26221	13572
8653	1424	14681	14969	1431	7740	2115
69182	19570	80617	77483	21006	36355	49501
38865	12747	47721	52933	7006	11400	36153
20100	2189	1150	-2929	1877	15039	7307
703874	10451	611591	649547	176627	724633	247079
168212	39968	260879	254057	62870	468359	149123
174227	41188	271956	273834	58716	147653	117660
77692	17135	71701	59483	9955	52036	56808
29229	16273	38825	39698	9067	32349	29865
32376	10877	105252	65979	4315	62560	76707
103588	42410	141033	118279	21654	87853	94860
62841	39651	119175	117819	15527	51355	36849
115008	57364	149363	138762	25456	113932	82888
61635	17738	72824	52431	7105	53266	38023
350116	89059	495968	469021	71194	322363	465522
29394	8196	1184	1267	1275	21214	14189
31214	8037	30630	24659	7476	43770	35060
83588	24921	119924	109048	8257	69149	78287
83127	30825	80885	76638	15447	83074	87121
20211	6110	13719	12607	1988	14353	10774
39546	15228	54334	51719	7231	40522	33320
3458	847	25412	33406	5872	13932	4597
21313	11831	17390	15878	4216	19758	8691
11113	6024	14584	8522	1908	12905	8517
2014	176	2176	2325	290	2350	1269
1962	287	2853	3122	427	3082	1270
13633	1990	15338	15658	2469	14374	40852

3-5 续表 5

矿产品、建材及化工产品批发

地 区	主营业务收入	主营业务成本	主营业务税金及附加	主营业务利润	其他业务利润	销售费用
全 国	**1589484222**	**1534681919**	**2107078**	**52695225**	**1047432**	**17505995**
北 京	215412152	211455682	94996	3861474	-424569	1675342
天 津	118723425	115932006	180394	2611025	90056	787899
河 北	48916825	47507999	51530	1357296	56589	639337
山 西	70520897	68821284	62944	1636669	323319	895568
内蒙古	17606148	16713701	61802	830645	19547	348800
辽 宁	74108479	73163790	77967	866722	37782	456791
吉 林	8638976	8428216	15376	195384	1002	120545
黑龙江	18676921	18224167	14248	438506	5348	249379
上 海	167557789	162748172	70679	4738938	199393	1778400
江 苏	101782917	96500346	114816	5167755	66014	1151533
浙 江	105618803	103277049	64380	2277374	106387	1103482
安 徽	16581301	15809121	30588	741592	11722	346575
福 建	39404839	37955906	54333	1394600	61229	696715
江 西	9058933	8605685	8087	445161	1918	154987
山 东	89649998	83696241	435247	5518510	78901	1346050
河 南	21487903	20310039	80816	1097048	15987	336366
湖 北	43654186	41730656	214330	1709200	16334	598785
湖 南	12244005	11598067	53045	592893	5365	162558
广 东	207701370	196786068	152128	10763174	214850	2069341
广 西	17319861	16728565	14450	576846	7206	283698
海 南	9307851	9079081	2489	226281	2651	43754
重 庆	18048535	17128473	56564	863498	16620	299469
四 川	21924358	21229227	29694	665437	14567	306618
贵 州	8920472	8427629	31053	461790	16360	150784
云 南	20732167	19803170	20909	908088	28771	400868
西 藏						
陕 西	34772637	33343745	80022	1348870	30071	445372
甘 肃	19462446	19358497	5328	98621	18363	119359
青 海	4903188	4522220	4857	376111	8304	94370
宁 夏	5185635	5063165	4706	117764	5279	67068
新 疆	41561206	40733952	19304	807950	12068	376181

单位：万元

管理费用	财务费用	营业利润	利润总额	应交所得税	应付职工薪酬	应交增值税
9208765	**5538502**	**18801213**	**18297445**	**3171389**	**7555023**	**10694781**
1154655	526670	1656131	1784317	362167	912043	568781
333783	516097	838073	875253	153589	166093	389940
243729	268725	336691	306194	32004	235525	212760
517619	312504	206419	245851	89023	292762	712794
108422	76586	123514	153090	34202	80109	389423
293025	187712	-41226	-10886	47747	235891	287243
15406	13286	43424	42496	4071	63436	102331
61359	44236	51228	75074	16342	123088	275846
1141242	309971	1769100	1802486	420376	790231	592739
729631	366233	3025498	2659563	346871	471073	767982
616456	397071	559623	770933	199865	580264	313279
127313	95594	156018	140486	20544	114948	129434
271661	140113	433959	516007	111305	248381	261372
59775	19189	160897	153890	29007	70158	78775
815132	496832	2972395	2613755	363846	573905	1021025
188024	66045	519719	511831	33071	154685	219392
239630	121696	737480	813209	125465	313784	556780
154255	94182	218862	186509	15113	76025	110657
1155835	660194	2624793	2599712	387318	974507	1233721
97397	96129	139883	150766	43021	121156	292682
23246	19201	170430	155468	29358	15880	27089
120261	82315	403341	314421	22896	155626	154675
134903	130819	140682	129991	22097	126127	97481
60148	53198	219136	218896	9308	47627	90245
173627	203831	205444	205269	32742	139584	246282
201666	83209	656373	543877	106921	197304	739433
49912	35380	-109956	-90812	4500	43111	18497
25543	4235	259029	50754	4593	40431	30029
13343	13616	27408	28826	3345	31579	165275
81767	103635	296848	350219	100684	159691	608821

3-5 续表 6

机械设备、五金产品及电子产品批发

地 区	主营业务收入	主营业务成本	主营业务税金及附加	主营业务利润	其他业务利润	销售费用
全 国	**375887792**	**342315295**	**1790994**	**31781503**	**1763308**	**15567889**
北 京	92262620	83172724	196742	8893154	1025555	4638627
天 津	20253072	18217476	1135351	900245	50670	433467
河 北	7643709	7367527	11109	265073	36657	167280
山 西	4267289	4182857	2047	82385	1276	43449
内蒙古	386254	341424	1475	43355	310	31440
辽 宁	5027513	4698409	11568	317536	23403	120502
吉 林	1807451	1650662	2982	153807	1875	128364
黑龙江	1373784	1118174	10029	245581	1415	51800
上 海	111091580	99094548	145134	11851898	311755	6173722
江 苏	17816676	16434382	28713	1353581	37985	407398
浙 江	18147126	17111259	23787	1012080	31919	585138
安 徽	2823029	2619365	4730	198934	4595	112789
福 建	3928169	3651161	6308	270700	5583	92619
江 西	717456	647211	3930	66315	2606	23079
山 东	13595426	12526255	71962	997209	27152	290672
河 南	3390058	3114196	6960	268902	7974	161573
湖 北	3442609	3126645	16697	299267	5261	111274
湖 南	1154286	1028253	6267	119766	5552	41240
广 东	46327780	43120619	66710	3140451	84007	1226132
广 西	988820	916504	2141	70175	5391	44367
海 南	991336	862496	1198	127642	658	54392
重 庆	6088178	5674067	19795	394316	23412	199242
四 川	5622501	5296528	6131	319842	19927	195318
贵 州	629169	589251	838	39080	4424	25611
云 南	1054012	971062	2383	80567	8757	48876
西 藏	50365	45659	17	4689	666	1796
陕 西	2099557	1972668	2938	123951	5461	68542
甘 肃	545563	541920	395	3248	21617	14325
青 海	136693	128376	66	8251	502	3685
宁 夏	126848	117087	353	9408	732	5397
新 疆	2098862	1976532	2239	120091	6212	65775

单位：万元

管理费用	财务费用	营业利润	利润总额	应交所得税	应付职工薪酬	应交增值税
6903092	**813029**	**10892282**	**11867813**	**2373232**	**5654208**	**5176828**
2524250	-56852	3312724	3950659	821988	1981380	1404086
228116	107830	199488	236913	75416	144375	830962
60346	131309	-56633	-33462	14265	88363	23119
31104	8449	955	2761	1631	18541	12317
14154	3024	-7823	-7071	542	12784	5933
88132	57646	78453	80463	18657	59651	61035
17388	-267	9431	7121	2435	15551	23462
33609	4650	156018	33701	5635	10802	5455
1710145	-35451	4326839	4628116	950567	1503734	1339006
301625	115904	586327	548359	79118	235180	199928
266286	95975	150438	257337	60191	219185	125534
36281	14023	29560	28170	6000	34975	31874
71206	15264	104054	81434	19770	60806	68728
12752	6969	22374	20040	867	12392	45281
201169	89947	446298	437694	55341	177637	101857
41382	10195	58394	59027	9614	49831	26706
49807	18523	117789	77859	14876	53820	78580
30147	5736	46283	41641	3898	23935	13548
885426	137562	1001762	1086286	173483	697014	576981
21566	5793	9045	10301	1273	21745	9182
11519	-475	62916	62885	1832	9077	14518
56190	11866	154542	164695	18674	54375	66006
89083	26341	33959	42116	19683	76841	43535
11852	4562	-1057	-444	1152	9687	9297
28650	10890	6442	12111	3188	21692	14327
1001	228	1267	2056	102	1100	39
28927	3458	26409	8365	4099	27282	23543
7918	1922	131	493	427	5369	2864
2708	3162	-796	-434	36	1406	396
4957	2223	-2070	-1821	43	1971	1117
35398	12623	18766	30442	8430	23709	17615

3-5 续表 7

贸易经纪与代理

地　区	主营业务收入	主营业务成本	主营业务税金及附加	主营业务利润	其他业务利润	销售费用
全　国	**34389003**	**32540230**	**49928**	**1798845**	**169771**	**910737**
北　京	3881029	3391468	23216	466345	54584	122746
天　津	2351760	2168824	8970	173966	17009	224183
河　北	43308	39789	2	3517	7	2898
山　西	343904	336390	213	7301	92	2595
内蒙古						
辽　宁	232790	219310	247	13233	70	5042
吉　林						
黑龙江	6512	6080	1	431		311
上　海	5851099	5340663	5920	504516	46320	296958
江　苏	1465318	1388176	266	76876	2302	16408
浙　江	316492	304342	234	11916	20	5604
安　徽						
福　建	1166650	1101892	2231	62527	1985	31084
江　西	58231	58090		141		47
山　东	1615814	1490969	2993	121852	4194	46541
河　南						
湖　北	6358258	6301147	469	56642	33826	16959
湖　南	16109	12162	1176	2771		601
广　东	9504067	9262498	3287	238282	7326	91108
广　西	14142	13328	9	805		491
海　南						
重　庆						
四　川	50190	48348	53	1789	469	1169
贵　州						
云　南	1076905	1024444	558	51903	255	42371
西　藏						
陕　西	30835	27401	2	3432		2535
甘　肃						
青　海						
宁　夏						
新　疆	5593	4910	81	602	1312	1087

单位：万元

管理费用	财务费用	营业利润	利润总额	应交所得税	应付职工薪酬	应交增值税
496595	**-59846**	**710460**	**745065**	**177679**	**401371**	**291404**
136126	-123265	464132	480628	107132	107062	26719
34487	6078	-73337	-70461	8533	55819	16592
366	128	134	155	1	370	3
1917	1599	1423	1456	1451	64	1262
4823	1667	1826	1957	407	4966	783
84		36	30	7	202	21
147697	-9986	124568	133006	34638	138418	65172
12378	8329	42888	41928	2782	7935	7718
3803	422	2232	2585	465	2407	81
12689	3195	36718	37690	9515	8234	15475
151	12	4	75		84	
11729	13101	56722	58676	6012	11484	14551
34900	-1643	3123	4492	929	17411	24547
634		1537	1537		47	569
90339	32506	46920	48928	7165	42508	117770
169	470	-404	-238	6	199	82
837	43	534	609	164	911	-3
2304	7345	966	1566	-1533	2401	33
467	17	440	439	3	518	10
693	137	-2	8	2	330	21

3-5 续表 8

其他批发业

地　区	主营业务收入	主营业务成本	主营业务税金及附加	主营业务利润	其他业务利润	销售费用
全　国	**56410999**	**52415373**	**189352**	**3806274**	**126856**	**1170924**
北　京	3804188	3575043	5189	223956	5194	71333
天　津	3898677	3751881	6701	140095	6215	34556
河　北	56085	52678	27	3380	1087	2028
山　西	289783	271607	225	17951	220	9947
内蒙古	8885	6632	97	2156		1087
辽　宁	234243	203380	3065	27798	250	7155
吉　林	37201	34780	13	2408		138
黑龙江	423803	382091	6004	35708	106	13932
上　海	10960076	9835528	18651	1105897	81865	519702
江　苏	4133286	3788322	19690	325274	3702	50109
浙　江	3094321	2999792	9505	85024	2556	31954
安　徽	1757610	1619421	27926	110263	7665	33638
福　建	3861587	3781174	2629	77784	2018	47212
江　西	217445	201476	1179	14790	127	1528
山　东	3611395	3230430	22012	358953	4409	60299
河　南	649702	583221	3916	62565	8	14009
湖　北	527267	435035	9758	82474	185	14529
湖　南	318882	260503	14995	43384	27	13912
广　东	13681069	13048415	16693	615961	7927	168617
广　西	10695	8718		1977		1740
海　南	1293237	1155618	298	137321	49	2543
重　庆	1112978	914539	11708	186731	648	14010
四　川	432586	402453	2799	27334	6	10796
贵　州	44423	38396	180	5847	1192	2352
云　南	1694610	1599562	4123	90925	508	34898
西　藏						
陕　西	60506	54649	1052	4805		1880
甘　肃	17604	17038	253	313		76
青　海						
宁　夏	46411	45024	115	1272		704
新　疆	132448	117968	549	13931	894	6237

单位：万元

管理费用	财务费用	营业利润	利润总额	应交所得税	应付职工薪酬	应交增值税
853424	**436376**	**1552486**	**1463068**	**249091**	**582453**	**849502**
45361	33596	86623	99908	23033	45738	21469
41699	13667	57584	56918	9494	21047	37547
1845	-1	595	782	187	822	108
5589	1065	1703	1872	735	2044	4395
1135	-116	53	52	13	759	
10567	7757	1932	5497	907	5874	15707
433	115	1722	1725		182	134
1557	-311	20628	1669	26	1953	1803
353124	12581	258411	275644	75191	205181	104739
46198	31530	204662	172112	31283	27467	76835
21589	29092	8682	26898	6032	16885	69103
36501	12617	28374	45693	8410	30985	131652
25953	38133	54243	59734	2847	29631	2328
2447	484	10584	5652	887	1297	1469
58538	16976	221972	105866	15610	24282	37331
9840	3616	35396	34322	2888	6049	9979
10084	3859	52346	41840	2498	6203	8127
12577	6720	13461	15050	737	4788	23904
116760	197909	162588	173316	27814	104616	182636
18	183	9	43	40	577	1
2844	2471	130231	130641	724	2425	547
11889	5246	146932	153708	32258	9617	95211
5579	5097	5911	5547	978	15814	7003
2014	678	1194	1652	448	1834	304
22511	4689	35035	35913	4173	10662	8179
470	212	2244	2244	504	787	3423
118	2	204	204	32	174	103
2488	7362	4528	3474	122	1262	
3699	1145	4640	5093	1219	3500	5466

3-6 大中型批发业企业分行业经济效益分析指标

农、林、牧产品批发

地　区	负债比率 (%)	主营业务毛利率 (%)	人均营业收入 (万元)	费用率 (%)
全　国	**71.8**	**7.0**	**437.0**	**5.2**
北　京	65.5	3.8	1784.6	5.8
天　津	69.9	5.2	399.3	11.2
河　北	75.8	2.6	788.1	2.8
山　西	56.0	15.4	45.6	6.7
内蒙古	86.0	14.5	632.0	4.3
辽　宁	90.7	4.2	806.4	4.2
吉　林	59.6	1.4	393.7	4.1
黑龙江	90.7	6.6	412.2	5.7
上　海	61.1	0.9	1177.3	4.2
江　苏	76.4	10.7	235.5	5.8
浙　江	73.7	5.0	214.8	8.3
安　徽	56.0	9.8	293.0	5.2
福　建	75.4	8.8	287.5	8.6
江　西	88.9	5.3	65.5	7.8
山　东	64.4	12.3	423.5	4.2
河　南	74.4	10.4	251.1	5.3
湖　北	76.4	10.9	248.6	4.4
湖　南	64.2	14.0	159.7	9.4
广　东	76.3	8.4	402.8	6.4
广　西	53.3	17.6	189.3	5.9
海　南	48.0	6.7	252.3	2.3
重　庆	51.2	8.3	264.2	3.8
四　川	85.1	4.6	277.6	6.3
贵　州				
云　南	73.4	20.3	2882.7	19.3
西　藏	59.1	-66.4	93.5	44.4
陕　西	74.7	8.6	189.7	4.7
甘　肃	87.0	2.4	279.7	4.1
青　海				
宁　夏	101.5	1.8	283.4	2.7
新　疆	82.7	3.2	696.1	2.5

注：费用率等于销售费用、管理费用、财务费用三项之和除以营业收入合计(下表同)。

3-6 续表 1

食品、饮料及烟草制品批发

地 区	负债比率(%)	主营业务毛利率(%)	人均营业收入(万元)	费用率(%)
全 国	**49.8**	**19.8**	**353.4**	**8.1**
北 京	62.8	15.1	376.3	11.9
天 津	66.7	13.8	668.3	5.3
河 北	24.6	23.2	366.6	8.5
山 西	30.1	21.5	318.8	6.8
内蒙古	28.9	20.9	444.3	6.8
辽 宁	41.7	18.7	347.3	6.1
吉 林	23.7	23.4	364.1	7.3
黑龙江	58.5	14.5	813.3	5.4
上 海	73.0	14.0	507.8	10.6
江 苏	41.1	22.1	341.3	6.2
浙 江	50.4	18.4	392.9	7.8
安 徽	41.9	21.8	292.2	8.1
福 建	45.6	14.3	397.7	6.3
江 西	28.7	24.9	239.0	6.6
山 东	47.9	21.0	313.2	7.3
河 南	37.0	23.1	237.8	8.7
湖 北	55.2	25.9	270.4	12.4
湖 南	38.7	22.1	262.3	9.2
广 东	60.7	13.7	359.4	6.9
广 西	55.3	21.7	278.1	8.4
海 南	18.9	12.8	851.8	3.0
重 庆	54.9	16.3	498.4	6.3
四 川	43.4	22.4	331.4	8.7
贵 州	35.5	45.9	317.5	10.1
云 南	39.5	27.5	373.9	8.9
西 藏	23.3	22.9	458.9	10.1
陕 西	31.0	24.0	237.0	8.5
甘 肃	25.7	22.8	303.9	7.7
青 海	15.3	14.0	525.3	3.8
宁 夏	24.0	25.2	260.3	6.8
新 疆	40.0	13.4	601.0	4.2

3-6 续表 2

纺织、服装及家庭用品批发

地 区	负债比率 (%)	主营业务毛利率 (%)	人均营业收入 (万元)	费用率 (%)
全 国	**73.7**	**13.5**	**328.9**	**9.7**
北 京	58.5	19.4	197.7	16.9
天 津	85.2	15.4	259.6	6.2
河 北	90.8	5.9	367.5	4.0
山 西	63.5	10.4	125.0	8.7
内蒙古	98.5	8.2	206.3	3.4
辽 宁	48.2	22.6	198.2	13.4
吉 林	114.5	7.6	176.0	5.8
黑龙江	69.9	13.8	614.1	7.5
上 海	65.4	21.5	315.8	17.4
江 苏	76.8	12.8	417.2	7.8
浙 江	83.0	8.1	375.0	6.4
安 徽	103.7	12.2	620.6	11.9
福 建	73.9	8.1	476.8	5.7
江 西	78.9	7.4	438.6	2.4
山 东	76.8	8.1	443.1	4.3
河 南	85.6	5.8	527.3	2.9
湖 北	85.8	12.1	286.9	9.1
湖 南	88.8	9.0	208.2	7.0
广 东	70.0	12.6	262.8	8.0
广 西	90.0	6.9	273.4	4.7
海 南	97.0	6.7	181.7	7.2
重 庆	96.6	7.6	1434.0	6.0
四 川	78.4	9.0	182.5	7.0
贵 州	90.2	7.4	220.2	6.9
云 南	60.1	28.9	255.1	20.1
西 藏				
陕 西	87.5	9.3	223.7	3.7
甘 肃	83.4	10.3	162.8	8.9
青 海	106.1	1.6	247.8	3.2
宁 夏	37.9	10.4	411.1	11.7
新 疆	92.9	11.3	86.8	10.3

3-6 续表 3

文化、体育用品及器材批发

地 区	负债比率(%)	主营业务毛利率(%)	人均营业收入(万元)	费用率(%)
全 国	**68.4**	**8.0**	**366.3**	**5.9**
北 京	73.1	5.2	550.3	5.6
天 津	74.2	8.6	328.4	6.3
河 北	55.4	9.2	574.9	5.8
山 西	87.0	5.1	458.6	3.4
内蒙古	54.7	6.7	85.4	19.1
辽 宁	65.7	9.2	181.7	9.9
吉 林	63.1	17.8	86.0	19.8
黑龙江	77.2	17.6	415.7	4.2
上 海	67.1	7.1	904.1	5.5
江 苏	51.3	11.9	184.4	7.8
浙 江	71.3	5.5	466.2	4.7
安 徽	52.4	5.6	904.0	2.9
福 建	57.3	7.6	327.9	5.8
江 西	75.4	15.1	474.1	3.4
山 东	78.7	10.2	264.1	4.9
河 南	41.9	6.9	312.2	4.9
湖 北	63.5	12.7	148.2	9.4
湖 南	53.6	12.3	391.3	6.4
广 东	73.4	9.9	324.1	6.4
广 西	43.8	13.3	259.9	9.6
海 南	35.1	11.2	75.9	11.5
重 庆	68.6	14.4	76.6	11.0
四 川	95.7	6.5	618.1	3.3
贵 州	84.3	9.3	383.8	3.4
云 南	64.1	10.3	452.7	8.6
西 藏	64.6	13.0	112.8	12.3
陕 西	62.3	8.8	304.9	7.3
甘 肃	71.2	9.5	150.8	9.1
青 海	76.4	30.2	90.2	31.2
宁 夏	29.6	15.7	95.6	14.0
新 疆	59.6	11.2	201.2	10.5

3-6 续表 4

医药及医疗器材批发

地 区	负债比率 (%)	主营业务毛利率 (%)	人均营业收入 (万元)	费用率 (%)
全 国	**77.1**	**10.1**	**317.0**	**7.8**
北 京	69.6	12.5	340.6	10.1
天 津	76.0	6.3	646.5	4.3
河 北	89.2	3.9	359.4	2.9
山 西	85.5	8.3	221.9	7.4
内蒙古	87.8	10.1	164.6	6.2
辽 宁	77.5	8.7	472.7	6.0
吉 林	82.2	15.8	407.5	12.4
黑龙江	85.2	4.0	442.2	3.6
上 海	72.8	20.1	316.8	16.3
江 苏	82.9	15.5	245.9	13.7
浙 江	73.2	8.4	417.5	6.0
安 徽	85.1	4.8	458.3	3.6
福 建	76.1	5.5	327.8	4.0
江 西	78.5	12.9	163.5	7.2
山 东	84.1	7.8	325.9	5.5
河 南	86.2	5.2	397.1	3.2
湖 北	77.4	8.6	233.5	6.0
湖 南	80.7	7.9	279.0	5.5
广 东	74.5	10.1	356.2	7.6
广 西	80.7	8.3	158.5	6.7
海 南	69.6	20.9	146.7	18.1
重 庆	69.8	7.2	309.4	5.1
四 川	77.7	6.6	296.1	5.0
贵 州	81.6	8.1	213.6	6.5
云 南	71.8	8.0	256.1	6.0
西 藏	86.2	62.2	188.7	53.1
陕 西	88.2	5.5	332.2	4.3
甘 肃	81.4	5.6	265.0	3.9
青 海	68.6	7.3	98.4	4.9
宁 夏	78.8	5.3	370.4	3.2
新 疆	80.0	7.4	219.0	5.4

3-6 续表 5

矿产品、建材及化工产品批发

地 区	负债比率 (%)	主营业务毛利率 (%)	人均营业收入 (万元)	费用率 (%)
全 国	**76.6**	**3.4**	**1649.3**	**2.0**
北 京	72.5	1.8	4125.8	1.5
天 津	77.7	2.4	5804.4	1.4
河 北	68.6	2.9	1129.2	2.3
山 西	83.5	2.4	1246.6	2.3
内蒙古	72.2	5.1	1326.0	3.0
辽 宁	82.2	1.3	2978.1	1.3
吉 林	84.8	2.4	1444.8	1.7
黑龙江	91.7	2.4	1383.8	1.9
上 海	72.0	2.9	3118.9	1.9
江 苏	84.0	5.2	1485.5	2.2
浙 江	77.7	2.2	1478.1	2.0
安 徽	66.0	4.7	814.9	3.4
福 建	68.2	3.7	1440.0	2.8
江 西	61.9	5.0	838.5	2.6
山 东	82.0	6.6	873.8	2.9
河 南	77.6	5.5	658.3	2.7
湖 北	70.7	4.4	838.2	2.2
湖 南	78.2	5.3	876.5	3.3
广 东	80.2	5.3	1825.5	1.9
广 西	64.3	3.4	940.1	2.7
海 南	61.1	2.5	4391.1	0.9
重 庆	76.0	5.1	678.0	2.8
四 川	81.9	3.2	920.4	2.6
贵 州	81.1	5.5	1130.1	3.0
云 南	77.2	4.5	958.7	3.7
西 藏				
陕 西	77.8	4.1	1284.9	2.1
甘 肃	44.2	0.5	2714.4	1.1
青 海	63.1	7.8	790.0	2.5
宁 夏	82.1	2.4	1157.1	1.8
新 疆	89.8	2.0	2098.7	1.3

3-6 续表 6

机械设备、五金产品及电子产品批发

地　区	负债比率 (%)	主营业务毛利率 (%)	人均营业收入 (万元)	费用率 (%)
全　国	**73.6**	**8.9**	**735.3**	**6.1**
北　京	65.5	9.9	1081.2	7.2
天　津	82.2	10.1	1629.1	3.8
河　北	81.7	3.6	257.7	4.7
山　西	87.8	2.0	965.2	1.9
内蒙古	88.1	11.6	198.1	12.6
辽　宁	85.6	6.5	571.3	5.2
吉　林	75.7	8.7	1115.8	8.0
黑龙江	85.3	18.6	639.1	6.5
上　海	71.4	10.8	1235.0	7.0
江　苏	75.6	7.8	500.3	4.6
浙　江	77.2	5.7	577.4	5.2
安　徽	88.6	7.2	372.6	5.7
福　建	69.4	7.1	394.7	4.5
江　西	81.4	9.8	319.2	5.9
山　东	79.6	7.9	409.1	4.2
河　南	85.0	8.1	406.5	6.1
湖　北	79.9	9.2	395.2	5.2
湖　南	76.6	10.9	269.1	6.7
广　东	80.3	6.9	534.2	4.8
广　西	83.7	7.3	199.5	7.2
海　南	65.0	13.0	469.4	6.6
重　庆	76.5	6.8	677.2	4.3
四　川	82.7	5.8	394.3	5.5
贵　州	83.9	6.3	305.3	6.6
云　南	80.1	7.9	276.8	8.3
西　藏	58.2	9.3	162.1	6.0
陕　西	89.2	6.0	436.9	4.8
甘　肃	90.9	0.7	369.3	4.3
青　海	88.3	6.1	215.8	7.0
宁　夏	93.8	7.7	195.2	9.8
新　疆	74.7	5.8	447.2	5.4

3-6 续表 7

贸易经纪与代理

地 区	负债比率 (%)	主营业务毛利率 (%)	人均营业收入 (万元)	费用率 (%)
全 国	**86.0**	**5.4**	**1006.4**	**3.9**
北 京	86.7	12.6	979.2	3.4
天 津	97.9	7.8	427.6	11.2
河 北	95.4	8.1	364.0	7.8
山 西	79.9	2.2	3018.7	1.8
内蒙古				
辽 宁	61.0	5.8	167.2	4.9
吉 林				
黑龙江	84.9	6.6	105.0	6.1
上 海	73.0	8.7	687.4	7.4
江 苏	85.7	5.3	1422.2	2.5
浙 江	85.4	3.8	700.9	3.1
安 徽				
福 建	76.4	5.6	670.8	4.0
江 西	60.5	0.2	1144.9	0.4
山 东	88.2	7.7	809.2	4.4
河 南				
湖 北	86.8	0.9	3693.1	0.8
湖 南	44.4	24.5	700.4	7.7
广 东	87.9	2.5	1362.4	2.2
广 西	86.0	5.8	224.5	8.0
海 南				
重 庆				
四 川	43.9	3.7	481.0	4.0
贵 州				
云 南	96.1	4.9	6921.7	4.8
西 藏				
陕 西	88.9	11.1	268.4	9.8
甘 肃				
青 海				
宁 夏				
新 疆	74.6	12.2	119.1	27.8

3-6 续表 8

其他批发业

地区	负债比率 (%)	主营业务毛利率 (%)	人均营业收入 (万元)	费用率 (%)
全国	**76.3**	**7.1**	**684.3**	**4.3**
北京	93.7	6.0	1106.7	3.9
天津	74.5	3.8	1283.3	2.3
河北	67.8	6.1	314.4	6.8
山西	82.6	6.3	494.3	5.7
内蒙古	64.2	25.4	174.2	23.7
辽宁	76.1	13.2	194.6	10.9
吉林	93.1	6.5	509.6	1.8
黑龙江	101.9	9.8	877.4	3.6
上海	67.5	10.3	649.1	8.0
江苏	72.9	8.3	770.2	3.1
浙江	74.2	3.1	1033.6	2.7
安徽	83.9	7.9	586.3	4.7
福建	78.9	2.1	1575.0	2.9
江西	51.9	7.3	576.1	2.0
山东	72.6	10.5	745.2	3.7
河南	78.1	10.2	379.5	4.2
湖北	57.4	17.5	299.7	5.4
湖南	38.8	18.3	248.1	10.4
广东	86.6	4.6	702.2	3.5
广西	89.9	18.5	280.6	17.3
海南	8.6	10.6	2550.8	0.6
重庆	83.6	17.8	187.4	2.8
四川	76.7	7.0	103.7	5.0
贵州	65.7	13.6	174.1	10.8
云南	49.9	5.6	1288.2	3.7
西藏				
陕西	53.2	9.7	253.2	4.2
甘肃	66.2	3.2	262.7	1.1
青海				
宁夏	66.5	3.0	246.9	22.7
新疆	86.5	10.9	286.2	8.3

3-7 大中型零售业企业分行业基本情况

地 区	零售业		综合零售		食品、饮料及烟草制品专门零售	
	法人单位数（个）	年末从业人数（人）	法人单位数（个）	年末从业人数（人）	法人单位数（个）	年末从业人数（人）
全 国	**25565**	**5503382**	**7165**	**2532788**	**1261**	**211619**
北 京	1079	321761	170	136514	53	15206
天 津	377	95567	87	41089	19	4383
河 北	862	198936	313	129345	11	767
山 西	699	135462	191	55122	24	3738
内蒙古	422	89520	102	31280	11	1106
辽 宁	793	201560	243	111050	23	2783
吉 林	346	77277	108	42350	13	1449
黑龙江	410	86163	140	41599	15	1716
上 海	856	311581	188	126535	47	19200
江 苏	2266	482318	545	229773	179	24379
浙 江	1672	288723	332	116089	46	8640
安 徽	997	187853	386	103137	57	9409
福 建	950	173560	259	69176	69	16809
江 西	430	87603	148	41407	11	4041
山 东	2361	482382	749	256056	114	14525
河 南	1672	278044	561	137882	73	10748
湖 北	1237	297570	371	151136	126	18781
湖 南	1027	194467	324	89031	56	9075
广 东	2299	530129	473	183025	76	12547
广 西	554	86807	190	43263	10	1013
海 南	138	24746	41	7591	3	199
重 庆	548	155661	104	82713	40	5156
四 川	1163	254154	363	110704	72	9977
贵 州	315	52276	91	19729	10	993
云 南	581	110017	165	34106	45	7092
西 藏	23	3606	7	1304	1	100
陕 西	795	163062	326	86777	36	4274
甘 肃	269	50017	91	20394	16	2827
青 海	62	12107	13	5666	1	60
宁 夏	126	24579	28	11989	3	508
新 疆	236	45874	56	16956	1	118

3-7 续表 1

地区	纺织、服装及日用品专门零售		文化、体育用品及器材专门零售		医药及医疗器材专门零售	
	法人单位数（个）	年末从业人数（人）	法人单位数（个）	年末从业人数（人）	法人单位数（个）	年末从业人数（人）
全　国	**1723**	**452195**	**1039**	**193842**	**1846**	**372978**
北　京	122	34899	72	13231	86	13617
天　津	37	7670	32	7213	12	3307
河　北	38	8035	23	6037	44	8417
山　西	69	13132	22	3461	35	7020
内蒙古	33	12209	11	1157	27	3234
辽　宁	64	9114	28	4866	79	20231
吉　林	32	5250	16	2117	22	5366
黑龙江	35	8802	17	5190	51	10349
上　海	127	79476	46	10960	54	12761
江　苏	100	26229	125	19584	165	28319
浙　江	103	24417	76	10198	124	18483
安　徽	47	8130	32	3333	82	13369
福　建	60	11707	19	2484	66	8752
江　西	14	3001	7	6069	34	7931
山　东	118	23410	44	11902	161	31017
河　南	100	13937	124	16345	133	21954
湖　北	84	21121	38	4544	107	16969
湖　南	54	10059	58	7871	67	17774
广　东	201	68303	94	22215	148	36745
广　西	11	1598	23	2071	47	10055
海　南	6	2786	4	312	3	1511
重　庆	56	12126	16	4753	56	11158
四　川	84	20434	26	12665	56	11402
贵　州	11	1685	11	1110	30	5981
云　南	23	5686	25	6408	42	21640
西　藏						
陕　西	48	8781	19	3640	49	11800
甘　肃	19	4022	11	1103	27	5987
青　海	3	1185	1	157	5	1112
宁　夏	8	1641	2	322	17	1814
新　疆	16	3350	17	2524	17	4903

3-7 续表 2

地区	汽车、摩托车、燃料及零配件专门零售		家用电器及电子产品专门零售	
	法人单位数（个）	年末从业人数（人）	法人单位数（个）	年末从业人数（人）
全　国	**9442**	**1176214**	**1757**	**323308**
北　京	408	57625	67	23440
天　津	157	25335	13	3694
河　北	339	32546	64	10245
山　西	278	39212	39	5454
内蒙古	187	30571	29	4832
辽　宁	268	34914	48	11273
吉　林	122	16199	24	3395
黑龙江	102	10382	36	6334
上　海	308	31989	27	12782
江　苏	880	101440	153	33749
浙　江	849	90085	101	15296
安　徽	292	34197	59	8412
福　建	360	45814	69	13502
江　西	156	14947	47	7090
山　东	820	85925	172	23802
河　南	487	52746	114	15376
湖　北	351	60763	80	12987
湖　南	340	46040	77	9450
广　东	986	138919	180	47245
广　西	208	20482	50	5934
海　南	57	9149	17	2645
重　庆	191	23147	53	10835
四　川	408	61621	107	14171
贵　州	137	18324	17	2420
云　南	231	28972	30	3568
西　藏	13	1757	2	445
陕　西	225	30531	46	8937
甘　肃	82	10787	10	1357
青　海	31	3147	5	505
宁　夏	54	5849	10	1902
新　疆	115	12799	11	2231

3-7 续表 3

地区	五金、家具及室内装饰材料专门零售		货摊、无店铺及其他零售业	
	法人单位数(个)	年末从业人数(人)	法人单位数(个)	年末从业人数(人)
全国	**731**	**125906**	**601**	**114532**
北京	37	5692	64	21537
天津	11	1370	9	1506
河北	21	2194	9	1350
山西	16	1876	25	6447
内蒙古	13	3704	9	1427
辽宁	22	4859	18	2470
吉林	5	494	4	657
黑龙江	10	1025	4	766
上海	28	5552	31	12326
江苏	61	8923	58	9922
浙江	16	1724	25	3791
安徽	32	6501	10	1365
福建	18	2276	30	3040
江西	9	1928	4	1189
山东	121	28508	62	7237
河南	54	6026	26	3030
湖北	55	6259	25	5010
湖南	25	2820	26	2347
广东	55	6774	86	14356
广西	2	151	13	2240
海南	4	315	3	238
重庆	20	3909	12	1864
四川	35	7865	12	5315
贵州			8	2034
云南	12	1771	8	774
西藏				
陕西	38	7094	8	1228
甘肃	7	3150	6	390
青海			3	275
宁夏	3	332	1	222
新疆	1	2814	2	179

3-8 大中型零售业企业分行业商品购、销、存情况

综合零售　　　　单位：万元

地　区	商品购进额	进　口	商品销售额	出　口	期末商品库存额
全　国	**189953077**	**848695**	**229443909**	**34368**	**19512559**
北　京	15020493	213362	17503635		1771632
天　津	2844375	13	3378428		250872
河　北	7657167		8886885		785432
山　西	2329752	735	2784042		413418
内蒙古	1510707	50	2012741		416543
辽　宁	6988992	25294	10496535	1093	676477
吉　林	2409565		5930701		345854
黑龙江	2835799	2355	4584299		162386
上　海	12293298	268620	14517792	587	1035539
江　苏	19743705	77050	22899322	5486	1926221
浙　江	11913510	4196	13652480		1172606
安　徽	7804114	5847	8147748		1176744
福　建	4676171	13027	5397981	1782	393734
江　西	2132377		2497543		299678
山　东	21488637	413	25948793		1840053
河　南	6159631	4097	7812761		666558
湖　北	14074714	2	15666921		1434916
湖　南	6310015	3125	6587352		687632
广　东	14727538	131115	17552775		1556799
广　西	2332302	3568	2992211		210122
海　南	494933	464	544800		67802
重　庆	4807523	13513	6863341		391415
四　川	7430600	2102	8887371		612785
贵　州	1261302		1333287		94838
云　南	2419796		2855769	25419	341815
西　藏	107084	1935	71216		40531
陕　西	4838361	77782	5541304		384442
甘　肃	966883	31	1391901		164936
青　海	363839		437737		25317
宁　夏	850125		859047		80720
新　疆	1159769		1407191		84741

3-8 续表 1

食品、饮料及烟草制品专门零售　　　　单位：万元

地区	商品购进额	进口	商品销售额	出口	期末商品库存额
全国	**11679391**	**182197**	**13867249**	**4599**	**1397017**
北京	513122		704330		116807
天津	129798		183126		16536
河北	46810		48136		10070
山西	170149		202111		19136
内蒙古	91667	150	74421		29785
辽宁	137528	1229	169700		13076
吉林	294790		321096		17897
黑龙江	118400		130724		3888
上海	627724		715317		71103
江苏	1213710	4143	1397059		118260
浙江	433811		519928		38870
安徽	461896		654257		31377
福建	892735	4055	1064777	13	124854
江西	167652		199190		22479
山东	918067	3206	1052274		60992
河南	578287	1000	626922	800	52181
湖北	1939607	22	2236130		115378
湖南	481366	15982	484714	800	76283
广东	599980	145206	901287		161579
广西	32031		34897		3449
海南	12631		12190		2988
重庆	334838		392540		21829
四川	540799		623155		75857
贵州	23116		28299		6637
云南	432879	7203	484109		65063
西藏	28386		36786		4669
陕西	302337		399249		91330
甘肃	141536		158026	2986	22368
青海	1145		1521		9
宁夏	10995		9528		2116
新疆	1600		1450		150

3-8 续表 2

纺织、服装及日用品专门零售　　　　单位：万元

地　区	商品购进额	进　口	商品销售额	出　口	期末商品库存额
全　国	**22622601**	**1532403**	**31096109**	**35587**	**5812694**
北　京	1592193	203483	2561277	16355	474046
天　津	272362	7851	402935		110142
河　北	404918	602	499880	400	54411
山　西	655864		831980		74868
内蒙古	361812		467591		41506
辽　宁	730918	34746	884502		156890
吉　林	362170		506260		30920
黑龙江	269968	288	420809		19308
上　海	3445761	926439	6392569	1584	1394956
江　苏	1253356	12728	1500669	55	265095
浙　江	1517202	28905	2083796	1672	580951
安　徽	304892	198	392266		71347
福　建	608787	14	701521		237715
江　西	69850		116315		22707
山　东	1553011	15280	1798267		256460
河　南	518820		539517		59654
湖　北	918446	2404	1149956		182427
湖　南	635204		682024		85559
广　东	3244842	99588	4601156	15521	969303
广　西	60106		77041		19023
海　南	366831	193218	451806		113060
重　庆	499506		585358		92016
四　川	937724	923	1154776		277686
贵　州	85152		102586		23112
云　南	274136	5736	350554		74993
西　藏					
陕　西	1331407		1371976		77908
甘　肃	73957		86088		22508
青　海	27015		31702		4872
宁　夏	21305		22346		6051
新　疆	225087		328588		13202

3-8 续表 3

文化、体育用品及器材专门零售

单位：万元

地区	商品购进额	进口	商品销售额	出口	期末商品库存额
全　国	**18186914**	**771601**	**20902606**	**11025**	**4156783**
北　京	1752127	250810	1950504	6280	651143
天　津	888406		1120805		78639
河　北	307966		304833		53998
山　西	281910		331413		82664
内蒙古	40521		49231		26445
辽　宁	254540		287294		70799
吉　林	70713		68417		22224
黑龙江	172127		258370		72731
上　海	3015685	493502	3687320	4513	755075
江　苏	1864779		2143337		338326
浙　江	1147984		1178810		337755
安　徽	305050		304696		63101
福　建	532164		909745		90151
江　西	666211		740471		27967
山　东	680442		772899		137865
河　南	570952	182	580872		108861
湖　北	324274		351970		81284
湖　南	837476	8673	911400		93627
广　东	2142993		2356530		419280
广　西	106608		122189		21057
海　南	7270		9971		3315
重　庆	463765		473216		38247
四　川	649831		635694		183366
贵　州	78389	18433	79034		14753
云　南	415753		667076	233	202807
西　藏					
陕　西	309897		308146		85429
甘　肃	94618		89552		10784
青　海			2760		226
宁　夏	16648		15693		5635
新　疆	187818		190362		79227

3-8 续表 4

医药及医疗器材专门零售　　　　单位：万元

地区	商品购进额	进口	商品销售额	出口	期末商品库存额
全国	**35512830**	**109032**	**39475283**	**9471**	**4325162**
北京	3638883	97306	3909688		467912
天津	437655		475535		42077
河北	269445		324480		60911
山西	207057		634136		68661
内蒙古	202523		239925		25392
辽宁	1324807		1470593	9216	132615
吉林	408024		448376		54890
黑龙江	1259556		1295268		373147
上海	1457758	186	1638882		129254
江苏	5409007	2936	6015940		469871
浙江	1961518	2160	2141325		244294
安徽	1843290	44	2005036		169041
福建	906114	439	1095371		82096
江西	895142		958935		176515
山东	3113522	76	3370300		328544
河南	1134822	906	1253953	255	147785
湖北	2278542		2374955		174359
湖南	1639025		1727434		133386
广东	1750966	180	2295616		286472
广西	1377217	2780	1470787		123174
海南	39583		37972		15023
重庆	788268		887752		91835
四川	391924		456855		61370
贵州	394321	80	425962		47463
云南	749039		702498		98207
西藏					
陕西	412771		490463		83736
甘肃	192863		227724		30503
青海	27061		29784		9269
宁夏	213987	1940	219848		36044
新疆	788142		849892		161317

3-8 续表 5

汽车、摩托车、燃料及零配件专门零售　　　　单位：万元

地区	商品购进额	进口	商品销售额	出口	期末商品库存额
全国	**326294818**	**18049775**	**370044609**	**177566**	**30331472**
北京	23658901	553733	24291919		2380516
天津	9466643	176670	10637957	10416	609243
河北	12459380	299345	13020705		1854159
山西	9992078	214122	12351158		856645
内蒙古	7800959	166446	9248579		682263
辽宁	10528883	767192	12442559	6205	965042
吉林	4760025	84883	4919440		460254
黑龙江	2948514	106041	3439698	23	317506
上海	10442878	1195397	10823402	3593	1151502
江苏	29864433	2126204	33530438		2465155
浙江	28332627	2392461	30738205	54222	2967904
安徽	9019483	132713	10505115		696172
福建	10681679	557309	15020598	8934	906936
江西	3640289	81744	4494220		339729
山东	20375545	693614	22963836	8204	1884438
河南	11776263	725253	12806940	1500	1068652
湖北	11654275	622474	12158066	5233	1012021
湖南	8809451	718445	15630431		787225
广东	36308837	3057550	41897773	69208	3452686
广西	3997584	240468	4120757		532395
海南	2490265	92246	2629148		238151
重庆	7030685	596170	7610243	6216	603837
四川	19605655	1121158	20332286	52	1266778
贵州	5470774	333910	6851214	1476	461478
云南	8592549	474263	9171637		810627
西藏	521007	259	634409		26780
陕西	7076459	217726	7641081		754610
甘肃	3835019	49991	4421426		185499
青海	616399	19387	734653		53782
宁夏	1298026	98622	1407520	2288	220283
新疆	3239253	133984	3569198		319206

3-8 续表 6

家用电器及电子产品专门零售 单位：万元

地　区	商品购进额	进　口	商品销售额	出　口	期末商品库存额
全　国	**50832468**	**68806**	**55087797**	**4260**	**6720997**
北　京	12106701	18384	12809997		707140
天　津	795924		760823		61035
河　北	887602		918106		122300
山　西	548049	295	588608		107478
内蒙古	512366		575612		63921
辽　宁	1231380		1368395		123859
吉　林	395558		481276		27598
黑龙江	784108	29880	880607		87474
上　海	2261753		2819810		193038
江　苏	4719861	9324	5092497		345774
浙　江	1775865	16	2013445		201734
安　徽	1250346		1316866		117686
福　建	1565928		1766511		130638
江　西	724634		775800		81958
山　东	3396815		3496259		2866419
河　南	1407440	500	1409947		157147
湖　北	2075230		2185333		180180
湖　南	1083122		1172129		85167
广　东	5820590	8802	6372313	4260	432855
广　西	445045		548919		68208
海　南	269069	1170	289447		34503
重　庆	1406662		1437256		120339
四　川	2203701	437	2247103		159452
贵　州	293685		312620		11318
云　南	438574		606564		36562
西　藏	29893		23179		7640
陕　西	1686377		2060980		89137
甘　肃	112041		127875		9354
青　海	52100		78528		2831
宁　夏	246308		245452		28680
新　疆	305744		305541		59575

3-8 续表 7

五金、家具及室内装饰材料专门零售 单位：万元

地 区	商品购进额	进 口	商品销售额	出 口	期末商品库存额
全 国	**12741914**	**43125**	**15319220**	**1712**	**1097055**
北 京	822920	8221	998095		93244
天 津	262144		265756		41230
河 北	78779	76	133272		10370
山 西	157035		258968		11243
内蒙古	190287		192071		12713
辽 宁	320129	4861	338932		38130
吉 林	33130		39783		3639
黑龙江	26272		84459		6522
上 海	393916	6316	628351		62426
江 苏	1818900		2122084		157338
浙 江	199625		234244		21611
安 徽	486556		524113	163	43690
福 建	568970	6187	610358		50475
江 西	344037		354263		48270
山 东	1698711	300	2101725	300	238959
河 南	356036		448035		25095
湖 北	641590		862556		21638
湖 南	250899		279209		5223
广 东	450452	16043	608865	1249	75797
广 西	2825		2927		216
海 南	10587		14138		3595
重 庆	1311727		1417110		13849
四 川	391643	460	499349		34633
贵 州					
云 南	288249		286773		16231
西 藏					
陕 西	1446662	663	1682912		36309
甘 肃	101226		119123		5767
青 海					
宁 夏	17964		18928		9843
新 疆	70647		192823		9000

3-8 续表 8

货摊、无店铺及其他零售业

单位：万元

地 区	商品购进额	进 口	商品销售额	出 口	期末商品库存额
全 国	**21451232**	**189824**	**24686750**	**15170**	**1418143**
北 京	5176887	73306	5779818	14035	168534
天 津	713938	23143	798511	18	86148
河 北	40073		47520	400	1890
山 西	227843		238992		5189
内蒙古	242809		373392		64380
辽 宁	471642		549171		38897
吉 林	34332		161839		2688
黑龙江	279966		278507		40248
上 海	4727525	8341	5156054		399205
江 苏	959126	261	1236738		31711
浙 江	740901		802767		34507
安 徽	127167		168954		12625
福 建	446102	7414	555457		70122
江 西	123160		161807		24183
山 东	1283903	571	1454345	397	50494
河 南	224299		253951		10796
湖 北	1227153		1663331		56018
湖 南	327610		399392		11230
广 东	2441731	74737	2759473	320	182615
广 西	241033	2052	259099		23554
海 南	17269		18759		3501
重 庆	85497		90861		17191
四 川	944354		1053099		64085
贵 州	152185		204903		3958
云 南	34863		38309		3245
西 藏					
陕 西	105633		112575		1381
甘 肃	22065		34774		3598
青 海	18470		18910		5347
宁 夏	5476		7240		786
新 疆	8221		8205		19

3-9 大中型零售业企业分行业年末资产负债

综合零售 单位：万元

地 区	流动资产合计	固定资产原价	累计折旧	资产总计	负债合计	所有者权益合计
全 国	**78230441**	**37022620**	**12105636**	**133203786**	**99595241**	**33613869**
北 京	7239492	2108820	843635	10900151	7255647	3644504
天 津	1376568	845857	260989	2838672	2400263	438409
河 北	2526867	1330278	384893	4318319	3538604	779715
山 西	1334139	477089	128205	2246230	1835972	410258
内蒙古	955177	322447	82197	1474408	1225065	249343
辽 宁	4028320	2115730	662441	7512591	5836052	1676540
吉 林	1188066	1211154	287329	2634266	2046663	587603
黑龙江	1214621	811384	263587	2061692	1480886	580807
上 海	5839334	3027952	1319512	13418346	11022885	2395461
江 苏	7880285	3776385	1328068	12662869	9719987	2942882
浙 江	5915874	2333618	768068	9591516	7074140	2517376
安 徽	2194808	1284670	407864	3861254	2939698	921556
福 建	2041314	615842	200656	3152770	2065109	1087661
江 西	789542	513445	171592	1427697	1036088	391609
山 东	8398752	4380324	1290658	14040010	10752704	3287306
河 南	2112915	986374	275756	3428905	2782924	645981
湖 北	3334827	2435512	693238	6227980	4598501	1634801
湖 南	2488692	1185504	404051	4084267	2648641	1435625
广 东	7337019	2205225	847852	10391138	7550433	2840705
广 西	944067	484640	146250	1514945	1039388	475557
海 南	255823	109124	34240	402845	318700	84145
重 庆	1686220	809068	304054	2657497	1802989	854508
四 川	2136686	1142345	331713	3798463	2583991	1214471
贵 州	398424	189223	50596	668799	517156	151643
云 南	1059761	490191	139521	1764174	1108989	655185
西 藏	18286	11460	1581	30756	23165	7591
陕 西	2154950	893446	234586	3487693	2440101	1047593
甘 肃	398454	271442	102539	790403	508760	281643
青 海	96764	153378	24018	253568	196921	56647
宁 夏	177221	86452	19275	280911	219339	61572
新 疆	707171	414244	96674	1280653	1025479	255174

3-9 续表 1

食品、饮料及烟草制品专门零售

单位：万元

地区	流动资产合计	固定资产原价	累计折旧	资产总计	负债合计	所有者权益合计
全国	**5091390**	**1967778**	**541626**	**7909096**	**4377270**	**3531826**
北京	466617	171514	57573	625794	302452	323342
天津	80103	17931	6805	114016	56553	57463
河北	27652	3741	1663	36355	28504	7851
山西	51358	43488	13037	116940	90858	26081
内蒙古	65088	17714	6593	96676	66959	29718
辽宁	44899	27500	8689	78463	39479	38984
吉林	63818	14549	5013	86217	48289	37928
黑龙江	32532	15706	3508	44158	27612	16546
上海	272194	94942	40757	420669	319197	101472
江苏	387358	196319	43254	612779	321384	291395
浙江	223369	54040	22066	296408	218734	77674
安徽	158093	53860	15588	278652	141593	137059
福建	251040	86998	22406	384481	148887	235594
江西	153762	23743	8340	218138	54834	163304
山东	273635	218352	51975	528879	337158	191722
河南	135536	92578	17333	253802	122394	131408
湖北	435505	196939	40328	692434	276168	416266
湖南	155158	61135	9572	334095	165791	168304
广东	489729	107319	34991	760381	319873	440508
广西	17296	3534	1569	22196	9905	12292
海南	7355	3519	364	11492	8646	2846
重庆	95697	35437	11897	152897	71167	81730
四川	529589	68670	20407	630621	400960	229660
贵州	34358	8140	3398	47952	31600	16352
云南	141407	78087	18377	241143	126014	115129
西藏	5870	5478	1551	9796	2066	7730
陕西	435323	242999	70856	694676	552651	142025
甘肃	51513	18028	3427	104530	76184	28346
青海	660	3127	124	4130	1960	2170
宁夏	1529	1188	70	3086	4375	-1289
新疆	3352	1204	98	7241	5024	2217

3-9 续表 2

纺织、服装及日用品专门零售　　　　单位：万元

地　区	流动资产合计	固定资产原价	累计折旧	资产总计	负债合计	所有者权益合计
全　国	**13587585**	**3663366**	**1152624**	**19052516**	**13549403**	**5506443**
北　京	1111111	205266	76255	1444140	1226401	217739
天　津	239998	162086	17742	519811	381711	138100
河　北	178109	112296	36830	350524	291627	58897
山　西	258877	136744	37490	468353	357970	110383
内蒙古	143329	46993	31509	203799	175668	28131
辽　宁	297316	123706	40350	485469	361641	123828
吉　林	148782	156208	27593	303854	246532	57322
黑龙江	233256	121861	46962	345644	178906	166738
上　海	3071963	956317	384674	4208686	3086188	1122498
江　苏	646049	135359	35581	1080742	674173	406569
浙　江	1139098	195919	44476	1667622	1223237	444385
安　徽	196042	24381	8171	229251	136703	92547
福　建	331309	30030	8135	384622	243011	141612
江　西	42592	5646	1658	56386	33007	23379
山　东	434547	159102	52034	574193	394816	179377
河　南	149050	49811	14455	213191	157837	55354
湖　北	410131	184280	48755	572350	365782	206568
湖　南	192844	82567	17429	285468	190968	94501
广　东	2438451	191477	70842	2867553	2007873	863010
广　西	42559	7060	1684	51828	46419	5409
海　南	395912	135145	22095	550189	212857	337332
重　庆	272540	129719	21091	446196	313431	132765
四　川	613084	56438	19996	770634	552716	217917
贵　州	37875	6274	3911	52585	40159	12427
云　南	189815	16768	10882	210217	166576	43641
西　藏						
陕　西	150523	136909	47721	352014	162388	189626
甘　肃	43938	13848	2966	64459	49375	15084
青　海	16254	10094	2654	28654	27843	810
宁　夏	35125	4502	2125	43564	46795	-3231
新　疆	127109	66565	16560	220521	196795	23725

3-9 续表 3

文化、体育用品及器材专门零售 单位：万元

地区	流动资产合计	固定资产原价	累计折旧	资产总计	负债合计	所有者权益合计
全国	**10084589**	**3504836**	**1182704**	**14730170**	**9101428**	**5628742**
北京	1761818	172195	76400	2032737	1659925	372812
天津	348895	368595	84786	728567	531797	196770
河北	206681	73692	25499	335884	190891	144993
山西	144046	59821	20051	217674	128422	89252
内蒙古	42447	11175	3396	58919	50692	8227
辽宁	122951	68586	26126	197200	158322	38878
吉林	36280	19493	6654	58200	54486	3714
黑龙江	149112	25624	10745	177427	94149	83277
上海	1084007	205597	77035	1427738	979690	448048
江苏	694817	236311	111248	970643	668852	301791
浙江	670336	250143	60638	1020629	641813	378817
安徽	159323	54398	24162	217091	80608	136483
福建	342263	118644	50460	546982	308848	238133
江西	417522	212669	55489	709721	186111	523610
山东	278109	113856	36706	411791	291016	120775
河南	255278	100602	33519	411073	253760	157312
湖北	161419	63941	17933	231050	149052	81998
湖南	336988	75562	33398	428836	183030	245805
广东	839489	389283	174489	1224155	696712	527443
广西	43693	45895	16044	141014	52643	88371
海南	22012	13498	4389	35864	45622	-9759
重庆	322407	153290	58516	536079	344847	191231
四川	554429	206380	68137	1029462	457671	571791
贵州	80454	5232	2662	83371	69840	13531
云南	628359	106021	38550	775557	498495	277062
西藏						
陕西	213983	149719	25351	351526	176079	175447
甘肃	26672	113540	11107	129362	39488	89873
青海	5076	3744	2928	6546	5396	1150
宁夏	9303	7563	2134	15089	9827	5262
新疆	126423	79769	24155	219986	93344	126642

3-9 续表 4

医药及医疗器材专门零售　　　　单位：万元

地　区	流动资产合计	固定资产原价	累计折旧	资产总计	负债合计	所有者权益合计
全　国	**16736578**	**1747122**	**594743**	**20927192**	**16421145**	**4506048**
北　京	2248795	109688	46690	3675820	2894597	781224
天　津	203719	11421	3307	214191	167214	46978
河　北	126658	18658	8420	148471	131683	16788
山　西	317642	18339	6156	354611	227779	126832
内蒙古	84386	12876	4130	97868	76787	21080
辽　宁	556530	65050	17964	651211	524522	126688
吉　林	277072	29114	8035	333969	265264	68705
黑龙江	430523	78476	20828	501138	384988	116150
上　海	571543	57718	22776	675509	527261	148247
江　苏	2284283	210606	76734	2576246	2080997	495250
浙　江	789427	89373	34278	900211	700435	199777
安　徽	819779	88551	28514	912538	766299	146239
福　建	425312	56613	16932	553922	375801	178121
江　西	369110	49050	15857	500167	422537	77630
山　东	1455981	212819	77842	1768678	1399759	368919
河　南	410065	56197	16827	479025	356248	122778
湖　北	1162133	109462	30034	1397629	1095103	302526
湖　南	727418	66517	21427	893982	705202	188780
广　东	978697	109914	34708	1241848	928077	313771
广　西	636027	28511	13746	738964	621523	117441
海　南	21577	623	243	28247	17858	10389
重　庆	311069	54433	22444	453175	355219	97957
四　川	143561	29152	9636	187080	149812	37269
贵　州	224487	12604	6010	238669	207296	31373
云　南	260000	67153	20764	363978	222821	141157
西　藏						
陕　西	245028	26522	11087	269776	241526	28250
甘　肃	67143	11951	3304	95367	84829	10538
青　海	34265	4520	1037	44562	38884	5678
宁　夏	101240	14517	4999	121162	98328	22834
新　疆	453110	46696	10015	509179	352499	156680

3-9 续表 5

汽车、摩托车、燃料及零配件专门零售　　　　单位：万元

地　区	流动资产合计	固定资产原价	累计折旧	资产总计	负债合计	所有者权益合计
全　国	**87031124**	**23650330**	**7457344**	**127823456**	**95023765**	**33115250**
北　京	6005216	1476335	564456	7744841	5912189	1832652
天　津	1923180	958626	276195	3260843	1971266	1289578
河　北	2302926	475213	150228	2999881	2391116	608765
山　西	3093092	766807	249693	4009596	3119420	890177
内蒙古	2039407	811971	241022	3246038	2593530	652508
辽　宁	2849533	1162557	343227	4637835	3130702	1489983
吉　林	1007442	389697	136199	1541554	1147020	394534
黑龙江	949781	206448	65765	1170687	1032925	137762
上　海	3171074	485216	169786	3931950	3028417	903534
江　苏	6433151	2186999	666393	10271939	7882601	2729864
浙　江	7750574	1690114	501575	10303723	8582413	1721310
安　徽	3498027	710335	216229	4717280	3359896	1357383
福　建	2665567	642096	196966	3732610	2541070	1191540
江　西	876953	287795	88861	1422808	1090215	332594
山　东	5747146	1547510	477163	7876537	6292678	1583859
河　南	3692108	699982	227622	4679556	3860317	819239
湖　北	3507220	982946	294692	5358007	4023948	1334058
湖　南	2227971	1205443	371697	4417619	3001272	1416348
广　东	11144657	2406704	891824	16990085	11349083	5641002
广　西	1289249	236293	70461	1621298	1214953	406345
海　南	514772	250486	90568	760433	523254	237179
重　庆	1825705	428484	127036	2614505	1913662	700842
四　川	3808468	1385767	413044	6560173	4554750	2005422
贵　州	1175672	424006	116775	2439886	1956010	483876
云　南	3034947	678932	177323	4711800	3324240	1387561
西　藏	34835	87315	31395	102386	41938	60449
陕　西	2197576	407191	102084	3167745	2396510	771236
甘　肃	588995	171108	57141	931437	672273	251347
青　海	190450	62957	18405	271293	200983	70310
宁　夏	380318	123287	30601	596947	444390	152557
新　疆	1105115	301714	92920	1732165	1470725	261440

3-9 续表 6

家用电器及电子产品专门零售　　　　单位：万元

地　区	流动资产合计	固定资产原价	累计折旧	资产总计	负债合计	所有者权益合计
全　国	**19517083**	**2644303**	**655634**	**25560136**	**18843265**	**6716871**
北　京	4741963	110396	39783	5253027	4345030	907997
天　津	233762	37864	12986	272321	174802	97518
河　北	489724	28781	9180	557566	473493	84073
山　西	220962	82171	13097	318813	264331	54483
内蒙古	334345	43266	6755	416549	297258	119290
辽　宁	387742	109011	21310	558265	387341	170924
吉　林	154040	54390	11159	213273	143797	69476
黑龙江	121888	92439	15180	429645	362722	66923
上　海	1142484	121830	37714	1439113	962918	476195
江　苏	2289745	546732	122952	4358628	2937408	1421220
浙　江	696303	92181	32474	843303	632491	210813
安　徽	572544	33015	11734	712573	554291	158282
福　建	603956	104936	18112	797528	558531	238997
江　西	292983	44330	7587	349377	238552	110826
山　东	881169	235007	69251	1243102	925006	318095
河　南	485520	98552	19433	609210	486996	122214
湖　北	782713	234602	36708	1096594	808862	287732
湖　南	228324	59899	13836	349858	237465	112393
广　东	2496288	147501	59168	2796646	2204373	592273
广　西	226267	16303	3987	260356	181464	78892
海　南	91215	13706	4278	110589	88695	21895
重　庆	360523	104194	22952	462157	270082	192076
四　川	574280	99087	25141	741957	482430	259526
贵　州	71896	4221	1263	79595	49522	30073
云　南	192007	38374	6732	249346	163980	85367
西　藏	13690	720	165	14246	12294	1952
陕　西	463980	76122	26814	630929	285829	345100
甘　肃	65188	2230	876	73810	61506	12304
青　海	31830	3612	712	35362	16627	18735
宁　夏	104660	5584	2562	115900	87210	28690
新　疆	165095	3247	1734	170500	147963	22537

3-9 续表 7

五金、家具及室内装饰材料专门零售　　　　　　单位：万元

地　区	流动资产合计	固定资产原价	累计折旧	资产总计	负债合计	所有者权益合计
全　国	**4566457**	**3525537**	**1559349**	**9248971**	**6267948**	**2981023**
北　京	463271	124963	45157	608170	486237	121933
天　津	34076	117847	11645	370462	333032	37430
河　北	45642	41717	10195	98891	67741	31150
山　西	99709	25351	5730	131794	62854	68940
内蒙古	133706	57482	18702	180470	50640	129829
辽　宁	124329	155804	29206	296095	271460	24635
吉　林	43950	15720	2167	58311	19388	38923
黑龙江	14264	11158	2732	34719	27176	7544
上　海	206610	287211	58114	581939	408788	173151
江　苏	692711	361954	87938	2088558	1458332	630227
浙　江	100700	91858	19462	192778	126683	66094
安　徽	119758	144223	40201	261645	182910	78735
福　建	156465	23329	9042	268593	210929	57665
江　西	33364	12325	2758	56224	23818	32405
山　东	532091	371239	67848	955654	493367	462287
河　南	123160	45464	9744	193463	118438	75025
湖　北	358210	85079	13710	558363	428228	130135
湖　南	39560	22899	5034	66308	48036	18272
广　东	495556	1162574	1015953	865063	610914	254149
广　西	1500	135	24	1611	965	646
海　南	7124	340	154	7318	6220	1098
重　庆	160260	66571	27677	355603	179624	175979
四　川	119373	94460	23369	279731	237183	42548
贵　州						
云　南	22987	19027	6183	42886	17394	25493
西　藏						
陕　西	170353	111671	32900	322589	212529	110060
甘　肃	24247	29909	3936	59184	28461	30724
青　海						
宁　夏	35062	2035	939	36470	37364	-894
新　疆	208422	43195	8830	276080	119240	156840

3-9 续表 8

货摊、无店铺及其他零售业　　　　单位：万元

地 区	流动资产合计	固定资产原价	累计折旧	资产总计	负债合计	所有者权益合计
全 国	**7095425**	**2233500**	**523425**	**10248614**	**9040200**	**1208415**
北 京	1500669	77880	37599	1676034	2449255	-773221
天 津	236581	17041	3491	279040	288798	-9757
河 北	12824	35251	10671	43408	29706	13702
山 西	211765	491796	105675	670282	599561	70721
内 蒙 古	594227	80566	17491	801580	556958	244622
辽 宁	110158	86995	5787	252676	115176	137500
吉 林	15408	2937	1168	18113	12078	6035
黑 龙 江	22782	8820	1661	30356	10320	20036
上 海	1541519	225902	63165	1856261	1717951	138310
江 苏	488066	144526	30202	655832	469816	186016
浙 江	153113	65131	22160	255080	226787	28293
安 徽	42847	7380	2124	75259	46461	28798
福 建	187431	44541	4640	251108	185078	66031
江 西	62474	35950	4616	118691	85126	33565
山 东	573176	213650	48471	948685	724419	224266
河 南	60455	89888	13515	155452	74840	80612
湖 北	131895	157873	28227	439779	292943	146836
湖 南	47373	114228	14034	173926	108263	65662
广 东	536990	191209	56930	755068	566024	189044
广 西	106689	25812	11189	138595	72238	66357
海 南	8987	967	675	12937	5787	7150
重 庆	64482	5241	1448	94197	51326	42871
四 川	204518	34914	12088	250684	177041	73643
贵 州	48655	17407	6417	91411	55274	36138
云 南	36548	10011	4902	49039	34409	14629
西 藏						
陕 西	33337	15611	5406	61194	31006	30188
甘 肃	29169	10829	1986	39459	28702	10757
青 海	25473	8678	2898	38037	17673	20364
宁 夏	2194	5145	3304	4807	1303	3503
新 疆	5620	7322	1487	11626	5882	5744

3-10 大中型零售业企业分行业实收资本及构成

综合零售 单位：万元

地区	实收资本	国家资本	集体资本	法人资本	个人资本	港澳台资本	外商资本
全国	**18384082**	**1095672**	**847207**	**7469192**	**3630288**	**2368922**	**2972802**
北京	1611431	121020	33487	744262	168741	124816	419104
天津	506149	1680	9141	294111	35030	93010	73178
河北	567456	14389	45068	324060	171264	9	12667
山西	170542	4825	12522	55708	93189		4298
内蒙古	127004	1372	5900	80291	36966	1372	1103
辽宁	1158855	34615	40590	380037	105332	362691	235589
吉林	228147	6363	19124	73116	105932	9722	13889
黑龙江	318450	2144	6459	144990	122037	37576	5244
上海	1675839	120686	9518	676530	126584	278847	463673
江苏	1797675	32236	53900	461166	513745	324958	411669
浙江	1166513	34027	40430	455100	300826	120809	215321
安徽	553406	86061	22285	191109	187830	48340	17780
福建	471674	16287	36697	236364	91575	39079	51673
江西	211349	1000	9332	136921	53481	5809	4805
山东	1589604	233707	213575	584348	295749	94038	168187
河南	506484	9950	58024	164605	196161	54850	22894
湖北	724344	99504	54253	287024	145269	47410	90885
湖南	565996	24761	20861	249134	169001	11315	90924
广东	1794635	85159	42908	799800	131857	426793	308118
广西	218373	24248	10025	92984	80512	6632	3973
海南	63873	3300	3280	14040	24681	1776	16795
重庆	345824	34771	42734	88067	47663	82281	50308
四川	818298	50404	7736	277422	180777	129322	172637
贵州	78613	2249	21	34252	31037	4169	6886
云南	272438	1481	7663	145873	45401	6347	65673
西藏	3607		851	1860	896		
陕西	555644	7973	10688	349820	102583	50270	34310
甘肃	117224	5052	3797	68670	36027	1678	2000
青海	22676	2450	8849	2100	9278		
宁夏	30891	807	9332	16128	4624		
新疆	111072	33149	8159	39300	16243	5000	9221

3-10 续表 1

食品、饮料及烟草制品专门零售 单位：万元

地区	实收资本	国家资本	集体资本	法人资本	个人资本	港澳台资本	外商资本
全国	**1319455**	**163907**	**48847**	**442448**	**567200**	**79876**	**17178**
北京	123213	2377	20491	69543	27619	3183	
天津	34365	5940	50	5265	20049	3061	
河北	5242		118	1824	3300		
山西	22134	6056	872	4473	10732		
内蒙古	9883	404	1998	2926	4556		
辽宁	24550	222	784	9058	14487		
吉林	19451	6770		4476	8205		
黑龙江	6296	1736	150	4125	286		
上海	68332	3136	924	16358	7106	30546	10261
江苏	116221	1921	4589	25557	79812	4322	20
浙江	41259	2086	300	23114	15254		505
安徽	56832	24496	1192	10038	21006		100
福建	88500	11030	1042	28180	37806	9847	596
江西	28816	710		12338	15768		
山东	109149	7430	1831	45497	52451	1941	
河南	44371	4450	288	17049	21336		1248
湖北	108696	15151	4621	35289	50950	2165	521
湖南	66468	4463	5161	16579	40265		
广东	111689	38795		17660	37115	14423	3697
广西	3847	559	126	800	2362		
海南	867	267			600		
重庆	23399	1545	950	7102	13802		
四川	74126	3690	647	24967	44693	50	80
贵州	6129	5247	62	210	610		
云南	63746	11170	1305	28312	18676	4133	150
西藏	2953			2953			
陕西	40661	1958	1140	23827	7531	6206	
甘肃	16308	2298	207	3047	10757		
青海	200			200			
宁夏	750			683	67		
新疆	1000			1000			

3-10 续表 2

纺织、服装及日用品专门零售　　单位：万元

地　区	实收资本	国家资本	集体资本	法人资本	个人资本	港澳台资本	外商资本
全　国	**3942881**	**225675**	**38584**	**1304606**	**625344**	**1029419**	**719253**
北　京	321071	567	1791	63347	17758	69863	167746
天　津	85676	30000	500	25958	4868	6900	17450
河　北	33203		969	17384	13800		1050
山　西	73516	396	1744	34227	31049	1100	5000
内蒙古	45835	255		36560	7081	1940	
辽　宁	147745	275	50	69101	19454	58422	443
吉　林	62740		250	45660	15132	1658	40
黑龙江	26843	58	37	14696	5851	6200	
上　海	855838	3888	680	93529	43207	287398	427135
江　苏	204741	11192	1283	30285	54316	105574	2091
浙　江	372626	50		146202	53560	149380	23434
安　徽	84028	180	629	15435	9785	57999	
福　建	75358	1022	10	36534	26618	6174	5000
江　西	20301			17181	800	2320	
山　东	114443	375	3001	28885	56023	26118	40
河　南	48019	948	6810	21589	18553	120	
湖　北	105717	1672	650	40254	30697	31321	1123
湖　南	70769	812	679	37067	29701	2510	
广　东	437006	385	7526	174936	103497	125712	24950
广　西	7334	576		3200	380	3178	
海　南	268735	170055		98180	500		
重　庆	100939		1040	66824	5688	26972	415
四　川	131270	631	2	48587	21578	20537	39937
贵　州	12134			2107	1687	7090	1250
云　南	42045		100	7336	6924	27685	
西　藏							
陕　西	119355	2340	4916	93528	16092	2330	150
甘　肃	17946			5523	12306	117	
青　海	10000		5000	3000	2000		
宁　夏	7043		472	4061	2510		
新　疆	40606		447	23431	13928	800	2000

3-10 续表 3

文化、体育用品及器材专门零售　　　　单位：万元

地区	实收资本	国家资本	集体资本	法人资本	个人资本	港澳台资本	外商资本
全　国	**2713524**	**998055**	**16477**	**571367**	**446272**	**376023**	**305330**
北　京	217498	20220	638	88726	46672	6841	54400
天　津	186460	59265	20	47315	52331		27528
河　北	28628	12150		10285	6193		
山　西	36591	606	755	9145	24938	1148	
内蒙古	12539	100	50	9255	3134		
辽　宁	31244	10455	198	6976	8672		4943
吉　林	10440	4707		5734			
黑龙江	10909	3636	150	6392	731		
上　海	478293	17171		57987	6211	228302	168622
江　苏	127003	17787	892	40391	59004		8929
浙　江	145567	37578	235	54605	52450	200	500
安　徽	49778	24228	485	20595	4470		
福　建	142387	109004	375	6479	26443	86	
江　西	295045	279655		11943	3447		
山　东	62773	1262	6323	21074	34115		
河　南	72005	35463		13014	22169	1359	
湖　北	77950	52061		14377	11512		
湖　南	164837	138074	50	19462	5450		1800
广　东	262754	56510	712	29071	28464	137578	10420
广　西	81978	55239	300	24074	2366		
海　南	8188	1500		3188	3500		
重　庆	22469	13600	1622	5330	1407	510	
四　川	39934	9764	1367	14767	14036		
贵　州	7087	5394		1200	493		
云　南	52032	4325	2304	23944	21459		
西　藏							
陕　西	41726	3470		6967	3100		28189
甘　肃	6946	1137		3790	2020		
青　海	1100			1078	22		
宁　夏	4300	4000		180	120		
新　疆	35066	19697		14025	1344		

3-10 续表 4

医药及医疗器材专门零售 单位：万元

地 区	实收资本	国家资本	集体资本	法人资本	个人资本	港澳台资本	外商资本
全 国	**2369299**	**512565**	**64388**	**1047493**	**663317**	**43306**	**38230**
北 京	291136	10506	7159	220075	34916	2141	16339
天 津	28310	2818	2708	21563	1221		
河 北	25675	1507	1000	10800	12368		
山 西	123367	102025	40	11552	9750		
内蒙古	13923		610	8236	5076		
辽 宁	100198	47496	5601	19527	26774	800	
吉 林	37604	3567	18640	9028	6370		
黑龙江	55961	20037	3104	20137	12683		
上 海	78222	25663	387	20607	27889		3676
江 苏	256518	86763	2712	93190	72729	1125	
浙 江	116747	10699	4717	60947	33712	5772	900
安 徽	110853	33593	1500	30256	45503		
福 建	98458	26511	1010	48386	20965	1586	
江 西	47177	21199		7026	18952		
山 东	138727	10315	3168	63448	48790		13005
河 南	93774	7196	2886	41057	42635		
湖 北	150074	11726	3337	93391	41620		
湖 南	104297	10475		44986	35752	9284	3800
广 东	132628	15519	3811	74404	38894		
广 西	64224	10462	988	18744	19431	14599	
海 南	8760			6880	1880		
重 庆	66049	33520	223	21842	10464		
四 川	28096	1400	336	11068	15292		
贵 州	20471	1000		10079	8882		510
云 南	62528	4106		14837	35586	8000	
西 藏							
陕 西	43102	3381	310	21285	18126		
甘 肃	12517	210	39	4341	7926		
青 海	6428			2418	4010		
宁 夏	15889	180	100	13776	1834		
新 疆	37591	10692		23608	3290		

3-10 续表 5

汽车、摩托车、燃料及零配件专门零售　　单位：万元

地　区	实收资本	国家资本	集体资本	法人资本	个人资本	港澳台资本	外商资本
全　国	**23078311**	**5716908**	**332985**	**10174747**	**5572659**	**728626**	**552386**
北　京	1396223	46609	3660	1020466	197572	64649	63267
天　津	1029755	234397	12829	649139	91030	5522	36838
河　北	389390	7447	6623	240060	131234		4027
山　西	570373	127122	16461	269282	150138	7341	30
内蒙古	345060	40963	1144	202764	96548	3642	
辽　宁	758439	389530	7200	227393	101140	20327	12850
吉　林	262668	79130	4473	109144	55543	10	14368
黑龙江	149885	14249	6385	65237	60714	3300	
上　海	1598917	71498	15313	268492	1123804	60422	59387
江　苏	1679023	249868	11437	475192	760920	104385	77222
浙　江	1492478	247019	29709	628007	407022	104579	76141
安　徽	690348	255312	1468	308459	120063	5046	
福　建	887732	331904	4294	354667	174741	13255	8871
江　西	230775	15984	4845	127886	74380	6537	1143
山　东	1039359	76158	58566	506207	339100	41799	17529
河　南	736588	79597	656	366960	282497	1745	5134
湖　北	1729922	362067	10553	1213097	132911	3832	7463
湖　南	1230917	840271	15537	221401	149406	4292	10
广　东	2115029	796830	16745	750206	413683	113078	24487
广　西	283084	12204	3400	190246	65537	11697	
海　南	198666	135734	3000	35521	21688	1688	1035
重　庆	410822	20359	2510	305118	72744	5280	4811
四　川	1427415	807697	6443	369189	161492	33153	49441
贵　州	347048	168931	1780	121279	55058		
云　南	688026	163110	3350	358878	93279	68144	1265
西　藏	43915	35355		5985	2575		
陕　西	531771	9026	82905	184036	138508	36245	81052
甘　肃	137537	22743	300	81256	33237		
青　海	34098	4724	400	20163	6712	2100	
宁　夏	117907	27954		61796	24090		4068
新　疆	525142	43119	1000	437221	35294	6560	1948

3-10 续表 6

家用电器及电子产品专门零售　　单位：万元

地区	实收资本	国家资本	集体资本	法人资本	个人资本	港澳台资本	外商资本
全　国	**3824007**	**43376**	**69959**	**2359826**	**923540**	**164827**	**262478**
北　京	342737	2800		212149	57527	6000	64261
天　津	19370			4000	15370		
河　北	59714	476	50	43543	15645		
山　西	46123	50	192	8523	37358		
内蒙古	59198			34850	24348		
辽　宁	142022	102	500	75380	22602		43439
吉　林	39223	50	550	32598	5985	20	20
黑龙江	36933		160	24021	12752		
上　海	224923	560		160353	43400	1841	18770
江　苏	1202697	5008	530	796865	158484	130825	110985
浙　江	161858			113313	48546		
安　徽	84491	10278	680	54099	18385		1050
福　建	131475		385	71056	41173	15062	3799
江　西	63694		1539	34447	22484	5223	
山　东	272343	10784	4337	153125	93443		10655
河　南	93852	8117	5056	40198	35981		4500
湖　北	120834	1055	1669	90563	25547	2000	
湖　南	86281	641	25242	30065	29507	826	
广　东	247822		790	165135	79220	1678	1000
广　西	39869			26919	12950		
海　南	16831			6638	10194		
重　庆	76084	705	2300	52916	18810	1353	
四　川	98932	340	3440	53789	39364		2000
贵　州	13395	180	500	8601	4114		
云　南	24679	1530		17183	3966		2000
西　藏	1500			700	800		
陕　西	82197	700	21147	33984	26366		
甘　肃	4324			3279	1045		
青　海	5293		893	1000	3400		
宁　夏	9759			7319	2440		
新　疆	15555			3218	12337		

3-10 续表 7

五金、家具及室内装饰材料专门零售 单位：万元

地区	实收资本	国家资本	集体资本	法人资本	个人资本	港澳台资本	外商资本
全国	**1486112**	**37591**	**32239**	**558825**	**534298**	**49664**	**273496**
北京	130785			30310	25350	205	74920
天津	47575		45	14700	13140		19690
河北	13970	838	4543	3039	5550		
山西	25946	1004	173	5080	19689		
内蒙古	49820			2425	47395		
辽宁	77529	37	2000	19925	8203		47363
吉林	3759			3399	360		
黑龙江	7301			3670	3631		
上海	192563	121	49	162112	12700	12581	5000
江苏	174978	20000	6200	24826	70511	6622	46819
浙江	72259	1600	698	33025	6780	937	29219
安徽	45801		3580	22730	19492		
福建	49880			27813	17181		4886
江西	10180			6180	4000		
山东	108655	92	3687	62880	41996		
河南	46488	938	1869	10362	33319		
湖北	80509	150	3814	24778	47945	150	3672
湖南	19042	3116	461	9187	6278		
广东	114473		50	41182	16269	29168	27803
广西	685			685			
海南	800			80	720		
重庆	47932		200	9775	37957		
四川	50785	9629		12028	15004		14124
贵州							
云南	9107		350	1288	7470		
西藏							
陕西	45182	65	4512	21549	19056		
甘肃	14611		8	3800	10803		
青海							
宁夏	8000			2000	6000		
新疆	37500				37500		

3-10 续表 8

货摊、无店铺及其他零售业　　　　单位：万元

地区	实收资本	国家资本	集体资本	法人资本	个人资本	港澳台资本	外商资本
全国	**1713651**	**215114**	**57378**	**642977**	**397758**	**155429**	**244995**
北京	193876	5500		49680	63879	37160	37657
天津	18338	507		9020	7493		1318
河北	19728	8178		11520	30		
山西	53708	15468	2287	28220	7029	705	
内蒙古	73148	1000	65	69321	2763		
辽宁	31840	3000		19947	2940	5800	153
吉林	1870			1310	560		
黑龙江	3881	1510	15	2356			
上海	409701	46840	29079	103604	82427	69348	78403
江苏	94238	19773	500	32856	34803	3619	2687
浙江	59783	2500	1520	40076	8750	6937	
安徽	11663	5000		2446	4145	72	
福建	68632	2612		49607	14869	1544	
江西	15752	5204		5548	5000		
山东	130160	9324	9202	57411	36594	4500	13131
河南	57143	2516	743	14538	29046	5526	4774
湖北	48790	16328		6149	6538	9524	10250
湖南	32064	362	2000	9632	18250	1820	
广东	214066	16559	1436	90859	21728	5574	77910
广西	13750	7134		2550	4066		
海南	3750		600	2160	990		
重庆	15336	200		2358	12275		503
四川	78039	25892		9600	24337		18211
贵州	21995	5005	5400	7669	620	3301	
云南	7063	127	4470	185	2282		
西藏							
陕西	20037	8262		10575	1200		
甘肃	5629	1144	61	980	3444		
青海	2500	1000			1500		
宁夏	4171	4171					
新疆	3000			2800	200		

3-11 大中型零售业企业

综合零售

地区	主营业务收入	主营业务成本	主营业务税金及附加	主营业务利润	其他业务利润	销售费用
全国	**192416763**	**163055650**	**1702337**	**27658776**	**5673451**	**17695358**
北京	14792178	12603741	120220	2068217	816690	1725474
天津	2578730	2213342	18044	347344	160582	354007
河北	6736623	5928386	58502	749735	162350	493785
山西	2320964	2048939	14144	257881	87353	203532
内蒙古	1863913	1602574	20806	240533	44325	112195
辽宁	8710647	7406947	105404	1198296	313231	592520
吉林	3592129	3031420	24101	536608	74533	197904
黑龙江	3472018	2925126	32944	513948	90850	206095
上海	12745081	10601356	79453	2064272	462782	1614751
江苏	19433441	16465287	141377	2826777	460231	1609786
浙江	11468587	9855075	90298	1523214	437002	1126932
安徽	6921578	6052776	48140	820662	111008	532096
福建	4625704	3897421	32958	695325	88151	565801
江西	2229408	1909188	24975	295245	38952	186163
山东	22901370	19610994	262716	3027660	401966	1436675
河南	6749495	5629163	94630	1025702	222003	476496
湖北	10814302	8933726	115124	1765452	283799	985227
湖南	6365937	5398869	70983	896085	142593	498382
广东	15328311	12652301	111328	2564682	385634	2004872
广西	2552095	2147286	19317	385492	112430	281300
海南	477798	370467	3645	103686	28029	65777
重庆	5741245	4872793	45416	823036	170275	618579
四川	7826828	6641842	54508	1130478	240947	743253
贵州	1151801	960872	9926	181003	32179	122536
云南	2511205	2127271	15762	368172	38208	193953
西藏	65428	56578	566	8284	617	1861
陕西	4905106	4120431	50843	733832	181952	438513
甘肃	1276384	1087965	14022	174397	19610	91012
青海	370354	315165	2712	52477	9920	36023
宁夏	506286	424917	3789	77580	20425	66365
新疆	1381819	1163433	15683	202703	34827	113493

分行业损益及分配

单位：万元

管理费用	财务费用	营业利润	利润总额	应交所得税	应付职工薪酬	应交增值税
8912671	**1217300**	**6752229**	**6760444**	**1550433**	**9343173**	**3885283**
706131	48561	560823	578940	151985	828701	308712
185461	32643	-54735	-56593	9683	188560	50396
326579	52665	100628	135750	42931	283799	94246
101029	38354	6072	-802	7992	96126	58951
84568	30335	70886	60508	12467	69596	43202
672690	116102	258428	267510	66719	468798	199223
240866	43194	198798	162606	54023	128392	32548
184891	24756	215513	207900	39355	129973	45574
750093	21193	270209	376714	110351	644903	252276
956559	73108	782114	657921	167064	890800	475864
536247	67485	292619	328180	114220	553740	212326
281540	37543	133719	137692	38626	294349	138187
152988	28221	104737	114170	23847	249599	101513
76393	18072	54474	54314	10695	112821	38500
836040	195263	950302	972123	167190	912755	401962
344361	40701	355667	347339	46293	387018	135657
488788	72402	564216	506514	103790	615280	245412
283479	33544	268273	258839	43694	266244	93160
516010	55366	578924	641754	143193	813037	369830
113464	13551	69959	58739	12543	136016	76354
36576	5540	16118	18937	7761	27280	6519
174169	22403	184445	191571	33716	326560	119668
292125	51344	254937	248210	58016	347114	124717
48983	9420	52832	57766	13053	52131	28044
105627	16393	92944	101163	19281	133634	52950
3614	115	3418	2205	267	6243	548
220646	37773	231773	216912	33108	219252	108062
43643	5658	88951	57517	8444	40903	22413
16890	6328	3346	7510	3337	22114	12053
18411	2846	4038	5194	1756	29146	5390
113812	16421	37801	43343	5037	68288	31028

3-11 续表 1

食品、饮料及烟草制品专门零售

地区	主营业务收入	主营业务成本	主营业务税金及附加	主营业务利润	其他业务利润	销售费用
全国	**13001633**	**10213655**	**161495**	**2626482**	**149221**	**1215497**
北京	761689	534456	5480	221753	46721	156428
天津	164871	113178	1240	50453	340	20802
河北	41875	35306	310	6259	425	3699
山西	202209	175126	1393	25690	529	12063
内蒙古	66407	57037	556	8814	21	4357
辽宁	141439	113325	802	27312	652	10398
吉林	313798	248924	1358	63516	2144	9773
黑龙江	127014	103326	1411	22277	1732	8171
上海	714803	537788	4516	172499	6712	146868
江苏	1271566	962807	12610	296149	5827	106497
浙江	457844	380782	1411	75651	10547	58272
安徽	552974	467949	3557	81468	900	27742
福建	962920	743140	14021	205759	27542	100574
江西	179010	135809	3783	39418	5542	11732
山东	964876	754321	15375	195180	1504	56341
河南	600638	509078	6820	84740	597	32876
湖北	2135550	1658118	59126	418306	2163	141062
湖南	451440	364025	5388	82027	8951	43284
广东	851391	587809	7836	255746	17278	109490
广西	25345	18904	189	6252	3612	4849
海南	11259	12074	13	-828		498
重庆	383452	321618	3012	58822	1614	27906
四川	573435	483458	3954	86023	1333	51576
贵州	28161	23677	347	4137	191	3525
云南	465671	405607	1962	58102	2014	25219
西藏	31441	26361	1868	3212	30	655
陕西	379881	327934	1800	50147	-579	25060
甘肃	131980	104477	1333	26170	864	15025
青海	1521	1261	22	238		42
宁夏	6087	5104	3	980	18	690
新疆	1088	878	2	208		23

单位：万元

管理费用	财务费用	营业利润	利润总额	应交所得税	应付职工薪酬	应交增值税
572053	**98437**	**900709**	**901722**	**156088**	**728647**	**405801**
43114	2139	66614	68764	18952	83533	40842
14126	427	15984	16279	4217	19140	9678
1459	798	735	1465	363	2095	659
8453	1415	4158	4631	133	8625	2859
2581	2499	-441	2207	384	3312	1495
9827	787	6838	6811	794	9304	2954
27549	825	25455	24311	4712	5558	6756
3303	843	1740	9733	272	4834	1491
43435	160	3476	13606	4592	61426	17270
55007	12660	132184	115627	18465	80198	65322
23210	3644	778	2446	1585	33884	10352
16865	4543	38265	40380	2199	25748	6368
43705	3603	52317	51031	10948	53508	38379
12475	496	15817	15830	3619	11401	9175
36197	11283	94867	78737	10100	46240	13741
16125	4390	33725	33004	2868	29969	5068
78906	10551	188777	178339	33186	64922	75502
21537	7230	19673	28788	2517	24822	9391
46006	-1676	129949	143695	26059	63605	56582
3915	208	856	1209	183	2571	410
797	230	-2353	634	9	879	85
10803	3935	18855	14956	2995	24175	3615
13260	4843	18327	12985	2277	24336	7806
2329	350	-1197	759	182	2277	810
15842	3585	19487	20414	2841	19618	4499
1950	2	635	605	92	2170	5345
14064	17411	9352	8198	681	9526	5859
4954	1038	5866	6151	865	9538	3278
93	64	40	40		155	198
84	44	-58	-137		964	16
84	112	-11	223		315	

3-11 续表 2

纺织、服装及日用品专门零售

地区	主营业务收入	主营业务成本	主营业务税金及附加	主营业务利润	其他业务利润	销售费用
全国	**27698428**	**19530346**	**301013**	**7867070**	**296412**	**4744716**
北京	2183266	1477071	16149	690046	51600	576926
天津	346272	234410	2112	109750	14762	75320
河北	442259	351269	4531	86459	6060	28243
山西	764374	633523	5331	125520	11869	64745
内蒙古	495601	365889	8191	121521	5845	28456
辽宁	763634	604630	5973	153031	13746	79284
吉林	474732	396971	11835	65926	9411	26215
黑龙江	350143	275091	7981	67071	809	30986
上海	5835580	3340416	63911	2431253	37269	1544023
江苏	1221621	886165	9179	326277	40712	189456
浙江	1733001	1219071	14159	499771	20907	350916
安徽	346756	278400	2856	65500	9004	46386
福建	625062	503350	2797	118915	1282	67473
江西	110706	81335	1235	28136	442	18332
山东	1658529	1289351	20778	348400	2992	134230
河南	507122	408358	9818	88946	2308	36434
湖北	1032952	770396	8101	254455	3402	140171
湖南	632715	502853	10628	119234	4105	58952
广东	4039864	2798967	26047	1214850	19706	784348
广西	70175	51714	370	18091	215	12422
海南	430056	286986	11523	131547	1750	34628
重庆	554922	393434	6840	154648	9240	60808
四川	1082484	764062	33288	285134	9864	170629
贵州	86367	65852	615	19900	994	11983
云南	308365	238117	1702	68546	3021	42906
西藏						
陕西	1175859	963466	10492	201901	4459	72386
甘肃	79828	61108	1054	17666	93	7748
青海	28548	24014	78	4456	198	3255
宁夏	36129	30971	243	4915	3657	8751
新疆	281509	233108	3197	45204	6690	38305

单位：万元

管理费用	财务费用	营业利润	利润总额	应交所得税	应付职工薪酬	应交增值税
2083531	**166132**	**1244333**	**1205222**	**337549**	**2029884**	**984333**
156744	4558	3869	485	14628	211926	93286
27106	4598	6717	9249	4418	29965	14655
28102	7498	32758	1531	1490	22147	6242
46401	6678	25340	28637	943	34667	21284
33084	2022	13648	13267	752	31418	3773
65289	11734	10510	10243	2682	31417	16476
27980	3976	16076	11743	1524	15285	4994
18863	2892	22432	13010	1319	22606	3900
762078	15892	172521	228640	97974	423260	218358
71219	13368	74746	71585	24975	102042	34557
111010	19305	105833	110457	37670	144327	70756
21795	1827	74	-1235	1471	24275	12598
30511	4575	18853	20627	3428	52096	15784
4767	887	4124	3280	852	7471	3788
71927	8377	138996	140894	30910	97384	50829
24267	4658	26065	23843	2582	32667	11457
41236	-2728	78904	64516	13437	70230	38573
27477	5970	31085	10187	3059	30583	16487
294082	13571	180116	176628	48519	382309	238522
3450	1166	1858	1285	662	4202	1352
27455	5696	64920	66005	16243	21553	9156
59132	13291	35168	26336	5426	57841	13570
57970	82	71237	69120	10228	92555	31491
4284	705	4113	2780	883	5797	9576
17524	3930	5701	5495	1802	21491	22549
19709	3412	110484	106938	6514	27552	12440
5285	1586	3216	2806	297	10140	1533
3492	491	-2605	-2398	2	2792	347
3703	513	-3311	-3281	48	4083	340
17590	5605	-9116	-7449	2813	15805	5661

3-11 续表 3

文化、体育用品及器材专门零售

地 区	主营业务收入	主营业务成本	主营业务税金及附加	主营业务利润	其他业务利润	销售费用
全 国	**19049727**	**15526220**	**161413**	**3362095**	**263142**	**1723434**
北 京	1776182	1449563	8740	317879	65574	223514
天 津	857138	738246	6513	112379	22003	75499
河 北	264881	202495	1020	61366	6275	15936
山 西	279395	240300	4848	34247	1732	23007
内蒙古	50393	40398	1246	8749	343	5091
辽 宁	254850	211655	3971	39224	4826	17057
吉 林	60260	48126	411	11723	1605	3824
黑龙江	230455	180295	1031	49129	1948	21736
上 海	3422084	2961896	29678	430510	43398	395647
江 苏	1853950	1531225	17965	304760	19337	150130
浙 江	1010038	847138	15331	147569	9010	92035
安 徽	288938	228341	1575	59022	2626	22283
福 建	791051	605134	7697	178220	9309	57989
江 西	710591	552778	9159	148654	7486	28610
山 东	707514	576097	8159	123258	7027	35671
河 南	619929	485606	4133	130190	9488	45389
湖 北	308254	248023	5454	54777	2061	24538
湖 南	803121	609513	5475	188133	4780	95908
广 东	2341066	2038923	10538	291605	19832	106985
广 西	114071	87485	879	25707	3058	12855
海 南	8678	5500	270	2908	122	1902
重 庆	462908	372525	902	89481	40	31921
四 川	673385	437633	5084	230668	11136	84282
贵 州	67863	55013	628	12222	657	5074
云 南	578863	374192	7648	197023	6049	92255
西 藏						
陕 西	249732	202284	1585	45863	1307	23360
甘 肃	83945	69734	322	13889	522	4346
青 海	2760	1786	36	938	183	339
宁 夏	13951	10036	51	3864	73	1700
新 疆	163484	114283	1065	48136	1339	24553

单位：万元

管理费用	财务费用	营业利润	利润总额	应交所得税	应付职工薪酬	应交增值税
1153688	**108729**	**617933**	**630786**	**99459**	**1203338**	**357271**
106082	10110	43411	52060	14383	144499	28601
56809	9251	8915	10300	4475	39425	16744
38452	-402	9951	11941	20	24031	5790
9825	3551	-420	-1005	1099	9009	5305
4285	528	-489	-469	49	3688	422
26010	3941	-2879	-417	644	18324	5973
9351	798	-763	-416	33	5346	868
10195	1330	7526	10855	578	10932	1952
104565	19813	-55111	-47003	9737	126662	16627
84296	12211	77024	68781	9025	100121	50327
44000	13617	8532	12702	2213	61945	21209
16813	-1305	25544	26696	691	20366	3510
67407	298	61736	62052	1900	37281	14227
44316	-1153	80813	80094	20590	35217	8004
44219	7635	43165	44309	6223	48823	12844
46442	4807	41768	43156	989	48923	14000
18256	1600	12257	11688	1462	14978	6653
43184	107	40766	40090	332	50541	23303
138148	1483	68853	51900	6248	190194	48498
12380	292	3792	4893	176	10856	7024
2726	2395	-1243	-1719	53	1262	662
31272	-465	20751	21206	1176	23030	2988
100211	4954	51887	56302	425	85126	24595
4958	330	2645	2965	402	4407	4846
53199	8578	49045	52964	12161	42577	19730
15694	2944	4710	1148	834	19621	4465
7032	770	2121	2050		3567	756
542	194	-137	46	12	425	82
1542	41	582	153	4	2315	376
11478	477	13179	13465	3527	19848	6892

3-11 续表 4

医药及医疗器材专门零售

地　区	主营业务收入	主营业务成本	主营业务税金及附加	主营业务利润	其他业务利润	销售费用
全　国	**34804305**	**30373952**	**125494**	**4304859**	**151455**	**2111328**
北　京	3398684	3036979	8427	353278	24833	169058
天　津	409068	368472	786	39810	1303	16623
河　北	300685	251265	802	48618	1266	25377
山　西	566328	506774	1290	58264	906	32106
内蒙古	228900	173576	1022	54302	1079	12839
辽　宁	1297186	1120732	3992	172462	2434	102959
吉　林	451825	384276	1235	66314	2111	26889
黑龙江	1136332	984830	6577	144925	643	33535
上　海	1457590	1266815	4117	186658	20557	104389
江　苏	5185924	4710026	10976	464922	12598	205936
浙　江	1850459	1634468	4238	211753	9467	111296
安　徽	1768681	1617615	3080	147986	3184	68377
福　建	965786	851709	3324	110753	2196	48722
江　西	837316	764092	2003	71221	982	41524
山　东	2941287	2451350	19205	470732	4798	183211
河　南	1112924	954857	8484	149583	4152	65129
湖　北	2165523	1954942	6811	203770	6034	73265
湖　南	1518786	1305202	8168	205416	5785	108867
广　东	2137040	1719958	9288	407794	23136	270404
广　西	1271682	1149149	2750	119783	4327	58429
海　南	30018	22300	45	7673	121	5334
重　庆	791831	678689	3419	109723	6770	50337
四　川	423012	336348	3933	82731	2428	49778
贵　州	364965	319288	1288	44389	586	22676
云　南	622366	440434	3173	178759	3597	125487
西　藏						
陕　西	420775	358432	2595	59748	1041	33967
甘　肃	196563	152013	2087	42463	-83	26321
青　海	28454	23376	80	4998	2464	3063
宁　夏	191212	172544	360	18308	346	9247
新　疆	733102	663441	1939	67722	2394	26187

单位：万元

管理费用	财务费用	营业利润	利润总额	应交所得税	应付职工薪酬	应交增值税
1083422	**320070**	**1038496**	**942347**	**188203**	**1372165**	**723599**
102197	66720	103848	108959	19443	120997	63724
8912	5001	11686	11684	3643	12283	4620
20612	1413	1940	2808	940	21820	4753
17084	2010	8268	7273	2204	20179	11217
9605	615	31507	32055	371	9944	3435
40322	7768	26035	26992	6963	63719	23978
16990	5733	17555	17552	4347	16300	7948
51964	5564	52974	26039	7127	36943	16083
58576	755	44569	48559	4517	66671	26661
114818	37548	135613	111361	27399	110883	147773
61753	11464	36832	36538	10488	82274	30016
41241	14575	26851	28383	5092	41806	29013
25218	6337	43982	26187	3755	31542	9863
17205	7799	6557	6481	1967	31165	14230
110613	24183	157372	131364	26109	104169	86519
35129	7982	44955	41383	5344	57548	15993
50488	25066	59848	52926	11132	55650	33793
40832	12203	46814	37428	5492	57104	27501
79537	29054	63347	68420	17513	168735	54330
29388	14479	22555	23447	6841	33748	20820
1622	524	194	315	30	4113	4356
35252	8449	21851	17329	2232	43764	12623
23098	3288	7661	11241	3375	28142	11636
13169	4957	3320	3523	963	15778	5533
23868	3618	27691	28135	5235	61149	29671
16295	3297	7968	6563	403	33589	7988
13641	1234	1419	494	305	16240	4166
1666	576	-311	-310	31	2008	574
5508	1830	2066	3704	874	7516	2562
16820	6030	23531	25516	4070	16389	12221

3-11 续表 5

汽车、摩托车、燃料及零配件专门零售

地 区	主营业务收入	主营业务成本	主营业务税金及附加	主营业务利润	其他业务利润	销售费用
全 国	**323426170**	**300527734**	**638734**	**22259702**	**1250886**	**9727126**
北 京	21104686	19870297	29094	1205295	169929	693549
天 津	9159446	8571442	12151	575853	38751	316501
河 北	7228345	6822789	16826	388730	44094	182021
山 西	10953223	10359888	11124	582211	24919	305770
内蒙古	8367979	7688591	20924	658464	16446	302773
辽 宁	11164547	10403970	20533	740044	19484	355169
吉 林	4544502	4107345	5207	431950	9868	227082
黑龙江	3120356	2894875	10411	215070	8990	85307
上 海	10273206	9640191	12949	620066	53268	285100
江 苏	29353175	27140354	59530	2153291	113252	831311
浙 江	26630067	25170856	36083	1423128	99414	670387
安 徽	9238543	8463946	12374	762223	21325	276559
福 建	9407770	8728621	14039	665110	32206	317867
江 西	4059026	3732486	23770	302770	8512	102733
山 东	20986509	19466614	74285	1445610	40112	566190
河 南	11655308	10837457	25244	792607	57091	322277
湖 北	11658582	10614946	48595	995041	17170	317658
湖 南	13954635	13064620	37006	853009	17491	440524
广 东	38205969	35449423	64035	2692511	254372	1224638
广 西	3911607	3622638	7411	281558	30902	121505
海 南	2263977	2098803	3634	161540	16115	72653
重 庆	6856110	6275234	14233	566643	22014	191859
四 川	18092969	16953949	31138	1107882	53002	567923
贵 州	6131293	5380613	8245	742435	14058	168043
云 南	8258713	7670029	12378	576306	28929	271980
西 藏	594781	505441	859	88481	801	22776
陕 西	7068114	6489517	15686	562911	21311	216284
甘 肃	3980365	3664218	4124	312023	2901	102388
青 海	740520	678001	904	61615	1361	23097
宁 夏	1260261	1174449	1759	84053	5469	41359
新 疆	3201590	2986133	4184	211273	7328	103845

单位：万元

管理费用	财务费用	营业利润	利润总额	应交所得税	应付职工薪酬	应交增值税
5405947	**2492527**	**5674498**	**5366084**	**757835**	**6231090**	**5926913**
409714	139696	187309	200042	62667	461515	185577
131639	56379	82938	86583	22029	148441	137668
119816	59206	64536	69963	19990	131969	103994
160091	64799	24177	34295	8560	151994	142694
100901	52156	198396	89074	11121	173014	381077
194704	94402	122375	130099	19595	272909	404823
93411	32251	46959	44024	13065	80248	121743
58116	42141	35518	20587	4579	43323	23550
251816	85321	65648	85891	25759	193896	161651
510005	281324	650394	596781	77415	508399	525000
481673	243094	137167	122347	55578	510719	293377
137692	63589	213403	192920	16104	157300	123060
159989	79907	156084	114656	24807	194395	108491
66748	33063	110770	99302	7936	68699	110306
356789	176841	414383	415801	59510	394083	455506
171611	101952	237477	246231	25727	217964	101911
254362	112155	330297	280920	36340	289407	195090
187666	62437	176681	118641	32079	227331	141650
658060	262878	783366	828862	79573	795424	800430
77999	23384	71352	75308	13090	94957	89301
43957	7970	48977	47607	12167	53383	48628
97529	51349	232299	197103	21857	141702	140004
237293	130494	223495	229357	40765	353997	242606
67742	34885	489759	360309	9220	90621	232721
121754	75427	166349	333676	21690	135930	356162
8319	442	57792	49084	767	10839	3642
128194	67162	192862	143031	17004	124012	126636
28618	23101	58831	58121	6182	88162	65008
14130	5443	12229	11099	1915	13000	16241
22298	12277	13555	15415	2880	25910	10379
53314	17001	69118	68955	7865	77548	77990

3-11 续表 6

家用电器及电子产品专门零售

地　区	主营业务收入	主营业务成本	主营业务税金及附加	主营业务利润	其他业务利润	销售费用
全　国	**48250118**	**43016597**	**203659**	**5029863**	**561488**	**3312995**
北　京	10964859	10255451	22416	686992	97950	512607
天　津	576921	512920	1314	62687	7360	49878
河　北	933318	838146	3046	92126	14161	72184
山　西	607643	544889	1228	61526	4884	41265
内蒙古	588122	528384	1446	58292	5337	31810
辽　宁	1292493	1160468	12123	119902	19677	79404
吉　林	465223	408045	1252	55926	2180	28077
黑龙江	723509	592066	4177	127266	11495	43108
上　海	2480853	2184406	6702	289745	51342	260264
江　苏	4373812	3787908	14541	571363	69375	376782
浙　江	1727626	1502517	5770	219339	22474	162980
安　徽	1137964	1016185	2958	118821	4868	80461
福　建	1546893	1383127	3351	160415	5604	107937
江　西	696500	635029	2457	59014	1477	35368
山　东	3088915	2722112	33477	333326	23548	144722
河　南	1278665	1121382	7768	149515	15540	95421
湖　北	1903091	1631336	10814	260941	18797	110038
湖　南	1044732	889816	6008	148908	4802	77795
广　东	5507688	4887014	16658	604016	98953	490327
广　西	483070	428997	1378	52695	7330	37466
海　南	248974	220944	655	27375	3808	22813
重　庆	1303536	1152101	8477	142958	13033	72198
四　川	2029077	1818602	8234	202241	25243	144652
贵　州	261846	228073	868	32905	458	24035
云　南	524207	436717	1433	86057	5304	49454
西　藏	20294	18582	40	1672	478	1284
陕　西	1724305	1477487	22388	224430	10169	102853
甘　肃	113814	101569	702	11543	1414	8020
青　海	82388	73399	299	8690	1662	5588
宁　夏	217283	188421	1014	27848	9136	20609
新　疆	302498	270505	666	31327	3631	23596

单位：万元

管理费用	财务费用	营业利润	利润总额	应交所得税	应付职工薪酬	应交增值税
1164962	**159363**	**994229**	**893979**	**168264**	**1372158**	**757558**
162333	-1243	199108	210837	29320	207807	133299
11940	808	7468	10345	1642	13394	4096
24633	14745	-5619	-4604	517	26285	10365
18379	3169	1764	1746	1228	12482	5233
20030	5353	9069	15046	2593	16701	6496
36782	4754	13068	12857	3779	35427	20137
18171	1252	16492	8856	897	8723	5218
26939	3438	56168	4532	2472	16420	10954
44276	1619	15516	17547	5949	55484	42524
164334	19838	32390	20190	19756	147574	80204
45570	8524	-185	577	4023	68322	29450
21719	3121	23775	18458	3501	35308	16103
40926	10025	7159	6963	3403	50348	15727
13292	2580	11936	10520	1468	21231	7661
76061	12605	139122	124061	25842	78415	40687
35069	7654	32578	33781	4326	50410	19349
67257	3123	103798	101773	14460	59783	33618
30988	7943	38230	24456	2111	36561	17044
138393	22046	102361	104228	22396	225839	131580
13727	3724	5886	5721	1155	17540	6243
8062	957	-1478	-1029	327	10890	3077
22925	4076	56441	50774	1992	42484	16608
42124	8716	31635	32749	3263	51207	41318
7762	747	2257	2138	578	10389	8256
14553	1861	25759	17313	891	18246	4300
699	58	109	221	20	1133	43
39131	4301	62865	48175	7307	31867	34179
2664	1355	-791	816	135	3658	1075
1785	226	2981	2940	739	1977	1509
7231	1429	723	8497	1533	6421	6440
7208	562	3644	3495	642	9836	4764

3-11 续表 7

五金、家具及室内装饰材料专门零售

地　区	主营业务收入	主营业务成本	主营业务税金及附加	主营业务利润	其他业务利润	销售费用
全　国	**13148662**	**10146612**	**266253**	**2735798**	**83403**	**901684**
北　京	559574	354937	6984	197653	14304	122371
天　津	165435	103289	1788	60358	1111	36890
河　北	118232	95724	1107	21401	1002	7419
山　西	240294	176597	6682	57015	1320	9980
内蒙古	184229	151579	1818	30832	3329	10260
辽　宁	298159	257085	1842	39232	1577	15506
吉　林	41028	31205	1479	8344		3503
黑龙江	74016	57959	554	15503	463	4261
上　海	506196	359721	5000	141475	20640	93993
江　苏	1803312	1470280	17569	315463	2664	95612
浙　江	202250	160320	3255	38675	1736	19181
安　徽	476915	392055	9893	74967	630	16695
福　建	537582	477201	3111	57270	683	22925
江　西	304913	268056	4901	31956	1924	7673
山　东	1679793	1286649	36640	356504	5749	86866
河　南	433051	354779	12799	65473	369	13636
湖　北	763936	622741	14417	126778	442	30134
湖　南	256900	206748	3944	46208	10035	22608
广　东	557499	403597	7220	146682	4519	83947
广　西	2651	2159	9	483		226
海　南	12084	9982	34	2068		1298
重　庆	1326880	959879	68078	298923	2960	58468
四　川	468595	343531	7515	117549	793	43646
贵　州						
云　南	284261	227958	2207	54096	302	2978
西　藏						
陕　西	1569113	1199935	45063	324115	5188	21195
甘　肃	100464	91797	512	8155	1304	1598
青　海						
宁　夏	18136	14207	308	3621	5	6476
新　疆	163164	66643	1524	94997	355	62340

单位：万元

管理费用	财务费用	营业利润	利润总额	应交所得税	应付职工薪酬	应交增值税
596236	**172703**	**1102652**	**939045**	**117162**	**456760**	**261949**
42098	5787	48348	51710	11567	43165	18471
32423	8191	-19386	-19064	19	5559	251
10307	1324	3246	4190	1028	6622	1960
9099	1523	36641	16959	56	4050	13
14233	2416	4632	5407	66	10908	1492
24248	6751	-5514	-3038	888	9076	5096
2633	950	1258	1246	23	1062	242
4139	367	6375	-888	7	2960	353
51499	11799	4278	10768	4754	39027	9914
89780	32648	103855	110371	17226	43371	24877
13683	4746	2904	3541	1132	8030	4548
14214	6207	36893	25731	1944	21433	5370
20636	2709	11737	8266	1838	7348	4298
7103	896	16284	2425	417	5721	8399
59672	22254	163986	184054	24432	87306	43566
19910	7550	24105	22894	2467	15586	6877
22932	9044	43229	36997	2291	18023	10969
10350	5092	9571	2101	195	6654	1251
42929	18829	31369	37827	5339	34084	22243
340	44	-11	-8		64	36
565	14	192	192	69	767	271
33637	5810	205003	195279	28806	12314	36536
30793	6136	38800	37697	4203	21493	8883
2346	883	47957	41328	317	4834	3217
26924	7913	263129	139386	7130	18050	27180
1642	904	3820	3978	927	4336	172
1094	1162	-5111	-5436	23	662	346
7009	754	25062	25134		24258	15120

3-11 续表 8

货摊、无店铺及其他零售业

地　区	主营业务收入	主营业务成本	主营业务税金及附加	主营业务利润	其他业务利润	销售费用
全　国	**21835275**	**19367735**	**90444**	**2377096**	**65574**	**1620108**
北　京	4786971	4464024	8116	314831	1092	448000
天　津	690204	644781	1190	44233	-8243	35133
河　北	46755	43705	245	2805	2056	3494
山　西	253603	234321	2408	16874	4441	13307
内蒙古	377384	230372	4026	142986	59	41658
辽　宁	480120	418895	2818	58407	605	25096
吉　林	143516	136531	109	6876		3452
黑龙江	219138	175984	5001	38153		10245
上　海	4571672	4116296	5178	450198	19850	354440
江　苏	1139749	985683	3764	150302	7763	72330
浙　江	739525	654383	1798	83344	557	67365
安　徽	149508	112772	997	35739	1184	24552
福　建	478384	418936	771	58677	115	40304
江　西	149413	103163	961	45289		21970
山　东	1331918	1112609	14658	204651	6196	43014
河　南	246205	184685	3016	58504	552	6640
湖　北	1518501	1425120	4280	89101	5665	67289
湖　南	387531	312072	17322	58137	666	16904
广　东	2449059	2177455	6989	264615	8210	186236
广　西	251350	214510	1042	35798	63	16579
海　南	15539	11802	112	3625	35	1848
重　庆	73108	68515	550	4043	665	2920
四　川	944080	838000	2043	104037	476	66485
贵　州	176212	125167	1852	49193	11468	38651
云　南	39416	31802	329	7285	83	1735
西　藏						
陕　西	110360	74701	441	35218	1671	5641
甘　肃	34335	28975	142	5218		1747
青　海	18055	11829	176	6050		1390
宁　夏	6407	5813	31	563	225	652
新　疆	7261	4836	80	2345	122	1033

单位：万元

管理费用	财务费用	营业利润	利润总额	应交所得税	应付职工薪酬	应交增值税
628425	**62535**	**-12442**	**138735**	**102859**	**606989**	**553218**
124370	-2835	-249391	-238362	16066	180723	37785
10152	-349	-8856	-7316	2254	10188	6490
3878	101	-598	295	587	7295	257
27700	10523	7519	-17910	2965	20392	4103
13092	5134	85508	21205	2235	3117	1543
9529	1912	24516	40780	156	11185	4477
1998	317	1109	1109	6	1546	752
10830	108	32830	9106	282	2151	5588
166620	4220	-271260	-30084	6142	74765	61324
37137	6525	48399	36847	4922	49242	18586
16250	2714	-2764	-876	1776	17629	14593
4286	-60	8173	8927	940	5871	5182
11209	1588	5087	5834	737	14585	5474
4608	559	13791	13879		4932	5632
41359	17900	110617	121121	15725	32174	91562
7280	3595	41807	21004	22252	8531	5859
10582	2933	17738	21397	1976	21281	15798
17948	2186	24030	20962	2072	7056	5530
51609	3104	35512	37516	8762	75164	30339
8268	-1557	13151	13858	3274	8885	6739
784	-22	1230	1234	252	945	1160
2115	176	-2534	-2620	126	6755	287
22676	2553	12848	13769	3353	22620	211104
9607	-75	13464	15434	3746	8485	7072
4247	692	660	2728	750	2354	370
6826	164	18959	21214	220	4470	2297
1110	290	2348	2584	595	1282	2351
1442	-153	3423	4022	562	1378	477
495	113	-471	-234		1270	271
420	180	712	1312	128	718	218

3-12 大中型零售业企业分行业经济效益分析指标

综合零售

地　区	负债比率 (%)	主营业务毛利率 (%)	人均营业收入 (万元)	费用率 (%)
全　国	**74.8**	**15.3**	**78.8**	**13.9**
北　京	66.6	14.8	114.7	15.8
天　津	84.6	14.2	67.4	20.7
河　北	81.9	12.0	53.9	12.5
山　西	81.7	11.7	43.9	14.2
内蒙古	83.1	14.0	62.3	11.7
辽　宁	77.7	15.0	83.7	14.9
吉　林	77.7	15.6	89.9	12.7
黑龙江	71.8	15.8	86.1	11.6
上　海	82.1	16.8	104.5	18.0
江　苏	76.8	15.3	87.5	13.1
浙　江	73.8	14.1	103.3	14.4
安　徽	76.1	12.6	68.6	12.0
福　建	65.5	15.7	68.6	15.7
江　西	72.6	14.4	54.9	12.3
山　东	76.6	14.4	91.0	10.6
河　南	81.2	16.6	50.4	12.4
湖　北	73.8	17.4	74.1	13.8
湖　南	64.8	15.2	73.3	12.5
广　东	72.7	17.5	86.4	16.3
广　西	68.6	15.9	61.3	15.4
海　南	79.1	22.5	65.0	21.9
重　庆	67.8	15.1	72.3	13.6
四　川	68.0	15.1	73.1	13.4
贵　州	77.3	16.6	61.1	15.0
云　南	62.9	15.3	75.2	12.3
西　藏	75.3	13.5	53.1	8.1
陕　西	70.0	16.0	58.9	13.6
甘　肃	64.4	14.8	65.3	10.5
青　海	77.7	14.9	67.2	15.6
宁　夏	78.1	16.1	43.1	17.0
新　疆	80.1	15.8	84.3	17.1

注：费用率等于销售费用、管理费用、财务费用三项之和除以营业收入合计(下表同)。

3-12 续表 1

食品、饮料及烟草制品专门零售

地区	负债比率 (%)	主营业务毛利率 (%)	人均营业收入 (万元)	费用率 (%)
全国	**55.3**	**21.4**	**62.4**	**14.3**
北京	48.3	29.8	53.5	24.8
天津	49.6	31.4	37.8	21.4
河北	78.4	15.7	55.1	14.1
山西	77.7	13.4	54.2	10.8
内蒙古	69.3	14.1	60.3	14.1
辽宁	50.3	19.9	52.1	14.5
吉林	56.0	20.7	216.6	12.2
黑龙江	62.5	18.6	74.2	9.7
上海	75.9	24.8	38.3	25.9
江苏	52.4	24.3	52.5	13.6
浙江	73.8	16.8	54.1	18.2
安徽	50.8	15.4	59.4	8.8
福建	38.7	22.8	58.3	15.1
江西	25.1	24.1	44.7	13.7
山东	63.7	21.8	66.8	10.7
河南	48.2	15.2	56.0	8.9
湖北	39.9	22.4	114.3	10.7
湖南	49.6	19.4	51.1	15.5
广东	42.1	31.0	69.6	17.6
广西	44.6	25.4	25.1	35.3
海南	75.2	-7.2	56.6	13.5
重庆	46.5	16.1	74.9	11.0
四川	63.6	15.7	57.8	12.1
贵州	65.9	15.9	30.1	20.8
云南	52.3	12.9	67.5	9.3
西藏	21.1	16.2	314.7	8.3
陕西	79.6	13.7	92.9	14.2
甘肃	72.9	20.8	47.0	15.8
青海	47.5	17.1	25.4	13.1
宁夏	141.8	16.1	12.0	13.4
新疆	69.4	19.3	9.2	20.1

3-12 续表 2

纺织、服装及日用品专门零售

地区	负债比率(%)	主营业务毛利率(%)	人均营业收入(万元)	费用率(%)
全国	**71.1**	**29.5**	**62.2**	**24.8**
北京	84.9	32.3	64.5	32.8
天津	73.4	32.3	45.7	30.5
河北	83.2	20.6	55.7	14.3
山西	76.4	17.1	59.4	15.1
内蒙古	86.2	26.2	40.9	12.7
辽宁	74.5	20.8	84.4	20.3
吉林	81.1	16.4	92.0	12.0
黑龙江	51.8	21.4	40.7	14.7
上海	73.3	42.8	74.3	39.3
江苏	62.4	27.5	49.7	21.0
浙江	73.4	29.7	72.1	27.3
安徽	59.6	19.7	43.5	19.8
福建	63.2	19.5	53.7	16.3
江西	58.5	26.5	37.1	21.5
山东	68.8	22.3	71.1	12.9
河南	74.0	19.5	36.7	12.8
湖北	63.9	25.4	49.2	17.2
湖南	66.9	20.5	63.1	14.6
广东	70.0	30.7	60.0	26.6
广西	89.6	26.3	44.4	24.0
海南	38.7	33.3	154.7	15.7
重庆	70.2	29.1	47.3	23.2
四川	71.7	29.4	53.5	20.9
贵州	76.4	23.8	51.8	19.4
云南	79.2	22.8	54.6	20.7
西藏				
陕西	46.1	18.1	135.0	8.1
甘肃	76.6	23.5	19.9	18.3
青海	97.2	15.9	24.4	25.0
宁夏	107.4	14.3	24.9	31.7
新疆	89.2	17.2	87.0	21.1

3-12 续表 3

文化、体育用品及器材专门零售

地 区	负债比率 (%)	主营业务毛利率 (%)	人均营业收入 (万元)	费用率 (%)
全 国	**61.8**	**18.5**	**99.9**	**15.4**
北 京	81.7	18.4	139.6	18.4
天 津	73.0	13.9	123.1	15.9
河 北	56.8	23.6	45.0	19.9
山 西	59.0	14.0	81.2	13.0
内蒙古	86.0	19.8	44.2	19.4
辽 宁	80.3	16.9	53.5	18.1
吉 林	93.6	20.1	29.5	22.4
黑龙江	53.1	21.8	44.6	14.4
上 海	68.6	13.4	315.5	15.0
江 苏	68.9	17.4	95.9	13.1
浙 江	62.9	16.1	100.1	14.7
安 徽	37.1	21.0	88.1	12.9
福 建	56.5	23.5	322.8	15.7
江 西	26.2	22.2	118.2	10.0
山 东	70.7	18.6	60.3	12.2
河 南	61.7	21.7	38.8	15.2
湖 北	64.5	19.5	68.3	14.3
湖 南	42.7	24.1	102.3	17.3
广 东	56.9	12.9	106.8	10.4
广 西	37.3	23.3	57.2	21.6
海 南	127.2	36.6	38.5	58.4
重 庆	64.3	19.5	97.9	13.5
四 川	44.5	35.0	54.3	27.5
贵 州	83.8	18.9	63.4	14.7
云 南	64.3	35.4	91.4	26.3
西 藏				
陕 西	50.1	19.0	69.1	16.7
甘 肃	30.5	16.9	76.3	14.4
青 海	82.4	35.3	17.6	38.9
宁 夏	65.1	28.1	43.3	23.5
新 疆	42.4	30.1	65.9	22.0

3-12 续表 4

医药及医疗器材专门零售

地　区	负债比率(%)	主营业务毛利率(%)	人均营业收入(万元)	费用率(%)
全　国	**78.5**	**12.7**	**93.8**	**10.0**
北　京	78.7	10.6	251.2	9.9
天　津	78.1	9.9	124.2	7.4
河　北	88.7	16.4	35.8	15.7
山　西	64.2	10.5	80.8	9.0
内蒙古	78.5	24.2	70.9	10.1
辽　宁	80.5	13.6	64.6	11.5
吉　林	79.4	15.0	84.5	10.9
黑龙江	76.8	13.3	109.8	8.0
上　海	78.1	13.1	115.2	11.1
江　苏	80.8	9.2	183.8	6.9
浙　江	77.8	11.7	100.5	9.9
安　徽	84.0	8.5	132.5	7.0
福　建	67.8	11.8	111.0	8.3
江　西	84.5	8.7	105.8	7.9
山　东	79.1	16.7	95.1	10.8
河　南	74.4	14.2	50.9	9.7
湖　北	78.4	9.7	128.1	6.8
湖　南	78.9	14.1	85.8	10.6
广　东	74.7	19.5	59.3	17.4
广　西	84.1	9.6	127.0	8.0
海　南	63.2	25.7	19.9	24.9
重　庆	78.4	14.3	71.8	11.7
四　川	80.1	20.5	37.2	18.0
贵　州	86.9	12.5	61.1	11.2
云　南	61.2	29.2	28.9	24.5
西　藏				
陕　西	89.5	14.8	35.8	12.7
甘　肃	89.0	22.7	32.9	20.9
青　海	87.3	17.8	25.6	18.6
宁　夏	81.2	9.8	105.6	8.7
新　疆	69.2	9.5	150.1	6.7

3-12 续表 5

汽车、摩托车、燃料及零配件专门零售

地　区	负债比率 (%)	主营业务毛利率 (%)	人均营业收入 (万元)	费用率 (%)
全　国	**74.3**	**7.1**	**277.5**	**5.4**
北　京	76.3	5.8	370.5	5.8
天　津	60.5	6.4	364.0	5.5
河　北	79.7	5.6	223.3	5.0
山　西	77.8	5.4	280.3	4.8
内蒙古	79.9	8.1	276.9	5.4
辽　宁	67.5	6.8	322.3	5.7
吉　林	74.4	9.6	293.3	7.4
黑龙江	88.2	7.2	301.2	5.9
上　海	77.0	6.2	323.8	6.0
江　苏	76.7	7.5	291.3	5.5
浙　江	83.3	5.5	298.4	5.2
安　徽	71.2	8.4	271.7	5.1
福　建	68.1	7.2	207.0	5.9
江　西	76.6	8.0	272.5	5.0
山　东	79.9	7.2	246.4	5.2
河　南	82.5	7.0	222.1	5.1
湖　北	75.1	9.0	192.8	5.8
湖　南	67.9	6.4	305.3	4.9
广　东	66.8	7.2	278.9	5.5
广　西	74.9	7.4	192.7	5.6
海　南	68.8	7.3	250.1	5.4
重　庆	73.2	8.5	297.7	4.9
四　川	69.4	6.3	296.0	5.1
贵　州	80.2	12.2	336.8	4.4
云　南	70.6	7.1	289.5	5.6
西　藏	41.0	15.0	340.1	5.3
陕　西	75.7	8.2	233.3	5.8
甘　肃	72.2	7.9	370.4	3.9
青　海	74.1	8.4	235.5	5.8
宁　夏	74.4	6.8	217.0	6.0
新　疆	84.9	6.7	253.0	5.4

3-12 续表 6

家用电器及电子产品专门零售

地　区	负债比率 (%)	主营业务毛利率 (%)	人均营业收入 (万元)	费用率 (%)
全　国	**73.7**	**10.8**	**151.9**	**9.4**
北　京	82.7	6.5	472.9	6.1
天　津	64.2	11.1	158.5	10.7
河　北	84.9	10.2	92.3	11.8
山　西	82.9	10.3	112.2	10.3
内蒙古	71.4	10.2	122.7	9.6
辽　宁	69.4	10.2	116.6	9.2
吉　林	67.4	12.3	139.1	10.1
黑龙江	84.4	18.2	115.6	10.0
上　海	66.9	11.9	196.9	12.2
江　苏	67.4	13.4	133.1	12.5
浙　江	75.0	13.0	115.0	12.3
安　徽	77.8	10.7	136.2	9.2
福　建	70.0	10.6	115.7	10.2
江　西	68.3	8.8	99.1	7.3
山　东	74.4	11.9	132.3	7.4
河　南	79.9	12.3	84.8	10.6
湖　北	73.8	14.3	151.5	9.2
湖　南	67.9	14.8	113.1	10.9
广　东	78.8	11.3	120.4	11.4
广　西	69.7	11.2	82.9	11.2
海　南	80.2	11.3	95.5	12.6
重　庆	58.4	11.6	121.5	7.5
四　川	65.0	10.4	144.4	9.6
贵　州	62.2	12.9	108.9	12.3
云　南	65.8	16.7	149.5	12.3
西　藏	86.3	8.4	46.7	9.8
陕　西	45.3	14.3	196.0	8.4
甘　肃	83.3	10.8	84.7	10.5
青　海	47.0	10.9	167.9	9.0
宁　夏	75.2	13.3	114.6	13.4
新　疆	86.8	10.6	139.4	10.1

3-12 续表 7

五金、家具及室内装饰材料专门零售

地区	负债比率(%)	主营业务毛利率(%)	人均营业收入(万元)	费用率(%)
全国	**67.8**	**22.8**	**105.7**	**12.6**
北京	80.0	36.6	100.8	29.7
天津	89.9	37.6	122.4	46.2
河北	68.5	19.0	53.9	16.1
山西	47.7	26.5	131.3	8.4
内蒙古	28.1	17.7	49.9	14.5
辽宁	91.7	13.8	61.4	15.6
吉林	33.2	23.9	83.1	17.3
黑龙江	78.3	21.7	72.2	11.8
上海	70.2	28.9	95.3	29.7
江苏	69.8	18.5	205.5	11.9
浙江	65.7	20.7	119.8	18.2
安徽	69.9	17.8	73.9	7.7
福建	78.5	11.2	236.6	8.6
江西	42.4	12.1	158.1	5.1
山东	51.6	23.4	59.5	9.9
河南	61.2	18.1	72.3	9.4
湖北	76.7	18.5	122.4	8.1
湖南	72.4	19.5	91.1	14.8
广东	70.6	27.6	86.3	24.9
广西	59.9	18.6	18.3	22.0
海南	85.0	17.4	38.4	15.5
重庆	50.5	27.7	342.1	7.3
四川	84.8	26.7	60.1	17.0
贵州				
云南	40.6	19.8	160.6	2.2
西藏				
陕西	65.9	23.5	222.0	3.6
甘肃	48.1	8.6	32.0	4.1
青海				
宁夏	102.5	21.7	54.6	48.1
新疆	43.2	59.2	58.6	42.5

3-12 续表 8

货摊、无店铺及其他零售业

地　区	负债比率 (%)	主营业务毛利率 (%)	人均营业收入 (万元)	费用率 (%)
全　国	**88.2**	**11.3**	**194.6**	**10.4**
北　京	146.1	6.7	224.8	11.8
天　津	103.5	6.6	459.0	6.5
河　北	68.4	6.5	39.8	13.9
山　西	89.4	7.6	40.9	19.5
内蒙古	69.5	39.0	264.7	15.9
辽　宁	45.6	12.8	195.7	7.6
吉　林	66.7	4.9	218.4	4.0
黑龙江	34.0	19.7	286.1	9.7
上　海	92.5	10.0	376.8	11.3
江　苏	71.6	13.5	116.8	10.0
浙　江	88.9	11.5	195.8	11.6
安　徽	61.7	24.6	110.4	19.1
福　建	73.7	12.4	157.5	11.1
江　西	71.7	31.0	125.7	18.2
山　东	76.4	16.5	189.6	7.5
河　南	48.1	25.0	81.5	7.1
湖　北	66.6	6.1	340.2	4.7
湖　南	62.2	19.5	165.2	9.6
广　东	75.0	11.1	172.1	9.8
广　西	52.1	14.7	113.0	9.2
海　南	44.7	24.0	66.8	16.4
重　庆	54.5	6.3	41.6	6.7
四　川	70.6	11.2	177.8	9.7
贵　州	60.5	29.0	93.6	25.3
云　南	70.2	19.3	51.7	16.7
西　藏				
陕　西	50.7	32.3	90.7	11.3
甘　肃	72.7	15.6	92.1	8.8
青　海	46.5	34.5	66.0	14.8
宁　夏	27.1	9.3	30.0	18.9
新　疆	50.6	33.4	41.2	22.1

3-13 大中型住宿业企业分行业基本情况

地区	住宿业		旅游饭店	
	法人单位数(个)	年末从业人数(人)	法人单位数(个)	年末从业人数(人)
全国	**3924**	**1180996**	**3472**	**1063063**
北京	343	111805	299	100323
天津	51	13672	41	10197
河北	96	29337	77	22425
山西	62	17957	54	16162
内蒙古	50	14847	40	12417
辽宁	112	31263	110	30668
吉林	37	10853	36	10495
黑龙江	34	9448	27	7976
上海	190	59537	156	50146
江苏	279	75998	259	72145
浙江	364	98310	332	90961
安徽	87	21543	75	19055
福建	170	51812	151	47169
江西	57	15985	47	13322
山东	229	68249	202	59268
河南	142	36371	120	31938
湖北	120	32838	99	28325
湖南	174	52450	156	47965
广东	551	194605	496	176144
广西	71	21287	67	20670
海南	104	39983	103	39737
重庆	87	25296	79	23265
四川	148	40863	125	36329
贵州	46	11558	42	10671
云南	98	30807	82	27238
西藏	6	1510	6	1510
陕西	116	34979	98	30852
甘肃	38	10300	35	9764
青海	10	3031	10	3031
宁夏	12	2746	10	2469
新疆	40	11756	38	10426

3-13 续表

地区	一般旅馆		其他住宿业	
	法人单位数(个)	年末从业人数（人）	法人单位数(个)	年末从业人数(人)
全国	**390**	**100777**	**62**	**17156**
北京	42	10885	2	597
天津	9	2996	1	479
河北	13	4534	6	2378
山西	7	1607	1	188
内蒙古	10	2430		
辽宁	2	595		
吉林			1	358
黑龙江	5	1036	2	436
上海	26	7377	8	2014
江苏	17	3302	3	551
浙江	29	6628	3	721
安徽	10	2057	2	431
福建	14	3098	5	1545
江西	9	2457	1	206
山东	24	7979	3	1002
河南	20	4037	2	396
湖北	20	4338	1	175
湖南	17	3535	1	950
广东	47	16516	8	1945
广西	3	486	1	131
海南			1	246
重庆	5	1121	3	910
四川	21	4214	2	320
贵州	3	620	1	267
云南	15	3322	1	247
西藏				
陕西	15	3464	3	663
甘肃	3	536		
青海				
宁夏	2	277		
新疆	2	1330		

3-14 大中型住宿业企业分行业经营情况

旅游饭店 单位：万元

地区	营业额	客房收入	餐费收入	商品销售额	其他收入
全国	**20508576**	**8841171**	**8682675**	**534950**	**2449780**
北京	2509993	1137139	787088	40145	545621
天津	191935	97357	70867	2314	21398
河北	309544	120773	149491	3369	35912
山西	203661	75141	101739	6405	20376
内蒙古	181277	69573	92257	751	18695
辽宁	627990	247862	317202	13365	49562
吉林	181806	77802	82840	4247	16917
黑龙江	148016	74638	55259	9280	8839
上海	1443573	653152	549586	22739	218095
江苏	1424061	497470	733540	52869	140183
浙江	1900004	723778	974365	23965	177897
安徽	287763	116883	134002	10176	26702
福建	910977	337226	425210	56144	92397
江西	191173	93757	73149	4737	19530
山东	1121839	400142	588865	37418	95415
河南	504083	217112	203811	27635	55526
湖北	551622	268488	222929	14720	45485
湖南	818197	332577	387727	37070	60823
广东	3296092	1455028	1346506	61787	432770
广西	310649	135421	131862	9769	33596
海南	792231	491033	234295	11651	55251
重庆	425195	189784	175376	14148	45887
四川	680336	317421	275178	17228	70509
贵州	180714	94071	68290	5634	12719
云南	415658	214539	127174	12372	61572
西藏	21210	12813	5338	667	2393
陕西	488695	212764	213402	23102	39427
甘肃	141188	70247	54502	4907	11532
青海	43793	24123	15211	1385	3073
宁夏	34191	15646	14458	667	3420
新疆	171112	67410	71157	4285	28260

3-14 续表 1

一般旅馆

单位：万元

地　区	营业额				
		客房收入	餐费收入	商品销售额	其他收入
全　国	**1942504**	**1030845**	**683410**	**43157**	**185092**
北　京	238638	164406	39815	2274	32143
天　津	39367	13231	16868	247	9022
河　北	73762	23571	38226	620	11345
山　西	20275	9418	9804	3	1050
内蒙古	31153	14126	16078	67	883
辽　宁	14139	1997	9628	1906	608
吉　林					
黑龙江	27575	17918	9333	185	140
上　海	204548	104804	53719	1088	44938
江　苏	55352	21417	25445	1094	7396
浙　江	120161	47209	64868	958	7126
安　徽	38209	16209	19088	1577	1336
福　建	58648	26782	28110	247	3508
江　西	34395	20653	11828	1215	699
山　东	126329	63250	48736	5638	8706
河　南	94098	45017	43169	2674	3238
湖　北	97285	43647	42037	3785	7816
湖　南	75598	29303	38242	4996	3057
广　东	310090	226024	54666	5806	23594
广　西	6707	5241	995		471
海　南					
重　庆	20918	11074	9045	312	487
四　川	72903	34994	30294	1489	6127
贵　州	8032	4511	2601	186	733
云　南	65147	45109	8893	4900	6245
西　藏					
陕　西	73841	20565	50236	1758	1282
甘　肃	12992	9669	2041	60	1223
青　海					
宁　夏	4797	2304	2393	52	49
新　疆	17545	8397	7254	22	1872

3-14 续表 2

其他住宿业 单位：万元

地区	营业额	客房收入	餐费收入	商品销售额	其他收入
全 国	**319291**	**153350**	**121454**	**5341**	**39147**
北 京	9275	4088	3025	436	1726
天 津	11066	1505	2218	402	6941
河 北	32524	10736	14858	1973	4957
山 西	2225	596	245	427	957
内蒙古					
辽 宁					
吉 林	11987	3596	8391		
黑龙江	8540	3746	3777		1016
上 海	58338	39901	15472		2965
江 苏	13944	9064	2289	45	2545
浙 江	9900	7283	2036	200	381
安 徽	6313	1912	3675	47	679
福 建	30288	11209	17221	594	1264
江 西	4106	1917	2118		72
山 东	15890	8819	6226	388	458
河 南	5469	4200	1269		
湖 北	2926	1705	402		819
湖 南	24154	8528	13833	9	1784
广 东	29257	16817	8500	224	3715
广 西	4580	231	160	9	4180
海 南	2961	999	1571	33	358
重 庆	11736	4350	5394	235	1757
四 川	7660	5620	1660		381
贵 州	2714	1287	1423		4
云 南	2783	1357	656		770
西 藏					
陕 西	10656	3884	5038	319	1415
甘 肃					
青 海					
宁 夏					
新 疆					

3-15 大中型住宿业企业分行业年末资产负债

旅游饭店

单位：万元

地 区	流动资产合计	固定资产原价	累计折旧	资产总计	负债合计	所有者权益合计
全 国	**21631537**	**45833131**	**18064690**	**65517929**	**46940901**	**18577028**
北 京	3106300	6908605	3013711	9498191	7208676	2289516
天 津	292588	382983	123992	709244	588407	120837
河 北	408813	964572	308450	1366708	1116040	250669
山 西	177939	413458	155577	567751	400442	167309
内蒙古	151877	462492	162778	597959	365326	232633
辽 宁	617975	1489430	680970	1775104	1269088	506016
吉 林	127028	563860	202105	547405	358303	189102
黑龙江	153919	336433	125640	429142	267991	161151
上 海	1339524	3921847	1794342	5073922	2516654	2557268
江 苏	1491366	3206251	1228881	4881860	3489772	1392088
浙 江	2123184	4273812	1556975	6365574	4853703	1511870
安 徽	363787	658669	201134	1185037	887928	297109
福 建	792138	1409899	439952	2346694	1505095	841599
江 西	174541	385250	137802	638542	441968	196574
山 东	948445	2306964	807158	3009649	2071298	938351
河 南	786262	948085	371445	1698768	1238109	460659
湖 北	500630	1232246	424116	1581546	1143615	437930
湖 南	553224	1676792	595444	2016067	1414385	601683
广 东	3574196	5802628	2672460	8864343	6802478	2061864
广 西	236117	835666	354450	1044335	728596	315739
海 南	775757	1277897	437614	2208334	1533541	674793
重 庆	511753	801413	317849	1370734	1137765	232968
四 川	852489	1704178	617913	2345437	1871872	473565
贵 州	164287	344333	94277	475660	384628	91032
云 南	584254	1052579	442071	1820498	1073372	747126
西 藏	18971	113383	36445	101816	21689	80127
陕 西	420364	1469345	427637	1722220	1376213	346007
甘 肃	125290	247764	121184	351775	226762	125012
青 海	62931	104672	31710	172417	60246	112170
宁 夏	34561	147414	24991	160196	146047	14149
新 疆	161026	390212	155617	591004	440890	150114

3-15 续表 1

一般旅馆 单位：万元

地区	流动资产合计	固定资产原价	累计折旧	资产总计	负债合计	所有者权益合计
全国	**1716333**	**2175552**	**735714**	**4776997**	**3259904**	**1517093**
北京	324678	270962	92842	1063353	511167	552186
天津	20057	120579	48452	113349	121040	-7691
河北	109116	71143	21765	194978	127805	67173
山西	15281	21277	6762	33586	19584	14002
内蒙古	30521	66090	27345	76197	65023	11174
辽宁	25659	38217	14028	50914	38510	12404
吉林						
黑龙江	2521	10060	327	12687	5352	7335
上海	257587	137361	60287	560097	469825	90272
江苏	56269	48277	14623	136870	87947	48923
浙江	88585	135548	28175	327782	249524	78258
安徽	30193	56893	13196	99594	61764	37830
福建	22419	44617	16796	67877	48669	19209
江西	37831	31371	4727	91764	57551	34213
山东	82965	172790	56326	286350	269168	17182
河南	70137	106665	33809	188462	159437	29024
湖北	41508	51583	18244	111586	65089	46497
湖南	12662	65327	11862	76706	57478	19228
广东	230950	424347	172618	712509	420488	292020
广西	5179	940	656	12079	11034	1045
海南						
重庆	78595	48107	9541	132024	109153	22870
四川	50125	85338	24443	157045	111957	45088
贵州	4746	16562	4017	17589	6652	10937
云南	78881	101557	39763	164628	124263	40365
西藏						
陕西	21128	41376	11839	60095	41086	19009
甘肃	1375	1183	243	5277	3603	1674
青海						
宁夏	5609	3842	2021	8700	8864	-164
新疆	11758	3543	1007	14901	7870	7032

3-15 续表 2

其他住宿业

单位：万元

地　区	流动资产合计	固定资产原价	累计折旧	资产总计	负债合计	所有者权益合计
全　国	**407922**	**524430**	**188896**	**1057624**	**844640**	**212983**
北　京	7512	21892	8776	40358	49768	-9411
天　津	5341	7435	4871	8549	1940	6609
河　北	26961	111504	34136	132250	119195	13054
山　西	280	357	300	337	251	86
内蒙古						
辽　宁						
吉　林	2892	341	203	5430	4402	1028
黑龙江	1183	67853	32692	37708	49957	-12249
上　海	29595	31260	10004	63907	32314	31593
江　苏	6625	1206	710	15555	22135	-6580
浙　江	5828	1432	870	34934	30132	4802
安　徽	5666	43037	5497	48265	46028	2237
福　建	36936	54469	22808	76922	51948	24974
江　西	7688	5729	838	19932	10061	9872
山　东	7212	31152	3457	35817	29807	6010
河　南	648	910	64	1497	706	791
湖　北	1107	15813	1456	19097	15109	3988
湖　南	221153	60700	36312	402662	279928	122734
广　东	10857	39730	18060	45048	37925	7123
广　西	7383	1302	870	8571	4286	4285
海　南	1725	470	275	1922	1478	444
重　庆	5634	7193	2678	15023	24878	-9855
四　川	3228	2416	1312	5221	3033	2188
贵　州	669	821	489	1001	484	517
云　南	876	5604	1227	7125	3525	3600
西　藏						
陕　西	10926	11807	992	30495	25353	5142
甘　肃						
青　海						
宁　夏						
新　疆						

3-16 大中型住宿业企业分行业实收资本及构成

旅游饭店

单位：万元

地区	实收资本						
		国家资本	集体资本	法人资本	个人资本	港澳台资本	外商资本
全国	**19140384**	**5984325**	**425526**	**6735931**	**2103472**	**2462188**	**1428942**
北京	2692497	844317	26658	1144944	62026	484752	129801
天津	249941	7613	2000	192535	42405		5388
河北	426775	185913	5455	173900	46510	14998	
山西	192903	74035	1830	21817	87897	7325	
内蒙古	212242	72131	4799	47015	8492	26994	52811
辽宁	613368	135195	7478	222167	99947	123059	25522
吉林	167076	85735		33361	14408	1348	32225
黑龙江	152214	52627		66294	7974	7685	17635
上海	1819917	1016896	21890	486281	52650	123057	119143
江苏	1761833	675836	108664	398826	204467	146609	227431
浙江	1633716	422197	19758	676319	230539	206508	78395
安徽	248167	44665	7078	134625	42763	19036	
福建	760046	103634	20492	311572	87751	137363	99235
江西	166000	71661	360	45669	31733	3501	13076
山东	643141	231837	75818	189360	55301	74333	16492
河南	375903	155413	3441	126713	50717	39567	53
湖北	484327	207479	8349	137021	54694	75935	850
湖南	573589	131878	10851	295531	95423	34906	5000
广东	2447219	464810	22253	700736	262617	658327	338477
广西	395544	93515		99852	50157	150145	1875
海南	485070	62799	43422	313769	20429	20662	23988
重庆	303942	29971	2390	190815	45060	3100	32607
四川	587805	121371	4872	147789	173176	31160	109437
贵州	121879	46840	1300	32233	33726	6800	980
云南	566463	254974	18367	123004	130069	3670	36379
西藏	59392	54392			5000		
陕西	565743	144624	4521	247960	80838	47079	40722
甘肃	133626	72022	100	44535	4696	12272	
青海	86593	29399	41	18229	17500		21424
宁夏	28493	20302	1875	6099	217		
新疆	184965	70246	1467	106962	4290	2000	

3-16 续表 1

一般旅馆　　　　　　　　　　　　　　　　　　　　　　　　　　单位：万元

地　区	实收资本	国家资本	集体资本	法人资本	个人资本	港澳台资本	外商资本
全　国	**1371980**	**195324**	**34084**	**661152**	**215340**	**124622**	**141459**
北　京	430556	12847	500	350690	14140	51360	1020
天　津	36351	32546	2356	1449			
河　北	69876	4445	213	14129	51089		
山　西	7127	2024		1800	3303		
内蒙古	12758	5451	1571	2543	3193		
辽　宁	1000	800	40		160		
吉　林							
黑龙江	3924	3125		800			
上　海	118747	5200	50	93171	12152	98	8076
江　苏	50207	18580	1733	8605	4955		16334
浙　江	67010	266	3250	26661	36833		
安　徽	27525	2286		18751	6488		
福　建	13161	3743		2575	6843		
江　西	35455	23692		3431	8332		
山　东	33009	12158	456	13084	7311		
河　南	37272	11544	386	11264	5355	8722	
湖　北	23746	7829	1034	10281	4602		
湖　南	15622	607		4263	10702	50	
广　东	231345	30034	7875	27732	7217	64392	94095
广　西	1600			1022	579		
海　南							
重　庆	30336		5000	15336	10000		
四　川	32051	5600	2250	21108	3094		
贵　州	10552			5252	5300		
云　南	42499		5855	12411	2300		21934
西　藏							
陕　西	28732	3650		14616	10466		
甘　肃	1366	45	515		806		
青　海							
宁　夏	1755	555	1000	180	20		
新　疆	8400	8300			100		

3-16 续表 2

其他住宿业 单位：万元

地区	实收资本	国家资本	集体资本	法人资本	个人资本	港澳台资本	外商资本
全国	**153204**	**37907**	**5468**	**70476**	**20395**	**17718**	**1240**
北京	3703			2500	1203		
天津	1268		1268				
河北	15500			9100	5900	500	
山西	60				60		
内蒙古							
辽宁							
吉林	200			200			
黑龙江	9899	85		6930		2884	
上海	10620	1100	4050	2470	3000		
江苏	1100		50	33	1017		
浙江	10196					10196	
安徽	6500			6500			
福建	26271	15000		6784	349	4138	
江西	10200			10200			
山东	3500			2500	1000		
河南	408	46			362		
湖北	4000			4000			
湖南	16977	16977					
广东	18035		100	12891	3804		1240
广西	108			108			
海南	200			200			
重庆	280	100		80	100		
四川	700			700			
贵州	599	599					
云南	3600				3600		
西藏							
陕西	9280	4000		5280			
甘肃							
青海							
宁夏							
新疆							

3-17 大中型住宿业企业

旅游饭店

地　区	主营业务收入	主营业务成本	主营业务税金及附加	主营业务利润	其他业务利润	销售费用
全　国	**20365227**	**6891939**	**1108021**	**12365267**	**456070**	**5877784**
北　京	2520588	637207	137919	1745462	16144	712788
天　津	190243	66890	10749	112604	11318	61190
河　北	305230	120966	17136	167128	5442	115557
山　西	200206	84838	11566	103802	12190	77190
内 蒙 古	181966	80000	9080	92886	785	48503
辽　宁	628870	276610	31822	320438	40147	144044
吉　林	177557	71717	10001	95839	3233	52342
黑 龙 江	147546	43342	8032	96172	8533	43367
上　海	1488677	471490	81690	935497	80498	400838
江　苏	1398634	517111	72880	808643	12760	407058
浙　江	1894971	603276	105970	1185725	49785	597593
安　徽	278715	111743	16160	150812	1768	82925
福　建	898375	326227	51550	520598	5458	269455
江　西	190469	65087	10013	115369	923	55780
山　东	1104990	442657	59631	602702	39677	287899
河　南	497058	184767	27363	284928	6378	133505
湖　北	549615	241602	27623	280390	19395	122987
湖　南	807253	304360	41196	461697	19075	187646
广　东	3244637	1023951	180453	2040233	37019	1039159
广　西	308834	95599	16820	196415	7847	108113
海　南	786726	210450	43423	532853	10207	186121
重　庆	414972	154473	22334	238165	642	118005
四　川	673470	203810	35476	434184	34740	210467
贵　州	176875	64748	9931	102196	5085	42615
云　南	403120	150417	21956	230747	15126	100902
西　藏	21895	4507	1257	16131	398	11577
陕　西	481665	169416	25176	287073	6202	149194
甘　肃	140883	61653	7860	71370	2724	36078
青　海	43688	13335	2441	27912	87	15065
宁　夏	34337	12952	1407	19978	203	16678
新　疆	173163	76740	9107	87316	2281	43146

分行业损益及分配

单位：万元

管理费用	财务费用	营业利润	利润总额	应交所得税	应付职工薪酬
6158983	**1053710**	**-369339**	**-211599**	**192901**	**4832248**
941272	118926	2873	21502	42682	733847
62197	12959	-23191	-19099	90	48987
114576	20954	-82406	-74110	1479	83251
55829	9712	-35237	-33794	389	46015
61983	4826	-25831	-20783	438	42737
190275	18779	-17790	-5521	3246	107639
54769	10387	-18902	-16000	915	36250
46071	3835	2946	2495	2028	28437
498920	66971	41416	64991	20262	339751
439011	79837	-84779	-91521	5859	332852
585059	149205	-89861	-68374	17030	433173
83845	17747	-22908	-15091	1194	71720
219262	52581	-10028	-5464	10174	201510
53940	11226	-4043	-3547	383	42434
272494	34222	21324	30115	10429	237285
152447	22329	-18823	-15161	2912	110774
127194	30878	4637	6152	1552	107357
254267	53760	-27275	-31911	5027	167004
848469	162873	27289	41848	33645	786650
105369	20334	-30847	-10023	805	70815
247207	21223	82571	82588	7484	205282
103857	27213	6317	2609	3721	95013
200684	46638	-13457	-16250	7807	141521
54991	18620	-12240	-10134	1488	37952
119995	8724	8732	16783	5657	99108
5416	260	-926	-824	79	5004
147393	18458	-25283	-24968	3758	121626
37939	2505	-5037	-3289	602	28546
12688	1579	-605	-602	21	11705
8360	930	-5750	-4270	53	9835
53206	5221	-12228	-9950	1696	48171

3-17 续表 1

一般旅馆

地区	主营业务收入	主营业务成本	主营业务税金及附加	主营业务利润	其他业务利润	销售费用
全国	**1941574**	**803236**	**99628**	**1038709**	**38801**	**471188**
北京	249754	70678	13783	165293	1299	73353
天津	38941	15134	2060	21747	1338	13256
河北	68829	35719	3910	29200	1168	17602
山西	21364	7264	1026	13074		7353
内蒙古	31719	12897	1614	17208		8631
辽宁	14139	7071	597	6471		2725
吉林						
黑龙江	28011	11735	1690	14586	5	6300
上海	210101	51777	11118	147206	15301	48009
江苏	53973	24924	2971	26078	844	13454
浙江	118846	39831	6829	72186	1395	40426
安徽	37990	18768	1907	17315	3259	9680
福建	58153	16956	3281	37916	141	17056
江西	34396	14088	1944	18364	11	9739
山东	122682	43012	6320	73350	3274	35994
河南	92530	46611	3767	42152	1702	19671
湖北	95499	48689	3981	42829	486	19213
湖南	74478	45017	3397	26064	708	9229
广东	304805	141489	15444	147872	6044	63236
广西	6707	2119	372	4216		1966
海南						
重庆	20918	11707	897	8314	19	3094
四川	77057	35125	4205	37727	1232	17503
贵州	8032	2372	457	5203		3465
云南	64263	35312	3074	25877	585	16972
西藏						
陕西	73384	45471	3039	24874	81	9288
甘肃	12714	3197	698	8819		1353
青海						
宁夏	4797	1390	265	3142	-74	1592
新疆	17494	14885	982	1627	-17	1029

单位：万元

管理费用	财务费用	营业利润	利润总额	应交所得税	应付职工薪酬
457748	**68004**	**76787**	**89701**	**25036**	**389417**
79860	7028	20458	21735	4139	59088
14823	164	-6655	-4425	55	11400
13960	736	-3015	-1439	213	18656
5416	701	-396	-169	243	3495
10606	682	-2822	-2368	111	6859
4942	232	-1427	-1428		3292
4450	209	3628	3613	93	2531
82527	9914	12619	16550	8825	38135
13007	2285	-982	-738	443	14891
34854	7116	-8038	-7166	663	24096
7027	1636	-651	-354	344	7390
16119	2321	2756	3670	954	15490
4997	2655	972	276	245	7371
19153	5007	13223	13206	1097	25592
9883	3600	10676	6705	545	11290
13795	2867	9880	10244	1748	15217
10435	1597	5628	3168	424	10380
57234	11183	20943	20712	1546	64715
2666	14	-664	-254		1316
2890	1267	1653	1287	427	4470
21316	2947	-4777	2473	284	12252
1268	172	298	488	14	1780
9218	1760	-493	-139	370	10931
11261	1269	861	1122	120	11025
2452	119	5173	4975	2114	1218
1668	490	-681	-675		1067
1925	35	-1379	-1369	21	5471

3-17 续表 2

其他住宿业

地　区	主营业务收入	主营业务成本	主营业务税金及附加	主营业务利润	其他业务利润	销售费用
全　国	**313679**	**103229**	**16218**	**194232**	**14061**	**80728**
北　京	8716	2914	458	5344	233	3328
天　津	11066	4262	170	6634		4186
河　北	32420	12980	1651	17789		6180
山　西	2225	1319	126	780		714
内蒙古						
辽　宁						
吉　林	11983	3596	671	7716	2	2982
黑龙江	8540	3762	359	4419		1418
上　海	57437	11943	2987	42507	13731	14038
江　苏	11637	2333	652	8652	-2089	1827
浙　江	9900	2279	584	7037		6785
安　徽	6313	3997	362	1954		973
福　建	29691	11765	1561	16365	18	9218
江　西	4106	969	247	2890		1348
山　东	15886	6635	779	8472		4996
河　南	5469	3974	33	1462		76
湖　北	2926	1631	165	1130		159
湖　南	24154	8440	1353	14361		171
广　东	29374	7216	1766	20392	1977	9577
广　西	4572	157	250	4165		405
海　南	2758	850	161	1747		1077
重　庆	11270	5251	524	5495	73	1788
四　川	7660	2578	441	4641		3250
贵　州	2714	495	152	2067		828
云　南	2783	1401	176	1206		
西　藏						
陕　西	10079	2487	595	6997	116	5406
甘　肃						
青　海						
宁　夏						
新　疆						

单位：万元

管理费用	财务费用	营业利润	利润总额	应交所得税	应付职工薪酬
100519	**18700**	**7972**	**13501**	**13501**	**13501**
2306	3540	-3595	-3650	-3650	-3650
1696	-11	754	835	835	835
15524	1908	-5711	-5689	-5689	-5689
33	7	26	26	26	26
3796	508	431			
4251		-1250	-3001	-3001	-3001
20213	539	8084	9075	9075	9075
5230	78	-572	-190	-190	-190
1349	283	-1379	-1350	-1350	-1350
2225	309	-1428	-1393	-1393	-1393
4507	1748	1467	2528	2528	2528
1509	53	-62	-22	-22	-22
1844	185	1448	1453	1453	1453
61	11	1314	1314	1314	1314
882	11	79	76	76	76
7269	8076	12719	12719	12719	12719
12434	860	-2300	-170	-170	-170
1724	219	1825	1789	1789	1789
473	12	173	171	171	171
5162	36	-1229	-1141	-1141	-1141
784	41	564	583	583	583
1957	8	-726	-722	-722	-722
1406	5	-205	-138	-138	-138
3885	276	-2454	399	399	399

3-18 大中型住宿业企业分行业经济效益分析指标

旅游饭店

地 区	负债比率 (%)	主营业务毛利率 (%)	人均营业收入 (万元)	费用率 (%)
全 国	**71.6**	**66.2**	**19.4**	**63.4**
北 京	75.9	74.7	25.3	69.9
天 津	83.0	64.8	18.8	71.1
河 北	81.7	60.4	13.7	81.9
山 西	70.5	57.6	12.6	70.2
内蒙古	61.1	56.0	15.0	62.1
辽 宁	71.5	56.0	20.6	55.9
吉 林	65.5	59.6	17.3	64.7
黑龙江	62.4	70.6	18.6	62.8
上 海	49.6	68.3	30.4	63.5
江 苏	71.5	63.0	19.7	65.0
浙 江	76.2	68.2	21.3	68.9
安 徽	74.9	59.9	15.1	64.2
福 建	64.1	63.7	19.3	59.4
江 西	69.2	65.8	14.4	63.2
山 东	68.8	59.9	18.9	53.2
河 南	72.9	62.8	15.8	61.2
湖 北	72.3	56.0	19.5	50.8
湖 南	70.2	62.3	16.9	61.1
广 东	76.7	68.4	18.6	62.5
广 西	69.8	69.0	15.2	74.3
海 南	69.4	73.2	19.9	57.4
重 庆	83.0	62.8	18.1	59.0
四 川	79.8	69.7	18.7	67.2
贵 州	80.9	63.4	16.8	64.9
云 南	59.0	62.7	16.0	52.8
西 藏	21.3	79.4	14.7	77.8
陕 西	79.9	64.8	15.8	64.8
甘 肃	64.5	56.2	14.5	54.2
青 海	34.9	69.5	14.6	66.5
宁 夏	91.2	62.3	13.9	75.5
新 疆	74.6	55.7	16.8	57.9

注：费用率等于销售费用、管理费用、财务费用三项之和除以营业收入合计(下表同)。

3-18 续表 1

一般旅馆

地区	负债比率(%)	主营业务毛利率(%)	人均营业收入(万元)	费用率(%)
全国	**68.2**	**58.6**	**19.5**	**50.8**
北京	48.1	71.7	23.1	63.7
天津	106.8	61.1	13.0	72.5
河北	65.5	48.1	15.2	46.9
山西	58.3	66.0	13.3	63.0
内蒙古	85.3	59.3	13.1	62.8
辽宁	75.6	50.0	23.8	55.9
吉林				
黑龙江	42.2	58.1	27.0	39.1
上海	83.9	75.4	28.6	66.5
江苏	64.3	53.8	16.6	52.3
浙江	76.1	66.5	18.2	68.3
安徽	62.0	50.6	18.7	47.7
福建	71.7	70.8	18.9	60.7
江西	62.7	59.0	14.0	50.6
山东	94.0	64.9	15.4	49.0
河南	84.6	49.6	23.3	35.2
湖北	58.3	49.0	22.0	37.5
湖南	74.9	39.6	21.3	28.2
广东	59.0	53.6	18.9	42.1
广西	91.3	68.4	13.8	69.3
海南				
重庆	82.7	44.0	18.7	34.6
四川	71.3	54.4	18.3	54.2
贵州	37.8	70.5	13.0	61.1
云南	75.5	45.1	20.0	42.1
西藏				
陕西	68.4	38.0	21.2	29.6
甘肃	68.3	74.9	24.2	30.2
青海				
宁夏	101.9	71.0	17.3	78.2
新疆	52.8	14.9	13.2	17.0

3-18 续表 2

其他住宿业

地　区	负债比率 (%)	主营业务毛利率 (%)	人均营业收入 (万元)	费用率 (%)
全　国	**79.9**	**67.1**	**18.4**	**63.2**
北　京	123.3	66.6	15.0	102.5
天　津	22.7	61.5	23.1	53.0
河　北	90.1	60.0	13.6	72.8
山　西	74.5	40.7	11.8	33.9
内蒙古				
辽　宁				
吉　林	81.1	70.0	33.5	60.8
黑龙江	132.5	55.9	19.6	66.4
上　海	50.6	79.2	29.0	59.6
江　苏	142.3	80.0	21.1	61.3
浙　江	86.3	77.0	13.7	85.0
安　徽	95.4	36.7	14.9	54.5
福　建	67.5	60.4	19.6	51.1
江　西	50.5	76.4	19.9	70.9
山　东	83.2	58.2	15.9	44.2
河　南	47.2	27.3	13.8	2.7
湖　北	79.1	44.3	16.7	36.0
湖　南	69.5	65.1	25.4	64.2
广　东	84.2	75.4	15.1	77.9
广　西	50.0	96.6	35.0	51.3
海　南	76.9	69.2	12.0	52.8
重　庆	165.6	53.4	12.9	59.6
四　川	58.1	66.3	23.9	53.2
贵　州	48.4	81.8	10.2	102.9
云　南	49.5	49.7	11.3	50.7
西　藏				
陕　西	83.1	75.3	15.4	93.8
甘　肃				
青　海				
宁　夏				
新　疆				

3-19 大中型餐饮业企业分行业基本情况

地区	餐饮业			
			正餐服务	
	法人单位数(个)	年末从业人数(人)	法人单位数(个)	年末从业人数(人)
全国	**2956**	**1286542**	**2593**	**779893**
北京	345	166398	285	102968
天津	65	39771	52	13124
河北	36	9997	36	9997
山西	70	30652	65	23876
内蒙古	43	10026	41	9661
辽宁	65	21080	52	10686
吉林	11	4265	11	4265
黑龙江	15	6937	14	6575
上海	311	157469	262	91989
江苏	313	134562	270	63398
浙江	203	78191	185	49617
安徽	65	24949	57	16172
福建	84	44984	71	30040
江西	24	12159	22	6145
山东	167	49547	151	40549
河南	52	18327	45	11276
湖北	107	53630	99	30330
湖南	75	27959	66	18028
广东	462	195540	404	104775
广西	22	11690	17	3723
海南	14	3931	13	3713
重庆	94	44273	85	38823
四川	125	67831	115	32639
贵州	15	5434	15	5434
云南	34	14298	30	9122
西藏	2	287	2	287
陕西	91	38528	85	32695
甘肃	19	5963	18	4018
青海	6	1553	6	1553
宁夏	9	2075	9	2075
新疆	12	4236	10	2340

3-19 续表

地区	快餐服务		饮料及冷饮服务		其他餐饮业	
	法人单位数(个)	年末从业人数(人)	法人单位数(个)	年末从业人数(人)	法人单位数(个)	年末从业人数(人)
全　国	**238**	**415077**	**28**	**30068**	**97**	**61504**
北　京	37	49534	6	3565	17	10331
天　津	7	24497			6	2150
河　北						
山　西	5	6776				
内蒙古	2	365				
辽　宁	9	9585	2	371	2	438
吉　林						
黑龙江	1	362				
上　海	26	42002	6	17382	17	6096
江　苏	23	61332	5	2265	15	7567
浙　江	11	26555	1	122	6	1897
安　徽	7	8572			1	205
福　建	11	14267	1	269	1	408
江　西	2	6014				
山　东	11	7161	1	177	4	1660
河　南	5	6301			2	750
湖　北	5	21423	1	1191	2	686
湖　南	9	9931				
广　东	40	80967	4	4232	14	5566
广　西	5	7967				
海　南	1	218				
重　庆	5	4591			4	859
四　川	5	12772	1	494	4	21926
贵　州						
云　南	3	4606			1	570
西　藏						
陕　西	5	5438			1	395
甘　肃	1	1945				
青　海						
宁　夏						
新　疆	2	1896				

3-20 大中型餐饮业企业分行业经营情况

正餐服务 单位：万元

地　区	营业额	客房收入	餐费收入	商品销售额	其他收入
全　国	**15314985**	**1177432**	**13243290**	**426136**	**468127**
北　京	2362421	24194	2261548	31303	45376
天　津	256586	21328	208685	3659	22915
河　北	137861	17299	116890	1552	2120
山　西	320134	63952	222981	24102	9099
内蒙古	359356	31975	322629	556	4196
辽　宁	223614	24978	180346	4960	13331
吉　林	65430	23333	37367	256	4473
黑龙江	71604	9883	52448	4523	4750
上　海	2184061	31391	2123521	3277	25872
江　苏	1170879	156552	953869	17922	42536
浙　江	1007191	115826	830176	18777	42413
安　徽	257534	37054	197950	17198	5332
福　建	562953	25936	522625	9119	5273
江　西	95526	7462	81757	5758	550
山　东	811586	181125	554074	42632	33755
河　南	213124	39824	145568	8255	19476
湖　北	562722	54391	475916	24660	7756
湖　南	332151	39537	270559	8660	13395
广　东	1989282	125284	1729049	56709	78240
广　西	55534	2941	47673	3302	1619
海　南	42124	2454	32370	442	6858
重　庆	745032	28888	669810	33953	12380
四　川	591259	46484	475150	33600	36025
贵　州	68086	4779	57771	3006	2531
云　南	175701	5885	150111	14025	5680
西　藏	5221		5221		
陕　西	511424	36348	405198	51820	18058
甘　肃	63326	5624	55785	1003	914
青　海	18241	3380	14734	91	36
宁　夏	24603	3292	18089	958	2264
新　疆	30419	6033	23419	60	907

3-20 续表 1

快餐服务　　单位：万元

地　区	营业额	客房收入	餐费收入	商品销售额	其他收入
全　国	**8312139**	**2216**	**8191928**	**41921**	**76074**
北　京	1238551		1221549	5610	11392
天　津	437038		436031	832	176
河　北					
山　西	89939		89939		
内蒙古	9697	343	4111	5242	
辽　宁	562936		561573		1363
吉　林					
黑龙江	13104		13104		
上　海	750563		747112		3451
江　苏	891487		881206	10281	
浙　江	542617	1073	534404	2314	4827
安　徽	113532		99175	10720	3637
福　建	292542		284374	3547	4621
江　西	57347		57209	138	
山　东	313770	8	309167	1024	3572
河　南	123976		110758	37	13181
湖　北	302902		302889		13
湖　南	180211		177642	1185	1384
广　东	1757472		1739766		17706
广　西	86300		86300		
海　南	5803		5803		
重　庆	96786		96272	514	
四　川	219650	752	218408	476	14
贵　州					
云　南	75086		72643		2444
西　藏					
陕　西	83951	40	76324		7587
甘　肃	26920		26920		
青　海					
宁　夏					
新　疆	39959		39252		707

3-20 续表 2

饮料及冷饮服务　　单位：万元

地区	营业额	客房收入	餐费收入	商品销售额	其他收入
全国	**760507**		**709346**	**47760**	**3401**
北京	125276		109491	15634	151
天津					
河北					
山西					
内蒙古					
辽宁	12515		11042	1473	
吉林					
黑龙江					
上海	386774		358697	27826	251
江苏	39604		36605		2999
浙江	2526		2365	161	
安徽					
福建	2873		2873		
江西					
山东	7235		6424	811	
河南					
湖北	29098		29098		
湖南					
广东	118818		116964	1855	
广西					
海南					
重庆					
四川	35789		35789		
贵州					
云南					
西藏					
陕西					
甘肃					
青海					
宁夏					
新疆					

3-20 续表 3

其他餐饮业

单位：万元

地 区	营业额	客房收入	餐费收入	商品销售额	其他收入
全 国	**1041203**	**9413**	**982445**	**16115**	**33230**
北 京	140135		120455	402	19278
天 津	30953	2934	27702		317
河 北					
山 西					
内蒙古					
辽 宁	10606		9901	174	531
吉 林					
黑龙江					
上 海	96333		94054	1973	306
江 苏	68717	1824	66521	136	235
浙 江	44882		44484		398
安 徽	2924		2924		
福 建	12597		11796		801
江 西					
山 东	18519		14757	2154	1609
河 南	10346	976	6086	718	2566
湖 北	12819	559	12023		236
湖 南					
广 东	101018		87083	10438	3497
广 西					
海 南					
重 庆	22605	1890	18794	84	1837
四 川	455008		454806	36	165
贵 州					
云 南	10806		9352		1454
西 藏					
陕 西	2936	1230	1706		
甘 肃					
青 海					
宁 夏					
新 疆					

3-21 大中型餐饮业企业分行业年末资产负债

正餐服务

单位：万元

地区	流动资产合计	固定资产原价	累计折旧	资产总计	负债合计	所有者权益合计
全国	**8736858**	**8656827**	**2719261**	**19421170**	**14024294**	**5396876**
北京	1208925	558925	245014	2182127	1568559	613569
天津	220976	137676	34118	408607	286704	121902
河北	82632	99554	37092	217851	163708	54143
山西	235622	491304	112351	809189	653082	156106
内蒙古	183927	269607	58316	524224	309211	215013
辽宁	244697	274114	79823	579877	484269	95608
吉林	54484	166366	43175	244273	110063	134210
黑龙江	23866	49867	10808	92190	48128	44062
上海	764312	528968	172154	1424777	962023	462754
江苏	861821	865861	252730	1900702	1523231	377471
浙江	623419	885373	220265	1647953	1308817	339137
安徽	177774	148962	60547	452376	332983	119394
福建	221607	169904	74371	387618	273176	114442
江西	55784	53035	13643	109674	60172	49502
山东	598846	945228	219216	1848295	1274322	573973
河南	134520	104117	30563	282070	191059	91012
湖北	298794	365476	122886	717148	594891	122257
湖南	131469	212183	53484	400535	266499	134035
广东	793405	911407	366819	1683617	1291330	392288
广西	28703	18289	6597	48031	35690	12342
海南	95446	101178	37160	209447	133768	75678
重庆	268756	226938	75238	511337	261536	249801
四川	764357	509206	223554	1400110	1074418	325691
贵州	43029	25839	11403	65922	50239	15684
云南	273230	128347	25966	405088	250780	154309
西藏	4047	247	65	4229	782	3447
陕西	236927	268353	104654	569998	321669	248329
甘肃	24810	23964	6047	61257	40624	20633
青海	8409	26456	5968	41856	13179	28677
宁夏	53271	43513	7795	122371	100665	21706
新疆	18994	46571	7439	68421	38719	29702

3-21 续表 1

快餐服务　　单位：万元

地区	流动资产合计	固定资产原价	累计折旧	资产总计	负债合计	所有者权益合计
全国	**1400447**	**1800950**	**785695**	**4119716**	**2795300**	**1324416**
北京	202885	223538	105920	533051	324844	208207
天津	38452	93648	40740	186075	120755	65320
河北						
山西	5919	8430	3657	26891	15304	11587
内蒙古	9385	7929	4176	13905	9039	4866
辽宁	66395	96274	47334	240324	173322	67002
吉林						
黑龙江	1976	5682	2522	8854	7405	1450
上海	167481	162259	80504	375904	282804	93100
江苏	111916	153515	68851	364967	257281	107686
浙江	76052	124154	58840	244945	188448	56498
安徽	58367	22934	7479	85229	64431	20798
福建	35605	80609	31113	152716	122855	29861
江西	2424	4905	4379	16949	8564	8385
山东	36455	77548	33092	162716	136852	25863
河南	22896	44972	13202	82553	66268	16285
湖北	27043	62362	24274	138637	112813	25824
湖南	18695	42067	13555	85276	73716	11561
广东	398702	391214	170075	1015887	589833	426055
广西	11886	11669	4722	33426	18648	14779
海南	1255	1924	1258	3713	1255	2458
重庆	18763	35472	13755	56341	36619	19722
四川	33292	68932	27455	126353	91747	34606
贵州						
云南	8574	13412	4405	32218	20485	11733
西藏						
陕西	36214	52001	18578	102168	62001	40167
甘肃	4489	3028	1858	9612	3705	5907
青海						
宁夏						
新疆	5329	12473	3953	21006	6308	14698

3-21 续表 2

饮料及冷饮服务　　　　单位：万元

地　区	流动资产合计	固定资产原价	累计折旧	资产总计	负债合计	所有者权益合计
全　国	**208228**	**128180**	**45003**	**443501**	**244361**	**199140**
北　京	36130	22761	8987	74503	48584	25919
天　津						
河　北						
山　西						
内蒙古						
辽　宁	3412	2442	1080	8018	3252	4766
吉　林						
黑龙江						
上　海	106535	56361	17589	212489	121985	90505
江　苏	17422	13816	4093	43818	21571	22247
浙　江	1268	398	306	1382	435	947
安　徽						
福　建	1134	3772	983	5112	2537	2576
江　西						
山　东	1605	1223	482	4287	1490	2797
河　南						
湖　北	3529	5029	1540	15176	8585	6591
湖　南						
广　东	31251	16669	7363	61890	27122	34768
广　西						
海　南						
重　庆						
四　川	5945	5711	2580	16826	8802	8025
贵　州						
云　南						
西　藏						
陕　西						
甘　肃						
青　海						
宁　夏						
新　疆						

3-21 续表 3

其他餐饮业

单位：万元

地　区	流动资产合计	固定资产原价	累计折旧	资产总计	负债合计	所有者权益合计
全　国	**480943**	**192089**	**63952**	**890904**	**582757**	**308147**
北　京	129875	22219	10707	294551	311746	-17196
天　津	19702	4097	1420	24331	14156	10176
河　北						
山　西						
内蒙古						
辽　宁	7093	4184	2591	10103	2306	7797
吉　林						
黑龙江						
上　海	29250	11425	4590	39185	23472	15714
江　苏	22310	17279	6582	43851	19444	24407
浙　江	19535	12181	4828	29493	10433	19060
安　徽	2475	4687	530	6632	106	6525
福　建	7904	4098	1885	12127	4994	7133
江　西						
山　东	3846	2781	1073	9628	4813	4815
河　南	8646	14332	5089	20357	18606	1751
湖　北	8939	3073	1224	11331	6309	5022
湖　南						
广　东	45363	18484	10604	64515	28998	35518
广　西						
海　南						
重　庆	7609	21438	4490	27249	14754	12495
四　川	151943	47747	6620	248063	87910	160153
贵　州						
云　南	9298	3742	1703	11633	4907	6726
西　藏						
陕　西	7156	323	16	37856	29806	8050
甘　肃						
青　海						
宁　夏						
新　疆						

3-22 大中型餐饮业企业分行业实收资本及构成

正餐服务

单位：万元

地区	实收资本	国家资本	集体资本	法人资本	个人资本	港澳台资本	外商资本
全国	**4038137**	**339817**	**84608**	**1724200**	**1277916**	**407970**	**203626**
北京	384628	10467	3138	195708	107919	21161	46236
天津	83088	3529	5008	26959	45705		1887
河北	57770	1993		25169	30608		
山西	131104	12500	879	80005	37720		
内蒙古	130617	12634	3000	95347	19636		
辽宁	120681	3894		74791	40381		1615
吉林	80943	18653	30	5400	56860		
黑龙江	26354	1137	529	9843	9740	5103	2
上海	355485	28166	789	102697	34434	99947	89453
江苏	448929	63662	13180	116207	162700	78282	14898
浙江	338984	1720	27257	149819	115394	37154	7640
安徽	91733	2244	233	53366	35889		
福建	101162	10094	589	34452	37839	17686	502
江西	22317	532		9353	11604	813	15
山东	308709	60101	4834	155088	80179	6857	1650
河南	58078	32	5970	24559	27426		91
湖北	160792	8800		83268	60114	5914	2697
湖南	122844	1485		83750	36866	744	
广东	362722	27542	6037	118692	100535	89110	20806
广西	13979			10024	2495	1460	
海南	57175			50050	2316	4809	
重庆	109703	6135		31339	26417	38115	7696
四川	215351	50568	7201	98189	58160	333	900
贵州	12259	500		5708	5050		1000
云南	29619	5455		10798	13260	106	
西藏	3118				3118		
陕西	155980	7906	5900	48959	86303	375	6538
甘肃	9632			3250	6382		
青海	13896			200	13696		
宁夏	23101			16387	6713		
新疆	7387	70	35	4825	2457		

3-22 续表 1

快餐服务　　　　单位：万元

地　区	实收资本	国家资本	集体资本	法人资本	个人资本	港澳台资本	外商资本
全　国	**827507**	**15444**	**6202**	**297002**	**36682**	**114727**	**357451**
北　京	101496	206	1080	14247	5774	35784	44405
天　津	19115			150	1100	235	17630
河　北							
山　西	2909			1070	100		1739
内蒙古	2050		2000			50	
辽　宁	22900			1060		1757	20082
吉　林							
黑龙江	2482						2482
上　海	211746	7367		120958	200	21738	61483
江　苏	53228		2492	7312	2667	3354	37403
浙　江	58152	100		29029	1625	45	27353
安　徽	9921	5000		3109	1565	248	
福　建	26856			4034	3361	15918	3543
江　西	2159			50			2109
山　东	17551	2771		1515	980	690	11596
河　南	5571			51	1049	2070	2401
湖　北	22183				300		21883
湖　南	13808			9807	2260		1741
广　东	185717		600	70178	12247	27777	74915
广　西	7227			1569	1773		3885
海　南	337					337	
重　庆	6144		30	500		2068	3547
四　川	19501			2485	800		16216
贵　州							
云　南	6345			4109		1657	579
西　藏							
陕　西	23522			20591	881	1000	1050
甘　肃	1410						1410
青　海							
宁　夏							
新　疆	5178			5178			

3-22 续表 2

饮料及冷饮服务　　　　单位：万元

地　区	实收资本	国家资本	集体资本	法人资本	个人资本	港澳台资本	外商资本
全　国	**88024**	**25**		**2366**	**354**	**48723**	**36557**
北　京	16909			700		9157	7052
天　津							
河　北							
山　西							
内蒙古							
辽　宁	3570					3570	
吉　林							
黑龙江							
上　海	24639			1666		12950	10023
江　苏	19686				204		19482
浙　江	25	25					
安　徽							
福　建	5600					5600	
江　西							
山　东	818					818	
河　南							
湖　北	1740					1740	
湖　南							
广　东	12745				150	12595	
广　西							
海　南							
重　庆							
四　川	2292					2292	
贵　州							
云　南							
西　藏							
陕　西							
甘　肃							
青　海							
宁　夏							
新　疆							

3-22 续表 3

其他餐饮业 单位：万元

地　区	实收资本	国家资本	集体资本	法人资本	个人资本	港澳台资本	外商资本
全　国	**127780**	**5400**	**1730**	**67849**	**23564**	**8446**	**20790**
北　京	26779	140		16824	2098	12	7705
天　津	6989		100	1355	5534		
河　北							
山　西							
内 蒙 古							
辽　宁	4326	676		3000		650	
吉　林							
黑 龙 江							
上　海	19349	613		7225	1695	210	9607
江　苏	7403		98	775	4919	1365	246
浙　江	3725	71	58	672	400		2525
安　徽	200			200			
福　建	1211			618		593	
江　西							
山　东	2109	509		500	1100		
河　南	5101				5101		
湖　北	2000			2000			
湖　南							
广　东	15539	1433	1232	8939	1747	2138	50
广　西							
海　南							
重　庆	8973	1958	242	3723	50	3000	
四　川	14159			13500			659
贵　州							
云　南	1917			1440		477	
西　藏							
陕　西	8000			7080	920		
甘　肃							
青　海							
宁　夏							
新　疆							

3-23 大中型餐饮业企业分行业损益及分配

正餐服务　　　　单位：万元

地　区	主营业务收入	主营业务成本	主营业务税金及附加	主营业务利润
全　国	**15222695**	**7323250**	**800586**	**7098858**
北　京	2389007	966159	130813	1292035
天　津	248913	117615	12310	118988
河　北	136083	68491	7039	60553
山　西	317450	173370	16068	128012
内蒙古	357620	215729	15201	126690
辽　宁	224131	111436	12900	99795
吉　林	66670	26709	3561	36400
黑龙江	71609	41594	3763	26252
上　海	2156598	927315	116188	1113095
江　苏	1155223	539424	58245	557554
浙　江	1005745	487114	53345	465286
安　徽	255957	123730	13077	119150
福　建	561813	304984	33644	223185
江　西	95925	57855	4019	34051
山　东	752030	369145	38792	344093
河　南	208123	109949	9814	88360
湖　北	550335	276581	29832	243922
湖　南	330573	186042	18152	126379
广　东	1995620	949821	106276	939523
广　西	59117	31080	3255	24782
海　南	89400	24539	4337	60524
重　庆	730488	441181	35618	253689
四　川	591846	316984	29114	245748
贵　州	66823	35265	3535	28023
云　南	175337	102644	8101	64592
西　藏	5221	2910	300	2011
陕　西	489272	245492	26556	217224
甘　肃	62502	34975	3042	24485
青　海	18223	8442	891	8890
宁　夏	24603	12225	1383	10995
新　疆	30438	14453	1417	14568

3-23 续表 1

正餐服务

地　区	其他业务利润	销售费用	管理费用	财务费用
全　国	**156420**	**4654466**	**2037296**	**322169**
北　京	7725	927012	308987	31521
天　津	888	85327	30471	5293
河　北	234	45919	14026	5661
山　西	10153	94153	73094	12399
内蒙古	232	95228	53699	5429
辽　宁	30	64284	41744	6344
吉　林	120	16844	20131	1324
黑龙江	3797	16571	9137	317
上　海	28272	772797	273920	23970
江　苏	8703	312463	190614	37549
浙　江	5949	326194	151420	37489
安　徽	7733	74972	33225	10248
福　建	162	107661	74707	7661
江　西	1011	23162	8624	1483
山　东	4996	171682	123899	20851
河　南	4051	42106	16384	6137
湖　北	8225	158520	56508	10942
湖　南	10583	77624	40836	8452
广　东	27217	657285	233567	39447
广　西	199	16568	7867	1731
海　南	2295	34173	14798	2444
重　庆	779	140304	59599	5877
四　川	2109	151061	92947	17678
贵　州	31	18372	9035	1955
云　南	5453	42454	23667	9468
西　藏		1452	385	1
陕　西	9562	142871	51751	6063
甘　肃	4256	17021	4710	1263
青　海	18	5714	2943	136
宁　夏	955	7195	5291	2332
新　疆	682	7478	9310	707

单位：万元

营业利润	利润总额	应交所得税	应付职工薪酬
226106	**223147**	**167309**	**2960474**
50089	57906	36392	526327
9330	19286	3301	56066
-4895	-3707	869	29168
-49699	-47180	1354	63269
-26221	-38268	4095	68916
-12209	-13634	1332	35176
-1787	-6784	686	10770
153	305	286	14816
49516	65267	29913	360799
22059	13418	8859	240611
-34704	-23441	6470	189363
2459	1743	3900	51037
39932	22314	7591	113064
2159	2888	2150	15172
29846	24804	7742	144488
24027	22849	2190	34200
10505	10964	6624	102137
7350	5389	1385	58426
28158	35511	18210	410141
-2827	-1822	372	10990
9115	10008	3502	17168
83980	69064	7237	124562
-15077	-8019	6029	108911
-485	150	145	18982
-9579	-5954	1165	30223
173	173	33	945
19431	15547	4954	95960
1215	-26	103	7711
115	99	41	4907
-3780	-3362	98	5694
-2244	-2340	282	10477

3-23 续表 2

快餐服务

地　区	主营业务收入	主营业务成本	主营业务税金及附加	主营业务利润	其他业务利润	销售费用
全　国	**8211005**	**3781202**	**431862**	**3997941**	**64524**	**3000624**
北　京	1228121	509975	63435	654711	9940	539807
天　津	441776	201877	23367	216532	5481	147328
河　北						
山　西	89981	48176	4579	37226	2	21793
内蒙古	9705	3655	273	5777		3773
辽　宁	558873	253647	30690	274536	31	186660
吉　林						
黑龙江	13104	4811	641	7652		6732
上　海	746693	352517	41202	352974	2854	293390
江　苏	886162	428489	46633	411040	6504	276233
浙　江	537920	254148	29358	254414	4084	184742
安　徽	109626	45491	4096	60039		48975
福　建	288871	130153	15788	142930	3653	113483
江　西	57101	28748	389	27964		2579
山　东	311108	155541	16410	139157	2604	100223
河　南	110955	50889	6138	53928	8930	43565
湖　北	302864	135896	16491	150477	13	103608
湖　南	168807	83297	8848	76662	93	58762
广　东	1725252	796274	92319	836659	7281	671703
广　西	86393	40554	4799	41040	61	26900
海　南	5803	1908	319	3576		997
重　庆	96786	36942	5426	54418	95	43390
四　川	220066	125596	11998	82472	6053	41009
贵　州						
云　南	72974	34060	1162	37752	128	24140
西　藏						
陕　西	75894	28753	3790	43351	6009	42288
甘　肃	26920	12347	1474	13099		6059
青　海						
宁　夏						
新　疆	39252	17459	2239	19554	707	12486

单位：万元

管理费用	财务费用	营业利润	利润总额	应交所得税	应付职工薪酬
671770	**33189**	**346775**	**314118**	**86806**	**1383973**
99759	1041	22689	21475	7869	242655
36543	690	30277	29416	7870	73772
6229	10	9195	9184	2029	2775
1358	269	388	387	97	1517
45953	1259	39578	40592	10774	50912
403	128	390	424	120	1610
69600	5671	-8340	-217	4078	109534
77392	5463	58402	57265	14570	158699
45562	4657	20815	24414	7318	110794
6688	974	5211	5534	1267	22716
23412	1890	7178	8598	2407	41216
4209	238	20937	625	153	6770
26606	2887	12026	12478	4291	55411
13270	1047	4975	4958	1275	15534
25809	1942	18591	18155	4545	54645
13811	1694	1627	39	541	32842
123716	720	45208	41657	8103	308364
6788	-96	7438	7359	2337	11110
2168	8	404	45	11	962
6279	70	8166	6996	1424	14359
17937	1486	27273	10790	914	34718
5927	13	6474	6067	1667	10443
6930	1075	-1462	-1144	936	13359
1918	-94	5217	5178	1245	2786
3505	149	4119	3921	965	6473

3-23 续表 3

饮料及冷饮服务

地区	主营业务收入	主营业务成本	主营业务税金及附加	主营业务利润	其他业务利润	销售费用
全国	**759862**	**224195**	**38924**	**496743**	**22**	**369728**
北京	125247	35380	6324	83543	12	68083
天津						
河北						
山西						
内蒙古						
辽宁	12420	3260	628	8532		6239
吉林						
黑龙江						
上海	386578	112159	20027	254392	10	188616
江苏	39510	16968	1343	21199		13318
浙江	2502	674	133	1695		952
安徽						
福建	2783	877	121	1785		2523
江西						
山东	7117	1896	362	4859		3340
河南						
湖北	29098	7769	1574	19755		14393
湖南						
广东	118818	35707	6552	76559		54537
广西						
海南						
重庆						
四川	35789	9505	1860	24424		17727
贵州						
云南						
西藏						
陕西						
甘肃						
青海						
宁夏						
新疆						

单位：万元

管理费用	财务费用	营业利润	利润总额	应交所得税	应付职工薪酬
45252	**1632**	**80338**	**82652**	**21991**	**113684**
11223	382	3866	3621	2471	28748
791	26	1476	1415	375	2826
16158	-143	49942	53182	13581	50628
4990	901	2005	520	193	9081
591	17	135	141	35	649
631	46	-1415			600
317	27	1176	1123	297	1350
1578	182	3602	3335	834	5030
6334	61	15628	15476	3245	14596
2640	134	3923	3840	960	176

3-23 续表 4

其他餐饮业

地　区	主营业务收入	主营业务成本	主营业务税金及附加	主营业务利润	其他业务利润	销售费用
全　国	**1090114**	**520839**	**51195**	**518079**	**2169**	**311608**
北　京	136820	88045	5690	43085	413	39137
天　津	31964	19400	1522	11042		5549
河　北						
山　西						
内蒙古						
辽　宁	9880	6403	178	3299		
吉　林						
黑龙江						
上　海	97039	65377	3882	27780	253	19774
江　苏	110247	56600	4630	49017	286	35267
浙　江	44722	28005	1333	15384	153	7531
安　徽	2924	1532	34	1358		420
福　建	12597	9235	196	3166		512
江　西						
山　东	18159	10239	1731	6189	267	848
河　南	10287	5515	385	4387	59	4438
湖　北	12582	6461	726	5395		3684
湖　南						
广　东	100573	50668	4448	45457	23	22371
广　西						
海　南						
重　庆	22566	9872	405	12289		5259
四　川	466036	157249	25732	283055	714	165796
贵　州						
云　南	10782	5625	129	5028		106
西　藏						
陕　西	2936	615	174	2147		916
甘　肃						
青　海						
宁　夏						
新　疆						

单位：万元

管理费用	财务费用	营业利润	利润总额	应交所得税	应付职工薪酬
115179	**7882**	**89412**	**87807**	**25255**	**230956**
19211	3212	-18062	-18008	257	36064
4931	144	223	-378	28	11626
2359	-18	958	967	184	481
8778	61	-577	-165	276	20977
5644	361	8321	7198	1634	21010
2999	122	4885	5145	839	6941
177	68	693	693	18	590
1172	-16	1499	1508	390	3229
2127	164	3318	4272	90	5891
1648	416	-2056	-2056	53	1972
1009	52	901	909	248	2999
19813	167	5320	5201	1211	22129
5291	208	1604	1320	231	4134
34384	2931	81724	80534	19673	89442
4857	-6	227	234	125	2531
780	18	434	434		940

3-24 大中型餐饮业企业分行业经济效益分析指标

正餐服务

地　区	负债比率 (%)	主营业务毛利率 (%)	人均营业收入 (万元)	费用率 (%)
全　国	**72.2**	**51.9**	**19.7**	**45.8**
北　京	71.9	59.6	23.3	52.9
天　津	70.2	52.7	19.3	47.9
河　北	75.1	49.7	13.6	48.2
山　西	80.7	45.4	13.4	56.0
内蒙古	59.0	39.7	37.2	42.9
辽　宁	83.5	50.3	21.0	50.0
吉　林	45.1	59.9	15.7	57.3
黑龙江	52.2	41.9	10.9	36.2
上　海	67.5	57.0	23.5	49.4
江　苏	80.1	53.3	18.3	46.7
浙　江	79.4	51.6	20.4	50.8
安　徽	73.6	51.7	15.9	46.1
福　建	70.5	45.7	18.8	33.6
江　西	54.9	39.7	15.6	34.6
山　东	68.9	50.9	18.7	41.8
河　南	67.7	47.2	18.5	31.0
湖　北	83.0	49.7	18.2	40.9
湖　南	66.5	43.7	18.5	38.1
广　东	76.7	52.4	19.1	46.5
广　西	74.3	47.4	16.2	43.3
海　南	63.9	72.6	24.1	57.5
重　庆	51.1	39.6	19.3	27.5
四　川	76.7	46.4	18.6	43.1
贵　州	76.2	47.2	14.0	38.6
云　南	61.9	41.5	19.3	42.9
西　藏	18.5	44.3	18.2	35.2
陕　西	56.4	49.8	15.0	40.9
甘　肃	66.3	44.0	15.6	36.8
青　海	31.5	53.7	11.7	48.2
宁　夏	82.3	50.3	11.9	60.1
新　疆	56.6	52.5	13.3	56.3

注：费用率等于销售费用、管理费用、财务费用三项之和除以营业收入合计(下表同)。

3-24 续表 1

快餐服务

地区	负债比率 (%)	主营业务毛利率 (%)	人均营业收入 (万元)	费用率 (%)
全国	**67.9**	**53.9**	**19.9**	**44.8**
北京	60.9	58.5	25.1	51.5
天津	64.9	54.3	18.0	41.8
河北				
山西	56.9	46.5	13.3	31.2
内蒙古	65.0	62.3	26.6	55.6
辽宁	72.1	54.6	58.3	41.8
吉林				
黑龙江	83.6	63.3	36.2	55.4
上海	75.2	52.8	17.9	49.1
江苏	70.5	51.6	14.5	40.3
浙江	76.9	52.8	20.3	43.6
安徽	75.6	58.5	13.2	50.0
福建	80.4	54.9	20.6	47.3
江西	50.5	49.7	9.5	12.3
山东	84.1	50.0	43.8	41.3
河南	80.3	54.1	17.6	52.2
湖北	81.4	55.1	14.1	43.4
湖南	86.4	50.7	17.0	44.0
广东	58.1	53.8	21.4	45.8
广西	55.8	53.1	10.8	38.9
海南	33.8	67.1	26.6	54.7
重庆	65.0	61.8	21.1	51.4
四川	72.6	42.9	17.2	27.5
贵州				
云南	63.6	53.3	16.3	40.1
西藏				
陕西	60.7	62.1	15.4	60.2
甘肃	38.5	54.1	13.8	29.3
青海				
宁夏				
新疆	30.0	55.5	21.1	40.4

3-24 续表 2

饮料及冷饮服务

地 区	负债比率 (%)	主营业务毛利率 (%)	人均营业收入 (万元)	费用率 (%)
全 国	**55.1**	**70.5**	**25.3**	**54.8**
北 京	65.2	71.8	35.1	63.6
天 津				
河 北				
山 西				
内蒙古				
辽 宁	40.6	73.8	33.5	56.8
吉 林				
黑龙江				
上 海	57.4	71.0	22.3	52.9
江 苏	49.2	57.1	17.4	48.6
浙 江	31.5	73.1	20.5	62.4
安 徽				
福 建	49.6	68.5	10.7	111.4
江 西				
山 东	34.8	73.4	40.2	51.8
河 南				
湖 北	56.6	73.3	24.4	55.5
湖 南				
广 东	43.8	69.9	28.1	51.3
广 西				
海 南				
重 庆				
四 川	52.3	73.4	72.4	57.3
贵 州				
云 南				
西 藏				
陕 西				
甘 肃				
青 海				
宁 夏				
新 疆				

3-24 续表 3

其他餐饮业

地区	负债比率(%)	主营业务毛利率(%)	人均营业收入(万元)	费用率(%)
全国	**65.4**	**52.2**	**17.8**	**39.6**
北京	105.8	35.6	13.3	44.9
天津	58.2	39.3	14.9	33.2
河北				
山西				
内蒙古				
辽宁	22.8	35.2	22.6	23.7
吉林				
黑龙江				
上海	59.9	32.6	16.0	29.4
江苏	44.3	48.7	14.9	36.5
浙江	35.4	37.4	23.7	23.7
安徽	1.6	47.6	14.3	22.7
福建	41.2	26.7	30.9	13.2
江西				
山东	50.0	43.6	11.1	17.0
河南	91.4	46.4	13.7	63.2
湖北	55.7	48.6	18.7	37.0
湖南				
广东	44.9	49.6	18.5	41.2
广西				
海南				
重庆	54.1	56.3	26.3	47.6
四川	35.4	66.3	21.3	43.5
贵州				
云南	42.2	47.8	19.0	45.9
西藏				
陕西	78.7	79.1	7.4	58.4
甘肃				
青海				
宁夏				
新疆				

企业篇

简要说明:

一、本篇资料主要内容为分地区大型批发业、零售业、住宿业和餐饮业企业名称、所属行业和所在地等。

二、本篇资料来源于批发和零售业、住宿和餐饮业企业上报的2013年统计年报。

4-1 分地区大型批发业企业名单

企业名称	所属行业	企业所在地
北京市		
中国石化化工销售有限公司	其他化工产品批发	北京市朝阳区
五矿钢铁有限责任公司	金属及金属矿批发	北京市海淀区
宝马(中国)汽车贸易有限公司	汽车批发	北京市朝阳区
一汽丰田汽车销售有限公司	汽车批发	北京市海淀区
中国航空油料有限责任公司	石油及制品批发	北京市海淀区
天翼电信终端有限公司	通讯及广播电视设备批发	北京市西城区
中国石化燃料油销售有限公司	石油及制品批发	北京市朝阳区
中国海洋石油总公司销售分公司	石油及制品批发	北京市东城区
北京普天太力通信科技有限公司	通讯及广播电视设备批发	北京市海淀区
联通华盛通信有限公司	通讯及广播电视设备批发	北京市西城区
中国中煤能源股份有限公司	煤炭及制品批发	北京市朝阳区
奥迪(中国)企业管理有限公司	汽车批发	北京市朝阳区
中钢钢铁有限公司	金属及金属矿批发	北京市海淀区
神华销售集团有限公司	煤炭及制品批发	北京市东城区
中国矿产有限责任公司	金属及金属矿批发	北京市海淀区
中国黄金集团黄金珠宝有限公司	首饰、工艺品及收藏品批发	北京市大兴区
五矿有色金属股份有限公司	金属及金属矿批发	北京市海淀区
丰田汽车(中国)投资有限公司	汽车批发	北京市朝阳区
中石油昆仑燃气有限公司	石油及制品批发	北京市朝阳区
索尼(中国)有限公司	家用电器批发	北京市朝阳区
神华销售集团华北能源贸易有限公司	煤炭及制品批发	北京市昌平区
中农集团控股股份有限公司	化肥批发	北京市西城区
中化化肥有限公司	化肥批发	北京市西城区
佳能(中国)有限公司	家用电器批发	北京市东城区
中国首钢国际贸易工程公司	金属及金属矿批发	北京市海淀区
大金(中国)投资有限公司	家用电器批发	北京市东城区
中国石油技术开发公司	其他机械设备及电子产品批发	北京市西城区
西门子(中国)有限公司	通讯及广播电视设备批发	北京市朝阳区
中国石油天然气股份有限公司北京销售分公司	石油及制品批发	北京市朝阳区
中国铁路物资北京有限公司	金属及金属矿批发	北京市西城区
日产(中国)投资有限公司	汽车批发	北京市朝阳区
松下电器(中国)有限公司	家用电器批发	北京市朝阳区
施耐德电气(中国)有限公司	电气设备批发	北京市朝阳区
神华物资集团有限公司	其他机械设备及电子产品批发	北京市昌平区
北京红牛饮料销售有限公司	酒、饮料及茶叶批发	北京市朝阳区
中国烟草总公司北京市公司	烟草制品批发	北京市通州区
中国铁路物资股份有限公司	金属及金属矿批发	北京市西城区
北京科园信海医药经营有限公司	中药批发	北京市丰台区
华润雪花啤酒(中国)有限公司	酒、饮料及茶叶批发	北京市东城区
中国有色金属建设股份有限公司	金属及金属矿批发	北京市朝阳区
中化塑料有限公司	其他化工产品批发	北京市西城区
翰林汇信息产业股份有限公司	计算机、软件及辅助设备批发	北京市海淀区
中铁物资集团有限公司	金属及金属矿批发	北京市海淀区
现代汽车(中国)投资有限公司	汽车批发	北京市朝阳区
北京金隅水泥经贸有限公司	建材批发	北京市房山区
国药集团药业股份有限公司	西药批发	北京市东城区
乐金电子(中国)有限公司	家用电器批发	北京市朝阳区
北京汽车销售有限公司	汽车批发	北京市大兴区
卡特彼勒(中国)投资有限公司	电气设备批发	北京市朝阳区
中粮集团有限公司	谷物、豆及薯类批发	北京市东城区

4-1 续表 1

企业名称	所属行业	企业所在地
中建材国际贸易有限公司	建材批发	北京市海淀区
国药控股北京有限公司	中药批发	北京市东城区
中国机械进出口(集团)有限公司	贸易代理	北京市西城区
亚马逊卓越有限公司	图书批发	北京市朝阳区
中国再生资源开发有限公司	再生物资回收与批发	北京市西城区
路易达孚(北京)贸易有限责任公司	谷物、豆及薯类批发	北京市朝阳区
中航技进出口有限责任公司	其他机械设备及电子产品批发	北京市朝阳区
诺基亚(中国)投资有限公司	通讯及广播电视设备批发	北京市大兴区
中钢设备股份有限公司	其他机械设备及电子产品批发	北京市海淀区
北京龙禹石油化工有限公司	石油及制品批发	北京市平谷区
中国航空技术北京有限公司	其他机械设备及电子产品批发	北京市大兴区
戴姆勒东北亚零部件贸易服务有限公司	汽车零配件批发	北京市朝阳区
中粮国际(北京)有限公司	米、面制品及食用油批发	北京市东城区
北京京东世纪贸易有限公司	家用电器批发	北京市大兴区
诺基亚通信系统技术(北京)有限公司	通讯及广播电视设备批发	北京市东城区
北京糖业烟酒集团有限公司	酒、饮料及茶叶批发	北京市东城区
中国石油化工股份有限公司润滑油分公司	石油及制品批发	北京市海淀区
中国免税品(集团)有限责任公司	烟草制品批发	北京市东城区
北京九州通医药有限公司	西药批发	北京市大兴区
北京周大福珠宝金行有限公司	首饰、工艺品及收藏品批发	北京市东城区
新时代健康产业(集团)有限公司	营养和保健品批发	北京市朝阳区
北京酷人通讯科技有限公司	通讯及广播电视设备批发	北京市朝阳区
中建材信息技术有限公司	计算机、软件及辅助设备批发	北京市海淀区
李宁(中国)体育用品有限公司	体育用品及器材批发	北京市通州区
国药控股北京华鸿有限公司	西药批发	北京市东城区
中国航空技术国际控股有限公司	其他机械设备及电子产品批发	北京市朝阳区
北京恒通华泰汽车销售有限公司	汽车批发	北京市朝阳区
东陶(中国)有限公司	厨房、卫生间用具及日用杂货批发	北京市朝阳区
中国电子进出口总公司	其他机械设备及电子产品批发	北京市海淀区
北京福田国际贸易有限公司	汽车批发	北京市昌平区
正大畜牧投资(北京)有限公司	饲料批发	北京市东城区
北京金隅商贸有限公司	建材批发	北京市朝阳区
中建材国际装备有限公司	建材批发	北京市海淀区
保利科技有限公司	其他机械设备及电子产品批发	北京市东城区
北京现代摩比斯汽车配件有限公司	汽车零配件批发	北京市顺义区
北京同仁堂健康药品经营有限公司	中药批发	北京市朝阳区
奥林巴斯(北京)销售服务有限公司	医疗用品及器材批发	北京市朝阳区
嘉康利(中国)日用品有限公司	营养和保健品批发	北京市大兴区
北京朝批商贸股份有限公司	米、面制品及食用油批发	北京市朝阳区
百丽鞋业(北京)有限公司	鞋帽批发	北京市通州区
索尼移动通信产品(中国)有限公司	通讯及广播电视设备批发	北京市朝阳区
中国精密机械进出口有限公司	贸易代理	北京市海淀区
北京中邮普泰移动通信设备有限责任公司	通讯及广播电视设备批发	北京市丰台区
中农立华生物科技股份有限公司	农药批发	北京市西城区
中国联合石油有限责任公司	石油及制品批发	北京市西城区
三星电子(北京)技术服务有限公司	其他机械设备及电子产品批发	北京市朝阳区
威斯特(北京)机械设备有限公司	其他机械设备及电子产品批发	北京市大兴区
中国石化国际事业有限公司	其他机械设备及电子产品批发	北京市朝阳区
中国仪器进出口(集团)公司	贸易代理	北京市西城区
富通时代科技有限公司	计算机、软件及辅助设备批发	北京市平谷区
北京惠买在线网络科技有限公司	厨房、卫生间用具及日用杂货批发	北京市大兴区

4-1 续表 2

企业名称	所属行业	企业所在地
华润新龙(北京)医药有限公司	西药批发	北京市大兴区
本田技研工业(中国)投资有限公司	汽车批发	北京市朝阳区
默克雪兰诺有限公司	西药批发	北京市顺义区
北京中青旅创格科技有限公司	计算机、软件及辅助设备批发	北京市海淀区
北京双鹤药业经营有限责任公司	西药批发	北京市东城区
中粮肉食(北京)有限公司	肉、禽、蛋、奶及水产品批发	北京市朝阳区
中国电子器材总公司	其他机械设备及电子产品批发	北京市海淀区
中国水利电力物资有限公司	金属及金属矿批发	北京市西城区
北京中科三环高技术股份有限公司	金属及金属矿批发	北京市海淀区
北京讯宜创新电子有限公司	计算机、软件及辅助设备批发	北京市海淀区
中国邮电器材集团公司	通讯及广播电视设备批发	北京市西城区
标致雪铁龙(中国)汽车贸易有限公司	汽车批发	北京市朝阳区
乐友(中国)超市连锁有限公司	其他家庭用品批发	北京市通州区
超威半导体产品(中国)有限公司	通讯及广播电视设备批发	北京市海淀区
北京北方京糖洋酒销售有限公司	酒、饮料及茶叶批发	北京市西城区
爱尔康(中国)眼科产品有限公司	医疗用品及器材批发	北京市朝阳区
中国集邮总公司	首饰、工艺品及收藏品批发	北京市东城区
北京中油公交石油销售有限公司	石油及制品批发	北京市通州区
北京一商宇洁商贸有限公司	厨房、卫生间用具及日用杂货批发	北京市东城区
史赛克(北京)医疗器械有限公司	医疗用品及器材批发	北京市东城区
中国海外经济合作总公司	贸易代理	北京市西城区
北京市西南郊食品冷冻厂	肉、禽、蛋、奶及水产品批发	北京市丰台区
北京一商美洁商业有限公司	化妆品及卫生用品批发	北京市丰台区
富士施乐(中国)有限公司	其他机械设备及电子产品批发	北京市朝阳区
北京伊藤忠华糖综合加工有限公司	化妆品及卫生用品批发	北京市东城区
北京市千叶世纪珠宝首饰有限公司	首饰、工艺品及收藏品批发	北京市东城区
中国石油物资公司	金属及金属矿批发	北京市西城区
北京蒙牛宏达乳制品有限责任公司	肉、禽、蛋、奶及水产品批发	北京市丰台区
中国药材公司	中药批发	北京市海淀区
恒信玺利实业股份有限公司	首饰、工艺品及收藏品批发	北京市朝阳区
国金黄金集团有限公司	首饰、工艺品及收藏品批发	北京市平谷区
北京鑫方盛五金交电有限公司	五金产品批发	北京市大兴区
北京法雅商贸有限责任公司	服装批发	北京市丰台区
北京曲美馨家商业有限公司	其他家庭用品批发	北京市顺义区
北京恒城实业发展公司	化妆品及卫生用品批发	北京市朝阳区
中航国际航空发展有限公司	贸易代理	北京市朝阳区
北京中油潞安石油销售有限公司	石油及制品批发	北京市东城区
北京同仁堂商业投资集团有限公司	中药批发	北京市西城区
北京润美康医药有限公司	西药批发	北京市顺义区
北京二商集团有限责任公司	糕点、糖果及糖批发	北京市西城区
北京台湖出版物会展贸易中心有限责任公司	图书批发	北京市通州区
通用美康医药有限公司	中药批发	北京市东城区
北京建贸新科建材有限公司	建材批发	北京市朝阳区
北京京东方多媒体科技有限公司	家用电器批发	北京市朝阳区
北京红太阳药业有限公司	西药批发	北京市朝阳区
北京赛科昌盛医药有限责任公司	西药批发	北京市朝阳区
北京青岛啤酒北方销售有限公司	酒、饮料及茶叶批发	北京市密云县
威能(北京)供暖设备有限公司	其他机械设备及电子产品批发	北京市朝阳区
历峰(北京)商贸有限公司	其他家庭用品批发	北京市朝阳区
北京全聚德仿膳食品有限责任公司	肉、禽、蛋、奶及水产品批发	北京市大兴区
华歌尔(中国)时装有限公司	服装批发	北京市大兴区

4-1 续表 3

企业名称	所属行业	企业所在地
北京元隆雅图文化传播股份有限公司	首饰、工艺品及收藏品批发	北京市西城区
北京美的制冷产品销售有限公司	家用电器批发	北京市门头沟区
央广幸福购物(北京)有限公司	厨房、卫生间用具及日用杂货批发	北京市大兴区
北京大恒创新技术有限公司	计算机、软件及辅助设备批发	北京市海淀区
英皇钟表珠宝(北京)有限公司	其他家庭用品批发	北京市朝阳区
北京鼎力兴商贸有限责任公司	酒、饮料及茶叶批发	北京市朝阳区
北京世龙经略供应链管理有限公司	医疗用品及器材批发	北京市海淀区
北京德瑞恩钻石有限公司	首饰、工艺品及收藏品批发	北京市朝阳区
北京紫竹医药经营有限公司	西药批发	北京市朝阳区
北京小松工程机械有限公司	其他机械设备及电子产品批发	北京市通州区
北京美缇商贸有限公司	化妆品及卫生用品批发	北京市朝阳区
中国种子集团公司	种子批发	北京市朝阳区
中国庆华能源集团有限公司	煤炭及制品批发	北京市朝阳区
中国国际石油化工联合有限责任公司	贸易代理	北京市朝阳区
北京市尧舜建材供应站	建材批发	北京市丰台区
北京三一工程机械有限公司	其他机械设备及电子产品批发	北京市昌平区
霍曼(北京)贸易有限公司	五金产品批发	北京市大兴区
北京吉元盛宝国际贸易有限公司	服装批发	北京市西城区
迈盛悦合体育用品有限公司	服装批发	北京市东城区
北京创意堂商贸有限公司	酒、饮料及茶叶批发	北京市海淀区
泰戈特(北京)工程技术有限公司	其他机械设备及电子产品批发	北京市朝阳区
北京明诚技术开发有限公司	其他机械设备及电子产品批发	北京市石景山区
贝克休斯(北京)商贸有限公司	其他机械设备及电子产品批发	北京市朝阳区
天津市		
中国石化销售有限公司华北分公司	石油及制品批发	天津市西青区
大众汽车(中国)销售有限公司	汽车批发	天津市滨海新区
中粮食品营销有限公司	贸易代理	天津市滨海新区
中国铁路物资天津有限公司	金属及金属矿批发	天津市河东区
中国烟草总公司天津市公司	烟草制品批发	天津市和平区
国药控股天津有限公司	西药批发	天津市和平区
丰田通商(天津)有限公司	汽车零配件批发	天津市滨海新区
天津医药集团太平医药有限公司	西药批发	天津市和平区
天津大桥集团电焊条供销有限公司	金属及金属矿批发	天津市西青区
天津天士力医药营销集团有限公司	中药批发	天津市北辰区
渤海石油物资供应有限责任公司	石油及制品批发	天津市滨海新区
三星爱商(天津)国际物流有限公司	其他未列明批发业	天津市河西区
中国农业机械华北集团有限公司	汽车批发	天津市和平区
天津裕华经济贸易总公司	其他化工产品批发	天津市和平区
美卓矿机(天津)国际贸易有限公司	电气设备批发	天津市滨海新区
天津天物国际贸易发展有限公司	汽车批发	天津市滨海新区
天津空港国际汽车园发展有限公司	汽车批发	天津市东丽区
中盐天津市长芦盐业有限公司	盐及调味品批发	天津市和平区
威莱(天津)贸易有限公司	化妆品及卫生用品批发	天津市武清区
永立建机(中国)有限公司	电气设备批发	天津市滨海新区
天津百得利之迪汽车销售有限公司	汽车批发	天津市东丽区
重庆新日日顺家电销售有限公司天津分公司	家用电器批发	天津市北辰区
天津港物资供应有限责任公司	建材批发	天津市滨海新区
天津都市风尚服装销售有限公司	服装批发	天津市武清区
天津市万达轮胎集团有限公司	其他化工产品批发	天津市北辰区
天津TCL电器销售有限公司	五金产品批发	天津市河西区
天津市永隆金钟农产品批发有限公司	果品、蔬菜批发	天津市东丽区
天津市凯益达百货有限公司	其他家庭用品批发	天津市西青区

4-1 续表 4

企业名称	所属行业	企业所在地
天津罗升企业有限公司	电气设备批发	天津市东丽区
福建恒安集团厦门商贸有限公司天津分公司	化妆品及卫生用品批发	天津市西青区
天天希杰(天津)商贸有限公司	音像制品及电子出版物批发	天津市东丽区
周大生珠宝(天津)有限公司	首饰、工艺品及收藏品批发	天津市滨海新区
河北省		
保定长城汽车销售有限公司	汽车批发	河北省保定市
开滦集团国际物流有限责任公司	煤炭及制品批发	河北省唐山市
国药乐仁堂医药有限公司	西药批发	河北省石家庄市
迁安市九江煤炭储运有限公司	煤炭及制品批发	河北省唐山市
中国石油化工股份有限公司河北唐山石油分公司	石油及制品批发	河北省唐山市
中国石油化工股份有限公司河北石家庄石油分公司	石油及制品批发	河北省石家庄市
庞大汽贸集团股份有限公司	汽车批发	河北省唐山市
河北省唐山市滦通商贸有限公司	煤炭及制品批发	河北省唐山市
河北省烟草公司石家庄市公司	烟草制品批发	河北省石家庄市
河北省烟草公司保定市公司	烟草制品批发	河北省保定市
河北省烟草公司唐山市公司	烟草制品批发	河北省唐山市
中国石油化工股份有限公司河北沧州石油分公司	石油及制品批发	河北省沧州市
河北省烟草公司邯郸市公司	烟草制品批发	河北省邯郸市
中国石油化工股份有限公司河北邯郸石油分公司	石油及制品批发	河北省邯郸市
中国石油化工股份有限公司河北保定石油分公司	石油及制品批发	河北省保定市
河北省农业生产资料有限公司	化肥批发	河北省石家庄市
河北省烟草公司沧州市公司	烟草制品批发	河北省沧州市
中国石油化工股份有限公司河北邢台石油分公司	石油及制品批发	河北省邢台市
中国石油化工股份有限公司河北承德石油分公司	石油及制品批发	河北省承德市
中国石油化工股份有限公司河北廊坊石油分公司	石油及制品批发	河北省廊坊市
华药国际医药有限公司	西药批发	河北省石家庄市
河北省烟草公司邢台市公司	烟草制品批发	河北省邢台市
河北新兴格力电器销售有限公司	家用电器批发	河北省石家庄市
中国石油化工股份有限公司河北衡水石油分公司	石油及制品批发	河北省衡水市
中国石油天然气股份有限公司河北石家庄销售分公司	石油及制品批发	河北省石家庄市
中国石油天然气股份有限公司河北保定销售分公司	石油及制品批发	河北省保定市
中国石油化工股份有限公司河北张家口石油分公司	石油及制品批发	河北省张家口市
河北省新华书店有限责任公司	图书批发	河北省石家庄市
汉沽管区中油石油销售有限公司	石油及制品批发	河北省唐山市
河北省烟草公司承德市公司	烟草制品批发	河北省承德市
河北省烟草公司秦皇岛市公司	烟草制品批发	河北省秦皇岛市
唐山市冀东物贸集团有限责任公司	汽车批发	河北省唐山市
秦皇岛中油华奥销售有限公司	石油及制品批发	河北省秦皇岛市
衡水老白干营销有限公司	酒、饮料及茶叶批发	河北省衡水市
中国石油天然气股份有限公司河北廊坊销售分公司	石油及制品批发	河北省廊坊市
河北旭跃实业集团有限公司	煤炭及制品批发	河北省石家庄市
保定市保北医药药材有限责任公司	西药批发	河北省保定市
中国石油天然气股份有限公司河北邯郸销售分公司	石油及制品批发	河北省邯郸市
中国石油天然气股份有限公司河北沧州销售分公司	石油及制品批发	河北省沧州市
河北迁西板栗集团有限公司	果品、蔬菜批发	河北省唐山市
河北爱普医药药材有限公司	西药批发	河北省石家庄市
中铁物资集团华北有限公司	金属及金属矿批发	河北省石家庄市
文安县天运商贸有限公司	其他化工产品批发	河北省廊坊市
中国石油天然气股份有限公司河北张家口销售分公司	石油及制品批发	河北省张家口市
中国石油天然气股份有限公司河北唐山销售分公司	石油及制品批发	河北省唐山市
中国石油天然气股份有限公司河北秦皇岛销售分公司	石油及制品批发	河北省秦皇岛市

4-1 续表 5

企业名称	所属行业	企业所在地
中国石油天然气股份有限公司河北衡水销售分公司	石油及制品批发	河北省衡水市
唐山壳牌石油有限公司	石油及制品批发	河北省唐山市
保定通达医药药材经营有限责任公司	西药批发	河北省保定市
沧州天元医药有限公司	西药批发	河北省沧州市
承德聚鑫贸易有限责任公司	酒、饮料及茶叶批发	河北省承德市
平泉山庄老酒经营有限公司	酒、饮料及茶叶批发	河北省承德市
中国石油天然气股份有限公司河北承德销售分公司	石油及制品批发	河北省承德市
邯郸市华诚汽贸有限公司	汽车批发	河北省邯郸市
河北龙隆医药有限公司	西药批发	河北省保定市
石家庄TCL电器销售有限公司	家用电器批发	河北省石家庄市
河北万合汽车贸易股份有限公司	汽车批发	河北省邯郸市
邯郸市龙安达贸易有限公司	建材批发	河北省邯郸市
河北省盐业专营集团公司	盐及调味品批发	河北省石家庄市
石家庄中山日化有限责任公司	化妆品及卫生用品批发	河北省石家庄市
河北恒祥医药集团有限公司	西药批发	河北省邢台市
河北省唐山医药采购供应站	西药批发	河北省唐山市
山西省		
山西潞安煤炭经销有限责任公司	煤炭及制品批发	山西省长治市
山西焦煤集团国际贸易有限责任公司	煤炭及制品批发	山西省太原市
山西省国新能源发展集团有限公司	煤炭及制品批发	山西省太原市
山西建邦集团有限公司	金属及金属矿批发	山西省临汾市
山西省焦炭集团有限责任公司	煤炭及制品批发	山西省太原市
山西煤炭运销集团吕梁有限公司	煤炭及制品批发	山西省吕梁市
山西煤炭运销集团长治有限公司	煤炭及制品批发	山西省长治市
山西杏花村国际贸易公司	金属及金属矿批发	山西省太原市
山西省烟草公司太原市公司	烟草制品批发	山西省太原市
山西煤炭运销集团吕梁柳林有限公司	煤炭及制品批发	山西省吕梁市
山西煤炭运销集团长治市长治县有限公司	煤炭及制品批发	山西省长治市
大同煤矿集团朔州煤电有限公司	煤炭及制品批发	山西省朔州市
中国石油化工股份有限公司山西朔州石油分公司	石油及制品批发	山西省朔州市
山西省烟草公司临汾市公司	烟草制品批发	山西省临汾市
大同煤矿集团煤炭运销朔州矿业公司	煤炭及制品批发	山西省朔州市
山西省烟草公司运城市公司	烟草制品批发	山西省运城市
山西煤炭运销集团阳泉有限公司	煤炭及制品批发	山西省阳泉市
山西省烟草公司大同市公司	烟草制品批发	山西省大同市
山西省烟草公司晋中市公司	烟草制品批发	山西省晋中市
山西煤炭运销集团吕梁交口有限公司	煤炭及制品批发	山西省吕梁市
山西省烟草公司吕梁市公司	烟草制品批发	山西省吕梁市
阳泉天成煤炭铁路集运有限公司	煤炭及制品批发	山西省阳泉市
山西省烟草公司长治市公司	烟草制品批发	山西省长治市
山西煤炭运销集团临汾古县有限公司	煤炭及制品批发	山西省临汾市
山西煤炭运销集团吕梁中阳有限公司	煤炭及制品批发	山西省吕梁市
山西煤炭运销集团长治襄垣有限公司	煤炭及制品批发	山西省长治市
山西省烟草公司忻州市分公司	烟草制品批发	山西省忻州市
山西大运汽车销售有限公司	汽车批发	山西省运城市
山西煤炭运销集团阳泉盂县有限公司	煤炭及制品批发	山西省阳泉市
山西煤炭运销集团临汾乡宁有限公司	煤炭及制品批发	山西省临汾市
晋城市铁路煤炭销售有限公司	煤炭及制品批发	山西省晋城市
襄垣县五阳新世纪有限责任公司	煤炭及制品批发	山西省长治市
山西省煤炭运销总公司晋城分公司高平市公司	煤炭及制品批发	山西省晋城市
山西煤炭运销集团临汾蒲县有限公司	煤炭及制品批发	山西省临汾市

4-1 续表 6

企业名称	所属行业	企业所在地
国药控股山西有限公司	西药批发	山西省太原市
晋中聚晟能源有限责任公司	煤炭及制品批发	山西省晋中市
山西省烟草公司晋城市公司	烟草制品批发	山西省晋城市
山西煤炭运销集团晋中灵石有限公司	煤炭及制品批发	山西省晋中市
山西煤炭运销集团临汾尧都有限公司	煤炭及制品批发	山西省临汾市
山西焦煤集团中源物贸有限责任公司	煤炭及制品批发	山西省太原市
山西煤炭运销集团临汾有限公司	煤炭及制品批发	山西省临汾市
清徐县美特好农产品配送物流有限公司	果品、蔬菜批发	山西省太原市
晋城市泽州公路煤炭销售有限公司	煤炭及制品批发	山西省晋城市
山西省烟草公司朔州市公司	烟草制品批发	山西省朔州市
山西煤炭运销集团	煤炭及制品批发	山西省阳泉市
山西新华书店集团有限公司	图书批发	山西省太原市
山西煤炭运销集团吕梁孝义有限公司	煤炭及制品批发	山西省吕梁市
山西煤炭运销集团晋中寿阳有限公司	煤炭及制品批发	山西省晋中市
晋城市沁水公路煤炭销售有限公司	煤炭及制品批发	山西省晋城市
山西煤炭运销集团阳泉郊区有限公司	煤炭及制品批发	山西省阳泉市
山西康美徕医药有限公司	西药批发	山西省太原市
山西煤炭运销集团长治武乡有限公司	煤炭及制品批发	山西省长治市
山西亚宝医药经销有限公司	中药批发	山西省运城市
晋城市阳城公路煤炭销售有限公司	煤炭及制品批发	山西省晋城市
山西煤炭运销集团朔州平鲁有限公司	煤炭及制品批发	山西省朔州市
山西新华现代出版物连锁有限责任公司	图书批发	山西省晋中市
山西省烟草公司阳泉市公司	烟草制品批发	山西省阳泉市
山西统配煤矿综合经营总公司	煤炭及制品批发	山西省太原市
山西三一晋湘工程机械有限公司	其他机械设备及电子产品批发	山西省太原市
煤炭运销集团有限公司静乐分公司	煤炭及制品批发	山西省忻州市
青岛海信电器股份有限公司太原经营分公司	家用电器批发	山西省太原市
朔州中芦煤炭销售有限公司	煤炭及制品批发	山西省朔州市
山西汇丰兴业焦煤集团有限公司	煤炭及制品批发	山西省吕梁市
怀仁县南窑煤业有限责任公司	煤炭及制品批发	山西省朔州市
深圳创维-RGB电子有限公司山西分公司	家用电器批发	山西省太原市
山西欣予药业有限公司	西药批发	山西省太原市
潞安五阳广源实业公司	金属及金属矿批发	山西省长治市
柳林县凌志物资有限公司	其他机械设备及电子产品批发	山西省吕梁市
山西煤炭运销集团临汾洪洞有限公司	煤炭及制品批发	山西省临汾市
汾阳市北廓村晋阳农副产品批发市场	谷物、豆及薯类批发	山西省吕梁市
大同煤矿集团朔州矿业公司马邑煤炭集运站	煤炭及制品批发	山西省朔州市
山西百圆裤业连锁经营股份有限公司	服装批发	山西省太原市
大同市新荣区公路煤炭交易市场	煤炭及制品批发	山西省大同市
内蒙古自治区		
中国石油天然汽股份有限公司内蒙古赤峰销售分公司	石油及制品批发	内蒙古自治区赤峰市
中国石油天然气股份有限公司内蒙古呼和浩特市分公司	石油及制品批发	内蒙古自治区呼和浩特市
内蒙古铁鑫煤化集团有限公司	煤炭及制品批发	内蒙古自治区包头市
内蒙古自治区烟草公司鄂尔多斯市公司	烟草制品批发	内蒙古自治区鄂尔多斯市
中国石油天然气股份有限公司内蒙古巴彦淖尔分公司	石油及制品批发	内蒙古自治区巴彦淖尔市
内蒙古自治区烟草公司呼和浩特市公司	烟草制品批发	内蒙古自治区呼和浩特市
中国石油化工股份有限公司内蒙古呼和浩特石油分公司	石油及制品批发	内蒙古自治区呼和浩特市
内蒙古自治区烟草公司包头市公司	烟草制品批发	内蒙古自治区包头市
内蒙古自治区烟草公司赤峰市公司	烟草制品批发	内蒙古自治区赤峰市
内蒙古自治区烟草公司乌兰察布市公司	烟草制品批发	内蒙古自治区乌兰察布市
内蒙古自治区烟草公司通辽分公司	烟草制品批发	内蒙古自治区通辽市

4-1 续表 7

企业名称	所属行业	企业所在地
内蒙古自治区烟草公司呼伦贝尔市公司	烟草制品批发	内蒙古自治区呼伦贝尔市
内蒙古烟草公司巴彦淖尔市分公司	烟草制品批发	内蒙古自治区巴彦淖尔市
呼和浩特市朝晖商贸有限责任公司	糕点、糖果及糖批发	内蒙古自治区呼和浩特市
呼和浩特市恒昌商贸有限责任公司	服装批发	内蒙古自治区呼和浩特市
内蒙古河套酒业集团销售有限责任公司	酒、饮料及茶叶批发	内蒙古自治区巴彦淖尔市
中国石油化工股份有限公司内蒙古赤峰石油分公司	石油及制品批发	内蒙古自治区赤峰市
内蒙古食全食美股份有限公司	其他农牧产品批发	内蒙古自治区呼和浩特市
内蒙古西蒙煤炭有限责任公司	煤炭及制品批发	内蒙古自治区呼和浩特市
呼伦贝尔铁路煤炭运销总公司	煤炭及制品批发	内蒙古自治区呼伦贝尔市
内蒙古九州通医药有限公司	西药批发	内蒙古自治区呼和浩特市
内蒙古辽鞍机械有限公司	其他机械设备及电子产品批发	内蒙古自治区呼和浩特市
辽宁省		
鞍钢集团国际经济贸易公司	金属及金属矿批发	辽宁省鞍山市
中国铁路物资沈阳有限公司	金属及金属矿批发	辽宁省沈阳市
辽宁省烟草公司沈阳市公司	烟草制品批发	辽宁省沈阳市
中国烟草总公司大连市公司	烟草制品批发	辽宁省大连市
海城南台箱包有限公司	其他家庭用品批发	辽宁省鞍山市
国药控股沈阳有限公司	西药批发	辽宁省沈阳市
中国石油天然气股份有限公司辽宁鞍山销售分公司	石油及制品批发	辽宁省鞍山市
中国石油天然气股份有限公司辽宁营口销售分公司	石油及制品批发	辽宁省营口市
中铁物资集团东北有限公司	金属及金属矿批发	辽宁省沈阳市
海城市路士威服装销售有限公司	服装批发	辽宁省鞍山市
海城市兴创贸易有限公司	服装批发	辽宁省鞍山市
海城市恒运广商贸有限公司	服装批发	辽宁省鞍山市
沈阳铁道金属物资有限公司	金属及金属矿批发	辽宁省沈阳市
海城市佳信美贸易有限公司	服装批发	辽宁省鞍山市
海城市胜元服装销售有限公司	服装批发	辽宁省鞍山市
海城市浩达明商贸有限公司	服装批发	辽宁省鞍山市
中国石油天然气股份有限公司辽宁抚顺销售分公司	石油及制品批发	辽宁省抚顺市
中国石油天然气股份有限公司辽宁葫芦岛销售分公司	石油及制品批发	辽宁省葫芦岛市
华润辽宁医药有限公司	西药批发	辽宁省沈阳市
海城市天威服装贸易有限公司	服装批发	辽宁省鞍山市
中国石油天然气股份有限公司辽宁盘锦销售分公司	石油及制品批发	辽宁省盘锦市
海城市广旭贸易有限公司	服装批发	辽宁省鞍山市
海城市凯达信商贸有限公司	服装批发	辽宁省鞍山市
中国石油天然气股份有限公司辽宁辽阳销售分公司	石油及制品批发	辽宁省辽阳市
海城市富明达服装贸易有限公司	服装批发	辽宁省鞍山市
中国石油天然气股份有限公司辽宁阜新销售分公司	石油及制品批发	辽宁省阜新市
中国石油天然气股份有限公司辽宁朝阳销售分公司	石油及制品批发	辽宁省朝阳市
中油辽宁铁岭销售分公司	石油及制品批发	辽宁省铁岭市
中国石油天然气股份有限公司辽宁本溪分公司	石油及制品批发	辽宁省本溪市
东北制药集团公司供销公司	西药批发	辽宁省沈阳市
辽宁省烟草公司鞍山市公司	烟草制品批发	辽宁省鞍山市
辽宁省烟草公司锦州市公司	烟草制品批发	辽宁省锦州市
辽宁省烟草公司营口市分公司	烟草制品批发	辽宁省营口市
辽宁省烟草公司铁岭市公司	烟草制品批发	辽宁省铁岭市
辽宁省烟草公司朝阳市公司	烟草制品批发	辽宁省朝阳市
中国烟草总公司辽宁葫芦岛分公司	烟草制品批发	辽宁省葫芦岛市
辽宁省烟草公司丹东市公司	酒、饮料及茶叶批发	辽宁省丹东市
辽宁省烟草公司抚顺市公司	烟草制品批发	辽宁省抚顺市
辉山乳业(沈阳)销售有限公司	酒、饮料及茶叶批发	辽宁省沈阳市

4-1 续表 8

企业名称	所属行业	企业所在地
大连中石油昆仑天诚燃气有限公司	石油及制品批发	辽宁省大连市
辽宁省烟草公司辽阳市公司	烟草制品批发	辽宁省辽阳市
辽宁省烟草公司阜新市公司	烟草制品批发	辽宁省阜新市
博宇金属股份有限公司	金属及金属矿批发	辽宁省沈阳市
辽宁九州通医药有限公司	医疗用品及器材批发	辽宁省沈阳市
辽宁恒力工程机械有限公司	汽车零配件批发	辽宁省沈阳市
辽宁省烟草公司本溪市公司	烟草制品批发	辽宁省本溪市
一重集团大连国际科技贸易有限公司	其他机械设备及电子产品批发	辽宁省大连市
辽宁省烟草公司盘锦市公司(专卖局)	烟草制品批发	辽宁省盘锦市
东北制药集团销售有限公司	西药批发	辽宁省沈阳市
沈阳中油天宝(集团)物资装备有限公司	金属及金属矿批发	辽宁省沈阳市
中国石油天然气股份有限公司河北销售瑞州分公司	石油及制品批发	辽宁省葫芦岛市
大连金嘉物资回收有限公司	再生物资回收与批发	辽宁省大连市
沈阳长生产业集团股份有限公司	米、面制品及食用油批发	辽宁省沈阳市
鞍山银珠米业有限公司	米、面制品及食用油批发	辽宁省鞍山市
时代万恒(辽宁)民族贸易有限公司	服装批发	辽宁省大连市
丹东曙光汽车贸易有限责任公司	汽车批发	辽宁省丹东市
万代国际贸易(大连)有限公司	服装批发	辽宁省大连市
大连环嘉集团有限公司	再生物资回收与批发	辽宁省大连市
本溪明山国家粮食储备库	米、面制品及食用油批发	辽宁省本溪市
吉林省		
一汽马自达汽车销售有限公司	汽车零配件批发	吉林省长春市
中国石油天然气股份有限公司吉林长春分公司	石油及制品批发	吉林省长春市
扶余县三井子农工商有限责任公司	谷物、豆及薯类批发	吉林省松原市
吉林亚泰集团水泥销售有限公司	建材批发	吉林省长春市
吉林省烟草公司长春市公司	烟草制品批发	吉林省长春市
中国石油天然气股份有限公司吉林省吉林市销售分公司	石油及制品批发	吉林省吉林市
中国石油天然气股份有限公司吉林松原销售分公司	石油及制品批发	吉林省松原市
吉林省烟草公司吉林市公司	烟草制品批发	吉林省吉林市
吉林省浩丰生猪交易市场有限公司	牲畜批发	吉林省四平市
修正药业集团营销有限公司	中药批发	吉林省通化市
吉林省烟草公司通化公司	烟草制品批发	吉林省通化市
吉林省烟草公司松原市公司	烟草制品批发	吉林省松原市
吉林省烟草公司延边州公司	烟草制品批发	吉林省延边朝鲜族自治州
吉林省烟草公司白城市公司	烟草制品批发	吉林省白城市
中国石油天然气股份有限公司吉林辽源销售分公司	石油及制品批发	吉林省辽源市
吉林省烟草公司白山市公司	烟草制品批发	吉林省白山市
重庆新日日顺家电销售有限公司长春分公司	家用电器批发	吉林省长春市
吉林省北方医药有限责任公司	西药批发	吉林省长春市
吉林省东良粮食集团有限公司	谷物、豆及薯类批发	吉林省四平市
吉粮集团公主岭金玉收储有限责任公司	谷物、豆及薯类批发	吉林省四平市
黑龙江省		
中国石油销售东北公司大庆分公司	石油及制品批发	黑龙江省大庆市
黑龙江倍丰农业生产资料集团有限公司	化肥批发	黑龙江省哈尔滨市
中国铁路物资哈尔滨有限公司	石油及制品批发	黑龙江省哈尔滨市
中国石油天然气股份有限公司黑龙江哈尔滨销售分公司	石油及制品批发	黑龙江省哈尔滨市
中油黑龙江农垦石油有限公司	石油及制品批发	黑龙江省哈尔滨市
黑龙江省烟草公司哈尔滨市公司	烟草制品批发	黑龙江省哈尔滨市
中国石油天然气股份有限公司黑龙江大庆销售分公司	石油及制品批发	黑龙江省大庆市
中国石油天燃汽股份有限公司黑龙江齐齐哈尔销售分公司	石油及制品批发	黑龙江省齐齐哈尔市
北大荒粮食物流有限公司	米、面制品及食用油批发	黑龙江省哈尔滨市

4-1 续表 9

企业名称	所属行业	企业所在地
中国石油天然气股份有限公司黑龙江鸡西销售分公司	石油及制品批发	黑龙江省鸡西市
黑龙江省烟草公司齐齐哈尔市公司	烟草制品批发	黑龙江省齐齐哈尔市
依安县鹏程粮油储备物流有限公司	谷物、豆及薯类批发	黑龙江省齐齐哈尔市
中国石油天然气股份有限公司黑龙江佳木斯销售分公司	石油及制品批发	黑龙江省佳木斯市
葵花药业集团医药有限公司	中药批发	黑龙江省哈尔滨市
黑龙江省烟草公司大庆市公司	烟草制品批发	黑龙江省大庆市
黑龙江省烟草公司绥化市公司	烟草制品批发	黑龙江省绥化市
中国石油天然气股份有限公司绥化分公司	石油及制品批发	黑龙江省绥化市
中国石油天然气股份有限公司黑龙江牡丹江销售分公司	石油及制品批发	黑龙江省牡丹江市
中国石油天然气股份有限公司黑龙江双鸭山销售分公司	石油及制品批发	黑龙江省双鸭山市
中国石油天然气股分有限公司黑龙江七台河销售分公司	石油及制品批发	黑龙江省七台河市
北大荒垦丰种业股份有限公司	种子批发	黑龙江省哈尔滨市
黑龙江省烟草公司佳木斯市公司	烟草制品批发	黑龙江省佳木斯市
黑龙江省烟草公司牡丹江烟叶公司	烟草制品批发	黑龙江省牡丹江市
哈尔滨珍宝岛医药贸易有限公司	中药批发	黑龙江省哈尔滨市
黑龙江省烟草公司牡丹江市公司	烟草制品批发	黑龙江省牡丹江市
中国石油天然气股份有限公司黑龙江尚志销售分公司	石油及制品批发	黑龙江省哈尔滨市
黑龙江北大荒粮油批发市场有限责任公司	谷物、豆及薯类批发	黑龙江省哈尔滨市
黑龙江省烟草公司鸡西市公司	烟草制品批发	黑龙江省鸡西市
黑龙江省烟草公司哈尔滨烟叶公司	酒、饮料及茶叶批发	黑龙江省哈尔滨市
中国石油天燃气股份有限公司黑龙江销售肇东分公司	石油及制品批发	黑龙江省绥化市
黑龙江中铁龙禹石油有限责任公司	石油及制品批发	黑龙江省哈尔滨市
中石油天然气股份有限公司黑龙江鹤岗分公司	石油及制品批发	黑龙江省鹤岗市
中国石油天然气股份有限公司黑龙江伊春销售分公司	石油及制品批发	黑龙江省伊春市
哈尔滨雨润农产品全球采购有限公司	果品、蔬菜批发	黑龙江省哈尔滨市
黑龙江省农业机械有限责任公司	农业机械批发	黑龙江省哈尔滨市
齐齐哈尔市北方洽洽食品销售有限公司	果品、蔬菜批发	黑龙江省齐齐哈尔市
哈尔滨润恒晟达商贸有限公司	果品、蔬菜批发	黑龙江省哈尔滨市
上海市		
中国石化销售有限公司华东分公司	石油及制品批发	上海市长宁区
上海上汽大众汽车销售有限公司	汽车批发	上海市嘉定区
上汽通用汽车销售有限公司	汽车批发	上海市浦东新区
苹果电脑贸易(上海)有限公司	通讯及广播电视设备批发	上海市静安区
上海三星半导体有限公司	家用电器批发	上海市长宁区
捷豹路虎汽车贸易(上海)有限公司	汽车批发	上海市浦东新区
益海嘉里食品营销有限公司	米、面制品及食用油批发	上海市浦东新区
中国石油化工股份有限公司上海石油分公司	石油及制品批发	上海市黄浦区
宝洁(中国)营销有限公司	厨房、卫生间用具及日用杂货批发	上海市浦东新区
保时捷(中国)汽车销售有限公司	汽车批发	上海市浦东新区
三菱商事(上海)有限公司	其他化工产品批发	上海市浦东新区
上海云峰(集团)有限公司	煤炭及制品批发	上海市闵行区
沃尔沃汽车销售(上海)有限公司	汽车批发	上海市嘉定区
上海浦东国际机场航空油料有限责任公司	石油及制品批发	上海市浦东新区
上海医药分销控股有限公司	西药批发	上海市长宁区
华硕电脑(上海)有限公司	计算机、软件及辅助设备批发	上海市闵行区
国药控股分销中心有限公司	西药批发	上海市浦东新区
宝钢资源有限公司	金属及金属矿批发	上海市虹口区
中国石油天然气股份有限公司上海销售分公司	石油及制品批发	上海市浦东新区
欧莱雅(中国)有限公司	化妆品及卫生用品批发	上海市静安区
欧尚(中国)投资有限公司	其他未列明批发业	上海市杨浦区
上海汽车进出口有限公司	汽车批发	上海市浦东新区

4-1　续表 10

企业名称	所属行业	企业所在地
中化国际(控股)股份有限公司	其他化工产品批发	上海市浦东新区
松下电器机电(中国)有限公司	其他机械设备及电子产品批发	上海市浦东新区
百丽鞋业(上海)有限公司	鞋帽批发	上海市虹口区
佳通轮胎(中国)投资有限公司	汽车零配件批发	上海市长宁区
上海伊藤忠商事有限公司	其他化工产品批发	上海市浦东新区
瑞表企业管理(上海)有限公司	其他家庭用品批发	上海市徐汇区
上海亚一金店有限公司	首饰、工艺品及收藏品批发	上海市黄浦区
丰田通商(上海)有限公司	其他机械设备及电子产品批发	上海市浦东新区
上海老庙黄金有限公司	首饰、工艺品及收藏品批发	上海市浦东新区
三井物产(上海)贸易有限公司	其他化工产品批发	上海市浦东新区
巴斯夫(中国)有限公司	其他化工产品批发	上海市浦东新区
上海永裕医药有限公司	西药批发	上海市松江区
佳电(上海)管理有限公司	计算机、软件及辅助设备批发	上海市长宁区
夏普商贸(中国)有限公司	电气设备批发	上海市黄浦区
舍弗勒贸易(上海)有限公司	其他未列明批发业	上海市嘉定区
保乐力加(中国)贸易有限公司	酒、饮料及茶叶批发	上海市黄浦区
米其林(中国)投资有限公司	其他化工产品批发	上海市长宁区
上海韩泰轮胎销售有限公司	汽车零配件批发	上海市徐汇区
中国铁路物资上海有限公司	金属及金属矿批发	上海市闸北区
上海海烟物流发展有限公司	烟草制品批发	上海市长宁区
杜邦贸易(上海)有限公司	其他化工产品批发	上海市浦东新区
小松(中国)投资有限公司	其他机械设备及电子产品批发	上海市浦东新区
福特汽车(中国)有限公司	汽车批发	上海市浦东新区
普利司通(中国)投资有限公司	汽车零配件批发	上海市黄浦区
村田电子贸易(上海)有限公司	其他机械设备及电子产品批发	上海市闸北区
强生(上海)医疗器材有限公司	医疗用品及器材批发	上海市浦东新区
酩悦轩尼诗帝亚吉欧洋酒(上海)有限公司	酒、饮料及茶叶批发	上海市静安区
通用电气医疗系统贸易发展(上海)有限公司	医疗用品及器材批发	上海市浦东新区
亿滋食品企业管理(上海)有限公司	米、面制品及食用油批发	上海市徐汇区
上海神州数码有限公司	计算机、软件及辅助设备批发	上海市长宁区
上海电力燃料有限公司	煤炭及制品批发	上海市黄浦区
上海世纪联华超市发展有限公司	米、面制品及食用油批发	上海市普陀区
埃克森美孚(中国)投资有限公司	石油及制品批发	上海市徐汇区
上海浦东海澜之家服饰有限公司	服装批发	上海市浦东新区
ABB(中国)有限公司上海分公司	其他机械设备及电子产品批发	上海市黄浦区
罗氏诊断产品(上海)有限公司	医疗用品及器材批发	上海市徐汇区
雅培贸易(上海)有限公司	其他食品批发	上海市浦东新区
泰科电子(上海)有限公司	其他机械设备及电子产品批发	上海市浦东新区
天虹(中国)投资有限公司	纺织品、针织品及原料批发	上海市长宁区
阿特拉斯·科普柯(上海)贸易有限公司	其他机械设备及电子产品批发	上海市浦东新区
上海斐讯数据通信技术有限公司	通讯及广播电视设备批发	上海市松江区
尼康映像仪器销售(中国)有限公司	其他未列明批发业	上海市黄浦区
上海良友(集团)有限公司	谷物、豆及薯类批发	上海市浦东新区
上海吉利美嘉峰国际贸易股份有限公司	汽车批发	上海市普陀区
日立建机(上海)有限公司	其他机械设备及电子产品批发	上海市浦东新区
衣念(上海)时装贸易有限公司	服装批发	上海市闵行区
资生堂(中国)投资有限公司	化妆品及卫生用品批发	上海市浦东新区
上海博世力士乐液压及自动化有限公司	其他未列明批发业	上海市浦东新区
上海诺华贸易有限公司	医疗用品及器材批发	上海市浦东新区
明尼苏达矿业制造(上海)国际贸易有限公司	其他化工产品批发	上海市长宁区
金佰利(中国)有限公司	厨房、卫生间用具及日用杂货批发	上海市黄浦区

4-1 续表 11

企业名称	所属行业	企业所在地
斯凯孚(中国)销售有限公司	其他机械设备及电子产品批发	上海市黄浦区
联强国际贸易(中国)有限公司	计算机、软件及辅助设备批发	上海市长宁区
赛默飞世尔科技(中国)有限公司	其他机械设备及电子产品批发	上海市浦东新区
宜家分拨(上海)有限公司	其他未列明批发业	上海市奉贤区
科世达(上海)管理有限公司	汽车零配件批发	上海市嘉定区
莫仕商贸(上海)有限公司	其他机械设备及电子产品批发	上海市浦东新区
雅诗兰黛(上海)商贸有限公司	化妆品及卫生用品批发	上海市闵行区
科勒(中国)投资有限公司	厨房、卫生间用具及日用杂货批发	上海市闸北区
宝钢金属有限公司	金属及金属矿批发	上海市宝山区
古驰(中国)贸易有限公司	服装批发	上海市静安区
丸红(上海)有限公司	其他化工产品批发	上海市浦东新区
上海市五金矿产进出口有限公司	金属及金属矿批发	上海市闸北区
美敦力(上海)管理有限公司	医疗用品及器材批发	上海市浦东新区
三菱电机自动化(中国)有限公司	其他机械设备及电子产品批发	上海市长宁区
上海住友商事有限公司	金属及金属矿批发	上海市浦东新区
锦湖(中国)轮胎销售有限公司	汽车零配件批发	上海市嘉定区
上海市机械设备成套(集团)有限公司	其他机械设备及电子产品批发	上海市普陀区
索尼物流贸易(中国)有限公司	家用电器批发	上海市浦东新区
博柏利(上海)贸易有限公司	服装批发	上海市静安区
上海新宇钟表集团有限公司	其他家庭用品批发	上海市黄浦区
香奈儿(中国)贸易有限公司	化妆品及卫生用品批发	上海市浦东新区
约克(中国)商贸有限公司	其他机械设备及电子产品批发	上海市普陀区
丹佛斯自动控制管理(上海)有限公司	其他机械设备及电子产品批发	上海市徐汇区
路威酩轩香水化妆品(上海)有限公司	化妆品及卫生用品批发	上海市浦东新区
上海新联纺进出口有限公司	服装批发	上海市长宁区
大昌洋行(上海)有限公司	西药批发	上海市浦东新区
锐珂亚太投资管理(上海)有限公司	医疗用品及器材批发	上海市浦东新区
上海和氏璧化工有限公司	其他化工产品批发	上海市黄浦区
上海丝绸集团股份有限公司	服装批发	上海市徐汇区
上海浦星贸易有限公司	其他食品批发	上海市松江区
上海汽车工业销售有限公司	汽车批发	上海市徐汇区
上海胜华电缆(集团)有限公司	电气设备批发	上海市浦东新区
博世贸易(上海)有限公司	汽车零配件批发	上海市长宁区
富士施乐实业发展(中国)有限公司	其他机械设备及电子产品批发	上海市浦东新区
派克汉尼汾流体传动产品(上海)有限公司	电气设备批发	上海市浦东新区
伊藤忠纤维贸易(中国)有限公司	纺织品、针织品及原料批发	上海市长宁区
上海飞科电器股份有限公司	家用电器批发	上海市松江区
大陆马牌轮胎贸易(上海)有限公司	汽车零配件批发	上海市黄浦区
碧迪医疗器械(上海)有限公司	医疗用品及器材批发	上海市浦东新区
富仕兰食品贸易(上海)有限公司	肉、禽、蛋、奶及水产品批发	上海市黄浦区
希森美康医用电子(上海)有限公司	医疗用品及器材批发	上海市浦东新区
杰尼亚贸易(上海)有限公司	服装批发	上海市浦东新区
欧姆龙自动化(中国)有限公司	其他机械设备及电子产品批发	上海市浦东新区
罗克韦尔自动化(中国)有限公司	电气设备批发	上海市浦东新区
雅马哈发动机商贸(上海)有限公司	电气设备批发	上海市闵行区
卡西欧(上海)贸易有限公司	其他文化用品批发	上海市长宁区
西门子医学诊断产品(上海)有限公司	医疗用品及器材批发	上海市浦东新区
劲霸男装(上海)有限公司	服装批发	上海市普陀区
爱茉莉太平洋贸易有限公司	化妆品及卫生用品批发	上海市嘉定区
雅马哈乐器音响(中国)投资有限公司	其他文化用品批发	上海市静安区
费列罗贸易(上海)有限公司	糕点、糖果及糖批发	上海市浦东新区

4-1　续表 12

企业名称	所属行业	企业所在地
贝克曼库尔特商贸(中国)有限公司	医疗用品及器材批发	上海市浦东新区
蔻驰贸易(上海)有限公司	其他家庭用品批发	上海市静安区
礼来国际贸易(上海)有限公司	贸易代理	上海市黄浦区
上海烟草集团浦东烟草糖酒有限公司	烟草制品批发	上海市浦东新区
上海九州通医药有限公司	中药批发	上海市普陀区
格兰富水泵(上海)有限公司	其他机械设备及电子产品批发	上海市浦东新区
先锋电子(中国)投资有限公司	家用电器批发	上海市闸北区
亨斯迈化工贸易(上海)有限公司	石油及制品批发	上海市浦东新区
费森尤斯医药用品(上海)有限公司	其他未列明批发业	上海市浦东新区
亚什兰(中国)投资有限公司	其他化工产品批发	上海市徐汇区
上海烟草集团黄浦烟草糖酒有限公司	烟草制品批发	上海市黄浦区
山特维克矿山工程机械贸易(上海)有限公司	其他机械设备及电子产品批发	上海市闸北区
上海万虎光大通信设备有限公司	通讯及广播电视设备批发	上海市普陀区
百家好(上海)时装有限公司	服装批发	上海市闵行区
上海五天实业有限公司	厨房、卫生间用具及日用杂货批发	上海市青浦区
科莱恩化工(中国)有限公司	其他化工产品批发	上海市长宁区
山特维克工具商贸(上海)有限公司	贸易代理	上海市闵行区
上海百红商业贸易有限公司	化妆品及卫生用品批发	上海市闸北区
富士电机(中国)有限公司	其他机械设备及电子产品批发	上海市浦东新区
柯尼卡美能达办公系统(中国)有限公司	电气设备批发	上海市黄浦区
上海来伊份股份有限公司	其他食品批发	上海市松江区
上海三凯进出口有限公司	其他未列明批发业	上海市浦东新区
明基电通有限公司	计算机、软件及辅助设备批发	上海市长宁区
衣恋时装(上海)有限公司	服装批发	上海市闵行区
上海南浦食品公司浦东分公司	其他食品批发	上海市松江区
庞贝捷漆油贸易(上海)有限公司	其他化工产品批发	上海市浦东新区
上海森马服饰有限公司	服装批发	上海市闵行区
施耐德电气信息技术(中国)有限公司	其他机械设备及电子产品批发	上海市普陀区
上海中燃船舶燃料有限公司	石油及制品批发	上海市虹口区
日立高新技术(上海)国际贸易有限公司	其他机械设备及电子产品批发	上海市浦东新区
匡威体育用品(中国)有限公司	服装批发	上海市静安区
兄弟(中国)商业有限公司	其他机械设备及电子产品批发	上海市长宁区
柯惠医疗器材国际贸易(上海)有限公司	医疗用品及器材批发	上海市徐汇区
上海烟草集团虹口烟草糖酒有限公司	烟草制品批发	上海市虹口区
大昌华嘉商业(中国)有限公司	西药批发	上海市浦东新区
圣犹达医疗用品(上海)有限公司	医疗用品及器材批发	上海市徐汇区
中德莎(上海)贸易有限公司	其他化工产品批发	上海市浦东新区
米思米(中国)精密机械贸易有限公司	五金产品批发	上海市奉贤区
阿法拉伐(上海)技术有限公司	电气设备批发	上海市黄浦区
上海克瑞特服饰有限公司	服装批发	上海市浦东新区
基恩士(中国)有限公司	其他机械设备及电子产品批发	上海市浦东新区
罗姆半导体(上海)有限公司	其他机械设备及电子产品批发	上海市浦东新区
上海烟草集团嘉定烟草糖酒公司	烟草制品批发	上海市嘉定区
卡尔蔡司(上海)管理有限公司	医疗用品及器材批发	上海市浦东新区
上海第一食品连锁发展有限公司	其他食品批发	上海市黄浦区
上海烟草集团闵行烟草糖酒有限公司	烟草制品批发	上海市闵行区
上海联亚商业有限公司	服装批发	上海市浦东新区
太古资源(上海)商贸有限公司	服装批发	上海市徐汇区
上海福然德部件加工有限公司	金属及金属矿批发	上海市宝山区
罗技(中国)科技有限公司	计算机、软件及辅助设备批发	上海市静安区
上海金枫酒业股份有限公司	酒、饮料及茶叶批发	上海市普陀区

4-1 续表 13

企业名称	所属行业	企业所在地
先进装配系统有限公司	其他机械设备及电子产品批发	上海市浦东新区
施华洛世奇(上海)贸易有限公司	首饰、工艺品及收藏品批发	上海市黄浦区
上海苏食肉品销售有限公司	肉、禽、蛋、奶及水产品批发	上海市宝山区
新百伦贸易(中国)有限公司	其他未列明批发业	上海市黄浦区
德尔格医疗设备(上海)有限公司	医疗用品及器材批发	上海市浦东新区
上海三枪(集团)有限公司	纺织品、针织品及原料批发	上海市黄浦区
国药集团化学试剂有限公司	其他化工产品批发	上海市黄浦区
上海恩德斯豪斯自动化设备有限公司	其他机械设备及电子产品批发	上海市闵行区
重机(中国)投资有限公司	其他机械设备及电子产品批发	上海市嘉定区
上海复星药业有限公司	中药批发	上海市普陀区
上海三星商业设备有限公司	其他机械设备及电子产品批发	上海市徐汇区
上海宝尊电子商务有限公司	其他未列明批发业	上海市闸北区
福禄克测试仪器(上海)有限公司	其他机械设备及电子产品批发	上海市长宁区
上海百雀羚日用化学有限公司	化妆品及卫生用品批发	上海市普陀区
东芝开利空调销售(上海)有限公司	家用电器批发	上海市黄浦区
辉门(中国)有限公司	汽车零配件批发	上海市浦东新区
好时食品国际贸易(上海)有限公司	糕点、糖果及糖批发	上海市浦东新区
菲拉格慕时装贸易(上海)有限公司	鞋帽批发	上海市静安区
上海烟草集团南汇烟草糖酒有限公司	烟草制品批发	上海市浦东新区
上海青岛啤酒销售有限公司	其他食品批发	上海市宝山区
雨果博斯(上海)商贸有限公司	服装批发	上海市黄浦区
雅培医疗器械贸易(上海)有限公司	医疗用品及器材批发	上海市浦东新区
马克华菲(上海)商业有限公司	服装批发	上海市徐汇区
林肯电气管理(上海)有限公司	金属及金属矿批发	上海市宝山区
梅特勒－托利多国际贸易(上海)有限公司	其他未列明批发业	上海市徐汇区
利惠商业(上海)有限公司	服装批发	上海市静安区
柏蒂温妮达(中国)贸易有限公司	其他家庭用品批发	上海市静安区
勃林格殷格翰国际贸易(上海)有限公司	西药批发	上海市静安区
朗盛化学(中国)有限公司	其他化工产品批发	上海市静安区
上海乐扣乐扣贸易有限公司	厨房、卫生间用具及日用杂货批发	上海市闵行区
上海曼伦商贸有限公司	医疗用品及器材批发	上海市徐汇区
上海烟草集团宝山烟草糖酒有限公司	烟草制品批发	上海市宝山区
摩恩(上海)厨卫有限公司	厨房、卫生间用具及日用杂货批发	上海市浦东新区
菱重家用空调系统(上海)有限公司	家用电器批发	上海市长宁区
海格曼商贸(上海)有限公司	通讯及广播电视设备批发	上海市浦东新区
上海烟草集团杨浦烟草糖酒有限公司	烟草制品批发	上海市杨浦区
岛津企业管理(中国)有限公司	医疗用品及器材批发	上海市长宁区
上海烟草集团奉贤烟草糖酒有限公司	烟草制品批发	上海市奉贤区
乐金华奥斯贸易(上海)有限公司	其他化工产品批发	上海市长宁区
上海蒙牛乳业有限公司	肉、禽、蛋、奶及水产品批发	上海市黄浦区
安富利电子(上海)有限公司	其他机械设备及电子产品批发	上海市浦东新区
橡果贸易(上海)有限公司	厨房、卫生间用具及日用杂货批发	上海市徐汇区
贝朗医疗(上海)国际贸易有限公司	医疗用品及器材批发	上海市长宁区
琳玛(上海)贸易有限公司	服装批发	上海市徐汇区
上海烟草集团崇明烟草糖酒有限公司	烟草制品批发	上海市崇明县
上海烟草集团普陀烟草糖酒有限公司	烟草制品批发	上海市普陀区
上海烟草集团青浦烟草糖酒有限公司	烟草制品批发	上海市青浦区
威士达医疗设备(上海)有限公司	医疗用品及器材批发	上海市浦东新区
中化农化有限公司	其他化工产品批发	上海市黄浦区
东方国际创业股份有限公司	服装批发	上海市长宁区
波司登国际服饰(中国)有限公司	服装批发	上海市黄浦区

4-1 续表 14

企业名称	所属行业	企业所在地
魏德米勒电联接(上海)有限公司	其他机械设备及电子产品批发	上海市浦东新区
华尔纳商业(上海)有限公司	服装批发	上海市静安区
美标(中国)有限公司	厨房、卫生间用具及日用杂货批发	上海市徐汇区
东芝电脑网络(上海)有限公司	计算机、软件及辅助设备批发	上海市浦东新区
无添加贸易(上海)有限公司	化妆品及卫生用品批发	上海市静安区
彪马(上海)商贸有限公司	服装批发	上海市黄浦区
上海烟草集团松江烟草糖酒有限公司	烟草制品批发	上海市松江区
英潍捷基(上海)贸易有限公司	医疗用品及器材批发	上海市浦东新区
肯纳飞硕金属(上海)有限公司	五金产品批发	上海市浦东新区
上海维格娜丝时装有限公司	纺织品、针织品及原料批发	上海市闵行区
英格索兰机械(上海)有限公司	其他机械设备及电子产品批发	上海市浦东新区
德利多富信息系统(上海)有限公司	计算机、软件及辅助设备批发	上海市浦东新区
欧文斯科宁(中国)投资有限公司	建材批发	上海市浦东新区
上海天成企业发展有限公司	酒、饮料及茶叶批发	上海市松江区
上海童涵春堂药业股份有限公司	中药批发	上海市黄浦区
理光(中国)投资有限公司	电气设备批发	上海市黄浦区
巴德医疗科技(上海)有限公司	医疗用品及器材批发	上海市长宁区
倍乐生商贸(中国)有限公司	报刊批发	上海市徐汇区
上海烟草集团金山烟草糖酒有限公司	烟草制品批发	上海市金山区
穆勒电气(上海)有限公司	电气设备批发	上海市长宁区
上海信谊联合医药药材有限公司	中药批发	上海市闸北区
上海六和勤强食品有限公司	肉、禽、蛋、奶及水产品批发	上海市普陀区
泰华施贸易(上海)有限公司	其他化工产品批发	上海市浦东新区
上海雷允上药业西区有限公司	西药批发	上海市静安区
上海信谊天一药业有限公司	西药批发	上海市闸北区
西诺迪斯食品(上海)有限公司	米、面制品及食用油批发	上海市闸北区
博士视听系统(上海)有限公司	其他机械设备及电子产品批发	上海市长宁区
上海睿盈贸易有限公司	鞋帽批发	上海市黄浦区
喜力亚太酿酒(上海)有限公司	服装批发	上海市闵行区
陆逊梯卡(上海)商贸有限公司	其他家庭用品批发	上海市徐汇区
乐金生活健康贸易(上海)有限公司	化妆品及卫生用品批发	上海市徐汇区
上海烟草集团闸北烟草糖酒有限公司	烟草制品批发	上海市闸北区
上海雷允上北区药业股份有限公司	中药批发	上海市虹口区
滔搏体育(上海)有限公司	鞋帽批发	上海市徐汇区
上海烟草集团卢湾烟草糖酒有限公司	烟草制品批发	上海市黄浦区
好俪姿(上海)服饰商贸有限公司	服装批发	上海市静安区
东方表行(中国)贸易有限公司	其他家庭用品批发	上海市黄浦区
上海铁路经济开发有限公司	金属及金属矿批发	上海市闸北区
喜利得(中国)商贸有限公司	五金产品批发	上海市徐汇区
日播时尚集团股份有限公司	服装批发	上海市松江区
上海丝绸集团品牌发展有限公司	服装批发	上海市虹口区
美太芭比(上海)贸易有限公司	其他文化用品批发	上海市徐汇区
友讯电子设备(上海)有限公司	计算机、软件及辅助设备批发	上海市长宁区
富昌电子(上海)有限公司	其他机械设备及电子产品批发	上海市浦东新区
傲胜(中国)商业有限公司	家用电器批发	上海市浦东新区
通用电气企业发展(上海)有限公司	其他机械设备及电子产品批发	上海市浦东新区
赛莱默(中国)有限公司	其他机械设备及电子产品批发	上海市长宁区
上海农夫山泉饮用水有限公司	酒、饮料及茶叶批发	上海市浦东新区
三菱重工空调系统(上海)有限公司	家用电器批发	上海市长宁区
湖南旺旺食品有限公司上海分公司	酒、饮料及茶叶批发	上海市闵行区
水为裳(上海)商贸有限公司	服装批发	上海市闵行区

4-1 续表 15

企业名称	所属行业	企业所在地
上海伟康卫生后勤服务有限公司	医疗用品及器材批发	上海市浦东新区
上海申铁信息工程有限公司	计算机、软件及辅助设备批发	上海市闸北区
上海龙净环保科技工程有限公司	其他未列明批发业	上海市普陀区
史丹利东铁(上海)五金有限公司	五金产品批发	上海市闵行区
上海合力叉车有限公司	电气设备批发	上海市虹口区
丰田纺织(中国)有限公司	汽车零配件批发	上海市浦东新区
上海浦东新区医药药材有限公司	西药批发	上海市浦东新区
上海益忠天惠实业有限公司	汽车零配件批发	上海市松江区
高丝化妆品销售(中国)有限公司	化妆品及卫生用品批发	上海市虹口区
上海百联电器科技服务有限公司	家用电器批发	上海市黄浦区
通用电气实业(上海)有限公司	其他未列明批发业	上海市浦东新区
史丹利五金工具(上海)有限公司	五金产品批发	上海市浦东新区
上海杏花楼食品营销有限公司	其他食品批发	上海市闵行区
合富(中国)医疗科技贸易有限公司	医疗用品及器材批发	上海市徐汇区
上海富盛浙工建材有限公司	建材批发	上海市浦东新区
上海魁春实业有限公司	其他食品批发	上海市普陀区
达芬奇家居股份有限公司	其他家庭用品批发	上海市静安区
上海信谊医药有限公司	中药批发	上海市闸北区
希思黎(上海)化妆品商贸有限公司	化妆品及卫生用品批发	上海市静安区
上海洋帆实业有限公司	其他未列明批发业	上海市闵行区
上海宝原体育用品商贸有限公司	体育用品及器材批发	上海市虹口区
库柏电气(上海)有限公司	贸易代理	上海市浦东新区
娇韵诗化妆品(上海)有限公司	化妆品及卫生用品批发	上海市静安区
中盐上海市盐业公司	盐及调味品批发	上海市黄浦区
曼恩动力设备(上海)有限公司	其他机械设备及电子产品批发	上海市浦东新区
上海建配龙建材配送有限公司	建材批发	上海市宝山区
恒天然商贸(上海)有限公司	其他食品批发	上海市黄浦区
百特医疗用品贸易(上海)有限公司	医疗用品及器材批发	上海市徐汇区
江苏省		
苏宁云商集团股份有限公司苏宁采购中心	家用电器批发	江苏省南京市
江苏苏美达集团有限公司	金属及金属矿批发	江苏省南京市
江苏国泰国际集团有限公司	服装批发	江苏省苏州市
南京华能南方实业开发股份有限公司	金属及金属矿批发	江苏省南京市
见龙国际贸易有限公司	其他化工产品批发	江苏省无锡市
苏酒集团贸易股份有限公司	酒、饮料及茶叶批发	江苏省宿迁市
博西家用电器(中国)有限公司	家用电器批发	江苏省南京市
江苏省海外企业集团有限公司	其他机械设备及电子产品批发	江苏省南京市
耐克体育(中国)有限公司	鞋帽批发	江苏省苏州市
扬子江药业集团江苏扬子江医药经营有限公司	中药批发	江苏省泰州市
江苏大明金属制品有限公司	金属及金属矿批发	江苏省无锡市
阿迪达斯体育(中国)有限公司	服装批发	江苏省苏州市
阿斯利康(无锡)贸易有限公司	西药批发	江苏省无锡市
江阴新西港物流有限公司	金属及金属矿批发	江苏省无锡市
江苏省烟草公司苏州市公司	烟草制品批发	江苏省苏州市
江苏省南京市烟草专卖局公司	烟草制品批发	江苏省南京市
中国石油化工股份有限公司江苏苏州石油分公司	石油及制品批发	江苏省苏州市
宏图三胞高科技术有限公司	计算机、软件及辅助设备批发	江苏省南京市
江苏高速公路石油发展有限公司	石油及制品批发	江苏省南京市
江苏盛世欣兴格力贸易有限公司	家用电器批发	江苏省南京市
中国石油化工股份有限公司江苏常州石油分公司	石油及制品批发	江苏省常州市
中国石油天然气股份有限公司江苏苏州销售分公司	石油及制品批发	江苏省苏州市

4-1 续表 16

企业名称	所属行业	企业所在地
紫光数码(苏州)集团有限公司	计算机、软件及辅助设备批发	江苏省苏州市
江苏省烟草公司无锡市公司	烟草制品批发	江苏省无锡市
江苏汇鸿股份有限公司	纺织品、针织品及原料批发	江苏省南京市
中国石油化工股份有限公司江苏无锡石油分公司	石油及制品批发	江苏省无锡市
江苏省烟草公司南通市公司	烟草制品批发	江苏省南通市
江苏汇鸿集团中鼎控股股份有限公司	纺织品、针织品及原料批发	江苏省南京市
江阴海澜之家供应链管理有限公司	纺织品、针织品及原料批发	江苏省无锡市
江阴利泰能源材料有限公司	煤炭及制品批发	江苏省无锡市
江苏江浦经济贸易有限公司	石油及制品批发	江苏省南京市
中电电气集团有限公司	电气设备批发	江苏省南京市
南京蓝燕石化储运实业有限公司	石油及制品批发	江苏省南京市
江苏省烟草公司盐城分公司	烟草制品批发	江苏省盐城市
江苏省烟草公司徐州市公司	烟草制品批发	江苏省徐州市
中国石油化工股份有限公司江苏徐州石油分公司	石油及制品批发	江苏省徐州市
徐州工程机械集团进出口有限公司	其他机械设备及电子产品批发	江苏省徐州市
中国石油化工股份有限公司江苏泰州石油分公司	石油及制品批发	江苏省泰州市
江苏省烟草公司常州市公司	烟草制品批发	江苏省常州市
江苏洋河酒类运营管理有限公司	酒、饮料及茶叶批发	江苏省宿迁市
江苏省烟草公司泰州市公司	烟草制品批发	江苏省泰州市
江苏省烟草公司扬州市公司	烟草制品批发	江苏省扬州市
江苏苏豪国际集团股份有限公司	纺织品、针织品及原料批发	江苏省南京市
南京纺织品进出口股份有限公司	纺织品、针织品及原料批发	江苏省南京市
统一商贸(昆山)有限公司	酒、饮料及茶叶批发	江苏省苏州市
江苏舜天国际集团机械进出口股份有限公司	其他机械设备及电子产品批发	江苏省南京市
江苏苏农农资连锁集团股份有限公司	化肥批发	江苏省南京市
江苏省烟草公司镇江市公司	烟草制品批发	江苏省镇江市
江苏汇鸿国际集团土产进出口股份有限公司	建材批发	江苏省南京市
江苏苏美达轻纺国际贸易有限公司	服装批发	江苏省南京市
江苏凤凰出版传媒股份有限公司	图书批发	江苏省南京市
徐州淮海药业有限公司	西药批发	江苏省徐州市
江苏省烟草公司淮安市公司	烟草制品批发	江苏省淮安市
中国石油化工股份有限公司江苏江阴石油分公司	石油及制品批发	江苏省无锡市
周大福珠宝金行(苏州)有限公司	首饰、工艺品及收藏品批发	江苏省苏州市
涟水今世缘酒业销售有限公司	酒、饮料及茶叶批发	江苏省淮安市
苏州市苏创集团有限公司	石油及制品批发	江苏省苏州市
常熟市交电家电有限责任公司	家用电器批发	江苏省苏州市
威富服饰(中国)有限公司	服装批发	江苏省苏州市
中国石油天然气股份有限公司江苏无锡销售分公司	石油及制品批发	江苏省无锡市
江苏省烟草公司连云港市公司	烟草制品批发	江苏省连云港市
利星行机械(昆山)有限公司	其他机械设备及电子产品批发	江苏省苏州市
深圳市天音通信发展有限公司南京分公司	通讯及广播电视设备批发	江苏省南京市
江苏省烟草公司宿迁市公司	烟草制品批发	江苏省宿迁市
江苏省苏食肉品有限公司	肉、禽、蛋、奶及水产品批发	江苏省南京市
苏州恒润进出口有限公司	服装批发	江苏省苏州市
江苏百胜电子有限公司	家用电器批发	江苏省南京市
好孩子(中国)商贸有限公司	其他家庭用品批发	江苏省苏州市
江苏先声药业有限公司	西药批发	江苏省南京市
江苏美钢管业有限公司	金属及金属矿批发	江苏省扬州市
江苏蜂星电讯有限公司	通讯及广播电视设备批发	江苏省南京市
中国石油天然气股份有限公司江苏常州销售分公司	石油及制品批发	江苏省常州市
江苏省农垦米业集团有限公司	谷物、豆及薯类批发	江苏省南京市

4-1 续表 17

企业名称	所属行业	企业所在地
江苏苏美达五金工具有限公司	其他机械设备及电子产品批发	江苏省南京市
江阴市长江钢管有限公司	金属及金属矿批发	江苏省无锡市
哈森商贸(中国)股份有限公司	鞋帽批发	江苏省苏州市
昆山阳澄湖旅游投资发展有限公司	肉、禽、蛋、奶及水产品批发	江苏省苏州市
南京华东医药有限责任公司	西药批发	江苏省南京市
中国石油天然气股份有限公司江苏徐州销售分公司	石油及制品批发	江苏省徐州市
中国石油天然气股份有限公司江苏扬州分公司	石油及制品批发	江苏省扬州市
江苏方正钢铁集团有限公司	金属及金属矿批发	江苏省扬州市
梅特勒-托利多(常州)称重系统设备有限公司	其他机械设备及电子产品批发	江苏省常州市
国药控股徐州有限公司	中药批发	江苏省徐州市
江苏长达国际物流有限公司	金属及金属矿批发	江苏省无锡市
江苏恩华和润医药有限公司	中药批发	江苏省徐州市
南京扬子化工实业有限责任公司	其他化工产品批发	江苏省南京市
江苏华晓医药物流有限公司	西药批发	江苏省盐城市
南京百胜欧珀通讯设备有限公司	家用电器批发	江苏省南京市
江苏万邦医药营销有限公司	中药批发	江苏省徐州市
苏州中国珍珠宝石城有限公司	首饰、工艺品及收藏品批发	江苏省苏州市
昆山利通天然气有限公司	石油及制品批发	江苏省苏州市
常熟市汇邦新材料有限公司	其他化工产品批发	江苏省苏州市
南通开发区炜赋对外贸易有限公司	服装批发	江苏省南通市
南京TCL电器销售有限公司	家用电器批发	江苏省南京市
江苏澳洋医药物流有限公司	中药批发	江苏省苏州市
江苏金太阳纺织科技有限公司	纺织品、针织品及原料批发	江苏省南通市
江苏亚邦医药物流中心有限公司	西药批发	江苏省常州市
江苏众诚鸭业有限公司	肉、禽、蛋、奶及水产品批发	江苏省苏州市
布勒(无锡)商业有限公司	其他机械设备及电子产品批发	江苏省无锡市
江苏新晨医药有限公司	西药批发	江苏省连云港市
中国石油化工股份有限公司江苏石油分公司	石油及制品批发	江苏省南京市
深圳创维RGB电子有限公司江苏分公司	家用电器批发	江苏省南京市
南京江宁粮食投资发展集团有限公司	米、面制品及食用油批发	江苏省南京市
江苏文峰电器有限公司	家用电器批发	江苏省南通市
江苏亿格贸易有限公司	金属及金属矿批发	江苏省苏州市
江苏大众医药连锁有限公司	西药批发	江苏省无锡市
海门叠石桥叠龙纺织品贸易有限公司	纺织品、针织品及原料批发	江苏省南通市
常州常发农业机械营销有限公司	农业机械批发	江苏省常州市
江苏省大华种业集团有限公司	种子批发	江苏省南京市
江苏银海农佳乐国际棉花仓储交易有限公司	纺织品、针织品及原料批发	江苏省盐城市
通灵珠宝股份有限公司	首饰、工艺品及收藏品批发	江苏省南京市
常熟市波司登进出口有限公司	服装批发	江苏省苏州市
南京中富达电子通讯技术有限公司	其他机械设备及电子产品批发	江苏省南京市
江苏春兰电子商务有限公司	电气设备批发	江苏省泰州市
沃得精机销售有限公司	其他未列明批发业	江苏省镇江市
常州康仁机电设备有限公司	通讯及广播电视设备批发	江苏省常州市
昆山富港电子贸易有限公司	通讯及广播电视设备批发	江苏省苏州市
苏州鲁特轻纺有限公司	服装批发	江苏省苏州市
南京中电熊猫家电有限公司	家用电器批发	江苏省南京市
江苏明珠家用设备集成有限公司	家用电器批发	江苏省苏州市
宜兴市药业有限公司	西药批发	江苏省无锡市
天力叉车集团有限公司	其他机械设备及电子产品批发	江苏省苏州市
常州桥金机电设备销售中心	通讯及广播电视设备批发	江苏省常州市
江苏济源医药有限公司	西药批发	江苏省泰州市

4-1 续表 18

企业名称	所属行业	企业所在地
常州老三集团进出口有限公司	服装批发	江苏省常州市
江阴富誉服饰有限公司	服装批发	江苏省无锡市
苏州新宇世家钟表有限公司	其他家庭用品批发	江苏省苏州市
吴中医药销售有限公司	中药批发	江苏省苏州市
无锡汇全物流有限公司	厨房、卫生间用具及日用杂货批发	江苏省无锡市
江苏三润服装集团股份有限公司	服装批发	江苏省南通市
苏州航天信息有限公司	计算机、软件及辅助设备批发	江苏省苏州市
苏州新申矿业发展有限公司	金属及金属矿批发	江苏省苏州市
张家港保税区大德新福珠宝金行有限公司	首饰、工艺品及收藏品批发	江苏省苏州市
江苏亚邦药业集团股份有限公司	中药批发	江苏省常州市
江苏千年翠钻珠宝有限公司	首饰、工艺品及收藏品批发	江苏省南京市
青岛啤酒(徐州)淮海营销有限公司	酒、饮料及茶叶批发	江苏省徐州市
广西凭祥鸿桂华贸易有限公司	果品、蔬菜批发	江苏省南京市
南京妍庭商贸有限公司	化妆品及卫生用品批发	江苏省南京市
扬州顶津食品有限公司南京分公司	酒、饮料及茶叶批发	江苏省南京市
周大福珠宝金行张家港保税区有限公司	首饰、工艺品及收藏品批发	江苏省苏州市
沛县长胜物资贸易有限公司	再生物资回收与批发	江苏省徐州市
江苏民星茧丝绸股份有限公司	其他农牧产品批发	江苏省盐城市
南京普迪建材实业集团有限公司	建材批发	江苏省南京市
科沃斯电器有限公司	家用电器批发	江苏省苏州市
金红叶纸业集团有限公司南京分公司	文具用品批发	江苏省南京市
张家港保税区肇福珠宝金行有限公司	首饰、工艺品及收藏品批发	江苏省苏州市
江苏红膏大闸蟹有限公司	肉、禽、蛋、奶及水产品批发	江苏省泰州市
无锡天鹏集团有限公司	肉、禽、蛋、奶及水产品批发	江苏省无锡市
江苏增力商贸发展有限公司	酒、饮料及茶叶批发	江苏省淮安市
南京鼎阳科技有限公司	电气设备批发	江苏省南京市
浙江省		
中国石油化工股份有限公司浙江石油分公司	石油及制品批发	浙江省杭州市
浙江物产金属集团有限公司	金属及金属矿批发	浙江省杭州市
杭州热联集团股份有限公司	金属及金属矿批发	浙江省杭州市
浙江吉利控股集团汽车销售有限公司	汽车批发	浙江省杭州市
浙江物产国际贸易有限公司	金属及金属矿批发	浙江省杭州市
浙江前程石化股份有限公司	其他化工产品批发	浙江省宁波市
杭州娃哈哈宏盛食品饮料营销有限公司	酒、饮料及茶叶批发	浙江省杭州市
浙江超威动力能源有限公司	电气设备批发	浙江省湖州市
中基宁波集团股份有限公司	金属及金属矿批发	浙江省宁波市
浙江省烟草公司杭州市公司	烟草制品批发	浙江省杭州市
中国石油化工股份有限公司浙江宁波石油分公司	石油及制品批发	浙江省宁波市
华东医药股份有限公司	西药批发	浙江省杭州市
浙江省烟草公司宁波市公司	烟草制品批发	浙江省宁波市
浙江物产环保能源股份有限公司	煤炭及制品批发	浙江省杭州市
浙江省烟草公司温州市公司	烟草制品批发	浙江省温州市
中国石油化工股份有限公司浙江金华石油分公司	石油及制品批发	浙江省金华市
杭州娃哈哈启力食品集团有限公司	酒、饮料及茶叶批发	浙江省杭州市
农夫山泉股份有限公司	酒、饮料及茶叶批发	浙江省杭州市
浙江英特药业有限责任公司	西药批发	浙江省杭州市
中国石油化工股份有限公司浙江嘉兴石油分公司	石油及制品批发	浙江省嘉兴市
浙江省烟草公司台州市公司	烟草制品批发	浙江省台州市
纳爱斯丽水销售有限公司	化妆品及卫生用品批发	浙江省丽水市
浙江娃哈哈食品饮料营销有限公司	酒、饮料及茶叶批发	浙江省丽水市
浙江省烟草公司金华市公司	烟草制品批发	浙江省金华市
中国石油化工股份有限公司浙江绍兴石油分公司	石油及制品批发	浙江省绍兴市

4-1 续表 19

企业名称	所属行业	企业所在地
浙江省烟草公司嘉兴市公司	烟草制品批发	浙江省嘉兴市
浙江省烟草公司绍兴市公司	烟草制品批发	浙江省绍兴市
浙江高速石油发展有限公司	石油及制品批发	浙江省杭州市
浙江海越股份有限公司	石油及制品批发	浙江省绍兴市
浙江省烟草公司湖州市公司	烟草制品批发	浙江省湖州市
浙江省医药保健品进出口有限责任公司	西药批发	浙江省杭州市
宁波市慈溪进出口股份有限公司	其他机械设备及电子产品批发	浙江省宁波市
浙江物产中大元通集团股份有限公司	纺织品、针织品及原料批发	浙江省杭州市
浙江福士达集团有限公司	服装批发	浙江省杭州市
中国石油天然气股份有限公司浙江宁波销售分公司	石油及制品批发	浙江省宁波市
特易购企业管理(上海)有限公司嘉善分公司	其他食品批发	浙江省嘉兴市
浙江新大集团有限公司	服装批发	浙江省杭州市
宁波方太营销有限公司	家用电器批发	浙江省宁波市
中国石油化工股份有限公司浙江衢州石油分公司	石油及制品批发	浙江省衢州市
中国石油化工股份有限公司浙江舟山石油分公司	石油及制品批发	浙江省舟山市
浙江省医药工业有限公司	西药批发	浙江省杭州市
浙江省土产畜产进出口集团有限公司	服装批发	浙江省杭州市
浙江省粮油食品进出口股份有限公司	米、面制品及食用油批发	浙江省杭州市
浙江省纺织品进出口集团有限公司	纺织品、针织品及原料批发	浙江省杭州市
浙江省新华书店集团有限公司	图书批发	浙江省杭州市
浙江省烟草公司衢州市公司	烟草制品批发	浙江省衢州市
浙江省烟草公司丽水市公司	烟草制品批发	浙江省丽水市
浙江东方集团股份有限公司	服装批发	浙江省杭州市
奥康鞋业销售有限公司	鞋帽批发	浙江省温州市
湖州南浔市场服务有限公司	建材批发	浙江省湖州市
中国石油天然气股份有限公司浙江杭州销售分公司	石油及制品批发	浙江省杭州市
农夫山泉(淳安坪山)有限公司	酒、饮料及茶叶批发	浙江省杭州市
国药控股温州有限公司	西药批发	浙江省温州市
话机世界数码连锁集团股份有限公司	通讯及广播电视设备批发	浙江省杭州市
杭州九阳生活电器有限公司	家用电器批发	浙江省杭州市
环球控股集团有限公司	电气设备批发	浙江省宁波市
杭州巨星科技股份有限公司	五金产品批发	浙江省杭州市
广汽吉奥汽车销售有限公司	汽车批发	浙江省杭州市
浙江省邮电器材公司	通讯及广播电视设备批发	浙江省杭州市
中化宁波(集团)有限公司	其他化工产品批发	浙江省宁波市
浙江广通石油发展有限公司	石油及制品批发	浙江省杭州市
中国石油天然气股份有限公司浙江嘉兴销售分公司	石油及制品批发	浙江省嘉兴市
浙江杭金衢石油发展有限公司	石油及制品批发	浙江省杭州市
浙江珍诚医药在线股份有限公司	西药批发	浙江省杭州市
浙江吉利汽车销售有限公司	汽车批发	浙江省宁波市
浙江来益医药有限公司	西药批发	浙江省杭州市
宁波慈星纺织机械销售有限公司	其他机械设备及电子产品批发	浙江省宁波市
中国石油天然气股份有限公司浙江湖州销售分公司	石油及制品批发	浙江省湖州市
杭州市轻工工艺纺织品进出口有限公司	服装批发	浙江省杭州市
宁波狮丹努进出口有限公司	服装批发	浙江省宁波市
浙江震元股份有限公司	中药批发	浙江省绍兴市
杭州中油石油天然气销售有限公司	石油及制品批发	浙江省杭州市
台州上药医药有限公司	西药批发	浙江省台州市
宁波博洋服饰有限公司	服装批发	浙江省宁波市
浙江中邮普泰移动通信设备有限公司	通讯及广播电视设备批发	浙江省杭州市
浙江农华优质农副产品配送中心有限公司	肉、禽、蛋、奶及水产品批发	浙江省杭州市

4-1 续表 20

企业名称	所属行业	企业所在地
中国石油天然气股份有限公司浙江舟山销售分公司	石油及制品批发	浙江省舟山市
浙江仙居制药销售有限公司	西药批发	浙江省台州市
汇信进出口集团股份有限公司	其他家庭用品批发	浙江省嘉兴市
杭州珀莱雅贸易有限公司	化妆品及卫生用品批发	浙江省杭州市
浙江凯喜雅国际股份有限公司	纺织品、针织品及原料批发	浙江省杭州市
高邦集团有限公司	服装批发	浙江省温州市
浙江中捷环洲供应链集团股份有限公司	金属及金属矿批发	浙江省台州市
浙江华易通信设备服务有限公司	通讯及广播电视设备批发	浙江省杭州市
杭州红牛饮料有限公司	酒、饮料及茶叶批发	浙江省杭州市
杭州五丰联合肉类有限公司	肉、禽、蛋、奶及水产品批发	浙江省杭州市
宁波三江食品加工配送有限公司	其他食品批发	浙江省宁波市
浙江龙华农业开发有限公司	果品、蔬菜批发	浙江省丽水市
绿城电子商务有限公司	建材批发	浙江省杭州市
浙江华通医药股份有限公司	西药批发	浙江省绍兴市
浙江兴发化纤集团有限公司	纺织品、针织品及原料批发	浙江省绍兴市
杭州杭丝时装进出口有限公司	服装批发	浙江省杭州市
宁波凯越国际贸易有限公司	厨房、卫生间用具及日用杂货批发	浙江省宁波市
宁波奥克斯家电销售有限公司	家用电器批发	浙江省宁波市
温州木材集团有限公司	建材批发	浙江省温州市
新秀丽国际贸易(宁波)有限公司	其他家庭用品批发	浙江省宁波市
亚德客(中国)有限公司	其他机械设备及电子产品批发	浙江省宁波市
浙江省建设机械集团有限公司	其他机械设备及电子产品批发	浙江省杭州市
杭州富阳海陆医药有限公司	中药批发	浙江省杭州市
浙江艾莱依商贸有限公司	纺织品、针织品及原料批发	浙江省丽水市
杭州梯西爱尔(TCL)电器销售有限公司	家用电器批发	浙江省杭州市
国药控股台州有限公司	西药批发	浙江省台州市
杭州中艺实业有限公司	其他家庭用品批发	浙江省杭州市
浙江印象实业股份有限公司	服装批发	浙江省杭州市
湖州劳伦斯装饰材料有限公司	建材批发	浙江省湖州市
九州通集团杭州医药有限公司	西药批发	浙江省杭州市
杭州萧山医药有限公司	中药批发	浙江省杭州市
宁波市嘉源粮油有限公司	米、面制品及食用油批发	浙江省宁波市
德清德欣时装贸易有限公司	服装批发	浙江省湖州市
浙江万达食品商贸有限公司	米、面制品及食用油批发	浙江省金华市
宁波英特药业有限公司	西药批发	浙江省宁波市
浙江凤凰庄纺织品有限公司	纺织品、针织品及原料批发	浙江省绍兴市
浙江英诺珐医药有限公司	中药批发	浙江省金华市
浙江盾安机电五交化有限公司	五金产品批发	浙江省杭州市
华东医药宁波有限公司	中药批发	浙江省宁波市
德华兔宝宝销售有限公司	建材批发	浙江省湖州市
浙江宝瑞医药有限公司	西药批发	浙江省宁波市
金华市医药有限公司	西药批发	浙江省金华市
宁波萌恒进出口有限公司	化妆品及卫生用品批发	浙江省宁波市
杭州新花海商贸有限公司	化妆品及卫生用品批发	浙江省杭州市
中国重汽集团杭州发动机销售有限公司	其他机械设备及电子产品批发	浙江省杭州市
浙江国商实业股份有限公司	家用电器批发	浙江省台州市
浙江不老神食品有限公司	肉、禽、蛋、奶及水产品批发	浙江省衢州市
宁波华孚进出口有限公司	化妆品及卫生用品批发	浙江省宁波市
浙江康恩贝医药销售有限公司	中药批发	浙江省杭州市
宁波亚虎进出口有限公司	五金产品批发	浙江省宁波市
温州市南亚粮油食品有限公司	米、面制品及食用油批发	浙江省温州市

4-1 续表 21

企业名称	所属行业	企业所在地
浙江华章自动化设备有限公司	电气设备批发	浙江省杭州市
湖州致远科技股份有限公司	通讯及广播电视设备批发	浙江省湖州市
杭州商泰服饰有限公司	服装批发	浙江省杭州市
宁波市北仑食品有限责任公司	肉、禽、蛋、奶及水产品批发	浙江省宁波市
浙江新大商贸有限公司	酒、饮料及茶叶批发	浙江省杭州市
浙江省新昌县医药药材有限公司	中药批发	浙江省绍兴市
温州美特斯邦威服饰有限公司	服装批发	浙江省温州市
杭州钱江制冷集团有限公司	其他机械设备及电子产品批发	浙江省杭州市
浙江海贝服饰有限公司	服装批发	浙江省杭州市
浙江佰丽源实业有限公司	服装批发	浙江省杭州市
台州宝利经贸有限公司	其他家庭用品批发	浙江省台州市
嘉兴立华畜禽有限公司	牲畜批发	浙江省嘉兴市
温岭市食品总公司	肉、禽、蛋、奶及水产品批发	浙江省台州市
浙江新安物流有限公司	煤炭及制品批发	浙江省杭州市
宁波木宜芳草健康管理咨询有限公司	营养和保健品批发	浙江省宁波市
宁波美博进出口有限公司	文具用品批发	浙江省宁波市
安徽省		
安徽省徽商金属股份有限公司	金属及金属矿批发	安徽省合肥市
中国石油天然气股份有限公司安徽销售分公司	石油及制品批发	安徽省合肥市
海尔电器销售(合肥)有限公司	家用电器批发	安徽省合肥市
联合利华服务(合肥)有限公司	化妆品及卫生用品批发	安徽省合肥市
安徽华源医药股份有限公司	西药批发	安徽省阜阳市
中国石油化工股份有限公司安徽合肥石油分公司	石油及制品批发	安徽省合肥市
安徽省烟草公司合肥市公司	烟草制品批发	安徽省合肥市
安徽盛世欣兴格力贸易有限公司	家用电器批发	安徽省合肥市
安徽皖煤物资贸易有限责任公司	煤炭及制品批发	安徽省宿州市
安徽省技术进出口股份有限公司	其他文化用品批发	安徽省合肥市
安徽省烟草公司阜阳市公司	烟草制品批发	安徽省阜阳市
亳州古井销售有限公司	酒、饮料及茶叶批发	安徽省亳州市
安徽省烟草公司六安市公司	烟草制品批发	安徽省六安市
中国石油化工股份有限公司安徽滁州石油分公司	石油及制品批发	安徽省滁州市
安徽省烟草公司滁州市公司	烟草制品批发	安徽省滁州市
安徽省烟草公司芜湖市公司	烟草制品批发	安徽省芜湖市
中国石油化工股份有限公司安徽阜阳石油分公司	石油及制品批发	安徽省阜阳市
安徽迎驾酒业销售有限公司	酒、饮料及茶叶批发	安徽省六安市
中国石油化工股份有限公司安徽蚌埠石油公司	石油及制品批发	安徽省蚌埠市
安徽省烟草公司宿州分公司	烟草制品批发	安徽省宿州市
安徽徽商农家福有限公司	化肥批发	安徽省合肥市
中国石油天然气股份有限公司安徽滁州销售分公司	石油及制品批发	安徽省滁州市
中国石油天然气股份有限公司安徽合肥销售分公司	石油及制品批发	安徽省合肥市
安徽省烟草公司安庆市公司	烟草制品批发	安徽省安庆市
安徽省烟草公司亳州市公司	其他未列明批发业	安徽省亳州市
安徽省烟草公司蚌埠市公司	烟草制品批发	安徽省蚌埠市
安徽省烟草公司宣城市公司	烟草制品批发	安徽省宣城市
安徽省烟草公司马鞍山市公司	烟草制品批发	安徽省马鞍山市
安徽省烟草公司淮南市公司	烟草制品批发	安徽省淮南市
安徽辉隆集团皖江农资有限公司	化肥批发	安徽省合肥市
洽洽食品股份有限公司	其他食品批发	安徽省合肥市
安徽轻工国际贸易股份有限公司	灯具、装饰物品批发	安徽省合肥市
安徽省中安油料销售有限责任公司	石油及制品批发	安徽省合肥市
中国石油化工股份有限公司安徽马鞍山石油分公司	石油及制品批发	安徽省马鞍山市
安徽省服装进出口股份有限公司	服装批发	安徽省合肥市

4-1 续表 22

企业名称	所属行业	企业所在地
安徽省阜阳市康泰药业有限责任公司	西药批发	安徽省阜阳市
安徽省烟草公司池州市公司	烟草制品批发	安徽省池州市
安徽省烟草公司黄山市公司	烟草制品批发	安徽省黄山市
阜阳金种子酒业销售有限公司	酒、饮料及茶叶批发	安徽省阜阳市
合肥曼迪新药业有限责任公司	西药批发	安徽省合肥市
安徽省烟草公司淮北市公司	烟草制品批发	安徽省淮北市
集瑞联合卡车营销服务有限公司	汽车批发	安徽省芜湖市
中国石油天然气股份有限公司安徽蚌埠销售分公司	石油及制品批发	安徽省蚌埠市
合肥亿帆生物医药有限公司	西药批发	安徽省合肥市
安徽皖南烟叶有限责任公司	烟草制品批发	安徽省宣城市
六安市裕园义乌小商品市场服务有限公司	服装批发	安徽省六安市
合肥湘元工程机械有限公司	其他机械设备及电子产品批发	安徽省合肥市
安徽阜阳医药集团有限公司	西药批发	安徽省阜阳市
安徽三一工程设备有限公司	其他机械设备及电子产品批发	安徽省合肥市
青岛海信电器股份有限公司合肥经营分公司	家用电器批发	安徽省合肥市
合肥TCL电器销售有限公司	家用电器批发	安徽省合肥市
安徽振兴物业服务有限公司	建材批发	安徽省六安市
滁州市金达石油有限公司	石油及制品批发	安徽省滁州市
界首市医药有限责任公司	西药批发	安徽省阜阳市
芜湖双鹤医药有限责任公司	西药批发	安徽省芜湖市
蚌埠华翔酒类营销有限公司	酒、饮料及茶叶批发	安徽省蚌埠市
合肥丰乐种业股份有限公司	种子批发	安徽省合肥市
合肥迪信通通信技术有限公司	通讯及广播电视设备批发	安徽省合肥市
安徽省临泉县文王酒类有限公司	酒、饮料及茶叶批发	安徽省阜阳市
安徽省宣城市医药有限公司	西药批发	安徽省宣城市
安徽高炉酒类销售有限公司	酒、饮料及茶叶批发	安徽省亳州市
安徽天禾药业有限责任公司	西药批发	安徽省安庆市
安徽益力商贸集团有限责任公司	酒、饮料及茶叶批发	安徽省合肥市
中铁四局集团物资工贸有限公司	建材批发	安徽省合肥市
安徽九州通医药有限公司	西药批发	安徽省合肥市
安徽小松工程机械有限公司	其他机械设备及电子产品批发	安徽省合肥市
福建省		
厦门建发股份有限公司	金属及金属矿批发	福建省厦门市
中石化森美(福建)石油有限公司	石油及制品批发	福建省福州市
福建中烟工业有限责任公司	烟草制品批发	福建省厦门市
厦门国贸集团股份有限公司	金属及金属矿批发	福建省厦门市
厦门信达股份有限公司	其他未列明批发业	福建省厦门市
厦门象屿物流集团有限责任公司	其他未列明批发业	福建省厦门市
福建省烟草公司泉州市公司	烟草制品批发	福建省泉州市
中国石油化工股份有限公司福建石油分公司	石油及制品批发	福建省福州市
福建炼油化工有限公司	石油及制品批发	福建省泉州市
福建省烟草公司福州市公司	烟草制品批发	福建省福州市
中国石油天然气股份有限公司福建销售分公司	石油及制品批发	福建省福州市
华电(厦门)能源有限公司	石油及制品批发	福建省厦门市
福建省烟草公司三明市公司	烟草制品批发	福建省三明市
龙工(中国)机械销售有限公司	其他机械设备及电子产品批发	福建省龙岩市
福建省烟草公司南平市公司	烟草制品批发	福建省南平市
福建省烟草公司厦门烟草分公司	烟草制品批发	福建省厦门市
福建闽侯永辉商业有限公司	其他贸易经纪与代理	福建省福州市
中海石油福建新能源有限公司	石油及制品批发	福建省莆田市
福建省烟草公司宁德市公司	烟草制品批发	福建省宁德市

4-1 续表 23

企业名称	所属行业	企业所在地
福建省烟草公司莆田市公司	烟草制品批发	福建省莆田市
福建图图儿童用品有限责任公司	鞋帽批发	福建省泉州市
厦门夏商农产品集团有限公司	果品、蔬菜批发	福建省厦门市
中国厦门国际经济技术合作公司	其他化工产品批发	福建省厦门市
厦门特步投资有限公司	服装批发	福建省厦门市
福建汇丰物流有限公司	煤炭及制品批发	福建省福州市
福建七匹狼实业股份有限公司	服装批发	福建省泉州市
厦门安踏有限公司	服装批发	福建省厦门市
福建盛世欣兴格力贸易有限公司	家用电器批发	福建省福州市
厦门青岛啤酒东南营销有限公司	酒、饮料及茶叶批发	福建省厦门市
厦门七匹狼服装营销有限公司	服装批发	福建省厦门市
厦门信和达电子有限公司	其他机械设备及电子产品批发	福建省厦门市
国药控股福建有限公司	西药批发	福建省厦门市
福州民天实业有限公司	果品、蔬菜批发	福建省福州市
福建华闽进出口有限公司	贸易代理	福建省福州市
福建九州通医药有限公司	西药批发	福建省福州市
厦门新五菱汽车销售有限公司	汽车批发	福建省厦门市
鸿星尔克(厦门)投资管理有限公司	纺织品、针织品及原料批发	福建省厦门市
福建省莆田富力进出口有限公司	鞋帽批发	福建省莆田市
厦门宏仁医药有限公司	西药批发	福建省厦门市
重庆新日日顺家电销售有限公司福州分公司	家用电器批发	福建省福州市
九牧王股份有限公司厦门分公司	服装批发	福建省厦门市
福建明一天籁营养品有限责任公司	其他食品批发	福建省福州市
厦门三峡国际贸易有限公司	家用电器批发	福建省厦门市
福建诺奇股份有限公司	服装批发	福建省泉州市
福建五丰大商场有限公司	其他家庭用品批发	福建省福州市
福建省安溪集荣矿业有限公司	金属及金属矿批发	福建省泉州市
国药控股龙岩有限公司	西药批发	福建省龙岩市
厦门与狼共舞服饰有限公司	服装批发	福建省厦门市
福建小松工程机械有限公司	汽车批发	福建省福州市
厦门金龙轻型客车车身有限公司	汽车零配件批发	福建省厦门市
中绿之源(厦门)贸易有限公司	酒、饮料及茶叶批发	福建省厦门市
深圳创维-RGB电子有限公司福建分公司	家用电器批发	福建省厦门市
海信科龙电器股份有限公司福建分公司	家用电器批发	福建省福州市
福建省建福南方水泥有限公司	建材批发	福建省福州市
龙岩市烟草公司永定分公司	烟草制品批发	福建省龙岩市
福州TCL电器销售有限公司	家用电器批发	福建省福州市
江西省		
中国石油化工股份有限公司江西赣州石油分公司	石油及制品批发	江西省赣州市
中国石油化工股份有限公司江西南昌石油分公司	石油及制品批发	江西省南昌市
中国石油化工股份有限公司江西宜春石油分公司	石油及制品批发	江西省宜春市
江西省烟草公司赣州市公司	烟草制品批发	江西省赣州市
江西省烟草公司南昌市公司	烟草制品批发	江西省南昌市
中国石油化工股份有限公司江西吉安石油分公司	石油及制品批发	江西省吉安市
江西省烟草公司上饶市公司	烟草制品批发	江西省上饶市
江西省烟草公司九江市公司	烟草制品批发	江西省九江市
江西省烟草公司宜春市公司(江西省宜春市烟草专卖局)	烟草制品批发	江西省宜春市
中国石油化工股份有限公司江西抚州石油分公司	石油及制品批发	江西省抚州市
中国石油化工股份有限公司江西上饶石油分公司	石油及制品批发	江西省上饶市
江西省烟草公司抚州市公司	烟草制品批发	江西省抚州市
江西盛世欣兴格力贸易有限公司	家用电器批发	江西省南昌市

4-1 续表 24

企业名称	所属行业	企业所在地
江西省烟草公司吉安市公司	烟草制品批发	江西省吉安市
江西江铃进出口有限责任公司	汽车批发	江西省南昌市
江西四特酒营销有限责任公司	酒、饮料及茶叶批发	江西省宜春市
南昌海达瑞工贸有限公司	家用电器批发	江西省南昌市
中国石油化工股份有限公司江西景德镇石油分公司	石油及制品批发	江西省景德镇市
中国石油化工股份有限公司江西新余石油分公司	石油及制品批发	江西省新余市
中国石油化工股份有限公司江西萍乡石油分公司	石油及制品批发	江西省萍乡市
江西省烟草公司萍乡市公司	烟草制品批发	江西省萍乡市
江西江中医药贸易有限责任公司	中药批发	江西省南昌市
中石化江西鹰潭石油分公司	石油及制品批发	江西省鹰潭市
景德镇市烟草公司	烟草制品批发	江西省景德镇市
江西仁和药业有限公司	中药批发	江西省宜春市
江西九州通药业有限公司	西药批发	江西省南昌市
江西省烟草公司新余市公司	烟草制品批发	江西省新余市
江西九州医药有限公司	西药批发	江西省宜春市
江西省烟草公司鹰潭市公司	烟草制品批发	江西省鹰潭市
江西五洲医药营销有限公司	西药批发	江西省宜春市
深圳创维-RGB电子有限公司江西分公司	家用电器批发	江西省宜春市
江西仁翔药业有限公司	西药批发	江西省宜春市
江西纵横医药集团有限公司	西药批发	江西省宜春市
山东省		
山东晨曦集团有限公司	其他化工产品批发	山东省日照市
新汶矿业集团物资供销有限责任公司	其他机械设备及电子产品批发	山东省泰安市
青岛海达瑞采购服务有限公司	其他化工产品批发	山东省青岛市
山东晨鸣纸业销售有限公司	文具用品批发	山东省潍坊市
山东济宁烟草有限公司	烟草制品批发	山东省济宁市
济南中油华铁石油产品销售有限公司	石油及制品批发	山东省济南市
山东科瑞石油装备有限公司	其他机械设备及电子产品批发	山东省东营市
中国石油化工股份有限公司山东青岛石油分公司	石油及制品批发	山东省青岛市
济南铁路煤炭运贸集团有限公司	煤炭及制品批发	山东省济南市
道恩集团有限公司	其他化工产品批发	山东省烟台市
山东临沂烟草有限公司	烟草制品批发	山东省临沂市
中国石油化工股份有限公司山东潍坊分公司	石油及制品批发	山东省潍坊市
青岛烟草有限公司	烟草制品批发	山东省青岛市
山东济南烟草有限公司	烟草制品批发	山东省济南市
临清市泰润轴承有限公司	其他机械设备及电子产品批发	山东省聊城市
山东潍坊烟草有限公司	烟草制品批发	山东省潍坊市
中国石油化工股份有限公司山东烟台石油分公司	石油及制品批发	山东省烟台市
山东鲁花集团商贸有限公司	米、面制品及食用油批发	山东省烟台市
山东烟台烟草有限公司	烟草制品批发	山东省烟台市
枣庄矿业集团煤炭运销公司	煤炭及制品批发	山东省枣庄市
中国重汽集团进出口有限公司	汽车批发	山东省济南市
金都招远黄金珠宝首饰城有限公司	首饰、工艺品及收藏品批发	山东省烟台市
海尔集团电器产业有限公司	家用电器批发	山东省青岛市
中国石油化工股份有限公司山东淄博石油分公司	石油及制品批发	山东省淄博市
山东瑞康医药股份有限公司	西药批发	山东省烟台市
山东盛世欣兴格力贸易有限公司	家用电器批发	山东省济南市
中国石油化工股份有限公司山东济宁石油分公司	石油及制品批发	山东省济宁市
山东菏泽烟草有限公司	烟草制品批发	山东省菏泽市
中海油山东销售有限公司	石油及制品批发	山东省青岛市
华润山东医药有限公司	西药批发	山东省济南市

4-1 续表 25

企业名称	所属行业	企业所在地
山东聊城鲁西化工销售有限公司	化肥批发	山东省聊城市
中国石油化工股份有限公司山东石油分公司	石油及制品批发	山东省济南市
史丹利化肥销售有限公司	化肥批发	山东省临沂市
中国石油化工股份有限公司山东菏泽石油分公司	石油及制品批发	山东省菏泽市
山东聊城烟草有限公司	烟草制品批发	山东省聊城市
山东泰安烟草有限公司	烟草制品批发	山东省泰安市
烟台张裕葡萄酿酒销售有限公司	酒、饮料及茶叶批发	山东省烟台市
中国石化山东泰山石油股份有限公司	石油及制品批发	山东省泰安市
青岛海尔国际贸易有限公司	电气设备批发	山东省青岛市
山东德州烟草有限公司	烟草制品批发	山东省德州市
中国石油化工股份有限公司山东德州石油分公司	石油及制品批发	山东省德州市
山东淄博烟草有限公司	烟草制品批发	山东省淄博市
山东亿福金业珠宝首饰有限公司	首饰、工艺品及收藏品批发	山东省潍坊市
中国石油化工山东日照石油公司	石油及制品批发	山东省日照市
山东新华书店集团有限公司	图书批发	山东省济南市
枣庄市烟草专卖局(公司)	烟草制品批发	山东省枣庄市
中国石油天然气股份有限公司山东济南销售分公司	石油及制品批发	山东省济南市
中国石油化工股份有限公司山东枣庄石油分公司	石油及制品批发	山东省枣庄市
烟台市农业生产资料总公司	化肥批发	山东省烟台市
山东滨州烟草有限公司	烟草制品批发	山东省滨州市
诸城雷沃科技有限公司	汽车零配件批发	山东省潍坊市
山东齐鲁万和医药营销有限公司	医疗用品及器材批发	山东省济南市
山东日照烟草有限公司	烟草制品批发	山东省日照市
中国石油化工股份有限公司山东聊城石油分公司	石油及制品批发	山东省聊城市
山东威海烟草有限公司	烟草制品批发	山东省威海市
中国石油天然气股份有限公司山东烟台销售分公司	石油及制品批发	山东省烟台市
山东银宝食品有限公司	肉、禽、蛋、奶及水产品批发	山东省泰安市
山东九州通医药有限公司	西药批发	山东省济南市
新泰市青龙路市场服务有限公司	果品、蔬菜批发	山东省泰安市
山东东营烟草有限公司	烟草制品批发	山东省东营市
山东宏济堂医药集团有限公司	中药批发	山东省济南市
山东东方誉源现代农业集团有限责任公司	化肥批发	山东省潍坊市
中国石油天然气股份有限公司山东菏泽销售分公司	石油及制品批发	山东省菏泽市
山东荣庆物流有限公司	果品、蔬菜批发	山东省临沂市
中国石油天然气股份有限公司山东淄博销售分公司	石油及制品批发	山东省淄博市
中国石油天然气股份有限公司山东德州销售分公司	石油及制品批发	山东省德州市
山东银座配送有限公司	米、面制品及食用油批发	山东省济南市
青岛福兴祥物流有限公司	米、面制品及食用油批发	山东省青岛市
青岛日日顺乐家贸易有限公司	其他家庭用品批发	山东省青岛市
中国石油天然气股份有限公司山东潍坊销售分公司	石油及制品批发	山东省潍坊市
威海联桥服饰有限公司	其他贸易经纪与代理	山东省威海市
山东祥泰洁净煤有限公司	煤炭及制品批发	山东省泰安市
国井酒业有限公司	酒、饮料及茶叶批发	山东省淄博市
青岛百洋医药科技有限公司	医疗用品及器材批发	山东省青岛市
重庆海尔家电销售有限公司济宁分公司	家用电器批发	山东省济宁市
山东瑞中医药有限公司	西药批发	山东省济宁市
东营金田小商品市场发展有限公司	服装批发	山东省东营市
济南天业工程机械有限公司	其他机械设备及电子产品批发	山东省济南市
绮丽集团有限责任公司	服装批发	山东省青岛市
日照市华大投资发展有限公司	建材批发	山东省日照市
中远佐敦船舶涂料(青岛)有限公司	其他未列明批发业	山东省青岛市

4-1 续表 26

企业名称	所属行业	企业所在地
威海家家悦生鲜加工配送有限公司	果品、蔬菜批发	山东省威海市
烟台市供销石油公司	石油及制品批发	山东省烟台市
中国石油天然气股份有限公司山东枣庄销售分公司	石油及制品批发	山东省枣庄市
淄博矿业集团济北矿区铁路运销处	煤炭及制品批发	山东省济宁市
山东康惠医药有限公司	西药批发	山东省潍坊市
中国石油天然气山东日照销售分公司	石油及制品批发	山东省日照市
山东银座电器有限责任公司	家用电器批发	山东省济南市
博兴县兴农农资连锁有限公司	化肥批发	山东省滨州市
中国石油天然气股份有限公司山东聊城销售分公司	石油及制品批发	山东省聊城市
山东鲁花营销有限公司	米、面制品及食用油批发	山东省烟台市
山东莱芜烟草有限公司	烟草制品批发	山东省莱芜市
莱芜凤城农产品市场开发有限公司	果品、蔬菜批发	山东省莱芜市
山东福田雷沃重工国际贸易有限公司	农业机械批发	山东省潍坊市
山东南菜园蔬菜食品有限公司	果品、蔬菜批发	山东省临沂市
山东京博新能源控股发展有限公司	石油及制品批发	山东省滨州市
山东杨春商贸集团有限公司	肉、禽、蛋、奶及水产品批发	山东省潍坊市
枣庄银海医药有限公司	西药批发	山东省枣庄市
山东省桓台县供销合作社联合社	化肥批发	山东省淄博市
潍坊市钢联金属材料有限公司	金属及金属矿批发	山东省潍坊市
招远皮革城有限公司	服装批发	山东省烟台市
青岛福兴祥商品配送有限公司	米、面制品及食用油批发	山东省青岛市
中国船舶燃料青岛有限公司	石油及制品批发	山东省青岛市
华润潍坊远东医药有限公司	西药批发	山东省潍坊市
青岛黄海制药经营有限公司	西药批发	山东省青岛市
济南TCL电器销售有限公司	家用电器批发	山东省济南市
山东景芝酒厂销售总公司	酒、饮料及茶叶批发	山东省潍坊市
山东新华医药贸易有限公司	西药批发	山东省淄博市
潍坊星河国际轻纺城有限公司	纺织品、针织品及原料批发	山东省潍坊市
山东康诺盛世医药有限公司	西药批发	山东省烟台市
诸城福田汽车科技开发有限公司	汽车批发	山东省潍坊市
山东潍坊烟草有限公司诸城分公司	烟草制品批发	山东省潍坊市
山东中外运弘志物流有限公司	贸易代理	山东省淄博市
山东金田小商品市场发展有限公司	厨房、卫生间用具及日用杂货批发	山东省威海市
潍坊神舟重工机械有限公司	汽车批发	山东省潍坊市
苍山县北方物流有限公司	果品、蔬菜批发	山东省临沂市
山东永弘工程设备有限公司	其他机械设备及电子产品批发	山东省烟台市
山东八戒食品有限公司	肉、禽、蛋、奶及水产品批发	山东省泰安市
青岛天合医药集团股份有限公司	西药批发	山东省青岛市
山东登海先锋种业有限公司	种子批发	山东省烟台市
诸城金顺粮油购销有限公司	米、面制品及食用油批发	山东省潍坊市
山东鲁滨首饰有限公司	首饰、工艺品及收藏品批发	山东省滨州市
山东华东三一工程机械有限公司	其他机械设备及电子产品批发	山东省济南市
青岛啤酒(城阳)销售有限公司	酒、饮料及茶叶批发	山东省青岛市
山东潍坊烟草有限公司高密分公司	烟草制品批发	山东省潍坊市
潍坊烟草有限公司安丘分公司	烟草制品批发	山东省潍坊市
山东潍坊烟草有限公司青州分公司	烟草制品批发	山东省潍坊市
山东天地缘经贸有限公司	酒、饮料及茶叶批发	山东省滨州市
国运集团有限公司	汽车批发	山东省青岛市
潍坊福田汽车科技有限公司	汽车批发	山东省潍坊市
巴龙集团有限公司	纺织品、针织品及原料批发	山东省青岛市
德州和谐贸易有限公司	石油及制品批发	山东省德州市

4-1 续表 27

企业名称	所属行业	企业所在地
青岛海信电器股份有限公司临沂经营分公司	家用电器批发	山东省临沂市
威海金蚂蚁集团有限公司	五金产品批发	山东省威海市
山东福胶药业有限公司	贸易代理	山东省济南市
潍坊健特贸易有限公司	服装批发	山东省潍坊市
山东大陆企业集团有限公司	金属及金属矿批发	山东省临沂市
山东海盛水产品市场开发有限公司	肉、禽、蛋、奶及水产品批发	山东省淄博市
美食客食品(中国)有限公司	谷物、豆及薯类批发	山东省青岛市
山东潍坊烟草有限公司临朐分公司	烟草制品批发	山东省潍坊市
济南恒丰伟业医药有限公司	西药批发	山东省济南市
龙口市海源经贸有限公司	酒、饮料及茶叶批发	山东省烟台市
青岛春煦商贸有限公司	金属及金属矿批发	山东省青岛市
烟台连峰商贸有限公司	酒、饮料及茶叶批发	山东省烟台市
山东潍坊烟草有限公司昌乐分公司	烟草制品批发	山东省潍坊市
德州银龙集团有限公司	棉、麻批发	山东省德州市
泰安新业经贸有限公司	煤炭及制品批发	山东省泰安市
青岛茂智机电有限公司	其他机械设备及电子产品批发	山东省青岛市
山东金榜苑文化传媒有限公司	图书批发	山东省济宁市
新泰市德旺食品有限公司	肉、禽、蛋、奶及水产品批发	山东省泰安市
山东辰信矿业有限公司	煤炭及制品批发	山东省泰安市
山东源和电站工程技术有限公司	其他机械设备及电子产品批发	山东省济南市
河南省		
中国石油化工股份有限公司河南郑州石油分公司	石油及制品批发	河南省郑州市
郑州日产汽车销售有限公司	汽车批发	河南省郑州市
河南省烟草公司郑州市公司	烟草制品批发	河南省郑州市
河南省烟草公司南阳市公司	烟草制品批发	河南省南阳市
河南弘力环保科技有限公司	家用电器批发	河南省郑州市
中国石油天然气股份有限公司河南销售分公司	石油及制品批发	河南省郑州市
中国石油天然气股份有限公司河南郑州销售分公司	石油及制品批发	河南省郑州市
中国石油化工股份有限公司河南南阳石油分公司	石油及制品批发	河南省南阳市
河南省烟草公司洛阳市公司	烟草制品批发	河南省洛阳市
河南省烟草公司商丘市公司	烟草制品批发	河南省商丘市
河南省烟草公司驻马店市公司	烟草制品批发	河南省驻马店市
洛阳长兴农业机械有限公司	农业机械批发	河南省洛阳市
河南省烟草公司平顶山分公司	烟草制品批发	河南省平顶山市
国药控股河南股份有限公司	中药批发	河南省郑州市
河南省烟草公司信阳分公司	烟草制品批发	河南省信阳市
河南省烟草公司周口市公司	烟草制品批发	河南省周口市
河南九州通医药有限公司	西药批发	河南省郑州市
华润河南医药有限公司	医疗用品及器材批发	河南省郑州市
河南省烟草公司安阳市公司	烟草制品批发	河南省安阳市
河南省烟草公司新乡市公司	烟草制品批发	河南省新乡市
河南省烟草公司三门峡市公司	烟草制品批发	河南省三门峡市
郑州煤电物资供销有限公司	建材批发	河南省郑州市
中国石油化工股份有限公司河南三门峡石油分公司	石油及制品批发	河南省三门峡市
中国石油化工股份有限公司河南平顶山石油分公司	石油及制品批发	河南省平顶山市
新乡市红旗区洪门镇钢材市场	金属及金属矿批发	河南省新乡市
河南省宋河酒实业有限公司	酒、饮料及茶叶批发	河南省周口市
中国石油化工股份有限公司河南安阳石油分公司	石油及制品批发	河南省安阳市
中国石油化工股份有限公司驻马店分公司	石油及制品批发	河南省驻马店市
郑州煤炭工业(集团)正运煤炭销售有限公司	煤炭及制品批发	河南省郑州市
海马汽车销售有限公司	汽车批发	河南省郑州市

4-1 续表 28

企业名称	所属行业	企业所在地
河南省烟草公司开封市公司	烟草制品批发	河南省开封市
中国石油化工股份有限公司河南中原分公司	石油及制品批发	河南省濮阳市
中国石油化工股份有限公司河南许昌石油分公司	石油及制品批发	河南省许昌市
中国石油化工股份有限公司河南焦作石油分公司	石油及制品批发	河南省焦作市
许昌天润实业有限公司	建材批发	河南省许昌市
河南中油高速公路油品股份有限公司	石油及制品批发	河南省郑州市
河南省烟草公司焦作市公司	烟草制品批发	河南省焦作市
河南省新华书店发行集团有限公司	图书批发	河南省郑州市
河南圣光医药物流有限公司	西药批发	河南省平顶山市
中国石油化工股份有限公司河南周口石油分公司	石油及制品批发	河南省周口市
河南省烟草公司濮阳市公司	烟草制品批发	河南省濮阳市
中国石油化工股份有限公司河南开封石油分公司	石油及制品批发	河南省开封市
河南康信医药有限公司	西药批发	河南省郑州市
中国石油化工股份有限公司河南漯河石油分公司	石油及制品批发	河南省漯河市
中国石油天然气股份有限公司河南周口销售分公司	石油及制品批发	河南省周口市
河南省医药有限公司	中药批发	河南省郑州市
哈药集团世一堂百川医药商贸有限公司	西药批发	河南省商丘市
郑州铁路煤炭运销有限公司	煤炭及制品批发	河南省郑州市
中国石油天然气股份有限公司河南许昌销售分公司	石油及制品批发	河南省许昌市
河南省华方通医药有限公司	西药批发	河南省新乡市
南阳市东森医药有限公司	西药批发	河南省南阳市
河南中储粮商水直属库	谷物、豆及薯类批发	河南省周口市
河南省烟草公司鹤壁市公司	烟草制品批发	河南省鹤壁市
中国石油天然气股份有限公司河南南阳销售分公司	石油及制品批发	河南省南阳市
中国石油天然气股份有限公司河南平顶山销售分公司	石油及制品批发	河南省平顶山市
洛阳鼎信御安药业有限公司	西药批发	河南省洛阳市
中国石油化工股份有限公司河南济源分公司	石油及制品批发	河南省省直辖县级行政区划
中铁十五局集团物资有限公司	石油及制品批发	河南省洛阳市
河南省烟草公司邓州市分公司	烟草制品批发	河南省南阳市
南阳市烟草公司内乡县分公司	烟草制品批发	河南省南阳市
漯河市烟草公司临颍县分公司	烟草制品批发	河南省漯河市
商丘市新先锋药业有限公司	西药批发	河南省商丘市
河南沃通建筑设备有限公司	其他机械设备及电子产品批发	河南省郑州市
南阳市烟草公司唐河县分公司	烟草制品批发	河南省南阳市
中国石油天然气股份有限公司河南开封销售分公司	石油及制品批发	河南省开封市
南阳市烟草公司镇平县分公司	烟草制品批发	河南省南阳市
南阳市烟草公司方城县分公司	烟草制品批发	河南省南阳市
新乡洪门建筑材料市场管理委员会	建材批发	河南省新乡市
方城县鸿发商贸集团有限公司	煤炭及制品批发	河南省南阳市
河南省烟草公司济源市公司	烟草制品批发	河南省省直辖县级行政区划
河南凯隆工程机械有限公司	其他机械设备及电子产品批发	河南省郑州市
南阳市烟草公司社旗县分公司	烟草制品批发	河南省南阳市
河南德尔康药业有限公司	西药批发	河南省洛阳市
郑州金星啤酒销售有限公司	其他食品批发	河南省郑州市
郑州湘元三一工程机械有限公司	其他机械设备及电子产品批发	河南省郑州市
信阳市医药集团总公司	西药批发	河南省信阳市
河南千里马工程机械有限公司	其他机械设备及电子产品批发	河南省郑州市
漯河市烟草公司舞阳分公司	烟草制品批发	河南省漯河市
湖北省		
中国石化销售有限公司华中分公司	石油及制品批发	湖北省武汉市
中国石油化工股份有限公司湖北石油分公司	石油及制品批发	湖北省武汉市

4-1 续表 29

企业名称	所属行业	企业所在地
武钢集团国际经济贸易总公司	贸易代理	湖北省武汉市
九州通医药集团股份有限公司	西药批发	湖北省武汉市
中国石油天然气股份有限公司湖北销售分公司	石油及制品批发	湖北省武汉市
中国铁路物资武汉有限公司	贸易代理	湖北省武汉市
中石化长江燃料有限公司	石油及制品批发	湖北省武汉市
百威英博(中国)销售有限公司	酒、饮料及茶叶批发	湖北省武汉市
湖北省烟草公司武汉市公司	烟草制品批发	湖北省武汉市
湖北银丰实业集团有限责任公司	棉、麻批发	湖北省武汉市
武汉艾德蒙科技股份有限公司	计算机、软件及辅助设备批发	湖北省武汉市
湖北盛兴格力电器销售有限公司	家用电器批发	湖北省武汉市
湖北省烟草公司恩施州公司	烟草制品批发	湖北省恩施土家族苗族自治州
中国石油化工股份有限公司湖北宜昌石油分公司	石油及制品批发	湖北省宜昌市
中国石油化工股份有限公司湖北襄樊石油分公司	石油及制品批发	湖北省襄阳市
湖北省农业生产资料集团有限公司	化肥批发	湖北省武汉市
湖北劲牌保健酒业有限公司	酒、饮料及茶叶批发	湖北省黄石市
湖北省烟草公司黄冈市公司	烟草制品批发	湖北省黄冈市
湖北省烟草公司荆州市公司	烟草制品批发	湖北省荆州市
东风轻型商用车营销有限公司	汽车批发	湖北省武汉市
湖北省烟草公司宜昌市公司	烟草制品批发	湖北省宜昌市
湖北省烟草公司襄阳市公司	烟草制品批发	湖北省襄阳市
中国石油化工有限公司湖北十堰石油分公司	石油及制品批发	湖北省十堰市
中铁大桥局集团物资有限公司	金属及金属矿批发	湖北省武汉市
湖北省新华书店(集团)有限公司	图书批发	湖北省武汉市
中国石油化工股份有限公司湖北荆州石油分公司	石油及制品批发	湖北省荆州市
湖北白云边销售有限公司	酒、饮料及茶叶批发	湖北省荆州市
中国石油化工股份有限公司湖北咸宁石油分公司	石油及制品批发	湖北省咸宁市
中国石油化工股份有限公司湖北黄冈石油分公司	石油及制品批发	湖北省黄冈市
中国石油化工股份有限公司湖北荆门石油分公司	石油及制品批发	湖北省荆门市
华润新龙医药有限公司	西药批发	湖北省武汉市
周大福珠宝金行(武汉)有限公司	首饰、工艺品及收藏品批发	湖北省武汉市
中国石油天然气股份有限公司湖北荆州销售分公司	石油及制品批发	湖北省荆州市
枝江吉星商贸有限公司	其他食品批发	湖北省宜昌市
中国石油天然气股份有限公司湖北黄冈销售分公司	石油及制品批发	湖北省黄冈市
中国石油化工股份有限公司湖北恩施石油分公司	石油及制品批发	湖北省恩施土家族苗族自治州
华强化工集团(当阳)农资贸易有限公司	化肥批发	湖北省宜昌市
中国石油天然气股份有限公司湖北襄阳销售分公司	石油及制品批发	湖北省襄阳市
黄石市烟草专卖局	烟草制品批发	湖北省黄石市
中国石油天然气股份有限公司湖北咸宁销售分公司	石油及制品批发	湖北省咸宁市
武汉市南浦食品有限责任公司	其他食品批发	湖北省武汉市
中国石油化工股份有限公司湖北随州石油分公司	石油及制品批发	湖北省随州市
湖北立旺食品有限公司武汉分公司	其他食品批发	湖北省武汉市
湖北省烟草公司随州市公司	烟草制品批发	湖北省随州市
中平能化集团湖北平鄂煤炭港埠有限公司	煤炭及制品批发	湖北省武汉市
中国石油天然气股份有限公司湖北十堰销售分公司	石油及制品批发	湖北省十堰市
中国石油天然气股份有限公司湖北荆门销售分公司	石油及制品批发	湖北省荆门市
中国移动通信集团终端有限公司湖北分公司	通讯及广播电视设备批发	湖北省武汉市
中国石油天然气股份有限公司湖北恩施销售分公司	石油及制品批发	湖北省恩施土家族苗族自治州
宜昌宏信商贸有限责任公司	酒、饮料及茶叶批发	湖北省宜昌市
湖北省金属材料总公司	金属及金属矿批发	湖北省武汉市
湖北盐业集团有限公司	盐及调味品批发	湖北省武汉市
湖北省烟草公司仙桃市公司	烟草制品批发	湖北省省直辖县级行政区划

4-1 续表 30

企业名称	所属行业	企业所在地
当阳市金湘贸易有限公司	化肥批发	湖北省宜昌市
武汉长江沙鸥植物油有限公司	米、面制品及食用油批发	湖北省武汉市
武汉光明乳业销售有限公司	肉、禽、蛋、奶及水产品批发	湖北省武汉市
武汉友谊副食品商业有限责任公司	其他食品批发	湖北省武汉市
武汉TCL电器销售有限公司	家用电器批发	湖北省武汉市
仙桃市仙湖水产养殖有限责任公司	肉、禽、蛋、奶及水产品批发	湖北省省直辖县级行政区划
湖北银海棉业有限责任公司	棉、麻批发	湖北省省直辖县级行政区划
湖北杰之行体育产业发展股份有限公司	服装批发	湖北省武汉市
湖北格林药业有限公司	西药批发	湖北省武汉市
千里马工程机械集团股份有限公司	其他机械设备及电子产品批发	湖北省武汉市
枝江市华山渔业服务有限责任公司	肉、禽、蛋、奶及水产品批发	湖北省宜昌市
武汉市欣腾宇商贸有限责任公司	服装批发	湖北省武汉市
湖北华中三一机械设备有限公司	汽车批发	湖北省武汉市
武汉中南工程机械设备有限责任公司	汽车批发	湖北省武汉市
湖北人人大经贸有限公司	酒、饮料及茶叶批发	湖北省武汉市
武汉利标日化有限公司	化妆品及卫生用品批发	湖北省武汉市
谷城县粮食收储总公司	米、面制品及食用油批发	湖北省襄阳市
武汉蒙牛乳业有限公司	肉、禽、蛋、奶及水产品批发	湖北省武汉市
宜昌九盛商贸有限公司	酒、饮料及茶叶批发	湖北省宜昌市
武汉远大制药集团销售有限公司	西药批发	湖北省武汉市
当阳市荣金植物保护站	种子批发	湖北省宜昌市
湖南省		
物产中拓股份有限公司	建材批发	湖南省长沙市
湖南省烟草公司长沙市公司	烟草制品批发	湖南省长沙市
湖南省烟草公司郴州市公司	烟草制品批发	湖南省郴州市
湖南省烟草公司衡阳市公司	烟草制品批发	湖南省衡阳市
湖南省烟草公司邵阳市公司	烟草制品批发	湖南省邵阳市
湖南省烟草公司常德市公司	烟草制品批发	湖南省常德市
湖南省烟草公司岳阳市公司	烟草制品批发	湖南省岳阳市
湖南大唐燃料开发有限责任公司	煤炭及制品批发	湖南省长沙市
湖南盛世欣兴格力贸易有限公司	家用电器批发	湖南省长沙市
湖南省烟草公司株洲市公司	烟草制品批发	湖南省株洲市
湖南省烟草公司益阳分公司	烟草制品批发	湖南省益阳市
湖南省烟草公司永州市公司	烟草制品批发	湖南省永州市
湖南省茶业有限公司	酒、饮料及茶叶批发	湖南省长沙市
湖南省烟草公司娄底市公司	烟草制品批发	湖南省娄底市
湖南时代阳光医药健康产业有限公司	西药批发	湖南省长沙市
湖南省烟草公司湘潭市公司	烟草制品批发	湖南省湘潭市
湖南省烟草公司湘西自治州公司	烟草制品批发	湖南省湘西土家族苗族自治州
长沙双鹤医药有限责任公司	中药批发	湖南省长沙市
湖南省烟草公司怀化市公司	烟草制品批发	湖南省怀化市
湖南粮食集团有限责任公司	米、面制品及食用油批发	湖南省长沙市
湖南省新华书店有限责任公司	图书批发	湖南省长沙市
湖南大旺食品有限公司长沙分公司	其他食品批发	湖南省长沙市
湖南盐业股份有限公司	盐及调味品批发	湖南省长沙市
湖南省烟草公司张家界市公司	烟草制品批发	湖南省张家界市
华润湖南双舟医药有限公司	西药批发	湖南省长沙市
湖南达嘉维康医药有限公司	西药批发	湖南省长沙市
长沙加加食品销售有限公司	盐及调味品批发	湖南省长沙市
湖南和顺石油化工有限公司	石油及制品批发	湖南省长沙市
湖南康尔佳医药有限公司	西药批发	湖南省长沙市
湖南上药九旺医药有限公司	西药批发	湖南省长沙市

4-1 续表 31

企业名称	所属行业	企业所在地
青岛海信电器股份有限公司长沙经营分公司	家用电器批发	湖南省长沙市
湖南天士力民生药业有限公司	中药批发	湖南省湘潭市
湖南金果实业股份有限公司资产经营分公司	厨房、卫生间用具及日用杂货批发	湖南省衡阳市
湖南酒鬼酒销售有限公司	酒、饮料及茶叶批发	湖南省湘西土家族苗族自治州
长沙TCL电器销售有限公司	家用电器批发	湖南省长沙市
中储发展股份有限公司衡阳分公司	金属及金属矿批发	湖南省衡阳市
多喜爱家纺股份有限公司	纺织品、针织品及原料批发	湖南省长沙市
中国石油天然气股份有限公司湖南销售分公司	石油及制品批发	湖南省长沙市
湖南省粮油食品进出口集团有限公司	其他农牧产品批发	湖南省长沙市
湖南同安医药有限公司	西药批发	湖南省长沙市
湖南商康医药电子商务有限公司	西药批发	湖南省长沙市
湖南常德鼎城德源医药有限公司	西药批发	湖南省常德市
祁东县兴农农资连锁有限公司	化肥批发	湖南省衡阳市
中央储备粮岳阳小港直属库	米、面制品及食用油批发	湖南省岳阳市
郴州市青岛啤酒销售有限公司	酒、饮料及茶叶批发	湖南省郴州市
湖南中旺工程机械设备有限公司	其他机械设备及电子产品批发	湖南省长沙市
广东省		
中国石化销售有限公司华南分公司	石油及制品批发	广东省广州市
广东振戎能源有限公司	石油及制品批发	广东省广州市
松日数码发展(深圳)有限公司	其他未列明批发业	广东省深圳市
中国石化化工销售有限公司华南分公司	其他化工产品批发	广东省广州市
沃尔玛(中国)投资有限公司	其他食品批发	广东省深圳市
南方石化集团有限公司	石油及制品批发	广东省广州市
中国石油天然气股份有限公司广东销售分公司	石油及制品批发	广东省广州市
天音通信有限公司	通讯及广播电视设备批发	广东省深圳市
深圳市爱施德股份有限公司	通讯及广播电视设备批发	广东省深圳市
广州金博物流贸易集团有限公司	贸易代理	广东省广州市
比亚迪汽车销售有限公司	汽车批发	广东省深圳市
中油碧辟石油有限公司	石油及制品批发	广东省广州市
中国石油化工股份有限公司广东石油分公司	石油及制品批发	广东省广州市
深圳中电投资股份有限公司	其他机械设备及电子产品批发	广东省深圳市
华南蓝天油料有限公司	石油及制品批发	广东省广州市
中国石油天然气股份有限公司华南化工销售分公司	其他化工产品批发	广东省广州市
东风日产汽车销售有限公司	汽车批发	广东省广州市
中海油广东销售有限公司	石油及制品批发	广东省广州市
广东沃龙创展投资管理有限公司	服装批发	广东省广州市
中国石油化工股份有限公司深圳石油分公司	石油及制品批发	广东省深圳市
珠海格力集团有限公司	家用电器批发	广东省珠海市
广州医药有限公司	西药批发	广东省广州市
广东省纺织品进出口股份有限公司	纺织品、针织品及原料批发	广东省广州市
湛江国威水产有限公司	肉、禽、蛋、奶及水产品批发	广东省湛江市
中经汇通有限责任公司	石油及制品批发	广东省广州市
广州立白企业集团有限公司	厨房、卫生间用具及日用杂货批发	广东省广州市
中国烟草总公司深圳市公司	烟草制品批发	广东省深圳市
中国石油化工股份有限公司广东佛山石油分公司	石油及制品批发	广东省佛山市
东莞市永盛通信科技有限公司	通讯及广播电视设备批发	广东省东莞市
国药控股广州有限公司	西药批发	广东省广州市
昆山润华商业有限公司广州黄埔分公司	服装批发	广东省广州市
广东烟草广州市有限公司	烟草制品批发	广东省广州市
广州万力轮胎商贸有限公司	汽车零配件批发	广东省广州市
中山市物资集团有限公司	金属及金属矿批发	广东省中山市

4-1 续表 32

企业名称	所属行业	企业所在地
维沃通信科技有限公司	通讯及广播电视设备批发	广东省东莞市
华润广东医药有限公司	西药批发	广东省广州市
深圳市华富洋供应链有限公司	其他机械设备及电子产品批发	广东省深圳市
联想(深圳)电子有限公司	计算机、软件及辅助设备批发	广东省深圳市
广州珠江电力燃料有限公司	煤炭及制品批发	广东省广州市
深圳市年富实业发展有限公司	通讯及广播电视设备批发	广东省深圳市
江门市蓬江区豪爵商务有限公司	摩托车及零配件批发	广东省江门市
广东烟草东莞市有限公司	烟草制品批发	广东省东莞市
广州恒大材料设备有限公司	建材批发	广东省广州市
广东华农温氏畜牧股份有限公司	肉、禽、蛋、奶及水产品批发	广东省云浮市
周生生中国商业有限公司	首饰、工艺品及收藏品批发	广东省广州市
广州钢铁控股有限公司	金属及金属矿批发	广东省广州市
中化石油广东有限公司	石油及制品批发	广东省广州市
广东烟草佛山市有限责任公司	烟草制品批发	广东省佛山市
广州尚岑服饰有限公司	服装批发	广东省广州市
深圳华润三九医药贸易有限公司	中药批发	广东省深圳市
众业达电气股份有限公司	其他机械设备及电子产品批发	广东省汕头市
广州纺织品进出口集团有限公司	服装批发	广东省广州市
华润水泥投资有限公司	建材批发	广东省深圳市
广州苏宁云商物流有限公司	家用电器批发	广东省广州市
广州神州数码信息科技有限公司	计算机、软件及辅助设备批发	广东省广州市
中石化中海船舶燃料供应有限公司	石油及制品批发	广东省广州市
深圳承远航空油料有限公司	石油及制品批发	广东省深圳市
中国石油化工股份有限公司广东清远石油分公司	石油及制品批发	广东省清远市
中国石油化工股份有限公司广东韶关石油分公司	石油及制品批发	广东省韶关市
深圳市空港油料有限公司	石油及制品批发	广东省深圳市
蓝月亮(中国)有限公司	厨房、卫生间用具及日用杂货批发	广东省广州市
广东烟草湛江市有限公司	烟草制品批发	广东省湛江市
深圳市燃气集团股份有限公司	石油及制品批发	广东省深圳市
深圳伟仕宏业电子有限公司	其他机械设备及电子产品批发	广东省深圳市
和记黄埔(中国)商贸有限公司	化妆品及卫生用品批发	广东省广州市
深圳市金立通信设备有限公司	通讯及广播电视设备批发	广东省深圳市
深圳市翠绿首饰股份有限公司	首饰、工艺品及收藏品批发	广东省深圳市
中捷通信有限公司	通讯及广播电视设备批发	广东省广州市
广东汇富控股集团有限公司	鞋帽批发	广东省东莞市
广东烟草惠州市有限责任公司	烟草制品批发	广东省惠州市
广州市虎头电池集团有限公司	其他家庭用品批发	广东省广州市
广东天禾农资股份有限公司	化肥批发	广东省广州市
广东烟草梅州市有限公司	烟草制品批发	广东省梅州市
深圳市联洲技术有限公司	计算机、软件及辅助设备批发	广东省深圳市
深圳市华孚进出口有限公司	纺织品、针织品及原料批发	广东省深圳市
广东烟草江门市有限公司	烟草制品批发	广东省江门市
广东烟草揭阳市有限公司	烟草制品批发	广东省揭阳市
广东省轻工进出口股份有限公司	其他未列明批发业	广东省广州市
广东烟草清远市有限公司	烟草制品批发	广东省清远市
广州中山医医药有限公司	西药批发	广东省广州市
广东九州通医药有限公司	西药批发	广东省中山市
广东省中山食品水产进出口集团有限公司	肉、禽、蛋、奶及水产品批发	广东省中山市
广东烟草肇庆市有限责任公司	烟草制品批发	广东省肇庆市
广东烟草汕头市有限责任公司	烟草制品批发	广东省汕头市
卡西欧电子(深圳)有限公司	其他家庭用品批发	广东省深圳市

4-2 续表 33

企业名称	所属行业	企业所在地
广东烟草韶关市有限公司	烟草制品批发	广东省韶关市
三星中国投资有限公司广州分公司	家用电器批发	广东省广州市
广州壳牌石油化工有限公司	石油及制品批发	广东省广州市
深圳市东方嘉盛供应链股份有限公司	贸易代理	广东省深圳市
广东烟草河源市有限责任公司	烟草制品批发	广东省河源市
广东烟草中山市有限责任公司	烟草制品批发	广东省中山市
李锦记中国销售有限公司	盐及调味品批发	广东省广州市
广州中邮普泰移动通信设备有限责任公司	通讯及广播电视设备批发	广东省广州市
广东烟草汕尾市有限公司	烟草制品批发	广东省汕尾市
国药集团一致药业股份有限公司	西药批发	广东省深圳市
东莞市糖酒集团美宜佳便利店有限公司	糕点、糖果及糖批发	广东省东莞市
广东烟草茂名市有限责任公司	烟草制品批发	广东省茂名市
深圳市青岛啤酒华南营销有限公司	酒、饮料及茶叶批发	广东省深圳市
广东美康大光万特医药有限公司	中药批发	广东省广州市
广东烟草潮州市有限责任公司	烟草制品批发	广东省潮州市
TCL商用信息科技(惠州)股份有限公司	家用电器批发	广东省惠州市
广州采芝林药业有限公司	中药批发	广东省广州市
茂名市天源商贸发展有限公司	石油及制品批发	广东省茂名市
广东大地通讯连锁服务有限公司	通讯及广播电视设备批发	广东省东莞市
广东周大福珠宝金行有限公司	首饰、工艺品及收藏品批发	广东省广州市
施耐德电气(中国)投资有限公司广州分公司	电气设备批发	广东省广州市
广东省机械进出口股份有限公司	其他机械设备及电子产品批发	广东省广州市
中海油能源发展珠海石化销售有限公司	其他化工产品批发	广东省珠海市
广州盛世欣兴格力贸易有限公司	家用电器批发	广东省广州市
哎呀呀饰品连锁股份有限公司	首饰、工艺品及收藏品批发	广东省广州市
TCL家用电器(惠州)有限公司	家用电器批发	广东省惠州市
肇庆市盛林再生资源有限公司	再生物资回收与批发	广东省肇庆市
广东省外贸开发公司	金属及金属矿批发	广东省广州市
广东烟草珠海市有限公司	烟草制品批发	广东省珠海市
深圳市鑫荣懋实业发展有限公司	果品、蔬菜批发	广东省深圳市
松下电器机电(深圳)有限公司	其他机械设备及电子产品批发	广东省深圳市
福达(中国)投资有限公司	盐及调味品批发	广东省广州市
广东烟草普宁市有限责任公司	烟草制品批发	广东省揭阳市
广东庆丰汽车集团有限公司	汽车批发	广东省广州市
深圳市粮食集团有限公司	米、面制品及食用油批发	广东省深圳市
汕头市创美药业有限公司	中药批发	广东省汕头市
深圳怡化电脑股份有限公司	计算机、软件及辅助设备批发	广东省深圳市
深圳市启悦光电有限公司	家用电器批发	广东省深圳市
深圳市嘉康食品有限公司	肉、禽、蛋、奶及水产品批发	广东省深圳市
深圳市中金岭南有色金属股份有限公司	金属及金属矿批发	广东省深圳市
广州市振戎燃气连锁经营有限公司	石油及制品批发	广东省广州市
珠海盛世欣兴格力贸易有限公司	家用电器批发	广东省珠海市
维达商贸有限公司	化妆品及卫生用品批发	广东省江门市
联新能源发展有限公司	石油及制品批发	广东省广州市
广东烟草汕头市有限责任公司潮阳分公司	烟草制品批发	广东省汕头市
广州虎辉照明科技公司	灯具、装饰物品批发	广东省广州市
佛山市南海福田汽车销售有限公司	汽车批发	广东省佛山市
中山格兰仕家用电器销售有限公司	家用电器批发	广东省中山市
惠东县商周实业有限公司	鞋帽批发	广东省惠州市
广东省东莞国药集团有限公司	西药批发	广东省东莞市
广东烟草南雄市有限公司	烟草制品批发	广东省韶关市

4-1 续表 34

企业名称	所属行业	企业所在地
广州大旺食品有限公司广州分公司	糕点、糖果及糖批发	广东省广州市
深圳市华成峰实业有限公司	电气设备批发	广东省深圳市
广东新动力能源有限公司	石油及制品批发	广东省东莞市
广州市粮食集团有限责任公司	米、面制品及食用油批发	广东省广州市
广东烟草阳江市有限责任公司	烟草制品批发	广东省阳江市
中国石油天然气股份有限公司广东湛江销售分公司	石油及制品批发	广东省湛江市
东莞市晟世欣兴格力贸易有限公司	家用电器批发	广东省东莞市
广东烟草云浮市有限责任公司	烟草制品批发	广东省云浮市
深圳市康哲药业有限公司	西药批发	广东省深圳市
深圳市金龙珠宝首饰有限公司	首饰、工艺品及收藏品批发	广东省深圳市
中国石油天然气股份有限公司广东惠州销售分公司	石油及制品批发	广东省惠州市
珠海方正印刷电路板发展有限公司	电气设备批发	广东省珠海市
中国船舶燃料广州有限公司	石油及制品批发	广东省广州市
中国电子器材深圳有限公司	其他机械设备及电子产品批发	广东省深圳市
深圳市齐普生信息科技有限公司	计算机、软件及辅助设备批发	广东省深圳市
广州红牛维他命饮料有限公司	酒、饮料及茶叶批发	广东省广州市
重庆新日日顺家电销售有限公司广州分公司	家用电器批发	广东省广州市
广东雄峰特殊钢有限公司	金属及金属矿批发	广东省佛山市
中山市中顺商贸有限公司	化妆品及卫生用品批发	广东省中山市
中国石油化工股份有限公司广东粤东石油分公司	石油及制品批发	广东省汕头市
佛山创美药业有限公司	中药批发	广东省佛山市
东莞市东糖集团有限公司	糕点、糖果及糖批发	广东省东莞市
深圳市齐心文具股份有限公司	文具用品批发	广东省深圳市
广东新明珠陶瓷集团有限公司	建材批发	广东省佛山市
深圳市朵唯志远科技有限公司	通讯及广播电视设备批发	广东省深圳市
广州TCL电器销售有限公司	家用电器批发	广东省广州市
广东省中山食品进出口有限公司	贸易代理	广东省中山市
中山榄菊销售有限公司	其他家庭用品批发	广东省中山市
广州市新力实业有限公司	其他机械设备及电子产品批发	广东省广州市
深圳市红牛实业有限公司	酒、饮料及茶叶批发	广东省深圳市
金利来(中国)有限公司广州分公司	服装批发	广东省广州市
中国石油化工股份有限公司广东潮州石油分公司	石油及制品批发	广东省潮州市
深圳市卓宝科技股份有限公司	其他化工产品批发	广东省深圳市
广州珠江化工集团有限公司	其他化工产品批发	广东省广州市
深圳市锦龙汽车贸易有限公司	汽车批发	广东省深圳市
无限极(中国)有限公司广州分公司	化妆品及卫生用品批发	广东省广州市
广东华南三一工程机械有限公司	其他机械设备及电子产品批发	广东省广州市
广东大翔药业有限公司	西药批发	广东省广州市
达能益力贸易(深圳)有限公司	酒、饮料及茶叶批发	广东省深圳市
广州市森大贸易有限公司	其他未列明批发业	广东省广州市
中国石油天然气股份有限公司广东韶关销售分公司	石油及制品批发	广东省韶关市
广州食品企业集团有限公司	肉、禽、蛋、奶及水产品批发	广东省广州市
深圳深岩燃气有限公司	石油及制品批发	广东省深圳市
东芝视频产品(中国)有限公司	家用电器批发	广东省惠州市
新兴县稔村温氏家禽有限公司	肉、禽、蛋、奶及水产品批发	广东省云浮市
深圳市爱迪尔珠宝股份有限公司	首饰、工艺品及收藏品批发	广东省深圳市
广东海华投资集团有限公司	鞋帽批发	广东省广州市
信宜市粤信肉类食品有限公司	肉、禽、蛋、奶及水产品批发	广东省茂名市
嘉顿食品贸易(中国)有限公司	糕点、糖果及糖批发	广东省东莞市
广东新华发行集团股份有限公司	图书批发	广东省广州市
中国石油天然气股份有限公司广东东莞销售分公司	石油及制品批发	广东省东莞市

4-1 续表 35

企业名称	所属行业	企业所在地
高州市食品企业集团公司	肉、禽、蛋、奶及水产品批发	广东省茂名市
珠海市华海鹏城酒业有限公司	酒、饮料及茶叶批发	广东省珠海市
中山市万荣营销有限公司	化妆品及卫生用品批发	广东省中山市
广东温氏食品集团股份有限公司勒竹分公司	肉、禽、蛋、奶及水产品批发	广东省云浮市
纬联电子科技(中山)有限公司	其他机械设备及电子产品批发	广东省中山市
广州酒家集团利口福营销有限公司	米、面制品及食用油批发	广东省广州市
广州和氏壁化工材料有限公司	其他化工产品批发	广东省广州市
广州市盛世长运商贸连锁有限公司	服装批发	广东省广州市
广东一力医药有限公司	中药批发	广东省肇庆市
深圳市休明盛世商贸有限责任公司	其他农牧产品批发	广东省深圳市
深圳品网科技有限公司	其他机械设备及电子产品批发	广东省深圳市
深圳市磊科实业有限公司	贸易代理	广东省深圳市
大自然家居(中国)有限公司	建材批发	广东省佛山市
广东本草药业有限公司	西药批发	广东省广州市
深圳市金地珠宝首饰有限公司	首饰、工艺品及收藏品批发	广东省深圳市
遂溪县供销合作联社	化肥批发	广东省湛江市
深圳市江波龙电子有限公司	计算机、软件及辅助设备批发	广东省深圳市
茂名市实业发展集团公司	其他化工产品批发	广东省茂名市
广州汇通光电科技有限公司	家用电器批发	广东省广州市
开平凯峰达维贸易有限公司	汽车零配件批发	广东省江门市
广州九州通医药有限公司	中药批发	广东省广州市
微优商贸(深圳)有限公司	计算机、软件及辅助设备批发	广东省深圳市
安富利物流(深圳)有限公司	其他机械设备及电子产品批发	广东省深圳市
四会市龙翔金属资源有限公司	再生物资回收与批发	广东省肇庆市
广州市西陇化工有限公司	其他化工产品批发	广东省广州市
深圳市源兴果品有限公司	果品、蔬菜批发	广东省深圳市
深圳华润三九现代中药有限公司	中药批发	广东省深圳市
惠东县大时兴鞋业有限公司	鞋帽批发	广东省惠州市
新兴县车岗温氏家禽有限公司	肉、禽、蛋、奶及水产品批发	广东省云浮市
深圳四环医药有限公司	中药批发	广东省深圳市
广东省广弘食品集团有限公司	肉、禽、蛋、奶及水产品批发	广东省广州市
海信科龙电器股份有限公司广州公司	家用电器批发	广东省广州市
深圳市美鹏机械设备有限公司	其他机械设备及电子产品批发	广东省深圳市
东莞市东孚商贸有限公司	化妆品及卫生用品批发	广东省东莞市
深圳市维真化妆品有限公司	化妆品及卫生用品批发	广东省深圳市
蓝带啤酒销售有限公司	其他食品批发	广东省肇庆市
比音勒芬服饰股份有限公司	纺织品、针织品及原料批发	广东省广州市
飞亚达销售有限公司	其他家庭用品批发	广东省深圳市
广州市万荣商贸有限公司	其他家庭用品批发	广东省广州市
雷州市食品总公司	肉、禽、蛋、奶及水产品批发	广东省湛江市
佛山市东鹏陶瓷有限公司	建材批发	广东省佛山市
广州市万绿达集团有限公司	再生物资回收与批发	广东省广州市
深圳市金活医药有限公司	中药批发	广东省深圳市
深圳荷花商贸有限公司	服装批发	广东省深圳市
惠州东进农牧股份有限公司	牲畜批发	广东省惠州市
广州尚品宅配家居用品有限公司	其他家庭用品批发	广东省广州市
深圳市马天奴服装专卖连锁企业有限公司	服装批发	广东省深圳市
深圳天俊实业股份有限公司	其他食品批发	广东省深圳市
深圳市世强先进科技有限公司	其他机械设备及电子产品批发	广东省深圳市
深圳市安新源贸易有限公司	化妆品及卫生用品批发	广东省深圳市
运通四方汽配供应链股份有限公司	汽车零配件批发	广东省广州市

4-1 续表 36

企业名称	所属行业	企业所在地
中国石油天然气股份有限公司广东清远销售分公司	石油及制品批发	广东省清远市
东莞市荣兴纸业有限公司	其他未列明批发业	广东省东莞市
广州市勇云蔬菜批发有限公司	果品、蔬菜批发	广东省广州市
深圳市盛宝粮油供应有限公司	米、面制品及食用油批发	广东省深圳市
广州市胜美皮具服装有限公司	服装批发	广东省广州市
江门市康侨药业有限公司	中药批发	广东省江门市
广州市长越贸易有限公司	服装批发	广东省广州市
绰琪服装(深圳)有限公司	服装批发	广东省深圳市
佛山市三水燃气有限公司	石油及制品批发	广东省佛山市
深圳市硕捷实业有限公司	计算机、软件及辅助设备批发	广东省深圳市
深圳市路必康实业有限公司	其他机械设备及电子产品批发	广东省深圳市
深圳市中意集团有限公司	家用电器批发	广东省深圳市
五华县食品公司	肉、禽、蛋、奶及水产品批发	广东省梅州市
深圳市金永励实业发展有限公司	化妆品及卫生用品批发	广东省深圳市
广东泰奇食品企业有限公司	其他食品批发	广东省广州市
深圳市珂莱蒂尔服饰有限公司	服装批发	广东省深圳市
佛山市南海大沣实业有限公司	鞋帽批发	广东省佛山市
深圳市艾里逊实业有限公司	汽车零配件批发	广东省深圳市
广州丰达电机有限公司	其他机械设备及电子产品批发	广东省广州市
深圳市星银医药有限公司	西药批发	广东省深圳市
深圳市TCL电器销售有限公司	家用电器批发	广东省深圳市
深圳市百勤石油技术有限公司	其他机械设备及电子产品批发	广东省深圳市
深圳创维-RGB电子有限公司广州分公司	家用电器批发	广东省广州市
广州群禾化妆品有限公司	化妆品及卫生用品批发	广东省广州市
优购科技有限公司	鞋帽批发	广东省深圳市
新兴县温氏食品联营有限公司	肉、禽、蛋、奶及水产品批发	广东省云浮市
深圳市赛威特实业有限公司	计算机、软件及辅助设备批发	广东省深圳市
广东省罗定市食品企业集团公司	肉、禽、蛋、奶及水产品批发	广东省云浮市
广东望家欢农产品集团有限公司	肉、禽、蛋、奶及水产品批发	广东省深圳市
广州英爱贸易有限公司	服装批发	广东省广州市
台山市长江食品有限公司	肉、禽、蛋、奶及水产品批发	广东省江门市
深圳市仁仁医疗发展有限公司	医疗用品及器材批发	广东省深圳市
广西壮族自治区		
中国石油化工股份有限公司广西南宁石油分公司	石油及制品批发	广西壮族自治区南宁市
广西壮族自治区烟草公司南宁市公司	烟草制品批发	广西壮族自治区南宁市
中国石油化工股份有限公司广西柳州石油分公司	石油及制品批发	广西壮族自治区柳州市
中国石油化工股份有限公司广西桂林石油分公司	石油及制品批发	广西壮族自治区桂林市
广西壮族自治区烟草公司桂林市公司	烟草制品批发	广西壮族自治区桂林市
中国石油化工股份有限公司广西百色石油分公司	石油及制品批发	广西壮族自治区百色市
中国石油天然气股份有限公司广西南宁销售分公司	石油及制品批发	广西壮族自治区南宁市
中国石油化工股份有限公司广西玉林石油分公司	石油及制品批发	广西壮族自治区玉林市
广西壮族自治区烟草公司柳州市公司	烟草制品批发	广西壮族自治区柳州市
广西辉煌交通石化有限公司	石油及制品批发	广西壮族自治区南宁市
中国石油化工股份有限公司广西钦州石油分公司	石油及制品批发	广西壮族自治区钦州市
中国石油化工股份有限公司广西河池石油分公司	石油及制品批发	广西壮族自治区河池市
广西壮族自治区烟草公司百色市公司	烟草制品批发	广西壮族自治区百色市
中国石油化工股份有限公司广西贵港石油分公司	石油及制品批发	广西壮族自治区贵港市
中国石油天然气股份有限公司广西桂林销售分公司	石油及制品批发	广西壮族自治区桂林市
中国石油化工股份有限公司广西梧州石油分公司	石油及制品批发	广西壮族自治区梧州市
中国石油天然气股份有限公司广西销售分公司	石油及制品批发	广西壮族自治区南宁市
广西壮族自治区烟草公司玉林市公司	烟草制品批发	广西壮族自治区玉林市

4-1 续表 37

企业名称	所属行业	企业所在地
广西晟世欣兴格力贸易有限公司	家用电器批发	广西壮族自治区南宁市
中国石油天然气股份有限公司广西玉林销售分公司	石油及制品批发	广西壮族自治区玉林市
中国石油天然气股份有限公司广西钦州销售分公司	石油及制品批发	广西壮族自治区钦州市
广西壮族自治区烟草公司河池市公司	烟草制品批发	广西壮族自治区河池市
中国石油化工股份有限公司广西崇左石油分公司	石油及制品批发	广西壮族自治区崇左市
广西壮族自治区烟草公司贵港市公司	烟草制品批发	广西壮族自治区贵港市
中国石油化工股份有限公司广西来宾石油分公司	石油及制品批发	广西壮族自治区来宾市
中国石油化工股份有限公司广西北海石油分公司	石油及制品批发	广西壮族自治区北海市
中国石油化工股份有限公司广西贺州石油分公司	石油及制品批发	广西壮族自治区贺州市
广西壮族自治区烟草公司梧州市公司	烟草制品批发	广西壮族自治区梧州市
广西壮族自治区烟草公司钦州市公司	烟草制品批发	广西壮族自治区钦州市
广西壮族自治区烟草公司北海市公司	烟草制品批发	广西壮族自治区北海市
广西翔吉物流有限公司	金属及金属矿批发	广西壮族自治区南宁市
广西壮族自治区烟草公司贺州市公司	烟草制品批发	广西壮族自治区贺州市
中国石油天然气股份有限公司广西梧州销售分公司	石油及制品批发	广西壮族自治区梧州市
广西壮族自治区烟草公司来宾市公司	烟草制品批发	广西壮族自治区来宾市
中国石油天然气股份有限公司广西百色销售分公司	石油及制品批发	广西壮族自治区百色市
中国石油天然气股份有限公司广西柳州销售分公司	石油及制品批发	广西壮族自治区柳州市
广西新华书店集团股份有限公司	图书批发	广西壮族自治区南宁市
广西太华医药有限公司	西药批发	广西壮族自治区南宁市
中国石油天然气股份有限公司广西河池销售分公司	石油及制品批发	广西壮族自治区河池市
广西南方黑芝麻食品销售有限公司	米、面制品及食用油批发	广西壮族自治区玉林市
广西平安堂药业有限责任公司	西药批发	广西壮族自治区玉林市
广西百祥石油有限公司	石油及制品批发	广西壮族自治区南宁市
中国石油天然气股份有限公司广西贵港销售分公司	石油及制品批发	广西壮族自治区贵港市
广西壮族自治区盐业公司	盐及调味品批发	广西壮族自治区南宁市
广西顶佳计算机信息有限公司	计算机、软件及辅助设备批发	广西壮族自治区南宁市
南宁市王者通讯股份有限公司	通讯及广播电视设备批发	广西壮族自治区南宁市
柳州市世纪联华连锁经营有限公司	其他食品批发	广西壮族自治区柳州市
中国石油天然气股份有限公司广西贺州销售分公司	石油及制品批发	广西壮族自治区贺州市
广西小松工程机械设备有限责任公司	其他机械设备及电子产品批发	广西壮族自治区南宁市
广西新胜利农业生产资料有限责任公司	化肥批发	广西壮族自治区南宁市
广西康华农业股份有限公司	谷物、豆及薯类批发	广西壮族自治区桂林市
南宁TCL电器销售有限公司	家用电器批发	广西壮族自治区南宁市
南宁华御堂医药有限责任公司	西药批发	广西壮族自治区南宁市
广西田园农资销售有限公司	农药批发	广西壮族自治区南宁市
广西东龙世纪医药有限公司	中药批发	广西壮族自治区南宁市
海南省		
海南一汽海马汽车销售有限公司	汽车批发	海南省海口市
海南省烟草公司海口公司	烟草制品批发	海南省海口市
中国石油天然气股份有限公司海南销售分公司	石油及制品批发	海南省海口市
海南省烟草公司三亚公司	烟草制品批发	海南省三亚市
海南天祥药业有限公司	中药批发	海南省省直辖县级行政区划
海南海药股份有限公司	中药批发	海南省海口市
澄迈金迪科技有限公司	计算机、软件及辅助设备批发	海南省省直辖县级行政区划
海南快克药业有限公司	西药批发	海南省海口市
重庆市		
中国烟草总公司重庆市公司	烟草制品批发	重庆市江北区
凯欣粮油有限公司	米、面制品及食用油批发	重庆市渝北区
重庆医药(集团)股份有限公司	西药批发	重庆市渝中区
中国石油化工股份有限公司重庆石油分公司	石油及制品批发	重庆市渝中区
九禾股份有限公司	化肥批发	重庆市九龙坡区

4-1 续表 38

企业名称	所属行业	企业所在地
重庆力帆喜生活摩托车销售有限公司	摩托车及零配件批发	重庆市北碚区
中国石油天然气股份有限公司重庆永川销售分公司	石油及制品批发	重庆市永川区
中国石油天然气股份有限公司重庆销售分公司	石油及制品批发	重庆市渝中区
重庆华轻商业公司	家用电器批发	重庆市渝中区
重庆东风渝安汽车销售有限公司	汽车零配件批发	重庆市沙坪坝区
重庆明辉格力电器销售有限公司	家用电器批发	重庆市九龙坡区
重庆龙禹石油有限公司	石油及制品批发	重庆市渝北区
重庆力帆汽车销售有限公司	汽车批发	重庆市渝北区
中国石油化工股份有限公司重庆三峡石油分公司	石油及制品批发	重庆市万州区
中国石油天然气股份有限公司重庆江北销售分公司	石油及制品批发	重庆市江北区
重庆市盐业(集团)有限公司	盐及调味品批发	重庆市渝北区
重庆新日日顺家电销售有限公司销售分公司	家用电器批发	重庆市江北区
中国石油天然气股份有限公司重庆销售分公司渝北经营部	石油及制品批发	重庆市渝北区
重庆科渝药品经营有限公司	西药批发	重庆市南岸区
重庆市长安跨越车辆营销有限公司	汽车批发	重庆市江北区
重庆中石化惠通油料有限公司	石油及制品批发	重庆市渝北区
周大福珠宝金行(重庆)有限公司	首饰、工艺品及收藏品批发	重庆市涪陵区
重庆长圣医药有限公司	西药批发	重庆市南岸区
重庆金材物流有限公司	金属及金属矿批发	重庆市沙坪坝区
重庆九州通医药有限公司	西药批发	重庆市南岸区
重庆美的制冷产品销售有限公司	家用电器批发	重庆市渝中区
重庆医药和平医药批发有限公司	西药批发	重庆市南岸区
国药控股重庆有限公司	西药批发	重庆市南岸区
中国烟草总公司重庆市公司万州分公司	烟草制品批发	重庆市万州区
重庆市南部洽洽食品销售有限公司	其他食品批发	重庆市荣昌县
重庆东银壳牌石化有限公司	石油及制品批发	重庆市渝北区
中国烟草总公司重庆市公司巫山分公司	烟草制品批发	重庆市巫山县
重庆市凯福珠宝金行有限公司	首饰、工艺品及收藏品批发	重庆市涪陵区
重庆粮食集团铜梁县粮食有限责任公司	谷物、豆及薯类批发	重庆市铜梁县
重庆博多物流有限公司	化妆品及卫生用品批发	重庆市江北区
中国烟草总公司重庆市公司涪陵分公司	烟草制品批发	重庆市涪陵区
中国烟草总公司重庆市公司武隆分公司	烟草制品批发	重庆市武隆县
中国烟草总公司重庆市公司酉阳分公司	烟草制品批发	重庆市酉阳土家族苗族自治县
中国烟草总公司重庆市公司巫溪分公司	烟草制品批发	重庆市巫溪县
中国石油天然气股份有限公司重庆万州销售分公司	石油及制品批发	重庆市万州区
中国烟草总公司重庆市公司彭水分公司	烟草制品批发	重庆市彭水苗族土家族自治县
重庆诗仙太白酒类销售有限公司	酒、饮料及茶叶批发	重庆市万州区
重庆市烟草公司奉节分公司	烟草制品批发	重庆市奉节县
中国烟草总公司重庆市公司黔江分公司	烟草制品批发	重庆市黔江区
重庆市五桥物资有限公司	金属及金属矿批发	重庆市万州区
六福珠宝首饰(重庆)有限公司	首饰、工艺品及收藏品批发	重庆市涪陵区
重庆医药销售有限公司	西药批发	重庆市南岸区
重庆富明高钟表有限公司	其他家庭用品批发	重庆市涪陵区
中国烟草总公司重庆市公司丰都分公司	烟草制品批发	重庆市丰都县
重庆TCL电器销售有限公司	家用电器批发	重庆市九龙坡区
中国烟草总公司重庆市公司石柱分公司	烟草制品批发	重庆市石柱土家族自治县
重庆一能燃具有限公司	家用电器批发	重庆市渝中区
重庆广东温氏家禽有限公司	肉、禽、蛋、奶及水产品批发	重庆市璧山县
重庆天利实业有限公司	米、面制品及食用油批发	重庆市渝中区
重庆智飞生物制品股份有限公司	医疗用品及器材批发	重庆市江北区
重庆粮食集团江津区粮食有限责任公司	米、面制品及食用油批发	重庆市江津区
重庆市江津利华贸易有限公司	化肥批发	重庆市江津区

4-1 续表 39

企业名称	所属行业	企业所在地
重庆铃宇百货有限公司	化妆品及卫生用品批发	重庆市渝中区
重庆渝扬实业有限公司	煤炭及制品批发	重庆市渝北区
四川省		
中石化四川销售有限公司	石油及制品批发	四川省成都市
攀钢集团国际经济贸易有限公司	金属及金属矿批发	四川省成都市
四川省烟草公司成都市公司	烟草制品批发	四川省成都市
中国石油天然气股份有限公司化工与销售西南分公司	其他化工产品批发	四川省成都市
中国铁路物资成都有限公司	金属及金属矿批发	四川省成都市
四川长虹佳华信息产品有限责任公司	计算机、软件及辅助设备批发	四川省绵阳市
成都联想信息技术有限公司	计算机、软件及辅助设备批发	四川省成都市
四川省烟草公司凉山州公司	烟草制品批发	四川省凉山彝族自治州
成都市天鑫洋金业有限责任公司	首饰、工艺品及收藏品批发	四川省成都市
吉峰农机连锁股份有限公司	农业机械批发	四川省成都市
四川省医药股份有限公司	西药批发	四川省成都市
四川科伦医药贸易有限公司	西药批发	四川省成都市
四川省烟草公司宜宾市公司	烟草制品批发	四川省宜宾市
四川省烟草公司泸州市公司	烟草制品批发	四川省泸州市
四川省烟草公司绵阳市公司	烟草制品批发	四川省绵阳市
中铁物资集团西南有限公司	金属及金属矿批发	四川省成都市
西昌川渝石化销售有限责任公司	石油及制品批发	四川省凉山彝族自治州
中国航油集团四川石油有限公司	石油及制品批发	四川省德阳市
四川省烟草公司南充市公司	烟草制品批发	四川省南充市
中国石油四川广元销售分公司	石油及制品批发	四川省广元市
中国石油天然气股份有限公司四川德阳销售分公司	石油及制品批发	四川省德阳市
四川长虹佳华数字技术有限公司	汽车零配件批发	四川省绵阳市
四川省烟草公司德阳市公司	烟草制品批发	四川省德阳市
四川科创医药集团有限公司	中药批发	四川省成都市
西昌市宏达再生资源回收市场有限公司	再生物资回收与批发	四川省凉山彝族自治州
四川省烟草公司乐山分公司	烟草制品批发	四川省乐山市
四川立白日化有限公司	厨房、卫生间用具及日用杂货批发	四川省眉山市
中国石油天然气股份有限公司四川宜宾销售分公司	石油及制品批发	四川省宜宾市
四川省古蔺县仙潭销售有限公司	酒、饮料及茶叶批发	四川省泸州市
四川省烟草公司眉山市公司	烟草制品批发	四川省眉山市
中国石油天然气股份有限公司四川雅安销售分公司	石油及制品批发	四川省雅安市
中铁二局集团物资有限公司	建材批发	四川省成都市
四川省烟草公司广元市公司	烟草制品批发	四川省广元市
四川省烟草公司资阳市公司	酒、饮料及茶叶批发	四川省资阳市
四川省烟草公司内江市公司	烟草制品批发	四川省内江市
四川宏华国际科贸有限公司	其他机械设备及电子产品批发	四川省成都市
四川省烟草公司自贡市公司	烟草制品批发	四川省自贡市
四川省烟草公司攀枝花市公司	烟草制品批发	四川省攀枝花市
中国石油天然气股份有限公司四川甘孜销售分公司	石油及制品批发	四川省甘孜藏族自治州
成都龙翔通讯有限责任公司	通讯及广播电视设备批发	四川省成都市
四川省烟草公司广安市公司	烟草制品批发	四川省广安市
四川省烟草公司巴中市公司	烟草制品批发	四川省巴中市
成都科讯药业有限公司	西药批发	四川省成都市
泸州柒泉华北酒类销售有限公司	酒、饮料及茶叶批发	四川省泸州市
四川沱牌舍得供销有限公司	酒、饮料及茶叶批发	四川省遂宁市
四川九州通科创医药有限公司	医疗用品及器材批发	四川省成都市
泸州柒泉华中酒类销售有限公司	酒、饮料及茶叶批发	四川省泸州市
中国石油天然气股份有限公司四川阿坝销售分公司	石油及制品批发	四川省阿坝藏族羌族自治州
成都新亚通讯技术有限公司	计算机、软件及辅助设备批发	四川省成都市

4-1 续表 40

企业名称	所属行业	企业所在地
成都创维电器有限公司	家用电器批发	四川省成都市
四川金山矿业集团有限公司	煤炭及制品批发	四川省内江市
泸州柒泉西南酒类销售有限公司	酒、饮料及茶叶批发	四川省泸州市
四川省烟草公司阿坝州公司	烟草制品批发	四川省阿坝藏族羌族自治州
成都市医药工业有限公司	西药批发	四川省成都市
四川省烟草公司甘孜分公司	烟草制品批发	四川省甘孜藏族自治州
成都中顺纸业有限公司	化妆品及卫生用品批发	四川省成都市
四川易初明通工程机械维修服务有限公司	其他机械设备及电子产品批发	四川省成都市
成都TCL电器销售有限公司	家用电器批发	四川省成都市
四川德惠商业股份有限公司	米、面制品及食用油批发	四川省成都市
古蔺县红赤渡酒销售有限公司	酒、饮料及茶叶批发	四川省泸州市
泸州博盛恒祥商贸有限公司	酒、饮料及茶叶批发	四川省泸州市
成都德仁堂药业有限公司	中药批发	四川省成都市
四川省盐业总公司成都分公司	盐及调味品批发	四川省成都市
四川省绵阳药业集团公司	西药批发	四川省绵阳市
四川超强电信发展有限公司	通讯及广播电视设备批发	四川省成都市
成都金松营销有限公司	家用电器批发	四川省成都市
成都红牛维他命饮料销售有限公司	酒、饮料及茶叶批发	四川省成都市
绵阳市酒鑫鑫商贸有限公司	酒、饮料及茶叶批发	四川省绵阳市
渠县人民市场开发服务有限公司	肉、禽、蛋、奶及水产品批发	四川省达州市
泸州醉八仙酒销售有限公司	酒、饮料及茶叶批发	四川省泸州市
渠县龙溪综合批发市场	果品、蔬菜批发	四川省达州市
康佳集团股份有限公司内江分公司	家用电器批发	四川省内江市
四川国光农资有限公司	化肥批发	四川省资阳市
成都市荣贸食品有限公司	其他食品批发	四川省成都市
四川老庙黄金有限公司	首饰、工艺品及收藏品批发	四川省成都市
贵州省		
贵州茅台酒销售有限公司	酒、饮料及茶叶批发	贵州省遵义市
贵州开磷化肥有限责任公司	化肥批发	贵州省贵阳市
贵州省烟草公司遵义市公司	烟草制品批发	贵州省遵义市
贵州省烟草公司毕节市公司	烟草制品批发	贵州省毕节市
贵州省烟草公司贵阳市公司	烟草制品批发	贵州省贵阳市
中国石油化工股份有限公司贵州贵阳分公司	石油及制品批发	贵州省贵阳市
贵州省烟草公司铜仁市公司	烟草制品批发	贵州省铜仁市
中国石油化工股份有限公司贵州黔南石油分公司	石油及制品批发	贵州省黔南布依族苗族自治州
贵州贵铁物流有限公司	煤炭及制品批发	贵州省贵阳市
贵州省烟草公司黔南州公司	烟草制品批发	贵州省黔南布依族苗族自治州
贵州省黔西南州烟草公司	烟草制品批发	贵州省黔西南布依族苗族自治州
贵州省烟草公司黔东南州公司	烟草制品批发	贵州省黔东南苗族侗族自治州
中国石油化工股份有限公司贵州黔东南石油分公司	石油及制品批发	贵州省黔东南苗族侗族自治州
贵州省烟草公司六盘水市公司	烟草制品批发	贵州省六盘水市
贵州省烟草公司安顺分公司	烟草制品批发	贵州省安顺市
中铁五局集团物资实业有限责任公司	石油及制品批发	贵州省贵阳市
贵州省习水县习酒销售公司	酒、饮料及茶叶批发	贵州省遵义市
贵州康心药业有限公司	西药批发	贵州省贵阳市
贵州省新华书店有限公司	图书批发	贵州省贵阳市
贵州小松工程机械有限公司	其他机械设备及电子产品批发	贵州省贵阳市
贵州美的制冷产品销售有限公司	家用电器批发	贵州省贵阳市
贵州省仁怀市茅台醇经销公司	酒、饮料及茶叶批发	贵州省遵义市
镇远兴发商贸有限公司	酒、饮料及茶叶批发	贵州省黔东南苗族侗族自治州
贵州益佰医药有限责任公司	中药批发	贵州省贵阳市

4-1 续表 41

企业名称	所属行业	企业所在地
贵州省仁怀市粮油收储有限总公司	米、面制品及食用油批发	贵州省遵义市
贵州茅台酒厂(集团)保健酒业销售有限公司	酒、饮料及茶叶批发	贵州省遵义市
贵州金沙回沙酒销售有限公司	酒、饮料及茶叶批发	贵州省毕节市
云南省		
云南省烟草公司曲靖市公司	烟草制品批发	云南省曲靖市
中国石油化工股份有限公司云南昆明石油分公司	石油及制品批发	云南省昆明市
云南省烟草公司昆明市公司	烟草制品批发	云南省昆明市
云南昆钢国际贸易有限公司	金属及金属矿批发	云南省昆明市
云南云天化国际化工股份有限公司	化肥批发	云南省昆明市
云南省医药有限公司	西药批发	云南省昆明市
云南省烟草公司楚雄州公司	烟草制品批发	云南省楚雄彝族自治州
云南省烟草公司红河州公司	烟草制品批发	云南省红河哈尼族彝族自治州
中国石油化工股份有限公司云南曲靖石油分公司	石油及制品批发	云南省曲靖市
云天化集团有限责任公司	化肥批发	云南省昆明市
云南省烟草公司玉溪市公司	烟草制品批发	云南省玉溪市
云南省烟草公司大理州公司	烟草制品批发	云南省大理白族自治州
云南省烟草公司昭通市公司	烟草制品批发	云南省昭通市
云南省烟草公司临沧市公司	烟草制品批发	云南省临沧市
云南省烟草公司保山市公司	烟草制品批发	云南省保山市
云南省烟草公司普洱市公司	烟草制品批发	云南省普洱市
中国石油化工股份有限公司云南玉溪石油分公司	石油及制品批发	云南省玉溪市
中国石油化工股份有限公司云南大理石油分公司	石油及制品批发	云南省大理白族自治州
云南省烟草公司丽江市公司	烟草制品批发	云南省丽江市
中国石油化工股份有限公司云南楚雄石油分公司	石油及制品批发	云南省楚雄彝族自治州
中国石化股份有限公司云南普洱石油分公司	石油及制品批发	云南省普洱市
云南白药集团医药电子商务有限公司	化妆品及卫生用品批发	云南省昆明市
云南医药工业股份有限公司	西药批发	云南省昆明市
西双版纳景阳橡胶有限责任公司	其他化工产品批发	云南省西双版纳傣族自治州
云南鑫盛物流有限公司	金属及金属矿批发	云南省昆明市
中国石油天然气股份有限公司云南曲靖销售分公司	石油及制品批发	云南省曲靖市
中国石油天然气股份有限公司云南大理销售分公司	石油及制品批发	云南省大理白族自治州
云南同丰医药有限公司	西药批发	云南省昆明市
中国石油天然气股份有限公司云南楚雄销售分公司	石油及制品批发	云南省楚雄彝族自治州
云南广垦橡胶有限公司	其他化工产品批发	云南省西双版纳傣族自治州
云南东骏药业有限公司	西药批发	云南省昆明市
中国石油化工股份有限公司云南丽江石油分公司	石油及制品批发	云南省丽江市
西双版纳中化橡胶有限公司	其他化工产品批发	云南省西双版纳傣族自治州
中国石油化工股份有限公司云南德宏石油分公司	石油及制品批发	云南省德宏傣族景颇族自治州
云南东昌医药股份有限公司	西药批发	云南省昆明市
云南易初明通工程机械维修有限公司	其他机械设备及电子产品批发	云南省昆明市
深圳创维-RGB电子有限公司云南分公司	家用电器批发	云南省昆明市
中国石油天然气股份有限公司云南德宏销售分公司	石油及制品批发	云南省德宏傣族景颇族自治州
云南金六福联采商贸有限公司	酒、饮料及茶叶批发	云南省迪庆藏族自治州
云南金丰汇油脂有限公司	米、面制品及食用油批发	云南省昆明市
云南湘泰工程设备有限公司	其他机械设备及电子产品批发	云南省昆明市
云南百江燃气有限公司	石油及制品批发	云南省昆明市
富源县供销合作社联合社	化肥批发	云南省曲靖市
西藏自治区		
西藏自治区烟草公司	烟草制品批发	西藏自治区拉萨市
西藏泰达厚生医药有限公司	西药批发	西藏自治区拉萨市
西藏天圣药业有限公司	西药批发	西藏自治区拉萨市

4-1 续表 42

企业名称	所属行业	企业所在地
陕西省		
陕西东岭物资有限责任公司	金属及金属矿批发	陕西省宝鸡市
陕西省煤炭运销(集团)有限责任公司	煤炭及制品批发	陕西省西安市
中国石油化工股份有限公司陕西石油分公司	石油及制品批发	陕西省西安市
中国石油天然气股份有限公司陕西西安销售分公司	石油及制品批发	陕西省西安市
中国铁路物资西安公司	石油及制品批发	陕西省西安市
陕西省烟草公司西安市公司	烟草制品批发	陕西省西安市
陕西丹尼尔市场股份有限公司	服装批发	陕西省西安市
榆林神华能源有限责任公司	煤炭及制品批发	陕西省榆林市
陕西丹尼尔康复路大卖场有限公司	服装批发	陕西省西安市
中国石油天然气股份有限公司陕西榆林销售分公司	石油及制品批发	陕西省榆林市
中国石油天然气股份有限公司渭南销售分公司	石油及制品批发	陕西省渭南市
陕西省汽车工业贸易总公司	汽车批发	陕西省西安市
中国石油化工股份有限公司陕西西安石油分公司	石油及制品批发	陕西省西安市
中国石油天然气股份有限公司陕西延安销售分公司	石油及制品批发	陕西省延安市
西安大明宫建材家居有限公司	建材批发	陕西省西安市
中油股份陕西咸阳销售分公司	石油及制品批发	陕西省咸阳市
陕西盛世恒兴格力电器销售有限公司	家用电器批发	陕西省西安市
陕西省烟草公司咸阳市公司	烟草制品批发	陕西省咸阳市
陕西省烟草公司安康市公司	烟草制品批发	陕西省安康市
中国石油天然气股份有限公司陕西宝鸡销售分公司	石油及制品批发	陕西省宝鸡市
陕西重型汽车进出口有限公司	汽车批发	陕西省西安市
中国石化股份有限公司陕西宝鸡分公司	石油及制品批发	陕西省宝鸡市
陕西西凤酒营销有限公司	酒、饮料及茶叶批发	陕西省宝鸡市
陕西省烟草公司渭南市公司	烟草制品批发	陕西省渭南市
陕西省烟草公司榆林市公司	烟草制品批发	陕西省榆林市
中国石油天然气股份有限公司陕西汉中销售分公司	石油及制品批发	陕西省汉中市
陕西医药控股集团派昂医药有限责任公司	西药批发	陕西省西安市
西安金康茶文化传播有限公司	酒、饮料及茶叶批发	陕西省西安市
陕西省烟草公司宝鸡市公司	烟草制品批发	陕西省宝鸡市
陕西省烟草公司汉中市公司	烟草制品批发	陕西省汉中市
陕西省烟草公司延安市公司	烟草制品批发	陕西省延安市
国药控股陕西有限公司	西药批发	陕西省西安市
陕西省烟草公司商洛市公司	烟草制品批发	陕西省商洛市
中国石油天然气股份有限公司陕西安康销售分公司	石油及制品批发	陕西省安康市
中国石油天然气股份有限公司陕西商洛销售分公司	石油及制品批发	陕西省商洛市
中国石油天然气股份有限公司陕西铜川销售分公司	石油及制品批发	陕西省铜川市
西安西电国际工程有限责任公司	电气设备批发	陕西省西安市
陕西广药康健医药有限公司	西药批发	陕西省西安市
中国石油化工股份有限公司陕西汉中石油分公司	石油及制品批发	陕西省汉中市
陕西榆林煤炭出口(集团)有限责任公司	煤炭及制品批发	陕西省榆林市
中国石油化工股份有限公司陕西渭南石油公司	石油及制品批发	陕西省渭南市
陕西省地方电力物资有限公司	电气设备批发	陕西省西安市
中国石油化工股份有限公司陕西咸阳石油分公司	石油及制品批发	陕西省咸阳市
城固县小河桥蔬菜瓜果批发市场	果品、蔬菜批发	陕西省汉中市
陕西新华发行集团有限责任公司	图书批发	陕西省西安市
陕西欣绿实业股份有限公司	果品、蔬菜批发	陕西省西安市
华润西安医药有限公司	中药批发	陕西省西安市
陕西百嘉贸易服务有限公司	化妆品及卫生用品批发	陕西省西安市
陕西省烟草公司铜川市公司	烟草制品批发	陕西省铜川市

4-1 续表 43

企业名称	所属行业	企业所在地
陕西百丽鞋业有限公司	鞋帽批发	陕西省西安市
中铁二十局集团陕西物资有限公司	金属及金属矿批发	陕西省西安市
西安TCL电器销售有限公司	家用电器批发	陕西省西安市
西安连奇物流配送有限公司	酒、饮料及茶叶批发	陕西省西安市
甘肃省		
中国石油天然气股份有限公司西北销售兰州分公司	石油及制品批发	甘肃省兰州市
中国石油化工股份有限公司甘肃石油分公司	石油及制品批发	甘肃省兰州市
甘肃省烟草公司兰州市公司	烟草制品批发	甘肃省兰州市
中国石油天然气股份有限公司甘肃酒泉销售分公司	石油及制品批发	甘肃省酒泉市
中国石油天然气股份有限公司甘肃庆阳销售分公司	石油及制品批发	甘肃省庆阳市
中国石油天然气股份有限公司甘肃张掖销售分公司	石油及制品批发	甘肃省张掖市
中国石油天然气股份有限公司甘肃武威销售分公司	石油及制品批发	甘肃省武威市
中国石油天然气股份有限公司甘肃平凉销售分公司	石油及制品批发	甘肃省平凉市
甘肃仕通汽车销售有限公司	汽车批发	甘肃省兰州市
甘肃省烟草公司天水分公司	烟草制品批发	甘肃省天水市
甘肃省烟草公司庆阳市公司	烟草制品批发	甘肃省庆阳市
甘肃省烟草公司陇南市公司	烟草制品批发	甘肃省陇南市
甘肃省烟草公司定西市公司	烟草制品批发	甘肃省定西市
兰州西城药业有限责任公司	西药批发	甘肃省兰州市
中国石油天然气股份有限公司甘肃临夏销售分公司	石油及制品批发	甘肃省临夏回族自治州
金徽酒陇南销售公司	酒、饮料及茶叶批发	甘肃省陇南市
甘肃省烟草公司武威市公司	烟草制品批发	甘肃省武威市
兰州强生医药有限责任公司	西药批发	甘肃省兰州市
甘肃省烟草公司张掖分公司	烟草制品批发	甘肃省张掖市
甘肃省烟草公司临夏回族自治州公司	烟草制品批发	甘肃省临夏回族自治州
金昌市金川天然农产品发展有限责任公司	果品、蔬菜批发	甘肃省金昌市
飞天出版传媒集团有限公司	图书批发	甘肃省兰州市
兰州富春江商贸有限公司	首饰、工艺品及收藏品批发	甘肃省兰州市
甘肃天元药业有限公司	西药批发	甘肃省兰州市
甘肃省盐业集团股份有限公司	盐及调味品批发	甘肃省兰州市
青海省		
中国石油天然气股份有限公司青海销售分公司	石油及制品批发	青海省西宁市
青海省烟草公司西宁市公司	烟草制品批发	青海省西宁市
中国石油天然气股份有限公司青海格尔木销售分公司	石油及制品批发	青海省海西蒙古族藏族自治州
中国石油化工股份有限公司青海石油分公司	石油及制品批发	青海省西宁市
中国石油化工股份有限公司青海格尔木石油分公司	石油及制品批发	青海省海西蒙古族藏族自治州
西宁中油燃气有限责任公司	石油及制品批发	青海省西宁市
青海省烟草公司海东地区公司	烟草制品批发	青海省海东市
青海物产物资配送有限责任公司	建材批发	青海省西宁市
宁夏回族自治区		
宁夏灵武宝塔大古储运有限公司	石油及制品批发	宁夏回族自治区银川市
中国石油天然气股份有限公司宁夏银川销售公司	石油及制品批发	宁夏回族自治区银川市
中国石油化工股份有限公司宁夏石油分公司	石油及制品批发	宁夏回族自治区银川市
中国石油天然气股份有限公司宁夏石嘴山销售分公司	石油及制品批发	宁夏回族自治区石嘴山市
宁夏回族自治区烟草公司银川市公司	烟草制品批发	宁夏回族自治区银川市
中国石油天然气股份有限公司宁夏高速公路销售分公司	石油及制品批发	宁夏回族自治区银川市
中国石油天然气股份有限公司固原销售分公司	石油及制品批发	宁夏回族自治区固原市
国药控股宁夏有限公司	西药批发	宁夏回族自治区银川市
宁夏回族自治区烟草公司吴忠市公司	烟草制品批发	宁夏回族自治区吴忠市
宁夏回族自治区烟草公司固原市公司	烟草制品批发	宁夏回族自治区固原市
新疆维吾尔族自治区		
新疆生产建设兵团棉麻公司	棉、麻批发	新疆维吾尔族自治区乌鲁木齐市
新疆新兴铸管金特国际贸易有限公司	金属及金属矿批发	新疆维吾尔族自治区巴音郭楞蒙古自治州
中国石油天然气股份有限公司新疆阿克苏销售分公司	石油及制品批发	新疆维吾尔族自治区阿克苏地区

4-1 续表 44

企业名称	所属行业	企业所在地
新疆前海集团公司	棉、麻批发	新疆维吾尔族自治区喀什地区
中国石油天然气股份有限公司新疆喀什销售分公司	石油及制品批发	新疆维吾尔族自治区喀什地区
中国石油天然气股份有限公司新疆哈密销售分公司	石油及制品批发	新疆维吾尔族自治区哈密地区
中国石油天然气股份有限公司新疆库尔勒销售分公司	石油及制品批发	新疆维吾尔族自治区巴音郭楞蒙古自治州
新疆农资(集团)有限责任公司	化肥批发	新疆维吾尔族自治区乌鲁木齐市
新疆维吾尔自治区烟草公司乌鲁木齐市公司	烟草制品批发	新疆维吾尔族自治区乌鲁木齐市
中国石油天然气股份有限公司新疆克拉玛依销售分公司	石油及制品批发	新疆维吾尔族自治区克拉玛依市
中国石油天然气股份有限公司新疆昌吉销售分公司	石油及制品批发	新疆维吾尔族自治区昌吉回族自治州
新疆兵团农七师供销合作总公司	棉、麻批发	新疆维吾尔族自治区伊犁哈萨克自治州
中国石油天然气股份有限公司新疆伊犁销售分公司	石油及制品批发	新疆维吾尔族自治区伊犁哈萨克自治州
新疆同益投资有限公司	石油及制品批发	新疆维吾尔族自治区克拉玛依市
中国石油天然气股份有限公司新疆吐鲁番销售分公司	石油及制品批发	新疆维吾尔族自治区吐鲁番地区
中国石油化工股份有限公司新疆石油分公司	石油及制品批发	新疆维吾尔族自治区乌鲁木齐市
新疆兵团农业生产资料供应公司	化肥批发	新疆维吾尔族自治区乌鲁木齐市
中国石油化工股份有限公司新疆阿克苏石油分公司	石油及制品批发	新疆维吾尔族自治区阿克苏地区
新疆农一师供销(集团)有限公司	化肥批发	新疆维吾尔族自治区阿克苏地区
中国石油天然气股份有限公司新疆阿勒泰销售分公司	石油及制品批发	新疆维吾尔族自治区阿勒泰地区
新疆九州通医药有限公司	西药批发	新疆维吾尔族自治区乌鲁木齐市
农四师供销合作社联合社	棉、麻批发	新疆维吾尔族自治区伊犁哈萨克自治州
新疆利华棉业股份有限公司	棉、麻批发	新疆维吾尔族自治区巴音郭楞蒙古自治州
中国石油化工股份有限公司新疆巴州石油分公司	石油及制品批发	新疆维吾尔族自治区巴音郭楞蒙古自治州
中国石油天然气股份有限公司新疆和田销售分公司	石油及制品批发	新疆维吾尔族自治区和田地区
新疆维吾尔自治区新华书店	图书批发	新疆维吾尔族自治区乌鲁木齐市
中国石油天然气股份有限公司新疆石河子销售分公司	石油及制品批发	新疆维吾尔族自治区省直辖县级行政区划
新疆维吾尔自治区阿克苏地区烟草公司	烟草制品批发	新疆维吾尔族自治区阿克苏地区
新疆维吾尔自治区昌吉回族自治州烟草公司	烟草制品批发	新疆维吾尔族自治区昌吉回族自治州
新疆维吾尔自治区喀什地区烟草公司	烟草制品批发	新疆维吾尔族自治区喀什地区
新疆维吾尔自治区巴音郭楞蒙古自治州烟草公司	烟草制品批发	新疆维吾尔族自治区巴音郭楞蒙古自治州
新疆维吾尔自治区伊犁哈萨克自治州烟草公司	烟草制品批发	新疆维吾尔族自治区伊犁哈萨克自治州
中国石油化工股份有限公司新疆喀什石油分公司	石油及制品批发	新疆维吾尔族自治区喀什地区
昌吉回族自治州粮油购销(集团)有限责任公司	谷物、豆及薯类批发	新疆维吾尔族自治区昌吉回族自治州
新疆兵团农三师农业生产资料公司	化肥批发	新疆维吾尔族自治区喀什地区
新疆中石化基钰化工销售有限公司	石油及制品批发	新疆维吾尔族自治区乌鲁木齐市
新疆棉花产业(集团)莎车棉业有限责任公司	棉、麻批发	新疆维吾尔族自治区喀什地区
新疆维吾尔自治区塔城地区烟草公司	烟草制品批发	新疆维吾尔族自治区塔城地区
中国石油天然气股份有限公司新疆塔城销售分公司	石油及制品批发	新疆维吾尔族自治区塔城地区
新疆生产建设兵团第十三师天元供销有限公司	棉、麻批发	新疆维吾尔族自治区哈密地区
库车县棉麻公司	棉、麻批发	新疆维吾尔族自治区阿克苏地区
中国石油天然气股份有限公司新疆博州销售分公司	石油及制品批发	新疆维吾尔族自治区博尔塔拉蒙古自治州
乌鲁木齐铁路局实业开发总公司	石油及制品批发	新疆维吾尔族自治区乌鲁木齐市
新疆星沃商贸有限公司	其他机械设备及电子产品批发	新疆维吾尔族自治区乌鲁木齐市
新疆农垦宏业棉花有限责任公司	棉、麻批发	新疆维吾尔族自治区乌鲁木齐市
尉犁县棉麻公司	棉、麻批发	新疆维吾尔族自治区巴音郭楞蒙古自治州
新疆中泰工程机械有限公司	其他机械设备及电子产品批发	新疆维吾尔族自治区乌鲁木齐市
森那美信昌机器工程(新疆)有限公司	其他机械设备及电子产品批发	新疆维吾尔族自治区乌鲁木齐市
新疆棉花产业(集团)巴楚棉业有限责任公司	棉、麻批发	新疆维吾尔族自治区喀什地区
中国石油化工股份有限公司新疆伊犁石油分公司	石油及制品批发	新疆维吾尔族自治区伊犁哈萨克自治州
新疆中纺锦华棉业有限公司	棉、麻批发	新疆维吾尔族自治区昌吉回族自治州
阿瓦提县棉麻公司	棉、麻批发	新疆维吾尔族自治区阿克苏地区
新疆千里马工程机械有限公司	其他机械设备及电子产品批发	新疆维吾尔族自治区乌鲁木齐市
新疆棉花产业(集团)麦盖提棉业有限责任公司	棉、麻批发	新疆维吾尔族自治区喀什地区
精河县精棉棉业有限责任公司	棉、麻批发	新疆维吾尔族自治区博尔塔拉蒙古自治州
新疆金塔投资(集团)有限公司	石油及制品批发	新疆维吾尔族自治区克拉玛依市

4-2 分地区大型零售业企业名单

企业名称	所属行业	企业所在地
北京市		
北京京东世纪信息技术有限公司	计算机、软件及辅助设备零售	北京市大兴区
中国石油化工股份有限公司北京石油分公司	机动车燃料零售	北京市朝阳区
北京小米科技有限责任公司	互联网零售	北京市海淀区
华润医药商业集团有限公司	药品零售	北京市东城区
北京菜市口百货股份有限公司	百货零售	北京市西城区
北京华联综合超市股份有限公司	超级市场零售	北京市西城区
苹果电子产品商贸(北京)有限公司	计算机、软件及辅助设备零售	北京市东城区
北京物美商业集团股份有限公司	超级市场零售	北京市石景山区
北京苏宁云商销售有限公司	日用家电设备零售	北京市通州区
北京市大中家用电器连锁销售有限公司	日用家电设备零售	北京市石景山区
北京燕莎友谊商城有限公司	百货零售	北京市朝阳区
北京世纪卓越信息技术有限公司	互联网零售	北京市朝阳区
华联新光百货(北京)有限公司	百货零售	北京市朝阳区
国美电器有限公司	日用家电设备零售	北京市朝阳区
北京家乐福商业有限公司	超级市场零售	北京市丰台区
北京物美综合超市有限公司	超级市场零售	北京市大兴区
北京京客隆商业集团股份有限公司	超级市场零售	北京市朝阳区
北京翠微大厦股份有限公司	百货零售	北京市海淀区
北京当当网信息技术有限公司	图书、报刊零售	北京市东城区
中化道达尔燃油有限公司	机动车燃料零售	北京市海淀区
北京沃尔玛百货有限公司	超级市场零售	北京市石景山区
北京永辉超市有限公司	超级市场零售	北京市石景山区
ＢＨＧ(北京)百货有限公司	其他日用品零售	北京市西城区
日上免税行(中国)有限公司	百货零售	北京市顺义区
百盛商业发展有限公司	百货零售	北京市西城区
国兴汽车服务中心	汽车零售	北京市西城区
北京美廉美连锁商业有限公司	超级市场零售	北京市海淀区
北京华冠商业经营股份有限公司	超级市场零售	北京市房山区
北京易喜新世界百货有限公司	百货零售	北京市东城区
北京国美在线电子商务有限公司	互联网零售	北京市海淀区
北京王府井百货(集团)股份有限公司	百货零售	北京市东城区
北京超市发连锁股份有限公司	超级市场零售	北京市海淀区
乐天超市有限公司	超级市场零售	北京市朝阳区
华糖洋华堂商业有限公司	百货零售	北京市朝阳区
北京王府井百货集团双安商场有限责任公司	百货零售	北京市海淀区
北京国泰平安百货有限公司	百货零售	北京市顺义区
北京物美大卖场商业管理有限公司	超级市场零售	北京市大兴区
北京汉光百货有限责任公司	百货零售	北京市西城区
北京宝泽行汽车销售服务有限公司	汽车零售	北京市丰台区
北京鑫海韵通商业大楼	百货零售	北京市顺义区
北京欧尚超市有限公司	超级市场零售	北京市海淀区
北京城乡贸易中心股份有限公司	百货零售	北京市海淀区
北京晨德宝汽车销售服务有限公司	汽车零售	北京市朝阳区
飒拉商业(北京)有限公司	服装零售	北京市朝阳区
北京迪信通电子通信技术有限公司	通信设备零售	北京市海淀区
北京首商集团股份有限公司	百货零售	北京市西城区
北京博瑞祥云汽车销售服务有限公司	汽车零售	北京市朝阳区
北京宜家家居有限公司	家具零售	北京市朝阳区
北京屈臣氏个人用品连锁商店有限公司	超级市场零售	北京市朝阳区
北京当代商城有限责任公司	百货零售	北京市海淀区

4-2 续表 1

企业名称	所属行业	企业所在地
宝盛道吉(北京)贸易有限公司	服装零售	北京市东城区
安利(中国)日用品有限公司北京分公司	其他综合零售	北京市东城区
北京三元石油有限公司	机动车燃料零售	北京市大兴区
曙光信息产业(北京)有限公司	计算机、软件及辅助设备零售	北京市海淀区
北京君太太平洋百货有限公司	百货零售	北京市西城区
北京市上品商业发展有限责任公司	服装零售	北京市东城区
中国图书进出口(集团)总公司	图书、报刊零售	北京市朝阳区
北京京宝行汽车销售服务有限公司	汽车零售	北京市海淀区
北京中润发汽车销售有限公司	汽车零售	北京市丰台区
北京赛特百货有限公司	百货零售	北京市朝阳区
北京寰宇恒通汽车有限公司	汽车零售	北京市海淀区
北京庄胜崇光百货商场	百货零售	北京市西城区
北京盈之宝汽车销售服务有限公司	汽车零售	北京市朝阳区
凡客诚品(北京)科技有限公司	互联网零售	北京市丰台区
北京首都机场商贸有限公司	超级市场零售	北京市顺义区
北京易迅腾飞电子商务发展有限公司	互联网零售	北京市朝阳区
丝芙兰(北京)化妆品销售有限公司	化妆品及卫生用品零售	北京市朝阳区
北京易初莲花连锁超市有限公司	超级市场零售	北京市朝阳区
北京崇德商贸有限公司	鞋帽零售	北京市西城区
沃尔玛(北京)商业零售有限公司	超级市场零售	北京市朝阳区
北京贵友大厦有限公司	百货零售	北京市朝阳区
中视购物有限公司	互联网零售	北京市海淀区
北京运通博奥汽车销售服务有限公司	汽车零售	北京市大兴区
柒一拾壹(北京)有限公司	其他综合零售	北京市东城区
欧迪办公网络技术有限公司	互联网零售	北京市海淀区
北京北方福瑞汽车销售服务有限公司	汽车零售	北京市海淀区
北京物美京北大世界商贸有限公司	百货零售	北京市怀柔区
北京同仁堂连锁药店有限责任公司	药品零售	北京市西城区
北京中复电讯设备有限责任公司	通信设备零售	北京市朝阳区
北京蓝岛大厦有限责任公司	百货零售	北京市朝阳区
酒仙网电子商务股份有限公司	酒、饮料及茶叶零售	北京市大兴区
北京市顺义国泰商业大厦	百货零售	北京市顺义区
北京首航国力商贸有限公司	超级市场零售	北京市丰台区
北京味多美食品有限责任公司	糕点、面包零售	北京市西城区
迪卡侬(北京)体育用品有限公司	体育用品及器材零售	北京市朝阳区
北京稻香村食品有限责任公司	糕点、面包零售	北京市东城区
北京卜蜂莲花连锁超市有限公司	超级市场零售	北京市朝阳区
荣宝斋	工艺美术品及收藏品零售	北京市西城区
北京金象复星医药股份有限公司	药品零售	北京市西城区
北京甘家口大厦有限责任公司	百货零售	北京市海淀区
每克拉美(北京)钻石商场有限公司	工艺美术品及收藏品零售	北京市朝阳区
北京天超仓储超市有限责任公司	超级市场零售	北京市东城区
北京王府井百货集团长安商场有限责任公司	百货零售	北京市西城区
永旺商业有限公司	百货零售	北京市昌平区
北京新世界利莹百货有限公司	百货零售	北京市朝阳区
北京威联德骨科技术有限公司	医疗用品及器材零售	北京市海淀区
华润超级市场有限公司	超级市场零售	北京市朝阳区
乐购特易购商业(北京)有限公司	百货零售	北京市顺义区
中粮我买网有限公司	互联网零售	北京市朝阳区
北京丽家丽婴婴童用品有限公司	超级市场零售	北京市大兴区
北京张一元茶叶有限责任公司	酒、饮料及茶叶零售	北京市西城区

4-2 续表 2

企业名称	所属行业	企业所在地
北京玉蜓桥物美商贸有限公司	超级市场零售	北京市丰台区
北京顺天府商贸有限公司	超级市场零售	北京市丰台区
北京旺市百利商业有限公司	超级市场零售	北京市朝阳区
北京市昌平新世纪商城	百货零售	北京市昌平区
北京华联精品超市有限公司	超级市场零售	北京市西城区
北京心物不二电子商务有限公司	互联网零售	北京市通州区
北京市复兴商业城有限公司	百货零售	北京市西城区
北京京北美廉美超市有限公司	超级市场零售	北京市昌平区
北京华普联合商业投资有限公司	超级市场零售	北京市朝阳区
北京市亨得利瑞士钟表有限责任公司	钟表、眼镜零售	北京市东城区
北京翠微家园超市连锁经营有限责任公司	超级市场零售	北京市海淀区
北京亿派创新科技发展有限公司	通信设备零售	北京市门头沟区
北京创锐文化传媒有限公司	互联网零售	北京市朝阳区
北京乐友达康商贸有限公司	其他日用品零售	北京市通州区
范思哲(中国)商业有限公司	服装零售	北京市朝阳区
北京金象大药房医药连锁有限责任公司	药品零售	北京市西城区
北京京烟卷烟零售连锁有限公司	烟草制品零售	北京市朝阳区
北京华信通电讯有限公司	通信设备零售	北京市东城区
北京京客隆首超商业有限公司	超级市场零售	北京市石景山区
北京图书大厦有限责任公司	图书、报刊零售	北京市西城区
北京门城物美商城有限公司	超级市场零售	北京市门头沟区
北京吴裕泰茶业股份有限公司	酒、饮料及茶叶零售	北京市东城区
北京天虹商业管理有限公司	百货零售	北京市西城区
北京时尚天虹百货有限公司	百货零售	北京市朝阳区
北京北辰超市连锁有限公司	超级市场零售	北京市朝阳区
创和捷商贸(北京)有限公司	服装零售	北京市朝阳区
北京亿潼隆连锁超市有限公司	超级市场零售	北京市丰台区
北京华润万家生活超市有限公司	超级市场零售	北京市丰台区
北京港佳好邻居连锁便利店有限责任公司	其他综合零售	北京市西城区
东芝医疗系统(中国)有限公司	医疗用品及器材零售	北京市朝阳区
普安倍尔商业(北京)有限公司	服装零售	北京市朝阳区
北京人天书店有限公司	图书、报刊零售	北京市丰台区
统杰法宝(北京)超市有限公司	超级市场零售	北京市朝阳区
北京兴宇班尼路服装服饰有限公司	服装零售	北京市东城区
波丝可商业(北京)有限公司	服装零售	北京市朝阳区
北京物美生活超市有限公司	超级市场零售	北京市朝阳区
北京奥士凯物美商业有限公司	其他食品零售	北京市东城区
北京李宁体育用品销售有限公司	服装零售	北京市东城区
北京乐语金飞鸿通讯设备有限公司	通信设备零售	北京市海淀区
北京京房美廉美超市有限公司	超级市场零售	北京市房山区
北京欧派厨柜有限公司	家具零售	北京市丰台区
北京孩思乐商业有限公司	其他文化用品零售	北京市朝阳区
北京亨联达钟表有限责任公司	钟表、眼镜零售	北京市东城区
彩盈储贤商贸(北京)有限公司	服装零售	北京市东城区
北京物美鼓楼商贸有限责任公司	超级市场零售	北京市密云县
北京金凤成祥食品有限责任公司	糕点、面包零售	北京市海淀区
北京崇文门菜市场物美综合超市有限公司	其他综合零售	北京市东城区
北京寺库寄卖有限公司	其他综合零售	北京市东城区
北京尚品百姿电子商务有限公司	互联网零售	北京市海淀区
北京市源烽世纪商贸有限责任公司	服装零售	北京市丰台区
北京市好利来食品有限公司	糕点、面包零售	北京市朝阳区

4-2 续表 3

企业名称	所属行业	企业所在地
北京物美便利超市有限公司	超级市场零售	北京市东城区
北京通糖物美便利超市有限公司	其他综合零售	北京市通州区
北京润福商业有限公司	超级市场零售	北京市朝阳区
北京雅莎服饰有限公司	服装零售	北京市西城区
北京顺丰电子商务有限公司	互联网零售	北京市顺义区
北京七彩云南商贸有限公司	珠宝首饰零售	北京市西城区
天津市		
中国石油化工股份有限公司天津石油分公司	机动车燃料零售	天津市南开区
中国石油天然气股份有限公司天津销售分公司	机动车燃料零售	天津市河东区
壳牌华北石油集团有限公司	机动车燃料零售	天津市河西区
天津一商友谊股份有限公司	百货零售	天津市河西区
天津华润万家生活超市有限公司	超级市场零售	天津市东丽区
天津苏宁云商有限公司	家用视听设备零售	天津市和平区
天津国美电器有限公司	日用家电设备零售	天津市南开区
天津金元宝商厦集团有限公司	百货零售	天津市滨海新区
天津海信广场有限公司	其他文化用品零售	天津市和平区
北京世纪卓越信息技术有限公司天津分公司	互联网零售	天津市武清区
天津浩众汽车贸易服务有限公司	汽车零售	天津市东丽区
乐宾百货(天津)有限公司	其他文化用品零售	天津市和平区
天津市人人乐商业有限公司	超级市场零售	天津市南开区
天津捷通汽车销售有限公司	汽车零售	天津市西青区
天津市津工超市有限责任公司	超级市场零售	天津市东丽区
天津劝业场(集团)股份有限公司	其他文化用品零售	天津市和平区
天津物美未来商贸发展有限公司	超级市场零售	天津市南开区
天津伊势丹有限公司	其他文化用品零售	天津市和平区
天津泰达易买得超市有限公司	超级市场零售	天津市滨海新区
天津劝宝超市有限责任公司	超级市场零售	天津市宝坻区
中原百货集团股份有限公司	其他文化用品零售	天津市和平区
天津华润超级市场有限公司	超级市场零售	天津市东丽区
天津市捷兴汽车商贸有限公司	汽车零售	天津市滨海新区
天津劝业家乐福超市有限公司	超级市场零售	天津市南开区
天津桂发祥十八街麻花食品股份有限公司	其他食品零售	天津市河西区
天津市新中国现代文化用品有限责任公司	珠宝首饰零售	天津市和平区
天津市大港滨城商贸有限责任公司	超级市场零售	天津市滨海新区
天津滨江商厦有限公司	百货零售	天津市和平区
天津滨江购物中心	其他文化用品零售	天津市和平区
天津迎宾超市商贸有限公司	超级市场零售	天津市滨海新区
天津市宁河县家乐超市有限责任公司	超级市场零售	天津市宁河县
天津滨海国际花卉科技园区股份有限公司	其他日用品零售	天津市东丽区
物美(天津)连锁超市有限公司	超级市场零售	天津市东丽区
沃尔玛深国投百货有限公司天津和平路分店	其他文化用品零售	天津市和平区
天津家福商业有限公司	超级市场零售	天津市南开区
乐天百货(天津)有限公司	其他综合零售	天津市河西区
百丽鞋业(天津)有限公司	鞋帽零售	天津市和平区
天津市长湖大润发商业有限公司	超级市场零售	天津市河西区
老百姓大药房连锁(天津)有限公司	药品零售	天津市河东区
天津市海达家乐超市有限公司	超级市场零售	天津市武清区
天津市大桥道糕点食品有限公司	糕点、面包零售	天津市河东区
天津市好利来食品有限公司	糕点、面包零售	天津市和平区

4-2 续表 4

企业名称	所属行业	企业所在地
河北省		
北国商城股份有限公司	百货零售	河北省石家庄市
唐山百货大楼集团有限责任公司	百货零售	河北省唐山市
石家庄人民商场股份有限公司	百货零售	河北省石家庄市
河北保百集团有限公司	百货零售	河北省保定市
中国石油天然气股份有限公司河北邢台销售分公司	机动车燃料零售	河北省邢台市
廊坊市明珠商业企业集团有限公司	百货零售	河北省廊坊市
茂业物流股份有限公司	百货零售	河北省秦皇岛市
邯郸新世纪商业广场股份有限公司	服装零售	河北省邯郸市
沧州市华北商厦有限公司	百货零售	河北省沧州市
河北保定时代商厦有限公司	百货零售	河北省保定市
秦皇岛兴龙广缘商业连锁有限公司	超级市场零售	河北省秦皇岛市
唐山华盛超市有限公司	超级市场零售	河北省唐山市
石家庄东方城市广场有限公司	百货零售	河北省石家庄市
河北华北石油商业有限公司	百货零售	河北省沧州市
河北永辉超市有限公司	超级市场零售	河北省石家庄市
河北保龙仓家乐福商业有限公司	超级市场零售	河北省石家庄市
承德宽广超市集团有限公司	超级市场零售	河北省承德市
邯郸武安新世纪商业广场有限公司	百货零售	河北省邯郸市
邢台家乐园天一商贸有限公司	超级市场零售	河北省邢台市
邯郸市阳光三联电器有限公司	日用家电设备零售	河北省邯郸市
河北国美电器有限公司	家用视听设备零售	河北省石家庄市
信誉楼百货集团有限公司黄骅信誉楼商厦	超级市场零售	河北省沧州市
河北惠友商业连锁发展有限公司	超级市场零售	河北省保定市
廊坊苏宁云商销售有限公司	日用家电设备零售	河北省廊坊市
保定市中冀汽车贸易集团有限公司	汽车零售	河北省保定市
保定市惠友万家福超级市场有限公司	超级市场零售	河北省保定市
信誉楼百货集团有限公司青县信誉楼商厦	百货零售	河北省沧州市
河北美食林商贸集团有限公司	超级市场零售	河北省邯郸市
保定商场股份有限公司	百货零售	河北省保定市
信誉楼百货集团有限公司泊头信誉楼商厦	百货零售	河北省沧州市
秦皇岛家惠商贸集团有限公司	超级市场零售	河北省秦皇岛市
唐山家万佳超市有限公司	超级市场零售	河北省唐山市
石家庄苏宁云商商贸有限公司	家用视听设备零售	河北省石家庄市
正定县城关供销合作社	百货零售	河北省石家庄市
衡水百货大楼(集团)股份有限公司	百货零售	河北省衡水市
保定市亚太通讯器材有限公司	通信设备零售	河北省保定市
衡水吉美超市有限责任公司	超级市场零售	河北省衡水市
张家口市帝达购物广场有限公司	百货零售	河北省张家口市
河北东之杰运动产业发展有限公司	鞋帽零售	河北省石家庄市
邯郸市阳光超市有限公司	超级市场零售	河北省邯郸市
河北衡水爱特购物中心有限责任公司	百货零售	河北省衡水市
河北家兴商贸集团有限公司	百货零售	河北省保定市
唐山荣川实业集团有限公司	汽车零售	河北省唐山市
石家庄市新华书店有限责任公司	图书、报刊零售	河北省石家庄市
玉田县供销大厦有限公司	百货零售	河北省唐山市
沧州市同天购物中心有限公司	百货零售	河北省沧州市
黄骅市耀华商厦有限公司	百货零售	河北省沧州市
河北乐语通讯器材销售有限公司	通信设备零售	河北省石家庄市
唐山华润万家生活超市有限公司	超级市场零售	河北省唐山市
沃尔玛(河北)商业零售有限公司	超级市场零售	河北省石家庄市

4-2 续表 5

企业名称	所属行业	企业所在地
石家庄信誉楼百货有限公司	百货零售	河北省石家庄市
张家口中美电器有限公司	家用视听设备零售	河北省张家口市
北京京客隆(廊坊)有限公司	超级市场零售	河北省廊坊市
邯郸市新华书店有限责任公司	图书、报刊零售	河北省邯郸市
河北家乐园购物广场有限责任公司	百货零售	河北省邢台市
石家庄新兴药房连锁有限公司	药品零售	河北省石家庄市
沧州市新华书店有限责任公司	图书、报刊零售	河北省沧州市
沧州信誉楼百货有限公司	百货零售	河北省沧州市
河间市信发商厦有限责任公司	百货零售	河北省沧州市
石家庄新奥车用燃气有限公司	机动车燃料零售	河北省石家庄市
河北国大连锁商业有限公司	其他综合零售	河北省石家庄市
廊坊市新朝阳购物中心有限公司	服装零售	河北省廊坊市
唐山市唐人医药商场有限公司	药品零售	河北省唐山市
唐山市新华书店有限责任公司	图书、报刊零售	河北省唐山市
河北神威大药房连锁有限公司	药品零售	河北省石家庄市
河北三佳润尚商贸有限责任公司	百货零售	河北省石家庄市
邢台市天天便利商贸有限公司	百货零售	河北省邢台市
青岛润泰事业有限公司保定大润发分公司	超级市场零售	河北省保定市
石家庄市液化气总公司	生活用燃料零售	河北省石家庄市
定州市大世界购物中心	百货零售	河北省保定市
邢台市华业通信设备有限公司	通信设备零售	河北省邢台市
定州市时代广场商贸有限责任公司	百货零售	河北省保定市
河北华润万家生活超市有限公司	超级市场零售	河北省石家庄市
邯郸市千鑫商贸有限公司	文具用品零售	河北省邯郸市
唐山润良商贸有限公司	超级市场零售	河北省唐山市
山西省		
山西大昌汽车集团有限公司	汽车零售	山西省太原市
中国石油化工股份有限公司忻州石油分公司	机动车燃料零售	山西省忻州市
中国石油化工股份有限公司山西太原石油分公司	机动车燃料零售	山西省太原市
山西美特好连锁超市股份有限公司	超级市场零售	山西省太原市
中国石油化工股份有限公司山西吕梁石油分公司	机动车燃料零售	山西省吕梁市
中国石油化工股份有限公司山西临汾石油分公司	机动车燃料零售	山西省临汾市
中国石油化工股份有限公司山西晋中石油分公司	机动车燃料零售	山西省晋中市
国药集团山西有限公司	药品零售	山西省太原市
中国石油化工股份有限公司山西运城石油分公司	机动车燃料零售	山西省运城市
中国石油化工股份有限公司山西长治石油分公司	机动车燃料零售	山西省长治市
中国石油化工股份有限公司山西晋城石油分公司	机动车燃料零售	山西省晋城市
中国石油天然气股份有限公司山西太原销售分公司	机动车燃料零售	山西省太原市
中国石油化工股份有限公司山西大同石油分公司	机动车燃料零售	山西省大同市
中国石油天然气股份有限公司山西晋中销售分公司	机动车燃料零售	山西省晋中市
山西诺维兰集团有限公司	汽车零售	山西省运城市
中国石油化工股份有限公司山西阳泉石油分公司	机动车燃料零售	山西省阳泉市
中国石油天然气股份有限公司山西销售大同分公司	机动车燃料零售	山西省大同市
中国石油天然气股份有限公司山西忻州销售分公司	机动车燃料零售	山西省忻州市
太原王府井百货有限责任公司	百货零售	山西省太原市
中国石油天然气股份有限公司山西销售侯马分公司	机动车燃料零售	山西省临汾市
山西国美电器有限公司	日用家电设备零售	山西省太原市
山西华宇商业发展股份有限公司	百货零售	山西省太原市
中国石油天然气股份有限公司山西长治销售分公司	机动车燃料零售	山西省长治市
山西省太原唐久超市有限公司	其他综合零售	山西省太原市
山西天美新天地购物中心有限公司	服装零售	山西省太原市

4-2 续表 6

企业名称	所属行业	企业所在地
中国石油天然气股份有限公司山西销售晋城分公司	机动车燃料零售	山西省晋城市
大同市华林有限责任公司	百货零售	山西省大同市
山西铜锣湾国际购物中心有限公司	百货零售	山西省太原市
山西宏艺首饰股份有限公司	珠宝首饰零售	山西省太原市
大同市华林新天地商贸有限责任公司	服装零售	山西省大同市
山西海宁皮革城发展有限公司	服装零售	山西省朔州市
山西吉隆斯商贸股份有限公司	超级市场零售	山西省晋中市
山西百盛商业发展有限公司	服装零售	山西省太原市
延长壳牌山西石油有限公司	机动车燃料零售	山西省太原市
山西省芮城县供销合作社联合社	其他综合零售	山西省运城市
太原轻型汽车总厂	汽车零售	山西省太原市
太原三友精品商厦有限公司	日用家电设备零售	山西省太原市
山西苏宁云商销售有限公司	日用家电设备零售	山西省太原市
晋城市华洋亚飞汽车连锁销售有限公司	汽车零售	山西省晋城市
大同银星金店有限公司	珠宝首饰零售	山西省大同市
山西山姆士超市有限公司	超级市场零售	山西省太原市
临汾万佳福仓储超市有限公司	超级市场零售	山西省临汾市
山西田森超市集团有限公司	超级市场零售	山西省晋中市
长治市飞路汽车贸易有限公司	汽车零售	山西省长治市
山西博源超市有限公司	超级市场零售	山西省长治市
大同市热力有限责任公司	生活用燃料零售	山西省大同市
晋城市长江实业有限公司	汽车零售	山西省晋城市
阳泉华联商厦有限公司	百货零售	山西省阳泉市
大同华润燃气有限公司	生活用燃料零售	山西省大同市
山西华联综合超市有限公司	超级市场零售	山西省太原市
浑源县金都商贸有限责任公司	百货零售	山西省大同市
沃尔玛深国投百货有限公司大同永泰分店	百货零售	山西省大同市
山西荣华大药房连锁有限公司	药品零售	山西省太原市
怀仁县供销合作联合社	百货零售	山西省朔州市
山西国大万民药房连锁有限公司	药品零售	山西省太原市
内蒙古自治区		
中国石油天然气股份有限公司内蒙古鄂尔多斯销售分公司	机动车燃料零售	内蒙古自治区鄂尔多斯市
中国石油天然气股份有限公司内蒙古呼伦贝尔销售分公司	机动车燃料零售	内蒙古自治区呼伦贝尔市
中国石油天然气股份有限公司内蒙古锡林郭勒销售分公司	机动车燃料零售	内蒙古自治区锡林郭勒盟
中国石油天然气股份有限公司内蒙古乌海销售分公司	机动车燃料零售	内蒙古自治区乌海市
中国石油化工股份有限公司内蒙古鄂尔多斯石油分公司	机动车燃料零售	内蒙古自治区鄂尔多斯市
内蒙古民族商场有限责任公司	百货零售	内蒙古自治区呼和浩特市
中国石油天然气股份有限公司内蒙古通辽销售分公司	机动车燃料零售	内蒙古自治区通辽市
中国石油天然气股份有限公司内蒙古包头销售分公司	机动车燃料零售	内蒙古自治区包头市
中国石油天燃气股份有限公司内蒙兴安石油销售分公司	机动车燃料零售	内蒙古自治区兴安盟
中国石油化工股份有限公司内蒙古包头石油分公司	机动车燃料零售	内蒙古自治区包头市
包头宁鹿石油有限公司	机动车燃料零售	内蒙古自治区包头市
内蒙古蒙泰煤电集团有限公司	生活用燃料零售	内蒙古自治区鄂尔多斯市
中国石油天然气股份有限公司内蒙古乌兰察布销售分公司	机动车燃料零售	内蒙古自治区乌兰察布市
中国石油天然气股份有限公司内蒙古阿拉善销售分公司	机动车燃料零售	内蒙古自治区阿拉善盟
内蒙古包头百货大楼集团股份有限公司	百货零售	内蒙古自治区包头市
内蒙古呼伦贝尔市友谊有限责任公司	百货零售	内蒙古自治区呼伦贝尔市
内蒙古维多利商业(集团)有限公司	百货零售	内蒙古自治区呼和浩特市
内蒙古高速石油销售有限责任公司	机动车燃料零售	内蒙古自治区呼和浩特市
内蒙古金汇金旺角服装批发有限公司	服装零售	内蒙古自治区呼和浩特市
包头王府井百货有限责任公司	百货零售	内蒙古自治区包头市

4-2 续表 7

企业名称	所属行业	企业所在地
内蒙古维多利商业管理有限公司	百货零售	内蒙古自治区呼和浩特市
赤峰利丰汽车行有限公司	汽车零售	内蒙古自治区赤峰市
中国石油化工股份有限公司内蒙古巴彦淖尔石油分公司	机动车燃料零售	内蒙古自治区巴彦淖尔市
内蒙古海亮商贸有限公司	服装零售	内蒙古自治区呼和浩特市
赤峰海达电器有限责任公司	日用家电设备零售	内蒙古自治区赤峰市
鄂尔多斯市蒙凯汽车销售集团有限公司	汽车零售	内蒙古自治区鄂尔多斯市
内蒙古维多利超市连锁有限公司	超级市场零售	内蒙古自治区呼和浩特市
包头市金荣装饰建材城有限责任公司	其他室内装饰材料零售	内蒙古自治区包头市
兴安盟利丰恒泰汽车销售有限责任公司	汽车零售	内蒙古自治区兴安盟
鄂尔多斯市每天百货都市有限责任公司	百货零售	内蒙古自治区鄂尔多斯市
乌兰察布市集宁国际皮革城有限公司	服装零售	内蒙古自治区乌兰察布市
内蒙古赤峰奔腾实业(集团)有限公司	日用家电设备零售	内蒙古自治区赤峰市
内蒙古亿丰旧机动车交易市场有限公司	汽车零售	内蒙古自治区呼和浩特市
通辽润泰商贸有限公司	超级市场零售	内蒙古自治区通辽市
赤峰新维利购物广场有限公司	百货零售	内蒙古自治区赤峰市
鄂尔多斯市和兴汽车销售服务有限公司	汽车零售	内蒙古自治区鄂尔多斯市
满洲里友谊商贸有限责任公司	超级市场零售	内蒙古自治区呼伦贝尔市
巴彦淖尔市国泰商贸大厦(集团)有限公司	百货零售	内蒙古自治区巴彦淖尔市
海亮百货有限公司	服装零售	内蒙古自治区呼和浩特市
辽宁省		
中国石油天然气股份有限公司大连销售分公司	机动车燃料零售	辽宁省大连市
中国石油化工股份有限公司辽宁石油分公司	机动车燃料零售	辽宁省沈阳市
中国石油天然气股份有限公司辽宁沈阳销售分公司	机动车燃料零售	辽宁省沈阳市
大商股份有限公司	百货零售	辽宁省大连市
中国石油天然气股份有限公司辽宁锦州销售分公司	机动车燃料零售	辽宁省锦州市
大连国际商贸大厦有限公司	百货零售	辽宁省大连市
中兴-沈阳商业大厦(集团)股份有限公司	百货零售	辽宁省沈阳市
大商集团沈阳新玛特购物休闲广场有限公司	百货零售	辽宁省沈阳市
沈阳国美电器有限公司	日用家电设备零售	辽宁省沈阳市
中国石油天然气股份有限公司辽宁丹东销售分公司	机动车燃料零售	辽宁省丹东市
沈阳京东世纪贸易有限公司	互联网零售	辽宁省沈阳市
沈阳兴隆大家庭购物中心有限公司	百货零售	辽宁省沈阳市
沈阳家乐福商业有限公司	超级市场零售	辽宁省沈阳市
大商集团抚顺百货大楼有限公司	百货零售	辽宁省抚顺市
大商集团本溪商业大厦有限公司	百货零售	辽宁省本溪市
辽宁卓展时代广场百货有限公司	百货零售	辽宁省沈阳市
辽宁成大方圆医药连锁有限公司	药品零售	辽宁省沈阳市
大商集团阜新新玛特购物广场有限公司	百货零售	辽宁省阜新市
辽宁兴隆百货集团有限公司	百货零售	辽宁省盘锦市
中国石油化工股份有限公司辽宁大连石油分公司	机动车燃料零售	辽宁省大连市
大商集团有限公司	百货零售	辽宁省大连市
大连友谊(集团)股份有限公司	百货零售	辽宁省大连市
沈阳商业城股份有限公司	百货零售	辽宁省沈阳市
大连国美电器有限公司	日用家电设备零售	辽宁省大连市
大商集团锦州百货大楼有限公司	百货零售	辽宁省锦州市
葫芦岛市百货大楼	百货零售	辽宁省葫芦岛市
沈阳铁西百货大楼有限公司	百货零售	辽宁省沈阳市
大连苏宁云商销售有限公司	日用家电设备零售	辽宁省大连市
沈阳苏宁云商销售有限公司	日用家电设备零售	辽宁省沈阳市
大连沃尔玛百货有限公司	超级市场零售	辽宁省大连市
沈阳兴隆大天地购物中心有限公司	百货零售	辽宁省沈阳市

4-2 续表 8

企业名称	所属行业	企业所在地
辽宁华润万家生活超市有限公司	超级市场零售	辽宁省沈阳市
大商集团锦州百货大楼有限公司千盛购物广场	百货零售	辽宁省锦州市
沈阳荟华楼黄金珠宝首饰有限公司	珠宝首饰零售	辽宁省沈阳市
辽宁宜佳电视购物有限公司	百货零售	辽宁省沈阳市
特易购商业(辽宁)有限公司	超级市场零售	辽宁省沈阳市
朝阳兴隆大家庭购物中心有限公司	百货零售	辽宁省朝阳市
大商投资管理有限公司	百货零售	辽宁省大连市
大商集团铁岭新玛特有限公司	百货零售	辽宁省铁岭市
大连家乐福商业有限公司	超级市场零售	辽宁省大连市
大商集团沈阳铁西新玛特购物休闲广场有限公司	百货零售	辽宁省沈阳市
铁岭兴隆百货有限公司	百货零售	辽宁省铁岭市
欧亚集团沈阳联营有限公司	百货零售	辽宁省沈阳市
大商集团鞍山商业投资有限公司	百货零售	辽宁省鞍山市
大连锦辉购物广场有限责任公司	服装零售	辽宁省大连市
辽宁和兴大众汽车销售服务有限公司	汽车零售	辽宁省沈阳市
沈阳乐购超市有限公司	超级市场零售	辽宁省沈阳市
本溪华联商厦有限公司	百货零售	辽宁省本溪市
沈阳大东兴隆百货有限公司	百货零售	辽宁省沈阳市
大商集团沈阳新玛特购物休闲广场有限公司千盛百货购物中心	百货零售	辽宁省沈阳市
大石桥市兴隆百货有限公司	百货零售	辽宁省营口市
大商集团抚顺新玛特有限公司	超级市场零售	辽宁省抚顺市
营口兴隆百货有限公司	超级市场零售	辽宁省营口市
大连好又多百货商业广场有限公司	超级市场零售	辽宁省大连市
辽宁亿家商业集团有限公司	超级市场零售	辽宁省鞍山市
沈阳国大天益堂药房连锁有限公司	药品零售	辽宁省沈阳市
阜新兴隆百货有限公司	百货零售	辽宁省阜新市
盘锦兴隆大厦二百有限公司	百货零售	辽宁省盘锦市
大连海王星辰医药有限公司	药品零售	辽宁省大连市
盘锦兴隆大厦三百有限公司	百货零售	辽宁省盘锦市
沈阳新世界百货有限公司	百货零售	辽宁省沈阳市
营口经济技术开发区商业大厦有限公司	百货零售	辽宁省营口市
鞍山泰纳隆超市有限公司	超级市场零售	辽宁省鞍山市
大商集团锦州市新玛特购物有限公司	百货零售	辽宁省锦州市
辽宁国大一致药店连锁有限公司	药品零售	辽宁省沈阳市
大连天河百盛购物中心有限公司	百货零售	辽宁省大连市
沈阳大润发商业有限公司	超级市场零售	辽宁省沈阳市
朝阳商业城有限公司	百货零售	辽宁省朝阳市
本溪溪林商贸有限公司	计算机、软件及辅助设备零售	辽宁省本溪市
兴城市兴隆大家庭购物中心有限公司	百货零售	辽宁省葫芦岛市
大连旅顺供销大厦有限公司	百货零售	辽宁省大连市
辽宁永辉超市有限公司	超级市场零售	辽宁省沈阳市
沈阳沃尔玛百货有限公司	超级市场零售	辽宁省沈阳市
沃尔玛(大连)商业零售有限公司	超级市场零售	辽宁省大连市
沈阳于洪乐购生活购物有限公司	超级市场零售	辽宁省沈阳市
新民兴隆百货有限公司	百货零售	辽宁省沈阳市
营口经济技术开发区红旺广场购物中心有限公司	百货零售	辽宁省营口市
沃尔玛(辽宁)百货有限公司	超级市场零售	辽宁省沈阳市
大连联华快客中山便利商业有限公司	其他综合零售	辽宁省大连市
辽宁天士力大药房连锁有限公司	药品零售	辽宁省沈阳市
沈阳积家百货有限公司	百货零售	辽宁省沈阳市
盖州兴隆大家庭购物中心有限公司	超级市场零售	辽宁省营口市

4-2 续表 9

企业名称	所属行业	企业所在地
锦州大润发商业有限公司	超级市场零售	辽宁省锦州市
大连沃尔玛山姆会员商店有限公司	超级市场零售	辽宁省大连市
沈阳润泰商业有限公司	超级市场零售	辽宁省沈阳市
大连宜家家居有限公司	其他室内装饰材料零售	辽宁省大连市
大连莱卡门服装有限公司	服装零售	辽宁省大连市
沈阳市苏家屯大润发商业有限公司	超级市场零售	辽宁省沈阳市
山田电机(沈阳)商业有限公司	日用家电设备零售	辽宁省沈阳市
辽宁乐天超市有限公司	超级市场零售	辽宁省沈阳市
鞍山银座(集团)股份有限公司	百货零售	辽宁省鞍山市
沈阳东北大药房连锁店	药品零售	辽宁省沈阳市
凌海电力商城有限责任公司	百货零售	辽宁省锦州市
调兵山兴隆百货有限公司	百货零售	辽宁省铁岭市
鞍山大润发商业有限公司	百货零售	辽宁省鞍山市
辽宁乐语宏田科技有限公司	通信设备零售	辽宁省沈阳市
大石桥市真实惠百货有限公司	超级市场零售	辽宁省营口市
阜新大润发商业有限公司	百货零售	辽宁省阜新市
大连兴万家购物有限公司	货摊纺织、服装及鞋零售	辽宁省大连市
大商集团沈阳于洪新玛特购物休闲广场有限公司	百货零售	辽宁省沈阳市
葫芦岛大润发商业有限公司	超级市场零售	辽宁省葫芦岛市
沈阳润福商业有限公司	超级市场零售	辽宁省沈阳市
朝阳商业城超市连锁有限公司	超级市场零售	辽宁省朝阳市
沈阳铁西乐购生活购物有限公司	超级市场零售	辽宁省沈阳市
吉林省		
长春欧亚集团股份有限公司	百货零售	吉林省长春市
中国石油天然气股份有限公司吉林白城销售分公司	机动车燃料零售	吉林省白城市
公主岭温州商城贸易有限公司	百货零售	吉林省四平市
中国石油天然气股份有限公司吉林四平销售分公司	机动车燃料零售	吉林省四平市
长春伊通河石油经销有限公司	机动车燃料零售	吉林省长春市
长春卓展时代广场百货有限公司	百货零售	吉林省长春市
中国石油天然气股份有限公司吉林延边销售分公司	机动车燃料零售	吉林省延边朝鲜族自治州
延吉百货大楼股份有限公司	百货零售	吉林省延边朝鲜族自治州
国药控股吉林有限公司	药品零售	吉林省长春市
中国石油天然气股份有限公司吉林白山销售分公司	机动车燃料零售	吉林省白山市
长春市华阳汽车贸易有限责任公司	汽车零售	吉林省长春市
长春百货大楼集团股份有限公司	百货零售	吉林省长春市
长春苏宁电器有限公司	日用家电设备零售	吉林省长春市
吉林省众诚汽车服务连锁有限公司	生活用燃料零售	吉林省长春市
中国石油化工股份有限公司吉林市石油分公司	机动车燃料零售	吉林省吉林市
吉林省华宇集团四平仁兴商厦有限公司	服装零售	吉林省四平市
吉林省华生交电集团有限公司	家用视听设备零售	吉林省四平市
吉林省华之诚汽车销售服务有限公司	汽车零售	吉林省长春市
吉林省吉刚汽车贸易有限公司	汽车零售	吉林省长春市
吉林大药房药业股份有限公司	药品零售	吉林省长春市
吉林省威宝恒客隆仓储百货有限公司	超级市场零售	吉林省长春市
长春欧亚集团通化欧亚购物中心有限公司	超级市场零售	吉林省通化市
吉林市国美电器有限公司	日用家电设备零售	吉林省吉林市
长春国商百货有限公司	百货零售	吉林省长春市
吉林省金叶烟草有限责任公司	烟草制品零售	吉林省长春市
吉林省白山方大商贸有限公司	超级市场零售	吉林省白山市
白山市合兴实业股份有限公司	百货零售	吉林省白山市
吉林省东丰万隆商贸有限责任公司	超级市场零售	吉林省辽源市
吉林市润泰商业有限公司	超级市场零售	吉林省吉林市

4-2 续表 10

企业名称	所属行业	企业所在地
吉林市大润发超市有限公司	超级市场零售	吉林省吉林市
吉林省中东新天地购物公园有限公司	服装零售	吉林省长春市
吉林国美电器有限公司	日用家电设备零售	吉林省长春市
长春国际贸易中心有限公司	百货零售	吉林省长春市
松原大润发商业有限公司	超级市场零售	吉林省松原市
四平神农大药房连锁有限公司	药品零售	吉林省四平市
德惠市商贸大厦	百货零售	吉林省长春市
榆树市新新小镇现代生活馆有限公司	其他综合零售	吉林省长春市
长春远方实业集团有限公司	超级市场零售	吉林省长春市
吉林亚泰超市有限公司	超级市场零售	吉林省长春市
靖宇县昌盛市场开发有限公司	服装零售	吉林省白山市
黑龙江省		
哈药集团医药有限公司	药品零售	黑龙江省哈尔滨市
黑龙江远大购物中心有限公司	百货零售	黑龙江省哈尔滨市
哈尔滨中央红集团股份有限公司	百货零售	黑龙江省哈尔滨市
大商集团大庆新玛特购物休闲广场有限公司	百货零售	黑龙江省大庆市
大商哈尔滨新一百购物广场有限公司	百货零售	黑龙江省哈尔滨市
黑龙江黑天鹅家电有限公司	日用家电设备零售	黑龙江省哈尔滨市
大商集团大庆百货大楼有限公司	百货零售	黑龙江省大庆市
中国石油天然气股份有限公司黑龙江实华销售公司	机动车燃料零售	黑龙江省哈尔滨市
大庆市庆客隆连锁商贸有限公司	超级市场零售	黑龙江省大庆市
哈尔滨家乐福超市有限公司	超级市场零售	黑龙江省哈尔滨市
哈尔滨市联强商业发展有限公司	超级市场零售	黑龙江省哈尔滨市
大商集团牡丹江新玛特购物广场有限公司	百货零售	黑龙江省牡丹江市
哈尔滨申格体育连锁有限公司	体育用品及器材零售	黑龙江省哈尔滨市
哈尔滨松雷股份有限公司	百货零售	黑龙江省哈尔滨市
绥化市华辰商都	百货零售	黑龙江省绥化市
大商集团牡丹江百货大楼有限公司	百货零售	黑龙江省牡丹江市
哈尔滨卓展时代广场百货有限公司	百货零售	黑龙江省哈尔滨市
大连国际商贸大厦有限公司哈尔滨麦凯乐百货总店	百货零售	黑龙江省哈尔滨市
佳木斯新玛特购物广场	百货零售	黑龙江省佳木斯市
齐齐哈尔百货大楼股份有限公司	服装零售	黑龙江省齐齐哈尔市
大商集团佳木斯百货大楼	百货零售	黑龙江省佳木斯市
哈尔滨苏宁云商销售有限公司	日用家电设备零售	黑龙江省哈尔滨市
大商集团鸡西新玛特购物广场有限公司	百货零售	黑龙江省鸡西市
黑龙江省东方新天地商厦有限责任公司	服装零售	黑龙江省佳木斯市
大商集团大庆新东风购物广场有限公司	百货零售	黑龙江省大庆市
黑龙江比优特商贸有限责任公司	超级市场零售	黑龙江省鹤岗市
大商集团大庆让胡路商场	百货零售	黑龙江省大庆市
黑龙江省金天集团老百姓大药房医药连锁有限公司	药品零售	黑龙江省哈尔滨市
大商集团佳木斯华联商厦有限公司	百货零售	黑龙江省佳木斯市
黑龙江泰华医药集团有限公司	药品零售	黑龙江省绥化市
大庆德威电脑科技有限公司	计算机、软件及辅助设备零售	黑龙江省大庆市
大庆福瑞邦药房连锁有限公司	药品零售	黑龙江省大庆市
大商股份鸡西新玛特中心街购物广场有限公司	百货零售	黑龙江省鸡西市
青岛润泰佳木斯大润发超市	超级市场零售	黑龙江省佳木斯市
大庆市香榭丽购物中心	百货零售	黑龙江省大庆市
哈尔滨新世界百货商场有限公司	百货零售	黑龙江省哈尔滨市
哈尔滨大润发商业有限公司	超级市场零售	黑龙江省哈尔滨市
昆山润华商业有限公司牡丹江分公司	超级市场零售	黑龙江省牡丹江市
哈尔滨润富商业有限公司	超级市场零售	黑龙江省哈尔滨市
哈尔滨好又多百货商业广场有限公司	百货零售	黑龙江省哈尔滨市

4-2 续表 11

企业名称	所属行业	企业所在地
上海市		
上海圆迈贸易有限公司	互联网零售	上海市嘉定区
锦江麦德龙现购自运有限公司	超级市场零售	上海市普陀区
上海老凤祥银楼有限公司	珠宝首饰零售	上海市黄浦区
农工商超市(集团)有限公司	超级市场零售	上海市普陀区
联华超市股份有限公司	超级市场零售	上海市普陀区
国药控股股份有限公司	药品零售	上海市黄浦区
迅销(中国)商贸有限公司	服装零售	上海市徐汇区
路易威登(中国)商业销售有限公司	箱、包零售	上海市静安区
纽海信息技术(上海)有限公司	互联网零售	上海市浦东新区
上海苏宁电器有限公司	日用家电设备零售	上海市闵行区
上海联家超市有限公司	超级市场零售	上海市普陀区
上海易迅电子商务发展有限公司	互联网零售	上海市宝山区
上海易初莲花连锁超市有限公司	超级市场零售	上海市浦东新区
历峰商业有限公司	工艺美术品及收藏品零售	上海市浦东新区
日上免税行(上海)有限公司	百货零售	上海市浦东新区
海恩斯莫里斯(上海)商业有限公司	服装零售	上海市黄浦区
上海第一八佰伴有限公司	百货零售	上海市浦东新区
永乐(中国)电器销售有限公司	家用视听设备零售	上海市普陀区
中化道达尔油品有限公司	机动车燃料零售	上海市浦东新区
华联集团吉买盛购物中心有限公司	超级市场零售	上海市闸北区
普拉达时装商业(上海)有限公司	服装零售	上海市静安区
上海国美电器有限公司	日用家电设备零售	上海市普陀区
飒拉商业(上海)有限公司	服装零售	上海市长宁区
苹果贸易(上海)有限公司	通信设备零售	上海市浦东新区
上海百联百货经营有限公司	其他综合零售	上海市黄浦区
上海新世界股份有限公司	百货零售	上海市黄浦区
沃尔玛华东百货有限公司	超级市场零售	上海市浦东新区
上海福满家便利有限公司	其他综合零售	上海市普陀区
上海拉夏贝尔服饰股份有限公司	服装零售	上海市徐汇区
上海久光百货有限公司	百货零售	上海市静安区
丝芙兰(上海)化妆品销售有限公司	化妆品及卫生用品零售	上海市黄浦区
东方风行(上海)生活多媒体有限公司	互联网零售	上海市嘉定区
上海中升之星汽车销售服务有限公司	汽车零售	上海市嘉定区
克丽丝汀迪奥商业(上海)有限公司	服装零售	上海市静安区
上海宜家家居有限公司	家具零售	上海市徐汇区
上海联华快客便利有限公司	其他综合零售	上海市虹口区
上海欧尚超市有限公司	超级市场零售	上海市杨浦区
上海可的便利店有限公司	其他综合零售	上海市普陀区
上海宝信汽车销售服务有限公司	汽车零售	上海市闵行区
上海易买得超市有限公司	超级市场零售	上海市宝山区
上海新欧尚超市有限公司	超级市场零售	上海市杨浦区
上海好德便利有限公司	其他综合零售	上海市普陀区
上海屈臣氏日用品有限公司	超级市场零售	上海市徐汇区
东方商厦有限公司	百货零售	上海市徐汇区
上海太平洋百货有限公司	百货零售	上海市徐汇区
上海古今内衣有限公司	服装零售	上海市黄浦区
上海宝景汽车销售服务有限公司	汽车零售	上海市闵行区
上海伍缘现代杂货有限公司	其他综合零售	上海市普陀区
上海迪亚零售有限公司	其他综合零售	上海市浦东新区
上海家得利超市有限公司	超级市场零售	上海市徐汇区

4-2 续表 12

企业名称	所属行业	企业所在地
上海新华传媒连锁有限公司	图书、报刊零售	上海市徐汇区
历峰贸易(上海)有限公司	其他日用品零售	上海市静安区
安莉芳(上海)有限公司	服装零售	上海市杨浦区
上海永乐通讯设备有限公司	其他电子产品零售	上海市普陀区
上海凡德汽车销售服务有限公司	汽车零售	上海市浦东新区
上海来伊份食品连锁经营有限公司	其他食品零售	上海市松江区
广派商业(上海)有限公司	服装零售	上海市浦东新区
盖璞(上海)商业有限公司	服装零售	上海市静安区
上海良友金伴便利连锁有限公司	其他综合零售	上海市徐汇区
特易购商业(上海)有限公司	超级市场零售	上海市普陀区
托德斯(上海)商贸有限公司	鞋帽零售	上海市静安区
上海汇金百货有限公司	百货零售	上海市徐汇区
鞋柜商贸有限公司	鞋帽零售	上海市青浦区
上海捷强烟草糖酒(集团)连锁有限公司	超级市场零售	上海市虹口区
上海汇姿百货有限公司	百货零售	上海市杨浦区
上海虹桥药业有限公司	药品零售	上海市闵行区
上海大润发有限公司	粮油零售	上海市闸北区
上海橡果网络技术发展有限公司	百货零售	上海市徐汇区
百丽电子商务(上海)有限公司	互联网零售	上海市虹口区
好美家装潢建材有限公司	其他室内装饰材料零售	上海市黄浦区
利邦(上海)服装贸易有限公司	服装零售	上海市闵行区
博马努瓦服饰商贸(上海)有限公司	服装零售	上海市长宁区
上海铂利德钻石有限公司	珠宝首饰零售	上海市闸北区
万宝龙商业(中国)有限公司	文具用品零售	上海市静安区
迪卡侬(上海)体育用品有限公司	体育用品及器材零售	上海市浦东新区
永安百货有限公司	百货零售	上海市黄浦区
上海松江燃气有限公司	生活用燃料零售	上海市松江区
俊思(上海)商业有限公司	服装零售	上海市徐汇区
梦田服装(上海)有限公司	服装零售	上海市静安区
上海三联(集团)有限公司	钟表、眼镜零售	上海市黄浦区
史泰博(上海)有限公司	文具用品零售	上海市长宁区
上海第一医药股份有限公司	药品零售	上海市黄浦区
上海好孩子儿童用品有限公司	其他食品零售	上海市黄浦区
阿尔弗雷德登喜路(上海)贸易有限公司	服装零售	上海市黄浦区
西雅衣家(中国)商业有限公司	服装零售	上海市长宁区
昆山润华商业有限公司上海松江分公司	超级市场零售	上海市松江区
上海赫基服饰贸易有限公司	服装零售	上海市徐汇区
华美敦贸易(上海)有限公司	服装零售	上海市黄浦区
普罗旺斯欧舒丹贸易(上海)有限公司	化妆品及卫生用品零售	上海市静安区
三星法绅贸易(上海)有限公司	服装零售	上海市长宁区
上海保德威服饰有限公司	服装零售	上海市普陀区
上海长江口商城股份有限公司	百货零售	上海市宝山区
上海七宝乐购购物中心有限公司	超级市场零售	上海市闵行区
上海华氏大药房有限公司	药品零售	上海市虹口区
多喜佳伴纳服饰商业(上海)有限公司	百货零售	上海市黄浦区
上海奉贤大润发商贸有限公司	超级市场零售	上海市奉贤区
昆山润华商业有限公司上海闵行分公司	超级市场零售	上海市闵行区
上海震旦办公自动化销售有限公司	其他电子产品零售	上海市浦东新区
上海五菱汽车销售有限公司	汽车零售	上海市浦东新区
上海牛奶棚食品有限公司	糕点、面包零售	上海市闸北区
上海米源饮料有限公司	酒、饮料及茶叶零售	上海市浦东新区

4-2 续表 13

企业名称	所属行业	企业所在地
上海华联罗森有限公司	其他综合零售	上海市徐汇区
玩具反斗城(中国)商贸有限公司	其他日用品零售	上海市闵行区
昆山润华商业有限公司上海南汇分公司	百货零售	上海市浦东新区
上海梅林正广和便利连锁有限公司	其他综合零售	上海市杨浦区
彩盈商贸(上海)有限公司	服装零售	上海市浦东新区
上海九百购物中心有限公司	百货零售	上海市宝山区
上海美特斯邦威服饰销售有限公司	服装零售	上海市黄浦区
上海百安居建材超市有限公司	超级市场零售	上海市浦东新区
上海申银汽车服务有限公司	汽车零售	上海市普陀区
上海全球儿童用品股份有限公司	其他综合零售	上海市徐汇区
上海浦东好又多超市有限公司	超级市场零售	上海市浦东新区
上海复美益星大药房连锁有限公司	药品零售	上海市普陀区
上海康仁乐购超市贸易有限公司	超级市场零售	上海市普陀区
菲仕乐贸易(上海)有限公司	厨房用具及日用杂品零售	上海市徐汇区
上海闵行华漕大润发商贸有限公司	超级市场零售	上海市闵行区
上海泗泾大润发商贸有限公司	百货零售	上海市松江区
上海金山乐购生活购物有限公司	超级市场零售	上海市金山区
上海三林大润发商贸有限公司	超级市场零售	上海市浦东新区
马莎商业(上海)有限公司	百货零售	上海市静安区
上海益丰大药房连锁有限公司	药品零售	上海市黄浦区
上海喜士多便利连锁有限公司	其他综合零售	上海市闸北区
上海嘉定大润发商贸有限公司	超级市场零售	上海市嘉定区
上海智造空间家居用品有限公司	超级市场零售	上海市青浦区
永三商贸(上海)有限公司	服装零售	上海市黄浦区
上海华源大药房连锁经营有限公司	药品零售	上海市徐汇区
莎莎化妆品(中国)有限公司	化妆品及卫生用品零售	上海市黄浦区
上海闸北南区大润发商贸有限公司	超级市场零售	上海市闸北区
上海堡尼实业发展有限公司	服装零售	上海市闸北区
永远二十一商业(上海)有限公司	服装零售	上海市黄浦区
国誉商业(上海)有限公司	文具用品零售	上海市普陀区
上海养和堂药业连锁经营有限公司	药品零售	上海市浦东新区
上海班尼路服饰有限公司	服装零售	上海市闸北区
上海宝山宜家家居有限公司	家具零售	上海市宝山区
上海闵行大润发商贸有限公司	超级市场零售	上海市闵行区
统一超商(上海)便利有限公司	其他综合零售	上海市长宁区
上海文峰千家惠超市发展有限公司	超级市场零售	上海市浦东新区
上海丽人丽妆化妆品有限公司	化妆品及卫生用品零售	上海市松江区
上海新语餐饮管理有限公司	糕点、面包零售	上海市徐汇区
上海海烟烟草糖酒有限公司	烟草制品零售	上海市杨浦区
上海恭汇贸易有限公司	其他综合零售	上海市徐汇区
上海元祖食品有限公司	糕点、面包零售	上海市青浦区
江苏省		
苏果超市有限公司	超级市场零售	江苏省南京市
昆山润华商业有限公司	超级市场零售	江苏省苏州市
中国石油化工股份有限公司江苏南京石油分公司	机动车燃料零售	江苏省南京市
江苏乐天玛特商业有限公司	超级市场零售	江苏省南通市
中石化壳牌(江苏)石油销售有限公司	机动车燃料零售	江苏省苏州市
江苏无锡商业大厦集团有限公司	百货零售	江苏省无锡市
江苏五星电器有限公司	日用家电设备零售	江苏省南京市
中国石油化工股份有限公司江苏南通石油分公司	机动车燃料零售	江苏省南通市
江苏明都汽车集团有限公司	汽车零售	江苏省常州市

4-2 续表 14

企业名称	所属行业	企业所在地
中国石油化工股份有限公司江苏扬州石油分公司	机动车燃料零售	江苏省扬州市
华润苏州礼安医药有限公司	药品零售	江苏省苏州市
中国石油天然气股份有限公司江苏南京销售分公司	机动车燃料零售	江苏省南京市
中国石油化工股份有限公司江苏淮安石油分公司	机动车燃料零售	江苏省淮安市
中国石油化工股份有限公司江苏连云港石油分公司	机动车燃料零售	江苏省连云港市
中国石油化工股份有限公司江苏宿迁石油分公司	机动车燃料零售	江苏省宿迁市
中国石油化工股份有限公司江苏盐城石油分公司	机动车燃料零售	江苏省盐城市
连云港中油石油销售有限公司	机动车燃料零售	江苏省连云港市
无锡当当网信息技术有限公司	图书、报刊零售	江苏省无锡市
常州药业股份有限公司	药品零售	江苏省常州市
金鹰国际商贸集团(中国)有限公司	百货零售	江苏省南京市
德基广场有限公司	服装零售	江苏省南京市
中国石油化工股份有限公司江苏镇江石油分公司	机动车燃料零售	江苏省镇江市
江苏省医药公司	药品零售	江苏省南京市
国药控股扬州有限公司	药品零售	江苏省扬州市
南京中央商场股份有限公司	百货零售	江苏省南京市
徐州金鹰国际实业有限公司	百货零售	江苏省徐州市
南京新街口百货商店股份有限公司	百货零售	江苏省南京市
南京朗驰集团有限公司	汽车零售	江苏省南京市
苏州欧尚超市有限公司	超级市场零售	江苏省苏州市
好享购物股份有限公司	邮购及电视、电话零售	江苏省南京市
唯品会(昆山)电子商务有限公司	互联网零售	江苏省苏州市
江苏华润万家超市有限公司	超级市场零售	江苏省苏州市
苏州人民商场股份有限公司	百货零售	江苏省苏州市
月星集团有限公司	家具零售	江苏省常州市
扬州金鹰国际实业有限公司	百货零售	江苏省扬州市
文峰大世界连锁发展股份有限公司南通文峰大世界	百货零售	江苏省南通市
江苏苏宁易购电子商务有限公司	互联网零售	江苏省南京市
苏宁云商集团股份有限公司	日用家电设备零售	江苏省南京市
南京药业股份有限公司	药品零售	江苏省南京市
江苏博特新材料有限公司	涂料零售	江苏省南京市
中国石油天然气股份有限公司江苏南通销售分公司	机动车燃料零售	江苏省南通市
江苏新合作常客隆连锁超市有限公司	超级市场零售	江苏省苏州市
无锡悦家商业有限公司	超级市场零售	江苏省无锡市
江阴市盛达汽车销售服务有限公司	汽车零售	江苏省无锡市
连云港康缘医药商业有限公司	药品零售	江苏省连云港市
江阴市全顺汽车有限公司	汽车零售	江苏省无锡市
无锡八佰伴商贸中心有限公司	百货零售	江苏省无锡市
中国石油天然气股份有限公司江苏泰州销售分公司	机动车燃料零售	江苏省泰州市
苏州函数集团有限责任公司	百货零售	江苏省苏州市
南京白下苏宁电器有限公司	日用家电设备零售	江苏省南京市
江阴华地百货有限公司	百货零售	江苏省无锡市
昆山商厦股份有限公司	百货零售	江苏省苏州市
江苏宏信商贸股份有限公司	百货零售	江苏省扬州市
江苏中央新亚百货股份有限公司	百货零售	江苏省淮安市
镇江市八佰伴商贸有限公司	百货零售	江苏省镇江市
常州百货大楼股份有限公司	百货零售	江苏省常州市
江苏苏盛商贸有限公司	烟草制品零售	江苏省南京市
华润昆山医药有限公司	药品零售	江苏省苏州市
沃尔玛(江苏)商业零售有限公司	超级市场零售	江苏省南京市
无锡市新纪元汽车贸易集团有限公司	汽车零售	江苏省无锡市

4-2 续表 15

企业名称	所属行业	企业所在地
中国石油天然气股份有限公司江苏宿迁销售分公司	机动车燃料零售	江苏省宿迁市
美丽华企业(南京)有限公司	鞋帽零售	江苏省南京市
南京宏图三胞企业发展有限公司	计算机、软件及辅助设备零售	江苏省南京市
镇江百盛商城有限公司	百货零售	江苏省镇江市
中国石油天然气股份有限公司江苏镇江销售分公司	机动车燃料零售	江苏省镇江市
徐州中央百货大楼股份有限公司	百货零售	江苏省徐州市
特易购商业(江苏)有限公司	百货零售	江苏省南京市
中国石油天然气股份有限公司江苏淮安销售分公司	机动车燃料零售	江苏省淮安市
江苏鹏润国美电器有限公司	日用家电设备零售	江苏省南京市
福中集团有限公司	计算机、软件及辅助设备零售	江苏省南京市
中国石油天然气股份有限公司江苏盐城销售分公司	机动车燃料零售	江苏省盐城市
苏州市石路国际商城有限责任公司	百货零售	江苏省苏州市
盐城金鹰国际购物中心有限公司	百货零售	江苏省盐城市
常熟市新合作常客隆购物广场有限公司	超级市场零售	江苏省苏州市
苏州苏宁云商销售有限公司	日用家电设备零售	江苏省苏州市
江苏欢乐买商贸股份有限公司	超级市场零售	江苏省徐州市
江苏永辉超市有限公司	超级市场零售	江苏省南京市
泰州第一百货商店股份有限公司	百货零售	江苏省泰州市
江苏雅家乐集团有限公司	超级市场零售	江苏省盐城市
宜兴华地百货有限公司	百货零售	江苏省无锡市
南京大洋百货有限公司	百货零售	江苏省南京市
苏州悦家超市有限公司	超级市场零售	江苏省苏州市
江苏圆周电子商务有限公司	图书、报刊零售	江苏省宿迁市
无锡市苏宁云商销售有限公司	家用视听设备零售	江苏省无锡市
丹阳市华帝百货有限公司	百货零售	江苏省镇江市
镇江九泰投资咨询有限责任公司	医疗用品及器材零售	江苏省镇江市
南京商厦股份有限公司	百货零售	江苏省南京市
常州市五星电器有限公司	家用视听设备零售	江苏省常州市
无锡买卖宝信息技术有限公司	通信设备零售	江苏省无锡市
江苏广吉汽车集团有限公司	汽车零售	江苏省无锡市
南通苏宁云商销售有限公司	日用家电设备零售	江苏省南通市
徐州苏宁云商销售有限公司	家用视听设备零售	江苏省徐州市
无锡华润万家生活超市有限公司	超级市场零售	江苏省无锡市
久光百货(苏州)有限公司	百货零售	江苏省苏州市
盐城商业大厦有限公司	百货零售	江苏省盐城市
南京悦家超市有限公司	超级市场零售	江苏省南京市
常州苏宁云商商贸有限公司	家用视听设备零售	江苏省常州市
淮安苏宁云商销售有限公司	日用家电设备零售	江苏省淮安市
徐州悦家商业有限公司	超级市场零售	江苏省徐州市
苏州鹏润国美电器有限公司	家用视听设备零售	江苏省苏州市
南京欧尚超市有限公司	超级市场零售	江苏省南京市
孩子王儿童用品(中国)有限公司	百货零售	江苏省南京市
宜兴大润发商业有限公司	超级市场零售	江苏省无锡市
常州市红星装饰城	家具零售	江苏省常州市
苏州天虹商场有限公司	百货零售	江苏省苏州市
镇江扬中商城	百货零售	江苏省镇江市
常熟市大润发超市有限公司	超级市场零售	江苏省苏州市
江苏盐阜人民商场有限公司	百货零售	江苏省盐城市
张家港市新百信超市连锁经营有限公司	超级市场零售	江苏省苏州市
无锡天惠超市股份有限公司	超级市场零售	江苏省无锡市
苏州润瑞商业有限公司	超级市场零售	江苏省苏州市

4-2 续表 16

企业名称	所属行业	企业所在地
江苏新合作惠客隆连锁超市有限公司	超级市场零售	江苏省徐州市
常州金太阳至尊家电有限公司	家用视听设备零售	江苏省常州市
江苏大统华购物中心有限公司	超级市场零售	江苏省无锡市
连云港家得福商贸有限公司	超级市场零售	江苏省连云港市
无锡三阳百盛广场有限公司	百货零售	江苏省无锡市
吴江润良商业有限公司	超级市场零售	江苏省苏州市
常州泰富百货集团有限责任公司	百货零售	江苏省常州市
无锡爱莲连锁超市有限公司	家用视听设备零售	江苏省无锡市
南通八佰伴商贸股份有限公司	百货零售	江苏省南通市
扬州润良商业有限公司	超级市场零售	江苏省扬州市
无锡欧尚超市有限公司	超级市场零售	江苏省无锡市
南京金鹰天地购物中心有限公司	服装零售	江苏省南京市
盐城苏宁云商销售有限公司	家用视听设备零售	江苏省盐城市
苏果超市(淮安)有限公司	超级市场零售	江苏省淮安市
苏州润德商业有限公司	超级市场零售	江苏省苏州市
宜兴新苏南商厦有限责任公司	百货零售	江苏省无锡市
扬州苏宁云商销售有限公司	日用家电设备零售	江苏省扬州市
江苏汇银电器连锁有限公司	日用家电设备零售	江苏省扬州市
江苏百润商品配送中心有限公司	超级市场零售	江苏省苏州市
无锡天润发超市有限公司	超级市场零售	江苏省无锡市
南京宜家家居有限公司	家具零售	江苏省南京市
吴江市润泰商业有限公司	超级市场零售	江苏省苏州市
江苏省盐城药业有限公司	药品零售	江苏省盐城市
连云港润良商贸有限公司	超级市场零售	江苏省连云港市
南通通润发超市有限公司	超级市场零售	江苏省南通市
扬州丰祥商业有限公司(万家福商城)	百货零售	江苏省扬州市
常州关河大润发商业有限公司	超级市场零售	江苏省常州市
无锡国美电器有限公司	家用视听设备零售	江苏省无锡市
徐州绿健乳业有限责任公司	肉、禽、蛋、奶及水产品零售	江苏省徐州市
江苏明都超市有限公司	超级市场零售	江苏省常州市
扬中市通达商业总公司	百货零售	江苏省镇江市
昆山润华商业有限公司镇江分公司	超级市场零售	江苏省镇江市
江苏中亚糖酒有限公司	烟草制品零售	江苏省扬州市
苏果超市(连云港)有限公司	超级市场零售	江苏省连云港市
南京新华书店有限责任公司	图书、报刊零售	江苏省南京市
南京屈臣氏个人用品商店有限公司	化妆品及卫生用品零售	江苏省南京市
南通通州润泰商业有限公司	超级市场零售	江苏省南通市
江苏国美永乐家用电器有限公司	家用视听设备零售	江苏省无锡市
宿迁润良商业有限公司	超级市场零售	江苏省宿迁市
南京多尔田数码科技有限公司	照相器材零售	江苏省南京市
南京中央金城仓储超市有限责任公司	超级市场零售	江苏省南京市
南京万尚商城有限公司	百货零售	江苏省南京市
先声再康江苏药业有限公司	药品零售	江苏省南京市
苏州浒关润华商业有限公司	超级市场零售	江苏省苏州市
如皋市大润发商业有限公司	超级市场零售	江苏省南通市
徐州润平商业有限公司	超级市场零售	江苏省徐州市
南京中商金润发龙江超市有限公司	超级市场零售	江苏省南京市
泰兴润泰商业有限公司	超级市场零售	江苏省泰州市
江苏盱眙县万润发商贸有限公司	超级市场零售	江苏省淮安市
苏果超市(宿迁)有限公司	超级市场零售	江苏省宿迁市
苏州婴知岛孕婴用品有限公司	其他日用品零售	江苏省苏州市

4-2 续表 17

企业名称	所属行业	企业所在地
徐州国美电器有限公司	家用视听设备零售	江苏省徐州市
溧阳大润发商业有限公司	超级市场零售	江苏省常州市
苏州宝带润泰商业有限公司	超级市场零售	江苏省苏州市
苏果超市(句容)有限公司	超级市场零售	江苏省镇江市
常州长虹大润发商业有限公司	超级市场零售	江苏省常州市
徐州市国美家用电器有限公司	日用家电设备零售	江苏省徐州市
江苏海王星辰健康药房连锁有限公司	药品零售	江苏省苏州市
昆山千灯润平商业有限公司	百货零售	江苏省苏州市
苏州礼安医药连锁总店有限公司	药品零售	江苏省苏州市
江苏益丰大药房连锁有限公司	药品零售	江苏省南京市
江苏来伊份食品有限公司	其他食品零售	江苏省南京市
南通欧尚超市有限公司	超级市场零售	江苏省南通市
苏州美罗百货高新区购物中心有限公司	百货零售	江苏省苏州市
苏果超市(溧水)有限公司	超级市场零售	江苏省南京市
海安县文峰大世界有限公司	百货零售	江苏省南通市
宜兴市宜客隆超市有限公司	超级市场零售	江苏省无锡市
苏果超市(仪征)有限公司	超级市场零售	江苏省扬州市
江苏中大汽保设备销售有限公司	汽车零配件零售	江苏省盐城市
镇江家世界万方连锁超市有限责任公司	超级市场零售	江苏省镇江市
南京中商金润发鼓楼购物中心有限公司	超级市场零售	江苏省南京市
苏果超市(姜堰)有限公司	超级市场零售	江苏省泰州市
常州市信特超市有限公司	超级市场零售	江苏省常州市
宜兴新东方百货有限公司	百货零售	江苏省无锡市
溧阳大统华购物中心有限公司	超级市场零售	江苏省常州市
南京市太平商场有限公司	百货零售	江苏省南京市
大丰润泰商业有限公司	超级市场零售	江苏省盐城市
盐城世纪联华超市有限公司	超级市场零售	江苏省盐城市
常州怀德大润发商业有限公司	超级市场零售	江苏省常州市
江苏贝贝熊母婴用品有限公司	其他综合零售	江苏省无锡市
江苏商联超市有限公司	超级市场零售	江苏省淮安市
江苏沃尔玛百货有限公司	超级市场零售	江苏省南京市
沭阳县润泰商业有限公司	超级市场零售	江苏省宿迁市
东台大润发商业有限公司	超级市场零售	江苏省盐城市
常州欧尚超市有限公司五星店	超级市场零售	江苏省常州市
苏州来伊份食品有限公司	其他食品零售	江苏省苏州市
苏果超市(扬州)有限公司	超级市场零售	江苏省扬州市
泰兴市鼓楼购物中心有限公司	百货零售	江苏省泰州市
涟水润华商业有限公司	超级市场零售	江苏省淮安市
苏果超市高淳有限公司	超级市场零售	江苏省南京市
苏果超市(高邮)有限公司	超级市场零售	江苏省扬州市
苏州润平商业有限公司	超级市场零售	江苏省苏州市
好孩子好妈咪零售有限公司	服装零售	江苏省苏州市
常熟华联商厦有限责任公司	百货零售	江苏省苏州市
南通润华商业有限公司	超级市场零售	江苏省南通市
苏果超市(海安)有限公司	超级市场零售	江苏省南通市
常州市恒泰医药连锁有限公司	药品零售	江苏省常州市
徐州润华商业有限公司	超级市场零售	江苏省徐州市
苏州福满家便利店有限公司	其他综合零售	江苏省苏州市
句容大润发商业有限公司	超级市场零售	江苏省镇江市
扬州润邗商业有限公司	超级市场零售	江苏省扬州市
张家港大润发商业有限公司	超级市场零售	江苏省苏州市

4-2 续表 18

企业名称	所属行业	企业所在地
苏果超市沛县有限公司	超级市场零售	江苏省徐州市
常州悦达家乐福商业有限公司	超级市场零售	江苏省常州市
张家港金港大润发商业有限公司	超级市场零售	江苏省苏州市
东台苏中大厦股份有限公司	百货零售	江苏省盐城市
南京爱婴岛儿童百货有限公司	超级市场零售	江苏省南京市
苏果超市(南通)有限公司	超级市场零售	江苏省南通市
兴化润泰商业有限公司	超级市场零售	江苏省泰州市
大丰市明星国际家居城有限公司	家具零售	江苏省盐城市
镇江市恺源商贸有限责任公司	超级市场零售	江苏省镇江市
宿迁市人民商场有限公司	百货零售	江苏省宿迁市
无锡大统华购物有限公司	超级市场零售	江苏省无锡市
淮安广济医药连锁有限公司	药品零售	江苏省淮安市
浙江省		
杭州联华华商集团有限公司	超级市场零售	浙江省杭州市
中国石油化工股份有限公司浙江温州石油分公司	机动车燃料零售	浙江省温州市
中国石油化工股份有限公司浙江台州石油分公司	机动车燃料零售	浙江省台州市
中石化碧辟(浙江)石油有限公司宁波分公司	机动车燃料零售	浙江省宁波市
中国石油化工股份有限公司浙江湖州石油分公司	机动车燃料零售	浙江省湖州市
杭州大厦有限公司	百货零售	浙江省杭州市
三江购物俱乐部股份有限公司	超级市场零售	浙江省宁波市
中石化碧辟(浙江)石油有限公司绍兴分公司	机动车燃料零售	浙江省绍兴市
华润万家生活超市(浙江)有限公司	超级市场零售	浙江省杭州市
中国石油天然气股份有限公司浙江台州销售分公司	机动车燃料零售	浙江省台州市
浙江银泰百货有限公司	百货零售	浙江省杭州市
中国石油化工股份有限公司浙江丽水石油分公司	机动车燃料零售	浙江省丽水市
浙江人本超市有限公司	超级市场零售	浙江省温州市
绍兴宝顺汽车销售服务有限公司	汽车零售	浙江省绍兴市
浙江华润慈客隆超市有限公司	超级市场零售	浙江省宁波市
雄风集团有限公司	百货零售	浙江省绍兴市
浙江世纪联华超市有限公司	超级市场零售	浙江省杭州市
浙江康达汽车工贸有限公司	汽车零售	浙江省杭州市
宁波太平鸟时尚服饰股份有限公司	服装零售	浙江省宁波市
好易购家庭购物有限公司	邮购及电视、电话零售	浙江省杭州市
中石化碧辟(浙江)石油有限公司杭州分公司	机动车燃料零售	浙江省杭州市
中国石油天然气股份有限公司浙江温州销售分公司	机动车燃料零售	浙江省温州市
曼卡龙珠宝股份有限公司	珠宝首饰零售	浙江省杭州市
浙江金湖机电有限公司	汽车零售	浙江省杭州市
杭州解百集团股份有限公司	百货零售	浙江省杭州市
浙江华联商厦有限公司	百货零售	浙江省宁波市
中国石油天然气股份有限公司浙江绍兴销售分公司	机动车燃料零售	浙江省绍兴市
浙江十足商贸有限公司	其他综合零售	浙江省温州市
杭州天天物美商业有限公司	超级市场零售	浙江省杭州市
浙江国美电器有限公司	日用家电设备零售	浙江省杭州市
浙江上百贸易有限公司	超级市场零售	浙江省绍兴市
湖州市浙北大厦有限责任公司	百货零售	浙江省湖州市
宁波欧尚超市有限公司	超级市场零售	浙江省宁波市
浙江恩泽医药有限公司	药品零售	浙江省台州市
绍兴大通商城股份有限公司	百货零售	浙江省绍兴市
浙江苏宁云商商贸有限公司	日用家电设备零售	浙江省杭州市
浙江诸暨第一百货有限公司	百货零售	浙江省绍兴市
百大集团股份有限公司	百货零售	浙江省杭州市

4-2 续表 19

企业名称	所属行业	企业所在地
宁波太平鸟风尚男装有限公司	服装零售	浙江省宁波市
宁波宝恒汽车销售服务有限公司	汽车零售	浙江省宁波市
宁波市北仑加贝购物俱乐部	超级市场零售	浙江省宁波市
杭州银西百货有限公司	百货零售	浙江省杭州市
浙江奥通汽车有限公司	汽车零售	浙江省杭州市
杭州东星行汽车维修有限公司	汽车零售	浙江省杭州市
海宁市华联大厦有限公司	百货零售	浙江省嘉兴市
杭州德奥汽车有限公司	汽车零售	浙江省杭州市
浙江雅莹时装销售有限公司	服装零售	浙江省嘉兴市
杭州联华华商集团拱墅世纪联华超市有限公司	超级市场零售	浙江省杭州市
沃尔玛(浙江)百货有限公司	超级市场零售	浙江省杭州市
浙江东兴商厦股份有限公司	超级市场零售	浙江省嘉兴市
浙江凯虹集团有限公司	百货零售	浙江省舟山市
浙江汇德隆实业集团有限公司	超级市场零售	浙江省杭州市
浙江三江购物有限公司	超级市场零售	浙江省杭州市
宁波新江厦连锁超市有限公司	超级市场零售	浙江省宁波市
杭州外海家友超市有限公司	超级市场零售	浙江省杭州市
宁波甬宁苏宁云商商贸有限公司	家用视听设备零售	浙江省宁波市
衢州东方商厦有限公司	百货零售	浙江省衢州市
浙江星普五星电器有限公司	日用家电设备零售	浙江省杭州市
宁波浙国美电器有限公司	家用视听设备零售	浙江省宁波市
浙江江南大厦股份有限公司	百货零售	浙江省嘉兴市
绍兴市国商大厦有限责任公司	百货零售	浙江省绍兴市
江南布衣服饰有限公司	服装零售	浙江省杭州市
浙江大唐电子通信有限公司	通信设备零售	浙江省台州市
浙江久加久食品饮料连锁有限公司	酒、饮料及茶叶零售	浙江省杭州市
浙江易川体育用品连锁有限公司	服装零售	浙江省金华市
绍兴英特大通医药有限公司	药品零售	浙江省绍兴市
杭州欧尚超市有限公司	超级市场零售	浙江省杭州市
嘉兴市戴梦得购物中心有限公司	百货零售	浙江省嘉兴市
浙江越工珠宝有限公司	珠宝首饰零售	浙江省绍兴市
金华市第一百货集团股份有限公司	百货零售	浙江省金华市
浙江供销超市有限公司	超级市场零售	浙江省绍兴市
浙江银泰电子商务有限公司	互联网零售	浙江省杭州市
杭州联华生鲜超市有限公司	超级市场零售	浙江省杭州市
台州市三和连锁超市有限公司	超级市场零售	浙江省台州市
嵊州市国商大厦有限公司	百货零售	浙江省绍兴市
台州华联超市有限公司	超级市场零售	浙江省台州市
宁波市家家乐食品有限责任公司	超级市场零售	浙江省宁波市
浙江福泰隆连锁超市有限公司	粮油零售	浙江省金华市
温州苏宁云商销售有限公司	日用家电设备零售	浙江省温州市
温州崇高百货有限公司	服装零售	浙江省温州市
宁波家乐福商业有限公司	超级市场零售	浙江省宁波市
慈溪大润发商贸有限公司	超级市场零售	浙江省宁波市
杭州物美大卖场商业有限公司	超级市场零售	浙江省杭州市
平湖大润发商业有限公司	超级市场零售	浙江省嘉兴市
绍兴市千客隆超市有限公司	超级市场零售	浙江省绍兴市
湖州浙北大厦超市有限公司	超级市场零售	浙江省湖州市
十足集团股份有限公司	其他综合零售	浙江省杭州市
耀达集团有限公司	百货零售	浙江省台州市
舟山市民生商厦有限责任公司	百货零售	浙江省舟山市

4-2 续表 20

企业名称	所属行业	企业所在地
龙游县香溢装饰材料市场有限公司	其他室内装饰材料零售	浙江省衢州市
杭州瑞祥珠宝有限公司	珠宝首饰零售	浙江省杭州市
嘉兴市秀洲新区商业有限责任公司	超级市场零售	浙江省嘉兴市
宁波城市广场开发经营有限公司	百货零售	浙江省宁波市
嘉兴苏宁云商商贸有限公司	日用家电设备零售	浙江省嘉兴市
宁波太平洋百货集团有限公司	百货零售	浙江省宁波市
华润万家生活超市(宁波)有限公司	超级市场零售	浙江省宁波市
昆山润华商业有限公司瑞安分公司	超级市场零售	浙江省温州市
老百姓大药房连锁(浙江)有限公司	药品零售	浙江省杭州市
湖州老大房超市有限公司	超级市场零售	浙江省湖州市
杭州家乐福超市有限公司	超级市场零售	浙江省杭州市
浙江雄城商贸股份有限公司	百货零售	浙江省绍兴市
温州百一超市有限公司	超级市场零售	浙江省温州市
桐庐大润发商业有限公司	超级市场零售	浙江省杭州市
浙江震元医药连锁有限公司	药品零售	浙江省绍兴市
诸暨大润发商业有限公司	超级市场零售	浙江省绍兴市
浙江滔搏体育用品有限公司	服装零售	浙江省杭州市
浙江晋安家电有限公司	日用家电设备零售	浙江省杭州市
台州人本十足便利店有限公司	其他综合零售	浙江省台州市
奉化大润发商业有限公司	超级市场零售	浙江省宁波市
杭州世纪联华超市富阳百大连锁有限公司	超级市场零售	浙江省杭州市
浙江杭州市新华书店有限公司	图书、报刊零售	浙江省杭州市
海盐大润发商业有限公司	超级市场零售	浙江省嘉兴市
浙江银泰电子商务有限公司金华分公司	服装零售	浙江省金华市
嘉兴市永乐家电有限公司	日用家电设备零售	浙江省嘉兴市
永康润泰商业有限公司	超级市场零售	浙江省金华市
浙江玉长城商业管理有限公司	百货零售	浙江省杭州市
浙江金冠股份有限公司	体育用品及器材零售	浙江省杭州市
台州欧尚超市有限公司	超级市场零售	浙江省台州市
杭州百江液化气有限公司	生活用燃料零售	浙江省杭州市
杭州九洲大药房连锁有限公司	药品零售	浙江省杭州市
长兴八佰伴商贸有限公司	百货零售	浙江省湖州市
杭州海王星辰健康药房有限公司	药品零售	浙江省杭州市
台州市中盛百货有限公司	百货零售	浙江省台州市
杭州雅戈尔服饰有限公司	服装零售	浙江省杭州市
平阳县众泰市场管理有限公司	纺织品及针织品零售	浙江省温州市
东阳市恒业太平洋百货有限公司	百货零售	浙江省金华市
杭州联华华商集团临安联华购物广场有限公司	超级市场零售	浙江省杭州市
永康市华联商厦	百货零售	浙江省金华市
浙江天天好大药房连锁有限公司	药品零售	浙江省杭州市
建德大润发商业有限公司	超级市场零售	浙江省杭州市
华鼎菲妮迪国际时装零售有限公司	服装零售	浙江省杭州市
浙江元祖食品有限公司	糕点、面包零售	浙江省杭州市
杭州余杭伟鹏家电有限公司	日用家电设备零售	浙江省杭州市
宁波四明大药房有限责任公司	药品零售	浙江省宁波市
浙江海港超市连锁有限公司	超级市场零售	浙江省嘉兴市
温州诚宏百货有限公司	超级市场零售	浙江省温州市
绍兴好又多百货有限公司	超级市场零售	浙江省绍兴市
德清中盈和祺农产品贸易有限公司	超级市场零售	浙江省湖州市
嘉善东方大厦	超级市场零售	浙江省嘉兴市
浙江万客隆商贸有限公司	其他综合零售	浙江省丽水市

4-2 续表 21

企业名称	所属行业	企业所在地
安徽省		
合肥百货大楼集团股份有限公司	百货零售	安徽省合肥市
南京医药合肥天星有限公司	药品零售	安徽省合肥市
安徽省高速石化有限公司	机动车燃料零售	安徽省合肥市
安徽商之都股份有限公司	百货零售	安徽省合肥市
中国石油化工股份有限公司六安石油分公司	机动车燃料零售	安徽省六安市
中国石油化工股份有限公司安徽安庆石油分公司	机动车燃料零售	安徽省安庆市
芜湖亚夏汽车股份有限公司	汽车零售	安徽省芜湖市
中国石油化工股份有限公司安徽芜湖石分公司	机动车燃料零售	安徽省芜湖市
芜湖中油石油有限公司	机动车燃料零售	安徽省芜湖市
中国石油化工股份有限公司宣城石油分公司	机动车燃料零售	安徽省宣城市
中国石油化工股份有限公司安徽淮南石油分公司	机动车燃料零售	安徽省淮南市
中国石油天然气股份有限公司安徽宿州销售分公司	机动车燃料零售	安徽省宿州市
安徽百大合家福连锁超市股份有限公司	超级市场零售	安徽省合肥市
安徽亚夏实业股份有限公司	汽车零售	安徽省宣城市
中国石油化工股份有限公司安徽池州石油分公司	机动车燃料零售	安徽省池州市
中国石油化工股份公司安徽黄山石油分公司	机动车燃料零售	安徽省黄山市
中国石油天然气股份有限公司安徽阜阳销售分公司	机动车燃料零售	安徽省阜阳市
中国石油天然气股份有限公司安徽六安销售分公司	机动车燃料零售	安徽省六安市
安徽永辉超市有限公司	超级市场零售	安徽省合肥市
中国石油化工股份有限公司安徽亳州石油分公司	机动车燃料零售	安徽省亳州市
安徽百大电器连锁有限公司	家用视听设备零售	安徽省合肥市
合肥悦家商业有限公司	超级市场零售	安徽省合肥市
宣城亚通汽车销售服务有限公司	汽车零售	安徽省宣城市
合肥鼓楼商厦有限责任公司	百货零售	安徽省合肥市
安徽五星电器有限公司	家用视听设备零售	安徽省合肥市
安徽华夏商场(集团)有限公司	百货零售	安徽省宿州市
安徽省徽商红府连锁超市有限责任公司	超级市场零售	安徽省合肥市
合肥康丽药业有限责任公司	药品零售	安徽省合肥市
安徽金华联投资股份有限公司	百货零售	安徽省安庆市
中国石油化工股份有限公司安徽淮北石油分公司	机动车燃料零售	安徽省淮北市
阜阳华联超市有限公司	超级市场零售	安徽省阜阳市
芜湖华亿国际购物中心有限责任公司	百货零售	安徽省芜湖市
安徽快乐真棒商贸集团有限公司	超级市场零售	安徽省淮北市
芜湖南京新百大厦有限公司	百货零售	安徽省芜湖市
安徽省阜阳商厦股份有限公司	百货零售	安徽省阜阳市
安徽苏宁云商销售有限公司	家用视听设备零售	安徽省合肥市
中国石油天然气股份有限公司安徽宣城销售分公司	机动车燃料零售	安徽省宣城市
安徽华联商厦有限责任公司	百货零售	安徽省淮南市
安徽省台客隆连锁超市有限责任公司	超级市场零售	安徽省宣城市
蚌埠市华运超市有限责任公司	超级市场零售	安徽省蚌埠市
安徽家家购物股份有限公司	邮购及电视、电话零售	安徽省合肥市
苏果超市(淮南)有限公司	超级市场零售	安徽省淮南市
安徽宏图三胞科技发展有限公司	计算机、软件及辅助设备零售	安徽省合肥市
安徽欧尚超市有限公司	超级市场零售	安徽省芜湖市
合肥信地红星美凯龙家居生活广场有限公司	家具零售	安徽省合肥市
六安市家园大市场服务有限公司	其他室内装饰材料零售	安徽省六安市
淮南新欣医药有限公司	药品零售	安徽省淮南市
合肥新华书店有限公司	图书、报刊零售	安徽省合肥市
安徽安德利百货股份有限公司	百货零售	安徽省合肥市
苏果超市(合肥)有限公司	超级市场零售	安徽省合肥市

4-2 续表 22

企业名称	所属行业	企业所在地
马鞍山八佰伴商贸有限公司	百货零售	安徽省马鞍山市
安徽国美电器有限公司	家用视听设备零售	安徽省合肥市
合肥百货大楼集团铜陵合百商厦有限责任公司	百货零售	安徽省铜陵市
苏果超市(马鞍山)有限公司	超级市场零售	安徽省马鞍山市
巢湖安德利购物中心有限公司	百货零售	安徽省合肥市
六安市满天星贸易有限责任公司	超级市场零售	安徽省六安市
安徽省蚌埠市绿十字医药连锁有限公司	药品零售	安徽省蚌埠市
安徽复兴汽车有限责任公司	汽车零售	安徽省合肥市
合肥百大集团蚌埠合家福百大超市有限责任公司	超级市场零售	安徽省蚌埠市
阜阳市国贸商城投资股份有限公司	百货零售	安徽省阜阳市
青岛润泰事业有限公司马鞍山分公司	超级市场零售	安徽省马鞍山市
淮北大润发商贸有限公司	超级市场零售	安徽省淮北市
特易购商业(安徽)有限公司	超级市场零售	安徽省合肥市
芜湖大润发商贸有限公司	超级市场零售	安徽省芜湖市
苏果超市(滁州)有限公司	超级市场零售	安徽省滁州市
黄山工商城有限责任公司	其他综合零售	安徽省黄山市
灵璧县新百商贸有限责任公司	超级市场零售	安徽省宿州市
芜湖苏宁云商商贸有限公司	家用视听设备零售	安徽省芜湖市
安徽桂龙医药经营有限公司	药品零售	安徽省马鞍山市
安徽中新高科产业有限公司	超级市场零售	安徽省阜阳市
淮南市大润发商业有限公司	超级市场零售	安徽省淮南市
安徽滔搏体育用品有限公司	服装零售	安徽省合肥市
安徽白云(集团)商贸有限公司	百货零售	安徽省滁州市
苏果超市(天长)有限公司	超级市场零售	安徽省滁州市
阜阳大润发商业有限公司	超级市场零售	安徽省阜阳市
安徽新百华誉商业集团有限公司	超级市场零售	安徽省阜阳市
安徽省利辛县粮油食品商厦	超级市场零售	安徽省亳州市
宣城新百百货有限公司	百货零售	安徽省宣城市
合肥翡翠大润发商业有限公司	百货零售	安徽省合肥市
苏果超市(全椒)有限公司	超级市场零售	安徽省滁州市
黄山大润发商业有限公司	超级市场零售	安徽省黄山市
安徽省青园工贸有限公司	超级市场零售	安徽省安庆市
涡阳县新华电商贸有限公司	百货零售	安徽省亳州市
安庆市世纪华联超市有限公司	百货零售	安徽省安庆市
合肥太平鸟服饰营销有限公司	服装零售	安徽省合肥市
安徽省金润商贸有限公司	超级市场零售	安徽省合肥市
安徽五星果品有限公司	果品、蔬菜零售	安徽省合肥市
合肥庐阳大润发商业有限公司	超级市场零售	安徽省合肥市
六安市远盛贸易有限责任公司	百货零售	安徽省六安市
安徽百姓缘大药房连锁有限公司	药品零售	安徽省合肥市
萧县新联华商贸有限责任公司	百货零售	安徽省宿州市
合肥清溪大润发商业有限公司	超级市场零售	安徽省合肥市
滁州新华书店有限公司	图书、报刊零售	安徽省滁州市
定远县百大超市有限责任公司	百货零售	安徽省滁州市
马鞍山旭日曼迪新医药有限公司	药品零售	安徽省马鞍山市
安徽省丰原大药房连锁有限公司	药品零售	安徽省蚌埠市
滁州市百姓缘药品零售连锁有限公司	药品零售	安徽省滁州市
南京医药合肥大药房连锁有限公司	药品零售	安徽省合肥市
淮南市恒康医药有限公司	药品零售	安徽省淮南市
安徽省亳州市医药供销有限公司	药品零售	安徽省亳州市
枞阳县益圣销售有限责任公司	百货零售	安徽省安庆市

4-2 续表 23

企业名称	所属行业	企业所在地
安徽省无为县食品公司	肉、禽、蛋、奶及水产品零售	安徽省芜湖市
定远县万汇龙装饰城有限公司	木质装饰材料零售	安徽省滁州市
亳州金色华联超市有限责任公司	百货零售	安徽省亳州市
安徽欧尚超市有限公司马鞍山花雨店	超级市场零售	安徽省马鞍山市
安徽省东港工贸有限公司	其他未列明零售业	安徽省亳州市
怀宁县高河永丰超市	超级市场零售	安徽省安庆市
亳州市盖盛祥超市有限公司	百货零售	安徽省亳州市
宣城八佰伴商贸有限公司	百货零售	安徽省宣城市
福建省		
永辉超市股份有限公司福建福州鼓楼分公司	超级市场零售	福建省福州市
中石化森美(福建)石油有限公司泉州分公司	机动车燃料零售	福建省泉州市
中石化森美(福建)石油有限公司漳州分公司	机动车燃料零售	福建省漳州市
中石化森美(福建)石油有限公司厦门分公司	机动车燃料零售	福建省厦门市
中石化森美(福建)石油有限公司福州分公司	机动车燃料零售	福建省福州市
中石化森美(福建)石油有限公司龙岩分公司	机动车燃料零售	福建省龙岩市
福建新华发行(集团)有限责任公司	图书、报刊零售	福建省福州市
中石化森美(福建)石油有限公司南平分公司	机动车燃料零售	福建省南平市
中国石油天然气股份有限公司泉州销售分公司	机动车燃料零售	福建省泉州市
中国石油天然气股份有限公司福建福州销售分公司	机动车燃料零售	福建省福州市
一丁集团股份有限公司	计算机、软件及辅助设备零售	福建省福州市
中国石油天然气股份有限公司福建厦门销售分公司	机动车燃料零售	福建省厦门市
泉州新华都购物广场有限公司	百货零售	福建省泉州市
中石化森美(福建)石油有限公司宁德分公司	机动车燃料零售	福建省宁德市
沃尔玛深国投百货有限公司福州山姆会员商店	超级市场零售	福建省福州市
福州麦多万嘉超市有限公司	粮油零售	福建省福州市
中国石油天然气股份有限公司福建漳州销售分公司	机动车燃料零售	福建省漳州市
福州国美电器有限公司	日用家电设备零售	福建省福州市
福建苏宁云商商贸有限公司	日用家电设备零售	福建省福州市
厦门市天虹商场有限公司	百货零售	福建省厦门市
福建华夏汽车城发展有限公司	汽车零售	福建省福州市
中国石油天然气股份有限公司福建龙岩销售分公司	机动车燃料零售	福建省龙岩市
厦门新华都购物广场有限公司	超级市场零售	福建省厦门市
厦门信达通宝汽车销售服务有限公司	汽车零售	福建省厦门市
福建东百集团股份有限公司	百货零售	福建省福州市
泉州鹏润国美电器有限公司	日用家电设备零售	福建省泉州市
中化(泉州)石油销售有限公司	机动车燃料零售	福建省泉州市
厦门永乐思文家电有限公司	日用家电设备零售	福建省厦门市
厦门苏宁云商销售有限公司	日用家电设备零售	福建省厦门市
莆田永辉超市有限公司	超级市场零售	福建省莆田市
三明新华都购物广场有限公司	超级市场零售	福建省三明市
厦门市中闽百汇商业有限公司	百货零售	福建省厦门市
厦门塞尔福汽车有限公司	汽车零售	福建省厦门市
泉州市理想茶叶有限公司	酒、饮料及茶叶零售	福建省泉州市
厦门富山诚达百货商业广场有限公司	超级市场零售	福建省厦门市
厦门国美电器有限公司	日用家电设备零售	福建省厦门市
漳州新华都百货有限责任公司	超级市场零售	福建省漳州市
中闽百汇(泉州)商贸管理有限公司	百货零售	福建省泉州市
名鞋库网络科技有限公司	互联网零售	福建省厦门市
沃尔玛(福建)商业零售有限公司	超级市场零售	福建省福州市
宁德万达广场商业物业管理有限公司	服装零售	福建省宁德市
福州家乐福商业有限公司	超级市场零售	福建省福州市

4-2 续表 24

企业名称	所属行业	企业所在地
厦门银祥食品有限公司	肉、禽、蛋、奶及水产品零售	福建省厦门市
龙岩新华都辉业购物广场有限公司	超级市场零售	福建省龙岩市
厦门永辉民生超市有限公司	超级市场零售	福建省厦门市
厦门润瑞商业有限公司	超级市场零售	福建省厦门市
厦门夏商百货集团三明有限公司	百货零售	福建省三明市
泉州市中闽百汇购物有限公司	超级市场零售	福建省泉州市
福建省米兰春天量贩有限公司	超级市场零售	福建省龙岩市
厦门市中博贸易有限公司	通信设备零售	福建省厦门市
莆田市新华都万家惠购物广场有限公司	超级市场零售	福建省莆田市
日春股份公司	酒、饮料及茶叶零售	福建省泉州市
厦门夏商民兴超市	超级市场零售	福建省厦门市
福建海晟连锁营销发展有限公司	烟草制品零售	福建省福州市
泉州苏宁云商有限公司	日用家电设备零售	福建省泉州市
福州好又多百货有限公司	超级市场零售	福建省福州市
厦门夏商百货集团有限公司	百货零售	福建省厦门市
福建惠好四海医药连锁有限责任公司	药品零售	福建省福州市
永安永辉超市有限公司	超级市场零售	福建省三明市
龙岩大润发商业有限公司	超级市场零售	福建省龙岩市
沃尔玛(厦门)商业零售有限公司	超级市场零售	福建省厦门市
沃尔玛深国投百货有限公司泉州江滨北路分店	百货零售	福建省泉州市
福州吉汉唐企业管理有限公司	酒、饮料及茶叶零售	福建省福州市
厦门永辉商业有限公司	超级市场零售	福建省厦门市
福建宝闽体育用品有限公司	服装零售	福建省福州市
福建连冠食品有限公司	果品、蔬菜零售	福建省龙岩市
福建泉州市华远电讯有限公司	通信设备零售	福建省泉州市
南威软件股份有限公司	计算机、软件及辅助设备零售	福建省泉州市
漳州大润发商业有限公司	超级市场零售	福建省漳州市
永安市佳洁贸易有限公司	超级市场零售	福建省三明市
厦门家乐福商业有限公司	超级市场零售	福建省厦门市
福州沃尔玛百货有限公司	超级市场零售	福建省福州市
福州心艺企业管理有限公司	其他日用品零售	福建省福州市
福州金榕大润发商业有限公司	百货零售	福建省福州市
南平市好当家商贸有限公司	超级市场零售	福建省南平市
福建省麦都食品发展有限公司	糕点、面包零售	福建省泉州市
厦门市越千阳发展有限公司	服装零售	福建省厦门市
莆田市凤凰百货有限公司	超级市场零售	福建省莆田市
福州诚达黎明百货有限公司	百货零售	福建省福州市
晋江润德商业有限公司	超级市场零售	福建省泉州市
上海红星美凯龙品牌管理有限公司泉州洛江分公司	家具零售	福建省泉州市
江西省		
江西新华发行集团有限公司	图书、报刊零售	江西省南昌市
中国石油化工股份有限公司九江石油分公司	机动车燃料零售	江西省九江市
江西南华医药有限公司	药品零售	江西省南昌市
江西汇仁集团医药科研营销有限公司	药品零售	江西省南昌市
江西洪客隆百货投资有限公司	百货零售	江西省南昌市
南昌百货大楼股份有限公司	百货零售	江西省南昌市
南昌市香江实业有限公司	家具零售	江西省南昌市
联盛商业连锁股份有限公司	百货零售	江西省九江市
洪城大厦(集团)股份有限公司	百货零售	江西省南昌市
南昌市四平贸易有限公司	日用家电设备零售	江西省南昌市
景德镇陶邑文化发展有限公司	工艺美术品及收藏品零售	江西省景德镇市
山东省		
烟台市振华百货集团股份有限公司振华商厦	百货零售	山东省烟台市

4-2 续表 25

企业名称	所属行业	企业所在地
青岛国美电器有限公司	日用家电设备零售	山东省青岛市
烟台振华量贩超市有限公司	百货零售	山东省烟台市
济宁九龙贵和商贸集团有限公司	日用家电设备零售	山东省济宁市
中国石油天然气股份有限公司山东济宁销售分公司	机动车燃料零售	山东省济宁市
利群集团青岛利群商厦有限公司	百货零售	山东省青岛市
龙口市第一百货商店有限责任公司	百货零售	山东省烟台市
青岛海信东海商贸有限公司	百货零售	山东省青岛市
山东省聊城市百货大楼有限责任公司	百货零售	山东省聊城市
青州市新创宜佳商贸城经营管理有限公司	五金零售	山东省潍坊市
东营银座商城有限公司	百货零售	山东省东营市
麦凯乐(青岛)百货总店有限公司	百货零售	山东省青岛市
中国石油天然气股份有限公司山东泰安销售分公司	机动车燃料零售	山东省泰安市
山东招金银楼有限公司	珠宝首饰零售	山东省烟台市
新泰银座商城有限公司	百货零售	山东省泰安市
山东鲁百百货大楼集团有限公司	其他文化用品零售	山东省东营市
三联商社股份有限公司	日用家电设备零售	山东省济南市
青岛苏宁云商商贸有限公司	百货零售	山东省青岛市
山东金宇商贸有限公司	家具零售	山东省济宁市
中国石油化工股份有限公司山东莱芜石油分公司	机动车燃料零售	山东省莱芜市
滨州银座商城有限公司	百货零售	山东省滨州市
淄博银座商城有限责任公司	百货零售	山东省淄博市
烟台振华购物中心有限公司	百货零售	山东省烟台市
临沂佳轮汽车销售服务有限公司	汽车零售	山东省临沂市
山东奥德隆集团有限公司	百货零售	山东省淄博市
山东莱州市百货大楼有限公司	超级市场零售	山东省烟台市
百丽国际鞋业(青岛)有限公司	鞋帽零售	山东省青岛市
龙口市城关供销合作社	百货零售	山东省烟台市
泰安银座商城有限公司	百货零售	山东省泰安市
山东苏宁云商商贸有限公司	日用家电设备零售	山东省济南市
山东统一银座商业有限公司	超级市场零售	山东省济南市
青岛屈臣氏个人用品商店有限公司	超级市场零售	山东省青岛市
新泰青云购物中心有限公司	百货零售	山东省泰安市
兖州新合作百意商贸有限公司	百货零售	山东省济宁市
淄博茂业商厦有限公司	百货零售	山东省淄博市
日照日百商业有限公司	百货零售	山东省日照市
章丘市供销集团总公司	百货零售	山东省济南市
青岛润华汽车销售服务有限公司	汽车零售	山东省青岛市
青岛利群百货股份有限公司	百货零售	山东省青岛市
胜利油田胜大超市	超级市场零售	山东省东营市
日照凌云工贸有限公司	百货零售	山东省日照市
淄博特信百货商城有限公司	百货零售	山东省淄博市
济南漱玉平民大药房有限公司	药品零售	山东省济南市
苍山县五金交电化工公司	五金零售	山东省临沂市
东营市商业大厦有限责任公司	百货零售	山东省东营市
山东省东营市日用工业品公司	百货零售	山东省东营市
青岛海信营销有限公司临沂分公司	日用家电设备零售	山东省临沂市
银座集团股份有限公司菏泽银座商城	百货零售	山东省菏泽市
诸城市仁和五交化有限责任公司	日用家电设备零售	山东省潍坊市
菏泽牡丹医药有限责任公司	药品零售	山东省菏泽市
利群集团莱州购物广场有限公司	超级市场零售	山东省烟台市
沂水兴河商贸有限公司	服装零售	山东省临沂市
山东乐拍商业有限公司	邮购及电视、电话零售	山东省济南市

4-2 续表 26

企业名称	所属行业	企业所在地
淄博富尔玛家具广场有限公司	家具零售	山东省淄博市
山东奥德燃气有限公司	生活用燃料零售	山东省临沂市
邹城九龙贵和购物广场有限公司	百货零售	山东省济宁市
山东力威经贸有限公司	服装零售	山东省潍坊市
青岛新华书店有限责任公司	图书、报刊零售	山东省青岛市
临沂银座商城有限公司	百货零售	山东省临沂市
青岛家乐福商业有限公司	超级市场零售	山东省青岛市
日照银座商城有限公司	百货零售	山东省日照市
济南人民商场集团有限公司	百货零售	山东省济南市
邹城市百货大楼有限责任公司	百货零售	山东省济宁市
日照市腾达汽车销售服务有限公司	汽车零售	山东省日照市
山东金都百货股份有限公司	百货零售	山东省烟台市
青岛宝瑞纳体育用品有限公司	服装零售	山东省青岛市
山东省德州泰康药业有限公司	药品零售	山东省德州市
潍坊广华汽车销售服务有限公司	汽车零售	山东省潍坊市
山东长江汇泉集团超市有限公司	百货零售	山东省威海市
陵县粮食购销中心	粮油零售	山东省德州市
潍坊广潍汽车销售服务有限公司	汽车零售	山东省潍坊市
山东圣豪商业有限公司	其他未列明零售业	山东省滨州市
济南银座北园购物广场有限公司	百货零售	山东省济南市
诸城百盛商场有限责任公司	百货零售	山东省潍坊市
日照市新世纪商厦有限公司	百货零售	山东省日照市
庆云县供销商厦	百货零售	山东省德州市
济南银座商城有限责任公司	百货零售	山东省济南市
聊城北斗汽车投资管理有限公司	汽车零售	山东省聊城市
山东宏图三胞科技发展有限公司	计算机、软件及辅助设备零售	山东省济南市
山东荣丰食用菌有限公司	果品、蔬菜零售	山东省东营市
青岛华润万家生活超市有限公司	超级市场零售	山东省青岛市
青岛北方国贸集团股份有限公司	百货零售	山东省青岛市
山东天成恒信科技大厦	计算机、软件及辅助设备零售	山东省东营市
青岛春阳大润发商业有限公司	百货零售	山东省青岛市
淄博圣隆润发商业有限公司	超级市场零售	山东省淄博市
山东儒原实业有限公司	百货零售	山东省泰安市
泰安凌云经贸有限公司	百货零售	山东省泰安市
山东泰山新合作商贸连锁有限公司	百货零售	山东省泰安市
山东金孚隆股份有限公司	超级市场零售	山东省潍坊市
潍坊广潍上菱汽车销售服务有限公司	汽车零售	山东省潍坊市
山东五星电器有限公司	日用家电设备零售	山东省青岛市
利群集团青岛瑞泰购物广场有限公司	百货零售	山东省青岛市
青岛乐天超市有限公司	超级市场零售	山东省青岛市
银座集团德州商城有限公司	百货零售	山东省德州市
青岛润泰事业有限公司	超级市场零售	山东省青岛市
潍坊中百益家园超市有限公司	家具零售	山东省潍坊市
利群集团淄博购物广场有限公司	百货零售	山东省淄博市
山东梁山水泊商场	百货零售	山东省济宁市
青岛泽雨汇源连锁超市有限公司	超级市场零售	山东省青岛市
滕州银座商城有限公司	百货零售	山东省枣庄市
山东燕喜堂医药连锁有限公司	药品零售	山东省威海市
山东龙口富龙汽车有限公司	汽车零售	山东省烟台市
淄博信誉楼百货有限公司	百货零售	山东省淄博市
济宁市中央百货有限责任公司	百货零售	山东省济宁市

4-2　续表 27

企业名称	所属行业	企业所在地
兖州九龙贵和购物广场有限公司	百货零售	山东省济宁市
潍坊世纪泰华福乐多超市有限公司	百货零售	山东省潍坊市
潍坊广潍发达商贸有限公司	汽车零售	山东省潍坊市
淄博齐鲁商业有限公司	百货零售	山东省淄博市
东营信誉楼百货有限公司	百货零售	山东省东营市
济南天桥大润发商业有限公司	超级市场零售	山东省济南市
山东德州扒鸡集团有限公司	肉、禽、蛋、奶及水产品零售	山东省德州市
新泰齐云商场有限公司	百货零售	山东省泰安市
山东振华五星百货有限公司	百货零售	山东省聊城市
威海润华商业有限公司	百货零售	山东省威海市
济南市中大润发商业有限公司	超级市场零售	山东省济南市
银座集团股份有限公司莱芜银座商城	超级市场零售	山东省莱芜市
山东十八乐超市有限公司莱芜店	超级市场零售	山东省莱芜市
临沂市沂蒙路百货大楼	百货零售	山东省临沂市
山东新合作超市连锁有限公司	百货零售	山东省滨州市
烟台银座商城有限公司	百货零售	山东省烟台市
济宁大润发商业有限公司	百货零售	山东省济宁市
山东爱客多商贸有限公司	超级市场零售	山东省济宁市
莱芜信誉楼百货有限公司	超级市场零售	山东省莱芜市
潍坊百货大楼股份有限公司	百货零售	山东省潍坊市
万维嘉信(山东)电子商务有限公司	服装零售	山东省济南市
济南十八家家悦超市有限公司	超级市场零售	山东省济南市
枣庄市森博家具有限公司	家具零售	山东省枣庄市
国药控股国大药房山东有限公司	药品零售	山东省临沂市
山东三信实业有限公司	百货零售	山东省菏泽市
济宁银座购物广场有限责任公司	百货零售	山东省济宁市
淄博盈华置业有限公司惠仟佳购物广场	百货零售	山东省淄博市
日照大润发商业有限公司	百货零售	山东省日照市
苍山县宝庆超市有限公司	超级市场零售	山东省临沂市
青岛润泰事业有限公司临沂分公司	超级市场零售	山东省临沂市
山东省莱芜市医药公司	药品零售	山东省莱芜市
青岛盛客隆购物广场有限公司	百货零售	山东省青岛市
泰安深国投商用置业有限公司	百货零售	山东省泰安市
青岛即墨振华大润发商业有限公司	超级市场零售	山东省青岛市
银座集团临朐华兴商场有限公司	百货零售	山东省潍坊市
潍坊广宇汽车销售服务有限公司	汽车零售	山东省潍坊市
青岛医保药品城有限公司	药品零售	山东省青岛市
山东省桓台县联华超市有限公司	超级市场零售	山东省淄博市
山东世纪泰华集团有限公司	百货零售	山东省潍坊市
临沂大新华印刷物资有限公司	其他文化用品零售	山东省临沂市
特易购商业(山东)有限公司	超级市场零售	山东省济南市
济南居然之家家居建材市场有限公司泰安分公司	家具零售	山东省泰安市
青岛新快进出口有限公司	肉、禽、蛋、奶及水产品零售	山东省青岛市
临邑信业商厦有限公司	家用视听设备零售	山东省德州市
潍坊泰山壹伍叁贰实业有限公司	烟草制品零售	山东省潍坊市
聊城市邮政局	图书、报刊零售	山东省聊城市
河南省		
郑州丹尼斯百货有限公司	百货零售	河南省郑州市
中国石油化工股份有限公司河南洛阳石油分公司	机动车燃料零售	河南省洛阳市
中国石油化工股份有限公司河南信阳石油分公司	机动车燃料零售	河南省信阳市
河南大张实业有限公司	超级市场零售	河南省洛阳市

4-2 续表 28

企业名称	所属行业	企业所在地
大商集团郑州新玛特购物广场有限公司	百货零售	河南省郑州市
中国石油天然气股份有限公司河南洛阳销售分公司	机动车燃料零售	河南省洛阳市
中国石油化工股份有限公司河南濮阳石油分公司	机动车燃料零售	河南省濮阳市
河南省国美电器有限公司	日用家电设备零售	河南省郑州市
河南威佳汽车贸易集团有限公司	汽车零售	河南省郑州市
西亚和美商业股份有限公司	超级市场零售	河南省信阳市
河南世纪联华超市有限公司	超级市场零售	河南省郑州市
大商集团(郑州)商贸有限公司	百货零售	河南省郑州市
郑州利星汽车有限公司	汽车零售	河南省郑州市
中国石油天然气股份有限公司河南商丘销售分公司	机动车燃料零售	河南省商丘市
河南永乐生活电器有限公司	日用家电设备零售	河南省郑州市
许昌市胖东来商贸集团有限公司	百货零售	河南省许昌市
洛阳王府井百货有限责任公司	百货零售	河南省洛阳市
洛阳丹尼斯量贩有限公司	超级市场零售	河南省洛阳市
郸城县城关供销社	其他综合零售	河南省周口市
商水县城关镇供销社	百货零售	河南省周口市
新乡市胖东来百货有限公司	百货零售	河南省新乡市
中国石油天然气股份有限公司河南信阳销售分公司	机动车燃料零售	河南省信阳市
大商集团许昌新玛特购物广场有限公司	百货零售	河南省许昌市
河南苏宁云商销售有限公司	日用家电设备零售	河南省郑州市
南阳市万德隆商贸有限责任公司	百货零售	河南省南阳市
郑州市易初莲花连锁超市有限公司	超级市场零售	河南省郑州市
河南五星电器有限公司	日用家电设备零售	河南省郑州市
河南张仲景大药房股份有限公司	药品零售	河南省郑州市
大商集团河南超市连锁发展有限公司	百货零售	河南省郑州市
永辉超市河南有限公司	超级市场零售	河南省郑州市
河南华润万家生活超市有限公司	超级市场零售	河南省郑州市
信阳亚兴集团有限责任公司	超级市场零售	河南省信阳市
焦作新亚商厦有限责任公司	百货零售	河南省焦作市
河南万宝股份有限公司	家用视听设备零售	河南省开封市
永城煤电控股集团先帅百货有限责任公司	百货零售	河南省商丘市
许昌市胖东来(集团)华豫电器有限公司	日用家电设备零售	河南省许昌市
洛阳龙羽新都汇商业经营管理有限公司	百货零售	河南省洛阳市
郑州丹尼斯百货有限公司平顶山中兴分公司	百货零售	河南省平顶山市
河南正道思达连锁商业有限公司	超级市场零售	河南省郑州市
漯河双汇商业连锁有限公司	肉、禽、蛋、奶及水产品零售	河南省漯河市
焦作市百货大楼有限责任公司	百货零售	河南省焦作市
郑州悦家商业有限公司	超级市场零售	河南省郑州市
沈丘县北郊供销社	百货零售	河南省周口市
沃尔玛(河南)百货有限公司	百货零售	河南省郑州市
河南德信泉商贸有限公司	超级市场零售	河南省平顶山市
河南乐语通讯器材有限公司	通信设备零售	河南省郑州市
新乡市胖东来生活广场有限公司	超级市场零售	河南省新乡市
河南九头崖集团平顶山商业连锁有限公司	超级市场零售	河南省平顶山市
信阳市文新茶叶有限责任公司	酒、饮料及茶叶零售	河南省信阳市
驻马店市爱家量贩有限公司	超级市场零售	河南省驻马店市
新乡市平原商场有限公司	百货零售	河南省新乡市
新乡市百货大楼有限责任公司	百货零售	河南省新乡市
河南富豪表行有限公司	钟表、眼镜零售	河南省郑州市
濮阳市百姓量贩有限公司	超级市场零售	河南省濮阳市
郑州正道花园百货股份有限公司	百货零售	河南省郑州市
河南中太石化有限责任公司	机动车燃料零售	河南省新乡市

4-2 续表 29

企业名称	所属行业	企业所在地
商丘市京港百货股份有限公司	超级市场零售	河南省商丘市
郑州丹尼斯生活广场有限公司济源分公司	百货零售	河南省省直辖县级行政区划
郑州迪信通电子通信技术有限公司	通信设备零售	河南省郑州市
河南省郑州市新华书店有限公司	图书、报刊零售	河南省郑州市
南阳大统集团金玛特商贸有限公司	超级市场零售	河南省南阳市
河南东之杰运动产业发展有限公司	体育用品及器材零售	河南省郑州市
郑州好想你枣业商贸有限公司	其他食品零售	河南省郑州市
洛阳钱江家具有限公司	家具零售	河南省洛阳市
罗山县华联超市有限责任公司	超级市场零售	河南省信阳市
郑州润瑞商业有限公司	百货零售	河南省郑州市
栾川县长春商贸有限公司	超级市场零售	河南省洛阳市
郸城县食品公司	肉、禽、蛋、奶及水产品零售	河南省周口市
洛阳市八方卓越电器有限公司	家用视听设备零售	河南省洛阳市
开封润泰商业有限公司	其他文化用品零售	河南省开封市
大商集团开封千盛购物广场有限公司	珠宝首饰零售	河南省开封市
湖北省		
武汉武商集团股份有限公司	百货零售	湖北省武汉市
中百控股集团股份有限公司	超级市场零售	湖北省武汉市
武汉中商集团股份有限公司	百货零售	湖北省武汉市
中国石油化工股份有限公司湖北武汉石油分公司	机动车燃料零售	湖北省武汉市
中国石油天然气股份有限公司湖北武汉销售分公司	生活用燃料零售	湖北省武汉市
武汉屈臣氏个人用品商店有限公司	百货零售	湖北省武汉市
武汉工贸有限公司	日用家电设备零售	湖北省武汉市
三环集团公司	汽车零售	湖北省武汉市
湖北同济堂投资控股有限公司	药品零售	湖北省武汉市
湖北高路油站经营有限责任公司	机动车燃料零售	湖北省武汉市
国药控股湖北有限公司	药品零售	湖北省武汉市
武汉京东世纪贸易有限公司	互联网零售	湖北省武汉市
中国石油化工股份有限公司湖北黄石石油分公司	机动车燃料零售	湖北省黄石市
荆门市东方百货大厦	超级市场零售	湖北省荆门市
中国石油天然气股份有限公司湖北宜昌销售分公司	机动车燃料零售	湖北省宜昌市
湖北寿康永乐商贸集团有限公司	超级市场零售	湖北省十堰市
群光实业(武汉)有限公司	百货零售	湖北省武汉市
武汉国美电器有限公司	日用家电设备零售	湖北省武汉市
武汉苏宁云商销售有限公司	日用家电设备零售	湖北省武汉市
十堰市新合作超市有限公司	超级市场零售	湖北省十堰市
湖北富迪实业有限公司	超级市场零售	湖北省省直辖县级行政区划
宜昌国贸大厦集团有限公司	百货零售	湖北省宜昌市
武汉市神龙鸿泰汽车销售服务有限公司	汽车零售	湖北省武汉市
湖北金城大厦(集团)实业公司	百货零售	湖北省荆门市
武汉武商集团十堰市人民商场有限公司	超级市场零售	湖北省十堰市
沃尔玛(湖北)商业零售有限公司	超级市场零售	湖北省武汉市
武汉汉福超市有限公司	超级市场零售	湖北省武汉市
湖北世纪愿景商贸有限公司	其他食品零售	湖北省武汉市
黄冈市黄商贸易股份有限公司	百货零售	湖北省黄冈市
中国石油天然气股份有限公司湖北孝感销售分公司	机动车燃料零售	湖北省孝感市
湖北博通电器有限公司	家用视听设备零售	湖北省省直辖县级行政区划
恩施自治州好又多商贸有限责任公司	超级市场零售	湖北省恩施土家族苗族自治州
武汉市汉商集团股份有限公司	百货零售	湖北省武汉市
鄂州市市场资产管理有限公司	服装零售	湖北省鄂州市
中国石油天然气股份有限公司湖北潜江销售分公司	机动车燃料零售	湖北省省直辖县级行政区划
湖北良品铺子食品有限公司	其他食品零售	湖北省武汉市

4-2 续表 30

企业名称	所属行业	企业所在地
房县供销社资产经营管理有限公司	其他食品零售	湖北省十堰市
湖北银泰新世纪购物中心有限公司	百货零售	湖北省随州市
湖北银泰仙桃商城大厦有限公司	百货零售	湖北省省直辖县级行政区划
潜江市惠美家商贸有限公司	超级市场零售	湖北省省直辖县级行政区划
中石化长江燃料有限公司武汉分公司	机动车燃料零售	湖北省武汉市
湖北鑫园商贸有限公司	百货零售	湖北省省直辖县级行政区划
湖北孝武电器集团有限公司	日用家电设备零售	湖北省孝感市
宜昌太平鸟服饰营销有限公司	服装零售	湖北省宜昌市
百丽鞋业(武汉)有限公司	鞋帽零售	湖北省武汉市
武汉市滔搏商贸有限公司	服装零售	湖北省武汉市
武汉医药(集团)股份有限公司	药品零售	湖北省武汉市
沃尔玛深国投百货有限公司武汉中山大道分店	超级市场零售	湖北省武汉市
湖北竞速商贸有限公司	鞋帽零售	湖北省武汉市
湖北省十堰市五堰商场股份有限公司	百货零售	湖北省十堰市
浠水县鄂东农产品贸易有限责任公司	超级市场零售	湖北省黄冈市
武汉马应龙大药房连锁有限公司	药品零售	湖北省武汉市
武汉新金珠宝首饰有限公司	珠宝首饰零售	湖北省武汉市
湖北骏马贸易有限公司	汽车零售	湖北省武汉市
湖北奥莱商贸有限公司	家具零售	湖北省咸宁市
谷城县青峰商贸有限责任公司	酒、饮料及茶叶零售	湖北省襄阳市
湖北雅斯连锁商业有限公司	超级市场零售	湖北省宜昌市
襄阳鼓楼商场股份有限公司	其他综合零售	湖北省襄阳市
中百仓储恩施购物广场有限公司	百货零售	湖北省恩施土家族苗族自治州
武汉欧蕾尼雅商业运营有限公司	其他室内装饰材料零售	湖北省鄂州市
襄樊中百仓储购物广场有限公司	其他综合零售	湖北省襄阳市
宜昌北山商业连锁有限责任公司	超级市场零售	湖北省宜昌市
沙洋万利家居建材城	家具零售	湖北省荆门市
襄阳市新合作超市有限公司	百货零售	湖北省襄阳市
武汉大润发江汉超市发展有限公司	超级市场零售	湖北省武汉市
中百仓储黄石购物广场有限公司	超级市场零售	湖北省黄石市
湖北美尔雅销售有限公司	服装零售	湖北省黄石市
宜昌大洋百货有限公司	百货零售	湖北省宜昌市
湖北顺泰商贸有限公司	超级市场零售	湖北省随州市
湖北孝商股份有限公司	百货零售	湖北省孝感市
十堰市寿康永乐(郧县)郧阳购物广场有限公司	超级市场零售	湖北省十堰市
老百姓大药房连锁(湖北)有限公司	药品零售	湖北省武汉市
武汉美特斯邦威服饰有限公司	服装零售	湖北省武汉市
罗田县今天商贸有限责任公司	其他综合零售	湖北省黄冈市
荆州大润发商业有限公司	超级市场零售	湖北省荆州市
襄樊佳邻超市有限公司	超级市场零售	湖北省襄阳市
武汉新华书店股份有限公司	图书、报刊零售	湖北省武汉市
武汉市富盟商贸有限公司	超级市场零售	湖北省武汉市
湖北真维斯服饰有限公司	服装零售	湖北省武汉市
襄阳天济大药房连锁有限责任公司	药品零售	湖北省襄阳市
钟祥市乐福生商贸有限责任公司	百货零售	湖北省荆门市
汉川市汉正商业管理有限公司	服装零售	湖北省孝感市
湖北航天信息技术有限公司	计算机、软件及辅助设备零售	湖北省武汉市
宜城市千禧烟花爆竹有限责任公司	其他未列明零售业	湖北省襄阳市
武汉市丽红商业有限公司	其他综合零售	湖北省武汉市
鄂州市银泰百货商业有限公司	百货零售	湖北省鄂州市
武汉市仟吉食品销售有限公司	糕点、面包零售	湖北省武汉市
宜昌万富工贸有限责任公司	超级市场零售	湖北省宜昌市

4-2 续表 31

企业名称	所属行业	企业所在地
随州中百仓储购物广场有限公司	百货零售	湖北省随州市
湖南省		
中国石油化工股份有限公司湖南长沙石油分公司	机动车燃料零售	湖南省长沙市
湖南友谊阿波罗商业股份有限公司	百货零售	湖南省长沙市
中国石油化工股份有限公司湖南株洲石油分公司	机动车燃料零售	湖南省株洲市
中国石化湖南衡阳分公司	机动车燃料零售	湖南省衡阳市
中国石油天然气股份有限公司湖南长沙销售分公司	机动车燃料零售	湖南省长沙市
中国石油化工股份有限公司湖南岳阳石油分公司	机动车燃料零售	湖南省岳阳市
长沙通程实业(集团)有限公司	百货零售	湖南省长沙市
中国石油化工股份有限公司湖南郴州石油分公司	机动车燃料零售	湖南省郴州市
中国石油化工股份有限公司湖南怀化石油分公司	机动车燃料零售	湖南省怀化市
快乐购物股份有限公司	其他文化用品零售	湖南省长沙市
中国石油化工股份有限公司湖南邵阳石油分公司	机动车燃料零售	湖南省邵阳市
中国石油化工股份有限公司湖南常德石油分公司	机动车燃料零售	湖南省常德市
中国石油化工股份有限公司湖南永州石油分公司	机动车燃料零售	湖南省永州市
中国石油化工股份有限公司湖南湘潭石油分公司	机动车燃料零售	湖南省湘潭市
步步高商业连锁股份有限公司	超级市场零售	湖南省湘潭市
中国石油化工股份有限公司湖南石油高速分公司	机动车燃料零售	湖南省长沙市
中国石油化工股份有限公司湖南娄底石油分公司	机动车燃料零售	湖南省娄底市
湖南博瑞新特药有限公司	药品零售	湖南省长沙市
平和堂(中国)有限公司	百货零售	湖南省长沙市
中石化湖南益阳石油分公司	机动车燃料零售	湖南省益阳市
中国石油化工股份有限公司湖南湘西分公司	机动车燃料零售	湖南省湘西土家族苗族自治州
株洲百货股份有限公司	百货零售	湖南省株洲市
湖南家润多超市有限公司	超级市场零售	湖南省长沙市
中国石油天然气股份有限公司湖南销售郴州分公司	机动车燃料零售	湖南省郴州市
湖南省兴盛营销有限公司	超级市场零售	湖南省益阳市
长沙步步高商业连锁有限责任公司	超级市场零售	湖南省长沙市
中国石油天然气股份有限公司湖南销售常德分公司	机动车燃料零售	湖南省常德市
长沙王府井百货有限责任公司	百货零售	湖南省长沙市
中国石油天然气股份有限公司湖南怀化销售分公司	机动车燃料零售	湖南省怀化市
长沙新时代医药有限公司	药品零售	湖南省长沙市
中国石油天然气股份有限公司湖南岳阳销售分公司	机动车燃料零售	湖南省岳阳市
湖南省新一佳商业投资有限公司	超级市场零售	湖南省长沙市
中国石油湖南销售衡阳分公司	机动车燃料零售	湖南省衡阳市
湖南邵阳中油销售有限公司	机动车燃料零售	湖南省邵阳市
湖南苏宁云商有限公司	家用视听设备零售	湖南省长沙市
湖南益丰大药房医药连锁有限公司(总部)	药品零售	湖南省常德市
湖南国美电器有限公司	家用视听设备零售	湖南省长沙市
湖南佳惠百货有限责任公司	超级市场零售	湖南省怀化市
中国石油天然气股份有限公司湖南娄底销售分公司	机动车燃料零售	湖南省娄底市
益阳恒康药业有限公司	药品零售	湖南省益阳市
株洲东都步步高商业连锁有限责任公司	百货零售	湖南省株洲市
新化县明园阳光购物中心	纺织品及针织品零售	湖南省娄底市
王一实业集团衡阳香江百货有限公司	百货零售	湖南省衡阳市
老百姓大药房连锁股份有限公司	药品零售	湖南省长沙市
怀化步步高商业连锁有限责任公司	超级市场零售	湖南省怀化市
湖南万凯源商贸连锁有限公司	超级市场零售	湖南省湘潭市
长沙天潮贸易有限公司	汽车零售	湖南省长沙市
永州步步高商业连锁有限责任公司	超级市场零售	湖南省永州市
湖南梅尼超市股份有限公司	百货零售	湖南省张家界市
衡阳步步高商业连锁有限责任公司	超级市场零售	湖南省衡阳市

4-2 续表 32

企业名称	所属行业	企业所在地
湖南比一比贸易有限责任公司	超级市场零售	湖南省长沙市
心连心集团有限公司	超级市场零售	湖南省湘潭市
邵阳步步高连锁超市有限责任公司	百货零售	湖南省邵阳市
湖南华润万家生活超市有限公司	粮油零售	湖南省长沙市
湖南省蓝马车业集团有限公司	汽车零售	湖南省株洲市
百丽鞋业(长沙)有限公司	鞋帽零售	湖南省长沙市
长沙家乐福超市有限责任公司	超级市场零售	湖南省长沙市
湖南崇盛商贸有限公司崇盛晶珠百货分公司	服装零售	湖南省衡阳市
湖南六三六连锁管理有限公司	烟草制品零售	湖南省长沙市
长沙东之杰运动产业发展有限公司	服装零售	湖南省长沙市
湖南贝贝熊母婴用品有限公司	其他综合零售	湖南省长沙市
湖南绝味食品股份有限公司	肉、禽、蛋、奶及水产品零售	湖南省长沙市
常德市华星电器有限公司	日用家电设备零售	湖南省常德市
长沙市人人乐商业有限公司	百货零售	湖南省长沙市
长沙市天虹百货有限公司	百货零售	湖南省长沙市
湖南步步高连锁超市益阳有限公司	超级市场零售	湖南省益阳市
湖南千金大药房连锁有限公司	药品零售	湖南省长沙市
湖南真维斯服饰有限公司	服装零售	湖南省长沙市
长沙路口物资供销有限公司	百货零售	湖南省长沙市
常德大润发商业有限公司	超级市场零售	湖南省常德市
沃尔玛深国投百货有限公司岳阳巴陵中路分店	超级市场零售	湖南省岳阳市
长沙润良商业有限公司	超级市场零售	湖南省长沙市
攸县上好嘉超市有限责任公司	超级市场零售	湖南省株洲市
耒阳市步步高商业连锁有限责任公司	超级市场零售	湖南省衡阳市
郴州拓普电器有限公司	日用家电设备零售	湖南省郴州市
沃尔玛深国投百货有限公司长沙雨花亭分店	超级市场零售	湖南省长沙市
娄底市天客超市有限责任公司	超级市场零售	湖南省娄底市
湖南特邦商业股份有限公司	服装零售	湖南省娄底市
购宝乐商业(湖南)有限公司	超级市场零售	湖南省长沙市
沃尔玛深国投百货有限公司娄底春园分店	百货零售	湖南省娄底市
湖南乐语通讯设备有限公司	通信设备零售	湖南省长沙市
长沙咿呀实业有限公司	其他食品零售	湖南省长沙市
湖南省邵阳县百货公司	百货零售	湖南省邵阳市
沃尔玛深国投百货有限公司长沙黄兴南路分店	超级市场零售	湖南省长沙市
大通湖天泓渔业股份有限公司	肉、禽、蛋、奶及水产品零售	湖南省益阳市
澧县中顺华联世纪百货有限责任公司	超级市场零售	湖南省常德市
邵东县农夫山庄超市有限公司	超级市场零售	湖南省邵阳市
湖南德远商贸集团有限公司	汽车零售	湖南省怀化市
张家界步步高商业连锁有限责任公司	超级市场零售	湖南省张家界市
邵阳步步高商业连锁有限责任公司红旗路店	百货零售	湖南省邵阳市
邵阳步步高连锁超市有限责任公司邵东九亿店	超级市场零售	湖南省邵阳市
广东省		
广物汽贸股份有限公司	汽车零售	广东省广州市
中国石油化工股份有限公司广东广州石油分公司	机动车燃料零售	广东省广州市
华润万家有限公司	超级市场零售	广东省深圳市
广州晶东贸易有限公司	互联网零售	广东省广州市
天虹商场股份有限公司	百货零售	广东省深圳市
广州市唯品会信息科技有限公司	服装零售	广东省广州市
中国石油化工股份有限公司广东东莞石油分公司	机动车燃料零售	广东省东莞市
唯品会(中国)有限公司	体育用品及器材零售	广东省广州市
中油碧辟石油有限公司广州分公司	机动车燃料零售	广东省广州市
四会市东城街道经济实业发展总公司	珠宝首饰零售	广东省肇庆市

4-2　续表 33

企业名称	所属行业	企业所在地
中海油销售深圳有限公司	机动车燃料零售	广东省深圳市
沃尔玛深国投百货有限公司	百货零售	广东省深圳市
广州市国美电器有限公司	日用家电设备零售	广东省广州市
中国石油化工股份有限公司广东惠州石油分公司	机动车燃料零售	广东省惠州市
中域电讯连锁集团股份有限公司	通信设备零售	广东省东莞市
中国石油化工股份有限公司广东茂名石油分公司	机动车燃料零售	广东省茂名市
中国石油化工股份有限公司湛江石油分公司	机动车燃料零售	广东省湛江市
中国石油化工股份有限公司广东江门石油分公司	机动车燃料零售	广东省江门市
深圳茂业商厦有限公司	百货零售	广东省深圳市
广东新协力集团有限公司	汽车零售	广东省佛山市
中国石油化工股份有限公司广东中山石油分公司	机动车燃料零售	广东省中山市
广州市广百股份有限公司	百货零售	广东省广州市
华润万家生活超市(广州)有限公司	超级市场零售	广东省广州市
中石化工股份有限公司广东肇庆石油分公司	机动车燃料零售	广东省肇庆市
中国石油天然气股份有限公司广东广州销售分公司	机动车燃料零售	广东省广州市
广东骏和通信设备连锁销售有限公司	通信设备零售	广东省广州市
广州易初莲花连锁超市有限公司	超级市场零售	广东省广州市
广州友谊集团股份有限公司	百货零售	广东省广州市
广东苏宁云商销售有限公司	家用视听设备零售	广东省广州市
广州屈臣氏个人用品商店有限公司	超级市场零售	广东省广州市
广东永旺天河城商业有限公司	百货零售	广东省广州市
中国石油化工股份有限公司广东河源石油分公司	机动车燃料零售	广东省河源市
广东鸿粤汽车销售集团有限公司	汽车零售	广东省广州市
中国石油化工股份有限公司广东阳江分公司	机动车燃料零售	广东省阳江市
深圳市苏宁云商销售有限公司	日用家电设备零售	广东省深圳市
深圳市顺电连锁股份有限公司	日用家电设备零售	广东省深圳市
深圳市人人乐商业有限公司	超级市场零售	广东省深圳市
中国石油化工股份有限公司广东珠海石油分公司	机动车燃料零售	广东省珠海市
广州百佳超级市场有限公司	超级市场零售	广东省广州市
中国石油化工股份有限公司广东梅州石油分公司	机动车燃料零售	广东省梅州市
深圳市国美电器有限公司	日用家电设备零售	广东省深圳市
广东壹加壹商业连锁有限公司	百货零售	广东省中山市
中油碧辟石油有限公司东莞分公司	机动车燃料零售	广东省东莞市
深圳市宝骏汽车销售服务有限公司	汽车零售	广东省深圳市
中海石油炼化惠州销售有限责任公司	机动车燃料零售	广东省惠州市
湛江车城君民二手车交易中心有限公司	汽车零售	广东省湛江市
深圳汇洁集团股份有限公司	服装零售	广东省深圳市
东莞东风南方汽车销售服务有限公司	汽车零售	广东省东莞市
新一佳超市有限公司	百货零售	广东省深圳市
深圳百丽商贸有限公司	鞋帽零售	广东省深圳市
中国石油化工股份有限公司广东云浮石油分公司	机动车燃料零售	广东省云浮市
深圳市海王星辰医药有限公司	药品零售	广东省深圳市
中国石油天然气股份有限公司广东江门销售分公司	机动车燃料零售	广东省江门市
深圳市百佳华百货有限公司	百货零售	广东省深圳市
广东粤宝汽车销售服务有限公司	汽车零售	广东省广州市
广州市龙星行汽车销售服务有限公司	汽车零售	广东省广州市
深圳市亨吉利世界名表中心有限公司	钟表、眼镜零售	广东省深圳市
深圳东风南方汽车销售服务有限公司	汽车零售	广东省深圳市
百朗商贸(深圳)有限公司	鞋帽零售	广东省深圳市
广东龙粤通信设备集团有限公司	通信设备零售	广东省广州市
广州友谊班尼路服饰有限公司	服装零售	广东省广州市
深圳岁宝百货有限公司	百货零售	广东省深圳市

4-2 续表 34

企业名称	所属行业	企业所在地
东莞市嘉荣超市有限公司	超级市场零售	广东省东莞市
深圳市增特汽车贸易有限公司	汽车零售	广东省深圳市
大参林医药集团股份有限公司	药品零售	广东省广州市
深圳市恒波商业连锁股份有限公司	通信设备零售	广东省深圳市
深圳市仁孚特力汽车服务有限公司	汽车零售	广东省深圳市
佛山市顺德区乐从供销集团有限公司	超级市场零售	广东省佛山市
广东君奥汽车贸易有限公司	汽车零售	广东省广州市
华润万家生活超市(珠海)有限公司	百货零售	广东省珠海市
广州家广超市有限公司	超级市场零售	广东省广州市
永旺华南商业有限公司	百货零售	广东省深圳市
广州市好又多百货商业广场有限公司	百货零售	广东省广州市
中国石油天然气股份有限公司广东肇庆分公司	机动车燃料零售	广东省肇庆市
广东赛壹便利店有限公司	超级市场零售	广东省广州市
中油碧辟石油有限公司江门分公司	机动车燃料零售	广东省江门市
深圳市国有免税商品(集团)有限公司	烟草制品零售	广东省深圳市
深圳岁宝连锁商业发展有限公司	百货零售	广东省深圳市
中油碧辟石油有限公司惠州分公司	机动车燃料零售	广东省惠州市
珠海市免税企业集团有限公司	百货零售	广东省珠海市
东莞市时尚电器有限公司	日用家电设备零售	广东省东莞市
广州市锦龙汽车发展有限公司	汽车零售	广东省广州市
佛山市苏宁云商销售有限公司	日用家电设备零售	广东省佛山市
深圳家乐福商业有限公司	超级市场零售	广东省深圳市
沃尔玛(广东)商业零售有限公司	超级市场零售	广东省广州市
广州摩登百货股份有限公司	百货零售	广东省广州市
深圳市利联太阳百货有限公司	百货零售	广东省深圳市
中国石油天然气股份有限公司广东茂名销售分公司	机动车燃料零售	广东省茂名市
深圳市易天移动数码连锁有限公司	通信设备零售	广东省深圳市
广州沃尔玛百货有限公司	超级市场零售	广东省广州市
广州市国美电器有限公司佛山分公司	日用家电设备零售	广东省佛山市
东莞市天虹商场有限公司	百货零售	广东省东莞市
特易购商业(广东)有限公司	百货零售	广东省广州市
广东仁孚怡邦汽车销售服务有限公司	汽车零售	广东省广州市
广州市金佳信通信产品发展有限公司	通信设备零售	广东省广州市
沃尔玛(深圳)百货有限公司	其他综合零售	广东省深圳市
广州市百丽鞋业有限公司	鞋帽零售	广东省广州市
广州市汇美服装有限公司	服装零售	广东省广州市
茂名市明湖百货有限公司	超级市场零售	广东省茂名市
深圳市奇建贸易有限公司	汽车零售	广东省深圳市
广州王府井百货有限责任公司	百货零售	广东省广州市
深圳市安奈儿股份有限公司	服装零售	广东省深圳市
深圳臻乔时装有限公司	服装零售	广东省深圳市
江门华润万家生活超市有限公司	百货零售	广东省江门市
深圳市国美电器有限公司东莞市分公司	日用家电设备零售	广东省东莞市
广东万宁连锁商业有限公司	其他综合零售	广东省广州市
珠海市泰锋电业有限公司	家用视听设备零售	广东省珠海市
深圳市昊天林实业有限公司	汽车零售	广东省深圳市
茂名大参林连锁药店有限公司	药品零售	广东省茂名市
广东益华百货有限公司	百货零售	广东省中山市
沃尔玛(东莞)商业零售有限公司	超级市场零售	广东省东莞市
深圳市中恒国信通信科技有限公司	通信设备零售	广东省深圳市
东莞市苏宁云商销售有限公司	日用家电设备零售	广东省东莞市
深圳市君尚百货有限公司	百货零售	广东省深圳市
广东壹号食品股份有限公司	肉、禽、蛋、奶及水产品零售	广东省湛江市

4-2 续表 35

企业名称	所属行业	企业所在地
中山市华润万家便利超市有限公司	超级市场零售	广东省中山市
如新中国日用品保健品有限公司广州分公司	其他日用品零售	广东省广州市
东莞沃尔玛百货有限公司	超级市场零售	广东省东莞市
广州市宏丽有限公司	超级市场零售	广东省广州市
深圳百安居装饰建材有限公司	其他室内装饰材料零售	广东省深圳市
深圳市深燃石油气有限公司	其他未列明零售业	广东省深圳市
深圳宜家家居有限公司	家具零售	广东省深圳市
深圳市卡尔丹顿服饰股份有限公司	服装零售	广东省深圳市
东莞家乐福商业有限公司	超级市场零售	广东省东莞市
东莞市天和商贸有限公司	百货零售	广东省东莞市
龙浩天地股份有限公司	鞋帽零售	广东省深圳市
惠州市天虹商场有限公司	百货零售	广东省惠州市
广州市田美润福商业有限公司	百货零售	广东省广州市
雅芳(中国)有限公司	化妆品及卫生用品零售	广东省广州市
海球(广州)商业有限公司	服装零售	广东省广州市
珠海市蓝海之略医疗股份有限公司	医疗用品及器材零售	广东省珠海市
佛山市顺德区乐从供销集团顺客隆商场有限公司	超级市场零售	广东省佛山市
广州百佳超级市场有限公司深圳分公司	超级市场零售	广东省深圳市
深圳乐语通讯设备有限公司	通信设备零售	广东省深圳市
珠海众大利物资车业有限公司	汽车零售	广东省珠海市
佛山市好又多怡东百货商业有限公司	超级市场零售	广东省佛山市
深圳出版发行集团公司	图书、报刊零售	广东省深圳市
中山市中山国美电器有限公司	家用视听设备零售	广东省中山市
深圳乐荣超市有限公司	超级市场零售	广东省深圳市
中山苏宁云商商贸有限公司	家用视听设备零售	广东省中山市
广东海航乐万家连锁超市	超级市场零售	广东省梅州市
广州市新大新有限公司	百货零售	广东省广州市
深圳市国美电器有限公司惠州分公司	日用家电设备零售	广东省惠州市
红珏高级时装有限公司	服装零售	广东省深圳市
深圳市鹏峰汽车有限公司	汽车零售	广东省深圳市
中山市创世纪汽车有限公司	汽车零售	广东省中山市
深圳宜和股份有限公司	邮购及电视、电话零售	广东省深圳市
东莞市嘉祥通讯有限公司	通信设备零售	广东省东莞市
佛山市顺德区大润发商业有限公司	超级市场零售	广东省佛山市
深圳市一致医药连锁有限公司	药品零售	广东省深圳市
江门市益华百货有限公司	百货零售	广东省江门市
美心食品(广州)有限公司	糕点、面包零售	广东省广州市
广州购书中心有限公司	图书、报刊零售	广东省广州市
广东迪信通商贸有限公司	通信设备零售	广东省广州市
华润万家生活超市(中山)有限公司	超级市场零售	广东省中山市
广州市番禺沙园集团有限公司	日用家电设备零售	广东省广州市
深圳市大润发商业有限公司	超级市场零售	广东省深圳市
广东胜佳超市有限公司	百货零售	广东省广州市
中山市信和商业连锁有限公司	超级市场零售	广东省中山市
青岛润泰事业有限公司东莞大朗分公司	超级市场零售	广东省东莞市
肇庆市大润发商业发展有限公司	超级市场零售	广东省肇庆市
惠州市丽日购物广场有限公司	百货零售	广东省惠州市
韶关市大润发商业有限公司	超级市场零售	广东省韶关市
昆山润华商业有限公司中山分公司	超级市场零售	广东省中山市
东莞喜威液化石油气有限公司	生活用燃料零售	广东省东莞市
深圳市迪娜林饰品有限公司	珠宝首饰零售	广东省深圳市
深圳市欧莎世家服饰有限公司	互联网零售	广东省深圳市

4-2 续表 36

企业名称	所属行业	企业所在地
东莞市国贸超级市场有限公司	超级市场零售	广东省东莞市
昆山润华商业有限公司中山小榄分公司	百货零售	广东省中山市
广州宝元贸易有限公司	服装零售	广东省广州市
惠州市人人乐商业有限公司	百货零售	广东省惠州市
广州市润平商业有限公司	百货零售	广东省广州市
东莞市君尚百货有限公司	百货零售	广东省东莞市
江门市蓬江区大昌超市有限公司	超级市场零售	广东省江门市
广州康诚商业有限公司	超级市场零售	广东省广州市
广州市好又多新港百货商业有限公司	超级市场零售	广东省广州市
深圳市好又多量贩百货有限公司	超级市场零售	广东省深圳市
佛山市小冰火人网络科技有限公司	日用家电设备零售	广东省佛山市
广东东明股份有限公司	超级市场零售	广东省韶关市
真维斯服饰(广东)有限公司	服装零售	广东省惠州市
永旺华南商业有限公司永旺惠州东平店	百货零售	广东省惠州市
深圳市八马茶业连锁有限公司	酒、饮料及茶叶零售	广东省深圳市
惠州市万佳百货有限公司	百货零售	广东省惠州市
永旺中国商业有限公司顺德分公司	超级市场零售	广东省佛山市
中山市中智大药房连锁有限公司	药品零售	广东省中山市
佛山市南海润良商业有限公司	超级市场零售	广东省佛山市
广州健民医药连锁有限公司	药品零售	广东省广州市
中石化广东粤东惠来石油经营部	机动车燃料零售	广东省揭阳市
广东赛壹便利店有限公司深圳分公司	其他综合零售	广东省深圳市
利信达商业(中国)有限公司	服装零售	广东省广州市
深圳市影儿服饰有限公司	服装零售	广东省深圳市
昆山润华商业有限公司潮州分公司	百货零售	广东省潮州市
佛山市顺德区大参林药业有限公司	药品零售	广东省佛山市
博士眼镜连锁股份有限公司	钟表、眼镜零售	广东省深圳市
广州市人人乐商业有限公司	超级市场零售	广东省广州市
广州市西亚兴安商业有限公司	超级市场零售	广东省广州市
广州市新华书店集团有限公司	图书、报刊零售	广东省广州市
广州喜市多便利连锁有限公司	其他综合零售	广东省广州市
沃尔玛深国投百货有限公司惠州演达路分店	超级市场零售	广东省惠州市
佛山市顺德区金百惠贸易有限公司	超级市场零售	广东省佛山市
沃尔玛(深圳)商业零售有限公司	超级市场零售	广东省深圳市
广州市海王星辰医药连锁有限公司	药品零售	广东省广州市
湛江大参林连锁药店有限公司	药品零售	广东省湛江市
佛山市润国商业有限公司	超级市场零售	广东省佛山市
江门大参林药店有限公司	药品零售	广东省江门市
沃尔玛深国投百货有限公司佛山桂城分店	百货零售	广东省佛山市
梅州市喜多多超市连锁有限公司	超级市场零售	广东省梅州市
沃尔玛深国投百货有限公司佛山季华分店	百货零售	广东省佛山市
深圳市国惠康实业发展有限公司	超级市场零售	广东省深圳市
湛江市霞山昌大昌超级购物广场有限公司	超级市场零售	广东省湛江市
东莞市企正商业连锁有限公司	通信设备零售	广东省东莞市
广东天天商业有限公司	超级市场零售	广东省佛山市
广州润增商贸有限公司	超级市场零售	广东省广州市
阳江市江城商业集团公司	百货零售	广东省阳江市
喜威(佛山)液化石油气有限公司	生活用燃料零售	广东省佛山市
阳江大润发商业有限公司	百货零售	广东省阳江市
东莞樟木头大润发商业有限公司	超级市场零售	广东省东莞市
清远市大润发商业有限公司	百货零售	广东省清远市
韶关市新南康商贸有限公司	超级市场零售	广东省韶关市
佛山市南海润瑞商业有限公司	超级市场零售	广东省佛山市

4-2 续表 37

企业名称	所属行业	企业所在地
深圳市邮政局	图书、报刊零售	广东省深圳市
深圳市南方腾星汽车销售服务有限公司	汽车零配件零售	广东省深圳市
广西壮族自治区		
广西柳州医药股份有限公司	药品零售	广西壮族自治区柳州市
南宁百货大楼股份有限公司	百货零售	广西壮族自治区南宁市
广西南宁梦之岛百货有限公司	百货零售	广西壮族自治区南宁市
桂林微笑堂实业发展有限公司	百货零售	广西壮族自治区桂林市
广西玉柴机器专卖发展有限公司	其他未列明零售业	广西壮族自治区玉林市
南宁柏联百盛商业有限公司	百货零售	广西壮族自治区南宁市
广西南城百货股份有限公司	超级市场零售	广西壮族自治区南宁市
柳州市百货股份有限公司	百货零售	广西壮族自治区柳州市
广西联华超市股份有限公司	超级市场零售	广西壮族自治区柳州市
南宁国美电器有限公司	日用家电设备零售	广西壮族自治区南宁市
柳州工贸大厦股份有限公司	百货零售	广西壮族自治区柳州市
玉林金城商厦有限责任公司	百货零售	广西壮族自治区玉林市
广西钜荣汽车销售服务有限公司	汽车零售	广西壮族自治区南宁市
南宁市人人乐商业有限公司	超级市场零售	广西壮族自治区南宁市
桂林市南城百货有限公司	超级市场零售	广西壮族自治区桂林市
广西华润万家生活超市有限公司	百货零售	广西壮族自治区南宁市
北海和安贸易有限责任公司	百货零售	广西壮族自治区北海市
广西苏宁电器有限公司	日用家电设备零售	广西壮族自治区南宁市
桂林百货大楼股份有限公司	百货零售	广西壮族自治区桂林市
广西利客隆超市有限公司	超级市场零售	广西壮族自治区南宁市
北海大润发商业有限公司	超级市场零售	广西壮族自治区北海市
广西南百超市有限公司	超级市场零售	广西壮族自治区南宁市
柳州润平商业有限公司	超级市场零售	广西壮族自治区柳州市
老百姓大药房连锁(广西)有限公司	药品零售	广西壮族自治区南宁市
柳州桂中大药房连锁有限责任公司	药品零售	广西壮族自治区柳州市
南宁市江南南城百货有限公司	超级市场零售	广西壮族自治区南宁市
广西通用商贸有限公司	超级市场零售	广西壮族自治区玉林市
柳州市南城百货有限公司	超级市场零售	广西壮族自治区柳州市
桂林市华荣自选商店有限责任公司	超级市场零售	广西壮族自治区桂林市
广西贵港市华隆超市有限公司	超级市场零售	广西壮族自治区贵港市
沃尔玛(广西)商业零售有限公司	百货零售	广西壮族自治区南宁市
广西鸿翔一心堂药业有限责任公司	药品零售	广西壮族自治区南宁市
南宁三燃燃气有限责任公司	生活用燃料零售	广西壮族自治区南宁市
柳州五菱新事业发展有限责任公司	汽车零售	广西壮族自治区柳州市
海南省		
中国石油化工股份有限公司海南石油分公司	机动车燃料零售	海南省海口市
中免集团三亚市内免税店有限公司	化妆品及卫生用品零售	海南省三亚市
海南望海国际商业广场有限公司	服装零售	海南省海口市
海南大润发商业有限公司	超级市场零售	海南省海口市
海口家乐福商业有限公司	超级市场零售	海南省海口市
海免海口美兰机场免税店有限公司	百货零售	海南省海口市
广州市国美电器有限公司海南分公司	日用家电设备零售	海南省海口市
海南美都贸易有限公司	日用家电设备零售	海南省海口市
海南苏宁云商商贸有限公司	家用视听设备零售	海南省海口市
重庆市		
重庆百货大楼股份有限公司	百货零售	重庆市渝中区
重庆铠恩国际家居名都经营有限公司	家具零售	重庆市巴南区
重庆永辉超市有限公司	超级市场零售	重庆市江北区
重庆苏宁云商销售有限公司	家用视听设备零售	重庆市渝中区
重庆新华书店集团公司	图书、报刊零售	重庆市渝中区

4-2 续表 38

企业名称	所属行业	企业所在地
中国石油重庆销售涪陵分公司	机动车燃料零售	重庆市涪陵区
中国石油天然气股份有限公司重庆江南销售分公司	机动车燃料零售	重庆市南岸区
重庆市国美电器有限公司	日用家电设备零售	重庆市沙坪坝区
中国石油天然气股份有限公司重庆渝中销售分公司	机动车燃料零售	重庆市九龙坡区
中国石油化工股份有限公司重庆涪陵石油分公司	机动车燃料零售	重庆市涪陵区
重庆安福汽车营销有限公司	汽车零售	重庆市渝北区
重庆和平药房连锁有限责任公司	药品零售	重庆市渝中区
重庆桐君阁股份有限公司	药品零售	重庆市渝中区
重庆市宝驯汽车销售服务有限公司	汽车零售	重庆市九龙坡区
重庆万友经济发展有限责任公司	汽车零售	重庆市渝中区
重庆重客隆超市连锁有限责任公司	超级市场零售	重庆市渝中区
重庆市新大兴实业(集团)有限公司	超级市场零售	重庆市涪陵区
重庆家乐福商业有限公司	百货零售	重庆市渝中区
重庆商社汽车贸易有限公司	汽车零售	重庆市渝北区
重庆西部奥特莱斯品牌折扣商业股份有限公司	服装零售	重庆市渝北区
重庆东风南方汽车销售服务有限公司	汽车零售	重庆市九龙坡区
重庆市万州百货采购供应站	计算机、软件及辅助设备零售	重庆市万州区
重庆市赛玛特科技有限责任公司	通信设备零售	重庆市九龙坡区
重庆中百仓储超市有限公司	超级市场零售	重庆市渝北区
重庆八达电子工程有限公司	计算机、软件及辅助设备零售	重庆市九龙坡区
重庆桐君阁大药房连锁有限责任公司	药品零售	重庆市渝中区
重庆华润万家生活超市有限公司	百货零售	重庆市沙坪坝区
迈盛悦合重庆体育用品有限公司	服装零售	重庆市渝中区
和记实业(重庆)有限公司	百货零售	重庆市渝中区
重庆名豪实业集团百货有限公司	百货零售	重庆市永川区
重庆市綦江区万家福超市有限责任公司	超级市场零售	重庆市綦江区
重庆梦工场乳制品连锁有限公司	肉、禽、蛋、奶及水产品零售	重庆市江北区
重庆市黔江区依蝶商贸有限公司	百货零售	重庆市黔江区
南川区风之彩商贸有限公司	超级市场零售	重庆市南川区
重庆屈臣氏个人用品商店有限公司	百货零售	重庆市渝中区
重庆嘉茂沙坪坝商业咨询管理有限公司	百货零售	重庆市沙坪坝区
重庆市万和药房连锁有限公司	药品零售	重庆市南岸区
重庆凤梧商贸有限公司	百货零售	重庆市巴南区
重庆美特斯邦威服饰有限责任公司	服装零售	重庆市渝中区
重庆诚泰通信连锁有限公司	通信设备零售	重庆市渝中区
瑞皇(重庆)钟表有限公司	钟表、眼镜零售	重庆市渝中区
重庆好又多百货商业有限公司	超级市场零售	重庆市南岸区
重庆爱莲百货超市有限公司	超级市场零售	重庆市渝北区
重庆市人人乐商业有限公司	超级市场零售	重庆市沙坪坝区
沃尔玛(重庆)百货有限公司	百货零售	重庆市渝北区
重庆市永立百货超市有限公司	超级市场零售	重庆市荣昌县
重庆沁园餐饮管理有限公司	糕点、面包零售	重庆市九龙坡区
重庆雄风百货广场有限公司	百货零售	重庆市北碚区
重庆市征程贸易有限公司	鞋帽零售	重庆市黔江区
重庆市农产品集团渝南有限公司	超级市场零售	重庆市綦江区
四川省		
中国石油化工股份有限公司四川石油分公司	机动车燃料零售	四川省成都市
中国石油天然气股份有限公司四川成都销售分公司	机动车燃料零售	四川省成都市
成都红旗连锁股份有限公司	超级市场零售	四川省成都市
成都京东世纪贸易有限公司	互联网零售	四川省成都市
中国石油天然气股份有限公司四川销售成品油分公司	机动车燃料零售	四川省成都市
延长壳牌(四川)石油有限公司	机动车燃料零售	四川省成都市
四川苏宁云商销售有限公司	日用家电设备零售	四川省成都市

4-2 续表 39

企业名称	所属行业	企业所在地
成都伊藤洋华堂有限公司	百货零售	四川省成都市
新华文轩出版传媒股份有限公司	图书、报刊零售	四川省成都市
成都国美电器有限公司	日用家电设备零售	四川省成都市
中国石油天然气股份有限公司四川达州销售分公司	机动车燃料零售	四川省达州市
中国石油四川乐山销售分公司	机动车燃料零售	四川省乐山市
中国石油天然气公司泸州销售分公司	机动车燃料零售	四川省泸州市
中国石油天然气股份有限公司四川攀枝花销售分公司	机动车燃料零售	四川省攀枝花市
成都王府井百货有限公司	百货零售	四川省成都市
中国石油天然气股份有限公司四川广安销售分公司	机动车燃料零售	四川省广安市
中国石油天然气股份有限公司四川南充销售分公司	机动车燃料零售	四川省南充市
中国石油天然汽股份有限公司四川绵阳销售分公司	机动车燃料零售	四川省绵阳市
中国石油天然气股份有限公司四川凉山销售分公司	机动车燃料零售	四川省凉山彝族自治州
四川新双立汽车销售服务有限责任公司	汽车零售	四川省成都市
中国石油天然气股份有限公司四川眉山销售分公司	机动车燃料零售	四川省眉山市
成都家乐福超市有限公司	超级市场零售	四川省成都市
成商集团股份有限公司	百货零售	四川省成都市
中国石油天然气股份有限公司四川资阳销售分公司	机动车燃料零售	四川省资阳市
四川华星锦业汽车销售服务有限公司	汽车零售	四川省成都市
成都建国汽车贸易有限公司	汽车零售	四川省成都市
成都万友经济开发总公司	汽车零售	四川省成都市
中国石油天然气股份有限公司四川自贡销售分公司	机动车燃料零售	四川省自贡市
泸州汇通百货股份有限公司	百货零售	四川省泸州市
中国石油天然气股份有限公司四川巴中销售分公司	机动车燃料零售	四川省巴中市
中国石油化工股份有限公司四川攀枝花石油分公司	机动车燃料零售	四川省攀枝花市
成都新元素兴业汽车服务有限公司	汽车零售	四川省成都市
唯品会(简阳)电子商务有限公司	互联网零售	四川省资阳市
成都宝悦汽车有限公司	汽车零售	四川省成都市
中国石油天然气股份有限公司四川内江销售分公司	机动车燃料零售	四川省内江市
四川华星名仕汽车销售服务有限公司	汽车零售	四川省成都市
成都青羊区仁和春天百货有限公司	百货零售	四川省成都市
四川省汇星实业(集团)有限公司	百货零售	四川省绵阳市
成都市人人乐商业有限公司	百货零售	四川省成都市
成都仁和春天百货有限公司	百货零售	四川省成都市
沃尔玛(四川)百货有限公司	超级市场零售	四川省成都市
百丽鞋业成都有限公司	鞋帽零售	四川省成都市
中国石油天然气股份有限公司四川遂宁销售分公司	机动车燃料零售	四川省遂宁市
成都王府井购物中心有限公司	百货零售	四川省成都市
中国石油化工股份有限公司四川绵阳石油分公司	机动车燃料零售	四川省绵阳市
中国石油化工股份有限公司乐山石油分公司	机动车燃料零售	四川省乐山市
成都舞东风超市连锁有限责任公司	超级市场零售	四川省成都市
四川省互惠商业有限责任公司	超级市场零售	四川省成都市
四川领跑体育用品有限公司	服装零售	四川省成都市
成都屈臣氏个人用品商店有限公司	化妆品及卫生用品零售	四川省成都市
成都大商投资有限公司	百货零售	四川省成都市
成都美美力诚百货有限公司	服装零售	四川省成都市
群光大陆实业(成都)有限公司	百货零售	四川省成都市
成都讯捷通讯连锁有限公司	通信设备零售	四川省成都市
蓬溪县南门口综合农贸市场有限公司	其他综合零售	四川省遂宁市
四川雅安博娟超市连锁有限公司	百货零售	四川省雅安市
成都宜家家居有限公司	家具零售	四川省成都市
成都欧尚超市有限公司	超级市场零售	四川省成都市
四川家福来实业集团有限公司	日用家电设备零售	四川省绵阳市
四川省达州商业集团有限公司	百货零售	四川省达州市

4-2 续表 40

企业名称	所属行业	企业所在地
乐山市大众汽车贸易有限公司	汽车零售	四川省乐山市
大竹县金利多农产品综合市场有限公司	木质装饰材料零售	四川省达州市
犍为县黄家超市	超级市场零售	四川省乐山市
四川华润万通燃气股份有限公司	生活用燃料零售	四川省遂宁市
四川亿佳隆通讯连锁有限公司	计算机、软件及辅助设备零售	四川省成都市
四川哦哦超市连锁管理有限公司	超级市场零售	四川省成都市
成都欧尚超市有限公司高新店	超级市场零售	四川省成都市
四川汇金商贸有限公司	酒、饮料及茶叶零售	四川省德阳市
达县美好农贸有限责任公司	肉、禽、蛋、奶及水产品零售	四川省达州市
成都中升丰田汽车销售服务有限公司	汽车零售	四川省成都市
四川宜宾叙府旅游开发有限公司	百货零售	四川省宜宾市
成都市青羊区红旗连锁有限公司	百货零售	四川省成都市
成都伊斯丹百货有限公司	百货零售	四川省成都市
四川家乐福商业有限公司	超级市场零售	四川省成都市
成都九龙贸易连锁有限责任公司	超级市场零售	四川省成都市
四川卓尔百货有限公司	超级市场零售	四川省内江市
成都市锦江区红旗连锁有限公司	超级市场零售	四川省成都市
成都市成华区红旗连锁有限公司	超级市场零售	四川省成都市
成都市滔搏商贸有限公司	鞋帽零售	四川省成都市
四川省眉山宏远商贸有限公司	百货零售	四川省眉山市
成都爱林至善贸易股份有限公司	服装零售	四川省成都市
四川壹玖壹玖酒类供应链管理股份有限公司	酒、饮料及茶叶零售	四川省成都市
达州市巴山民爆器材有限公司	五金零售	四川省达州市
四川星普五星电器有限公司	日用家电设备零售	四川省成都市
绵阳兴达好又多商贸有限公司	超级市场零售	四川省绵阳市
渠县凯歌超市有限公司	超级市场零售	四川省达州市
西昌市恒汇商贸有限责任公司	超级市场零售	四川省凉山彝族自治州
四川省宜宾市燕君贸易连锁有限责任公司	通信设备零售	四川省宜宾市
成都华联商厦有限责任公司	百货零售	四川省成都市
自贡市家和超市有限责任公司	超级市场零售	四川省自贡市
都江堰百伦商贸有限公司	百货零售	四川省成都市
成都好家乡超市有限公司	超级市场零售	四川省成都市
成都通能压缩天然气有限公司	生活用燃料零售	四川省成都市
成都香江全球家居城有限公司	家具零售	四川省成都市
成都美特斯邦威服饰有限责任公司	服装零售	四川省成都市
柒一拾壹(成都)有限公司	超级市场零售	四川省成都市
宝渝(成都)商贸有限公司	服装零售	四川省成都市
沃尔玛(四川)商业零售有限公司	超级市场零售	四川省成都市
四川百佳超级市场有限公司	超级市场零售	四川省成都市
四川杏林医药连锁有限责任公司	药品零售	四川省成都市
成都幸福大润发商贸有限公司	超级市场零售	四川省成都市
四川东升大药房连锁有限责任公司	药品零售	四川省达州市
宣汉县金向食品有限公司	肉、禽、蛋、奶及水产品零售	四川省达州市
内江市惠川商贸有限公司	超级市场零售	四川省内江市
贵州省		
中国石油化工股份有限公司贵州遵义石油分公司	机动车燃料零售	贵州省遵义市
中国石油天然气股份有限公司贵州贵阳销售分公司	机动车燃料零售	贵州省贵阳市
中国石油化工股份有限公司六盘水石油分公司	机动车燃料零售	贵州省六盘水市
中国石油化工股份有限公司贵州黔西南州石油分公司	机动车燃料零售	贵州省黔西南布依族苗族自治州
中国石油化工股份有限公司贵州毕节石油分公司	机动车燃料零售	贵州省毕节市
中国石油化工股份有限公司贵州安顺石油分公司	机动车燃料零售	贵州省安顺市
中国石油化工股份有限公司贵州铜仁分公司	机动车燃料零售	贵州省铜仁市
中国石油股份有限公司遵义销售分公司	机动车燃料零售	贵州省遵义市

4-2 续表 41

企业名称	所属行业	企业所在地
中国石油天然气股份有限公司贵州毕节销售分公司	机动车燃料零售	贵州省毕节市
家有购物集团有限公司	邮购及电视、电话零售	贵州省贵阳市
贵州省医药(集团)有限责任公司	药品零售	贵州省贵阳市
贵阳星力百货集团有限公司	百货零售	贵州省贵阳市
贵阳苏宁云商销售有限公司	日用家电设备零售	贵州省贵阳市
贵州四扬汽车销售服务有限公司	汽车零售	贵州省贵阳市
贵州永辉超市有限公司	超级市场零售	贵州省贵阳市
贵州合力购物有限责任公司	超级市场零售	贵州省贵阳市
贵州国美电器有限公司	日用家电设备零售	贵州省贵阳市
贵州一树连锁药业有限公司	药品零售	贵州省贵阳市
沃尔玛(贵州)商业零售有限公司	超级市场零售	贵州省贵阳市
贵州滔搏体育用品有限公司	服装零售	贵州省贵阳市
云南省	超级市场零售	贵州省毕节市
中国石油天然气股份有限公司云南昆明销售分公司		
中国石油天然气股份有限公司云南昆明销售分公司	机动车燃料零售	云南省昆明市
中国石油化工股份有限责任公司云南红河石油分公司	机动车燃料零售	云南省红河哈尼族彝族自治州
云南鸿翔一心堂药业(集团)股份有限公司	药品零售	云南省昆明市
中国石油化工股份有限公司云南昭通石油分公司	机动车燃料零售	云南省昭通市
云南沃尔玛百货有限公司	超级市场零售	云南省昆明市
中国石油化工股份有限公司云南文山石油分公司	机动车燃料零售	云南省文山壮族苗族自治州
中国石油天然气股份有限公司云南红河销售分公司	机动车燃料零售	云南省红河哈尼族彝族自治州
云南强林石化有限公司	机动车燃料零售	云南省昆明市
昆明家乐福超市有限公司	超级市场零售	云南省昆明市
昆明云顺和商业发展有限公司	百货零售	云南省昆明市
中国石油化工股份有限公司云南保山石油分公司	机动车燃料零售	云南省保山市
云南万友汽车销售服务有限公司	汽车零配件零售	云南省昆明市
中国石油天然气股份有限公司云南文山销售分公司	机动车燃料零售	云南省文山壮族苗族自治州
昆明诺仕达企业(集团)有限公司	珠宝首饰零售	云南省昆明市
中国石油天然气股份有限公司云南玉溪销售分公司	机动车燃料零售	云南省玉溪市
云南英茂商务有限公司	汽车零售	云南省昆明市
昆明七彩云南实业股份有限公司	珠宝首饰零售	云南省昆明市
昆明国美电器有限公司	家用视听设备零售	云南省昆明市
中国石油天然气股份有限公司云南昭通销售分公司	机动车燃料零售	云南省昭通市
云南奥兴达商贸有限公司	百货零售	云南省昆明市
云南苏宁云商销售有限公司	家用视听设备零售	云南省昆明市
昆明金美百货有限公司	百货零售	云南省昆明市
云南健之佳连锁健康药房有限公司	药品零售	云南省昆明市
云南玉溪百信商贸集团有限公司	超级市场零售	云南省玉溪市
沃尔玛(云南)商业零售有限公司	超级市场零售	云南省昆明市
昆明顺城若普商贸有限公司	服装零售	云南省昆明市
会泽县土产公司综合市场	其他综合零售	云南省曲靖市
昆明雄达商贸有限责任公司	酒、饮料及茶叶零售	云南省昆明市
云南百丽鞋业有限公司	鞋帽零售	云南省昆明市
云南白药大药房有限公司	药品零售	云南省昆明市
昆明新华书店连锁有限公司	图书、报刊零售	云南省昆明市
云南立锐体育用品有限公司	服装零售	云南省昆明市
易门县龙泉市场开发有限公司	其他综合零售	云南省玉溪市
云南楚雄鹿城大厦实业有限责任公司	百货零售	云南省楚雄彝族自治州
云南省曲靖市吉玛特百货有限公司	超级市场零售	云南省曲靖市
红河州天鸿汽车经贸有限公司	汽车零售	云南省红河哈尼族彝族自治州
云南美好家园商贸有限公司	百货零售	云南省昆明市
云县农资日杂土产经销有限责任公司	其他综合零售	云南省临沧市
云南之佳便利店有限公司	百货零售	云南省昆明市
安宁市金方商业集团有限责任公司	超级市场零售	云南省昆明市
景洪大润发商业有限公司	超级市场零售	云南省西双版纳傣族自治州

4-2 续表 42

企业名称	所属行业	企业所在地
陕西省		
陕西延长壳牌石油有限公司	机动车燃料零售	陕西省西安市
陕西西北轻工批发市场经营管理有限公司	日用家电设备零售	陕西省西安市
西安大明宫雁塔购物广场有限责任公司	家具零售	陕西省西安市
陕西华润万家生活超市有限公司	超级市场零售	陕西省西安市
西安市人人乐超市有限公司	超级市场零售	陕西省西安市
西安市国美电器有限公司	日用家电设备零售	陕西省西安市
陕西苏宁云商销售有限公司	日用家电设备零售	陕西省西安市
陕西凯达投资集团有限责任公司	服装零售	陕西省西安市
中国石油化工股份有限公司陕西榆林石油分公司	机动车燃料零售	陕西省榆林市
西安之星汽车有限公司	汽车零售	陕西省西安市
西安爱家超市有限公司	超级市场零售	陕西省西安市
开元商业有限公司	百货零售	陕西省西安市
西安民生集团股份有限公司	百货零售	陕西省西安市
宝鸡商场有限公司	超级市场零售	陕西省宝鸡市
陕西省军区军人服务社	百货零售	陕西省西安市
世纪金花股份有限公司	百货零售	陕西省西安市
陕西新丰泰汽车有限公司	汽车零售	陕西省西安市
陕西万佳购物广场有限公司	家具零售	陕西省西安市
西安双鹤医药股份有限公司	药品零售	陕西省西安市
咸阳世纪金花商贸有限公司	超级市场零售	陕西省咸阳市
西安兴正元购物中心有限公司	百货零售	陕西省西安市
西安秋林商贸有限责任公司	百货零售	陕西省西安市
西安光彩商贸有限责任公司	灯具零售	陕西省西安市
陕西乐家电视购物有限责任公司	邮购及电视、电话零售	陕西省西安市
西安航天龙腾丰田汽车销售服务有限公司	汽车零售	陕西省西安市
开元商城宝鸡有限公司	百货零售	陕西省宝鸡市
陕西渭南燕兴实业有限公司	汽车零售	陕西省渭南市
宝鸡人民商场股份有限公司	百货零售	陕西省宝鸡市
陕西民生家乐商业连锁有限责任公司	超级市场零售	陕西省西安市
宝鸡天健医药有限公司	药品零售	陕西省宝鸡市
西安宝秦贸易有限公司	体育用品及器材零售	陕西省西安市
陕西蜂星电讯零售连锁有限责任公司	通信设备零售	陕西省西安市
延安百货大楼(集团)有限公司	百货零售	陕西省延安市
西安开元商业地产发展有限公司	百货零售	陕西省西安市
西安市新华书店	图书、报刊零售	陕西省西安市
陕西创维电子有限公司	家用视听设备零售	陕西省西安市
西安易初莲花连锁超市有限公司	超级市场零售	陕西省西安市
西安怡康医药连锁有限责任公司	药品零售	陕西省西安市
西安世纪金花宜品生活用品有限公司	超级市场零售	陕西省西安市
陕西老百姓大药房连锁有限公司	药品零售	陕西省西安市
陕西华润万家生活超市有限公司渭南东风路分公司	超级市场零售	陕西省渭南市
勉县新世纪商城	百货零售	陕西省汉中市
沃尔玛陕西百货有限公司	超级市场零售	陕西省西安市
陕西乐友商贸有限公司	其他日用品零售	陕西省西安市
汉中世纪阳光商厦有限公司	日用家电设备零售	陕西省汉中市
宝鸡华通商厦有限责任公司	百货零售	陕西省宝鸡市
咸阳华润万家生活超市有限公司	超级市场零售	陕西省咸阳市
陕西华盛兴勇商贸有限公司	超级市场零售	陕西省汉中市
咸阳爱家超市有限公司	超级市场零售	陕西省咸阳市
咸阳家友购物广场有限公司	百货零售	陕西省咸阳市
安康市喜盈门商贸有限公司	超级市场零售	陕西省安康市
西安大润发超市有限公司	百货零售	陕西省西安市
城固县经贸市场建设服务有限公司	纺织品及针织品零售	陕西省汉中市
白水县百货购物有限责任公司	百货零售	陕西省渭南市

4-2 续表 43

企业名称	所属行业	企业所在地
陕西赛特国贸百货有限公司	百货零售	陕西省西安市
陕西明珠家居产业有限公司	家具零售	陕西省咸阳市
甘肃省		
中国石油天然气股份有限公司甘肃兰州销售分公司	机动车燃料零售	甘肃省兰州市
中国石油甘肃白银销售分公司	机动车燃料零售	甘肃省白银市
甘肃中油交通油品有限公司	机动车燃料零售	甘肃省兰州市
中国石油天然气股份有限公司甘肃天水销售分公司	机动车燃料零售	甘肃省天水市
中国石油天然气股份有限公司甘肃定西销售分公司	机动车燃料零售	甘肃省定西市
中国石油天然气股份有限公司甘肃陇南销售分公司	机动车燃料零售	甘肃省陇南市
兰州民百(集团)股份有限公司	百货零售	甘肃省兰州市
兰州西太华工贸集团股份有限公司	百货零售	甘肃省兰州市
天水桥南家居建材城有限公司	家具零售	甘肃省天水市
兰州惠仁堂药业有限公司	药品零售	甘肃省兰州市
甘肃华润万家生活超市有限公司	百货零售	甘肃省兰州市
甘肃国芳综合超市有限公司	百货零售	甘肃省兰州市
兰州良志实业集团有限责任公司	汽车零售	甘肃省兰州市
甘肃东方百佳商贸有限公司	超级市场零售	甘肃省庆阳市
甘肃新乐连锁超市有限责任公司	超级市场零售	甘肃省张掖市
兰州虹盛百货购物广场有限公司	百货零售	甘肃省兰州市
甘肃众友健康医药连锁有限公司	药品零售	甘肃省兰州市
酒泉市鑫利商城有限责任公司	百货零售	甘肃省酒泉市
天水市金都商城有限公司	百货零售	甘肃省天水市
青海省		
西宁王府井百货有限责任公司	百货零售	青海省西宁市
西宁大十字百货商店有限公司	百货零售	青海省西宁市
北京华联综合超市股份有限公司青海第一分公司	超级市场零售	青海省西宁市
青海百货有限责任公司	百货零售	青海省西宁市
青海宁食(集团)有限公司	其他综合零售	青海省西宁市
宁夏回族自治区		
银川新华百货商店股份有限公司	百货零售	宁夏回族自治区银川市
中国石油天然气股份有限公司宁夏吴忠销售分公司	机动车燃料零售	宁夏回族自治区吴忠市
银川市新华百货连锁超市有限公司	超级市场零售	宁夏回族自治区银川市
银川新华百货东桥电器有限公司	日用家电设备零售	宁夏回族自治区银川市
宁夏华润万家生活超市有限公司	百货零售	宁夏回族自治区银川市
银川市双宝副食品有限公司	超级市场零售	宁夏回族自治区银川市
新疆维吾尔族自治区		
中国石油天然气股份有限公司新疆乌鲁木齐销售公司	机动车燃料零售	新疆维吾尔族自治区乌鲁木齐市
国药集团新疆新特药业有限公司	药品零售	新疆维吾尔族自治区乌鲁木齐市
新疆友好集团股份有限公司	百货零售	新疆维吾尔族自治区乌鲁木齐市
美克美家家具连锁有限公司	家具零售	新疆维吾尔族自治区乌鲁木齐市
新疆国美电器有限公司	家用视听设备零售	新疆维吾尔族自治区乌鲁木齐市
新疆友好百盛商业发展有限公司	百货零售	新疆维吾尔族自治区乌鲁木齐市
新疆汇嘉时代百货股份有限公司	百货零售	新疆维吾尔族自治区乌鲁木齐市
新疆好家乡超市有限公司	超级市场零售	新疆维吾尔族自治区乌鲁木齐市
新疆家乐福超市有限公司	超级市场零售	新疆维吾尔族自治区乌鲁木齐市
昌吉市汇嘉时代百货有限公司	服装零售	新疆维吾尔族自治区昌吉回族自治州
新疆友好集团库尔勒天百商贸有限公司	百货零售	新疆维吾尔族自治区巴音郭楞蒙古自治州
新疆苏宁云商商贸有限公司	家用视听设备零售	新疆维吾尔族自治区乌鲁木齐市
新疆宏景通讯有限公司	通信设备零售	新疆维吾尔族自治区乌鲁木齐市
新疆新捷股份有限公司	机动车燃料零售	新疆维吾尔族自治区乌鲁木齐市
新疆济康医药连锁有限责任公司	药品零售	新疆维吾尔族自治区乌鲁木齐市
新疆百草堂医药连锁经销有限公司	药品零售	新疆维吾尔族自治区乌鲁木齐市
伊犁阳光时代广场商贸有限公司	服装零售	新疆维吾尔族自治区伊犁哈萨克自治州
新疆丹璐时尚百货有限公司	服装零售	新疆维吾尔族自治区乌鲁木齐市
哈密天马商贸有限责任公司	百货零售	新疆维吾尔族自治区哈密地区

4-3 分地区大型住宿业企业名单

企业名称	所属行业	企业所在地
北京市		
中国国际贸易中心有限公司	旅游饭店	北京市朝阳区
北京燕莎中心有限公司	旅游饭店	北京市朝阳区
北京九华山庄集团股份有限公司	旅游饭店	北京市昌平区
北京富华金宝中心有限公司	旅游饭店	北京市东城区
北京昆仑饭店有限公司	旅游饭店	北京市朝阳区
北京香格里拉饭店有限公司	旅游饭店	北京市海淀区
北京友谊宾馆	旅游饭店	北京市海淀区
王府饭店有限公司	旅游饭店	北京市东城区
北京世纪金源大饭店有限责任公司	旅游饭店	北京市海淀区
北京国际饭店	旅游饭店	北京市东城区
北京亮马河大厦有限公司	旅游饭店	北京市朝阳区
七天快捷酒店管理(北京)有限公司	一般旅馆	北京市东城区
桔子酒店管理(中国)有限公司	旅游饭店	北京市海淀区
北京国际俱乐部有限公司	旅游饭店	北京市朝阳区
北京市蟹岛绿色生态农庄有限公司	旅游饭店	北京市朝阳区
北京温都水城旅游饭店管理有限公司	旅游饭店	北京市昌平区
中国职工之家	旅游饭店	北京市西城区
北京市北京饭店	旅游饭店	北京市东城区
北京嘉里大酒店有限公司	旅游饭店	北京市朝阳区
北京香江财富酒店有限公司	旅游饭店	北京市朝阳区
丽都饭店有限公司	旅游饭店	北京市朝阳区
盘古氏国际大酒店有限责任公司	旅游饭店	北京市朝阳区
北京新世纪饭店有限公司	旅游饭店	北京市海淀区
北京市西苑饭店	旅游饭店	北京市海淀区
东方艺术大厦有限公司	旅游饭店	北京市朝阳区
北京市长富宫中心有限责任公司	旅游饭店	北京市朝阳区
北京香港马会会所有限公司	旅游饭店	北京市东城区
北京汉华国际饭店有限公司	旅游饭店	北京市东城区
北京首都旅游国际酒店集团有限公司	一般旅馆	北京市东城区
港澳中心有限公司	旅游饭店	北京市东城区
如家和美酒店管理(北京)有限公司	一般旅馆	北京市西城区
北京金融街国际酒店有限公司	旅游饭店	北京市西城区
北京新疆大厦	旅游饭店	北京市海淀区
赛特集团有限公司	旅游饭店	北京市朝阳区
北京云南大厦酒店有限公司	旅游饭店	北京市朝阳区
北京金隅凤山温泉度假村有限公司	旅游饭店	北京市昌平区
北京天伦饭店有限公司	旅游饭店	北京市东城区
北京裕龙国际酒店	旅游饭店	北京市海淀区
北京春晖园文化娱乐有限责任公司	旅游饭店	北京市顺义区
梅地亚电视中心有限公司	旅游饭店	北京市海淀区
时尚之旅酒店管理有限公司	旅游饭店	北京市门头沟区
北京市长城饭店公司	旅游饭店	北京市朝阳区
北京光明饭店有限公司	旅游饭店	北京市朝阳区
北京市京伦饭店有限责任公司	旅游饭店	北京市朝阳区
北京桔子水晶酒店管理咨询有限公司	一般旅馆	北京市东城区
北京华侨大厦有限公司	旅游饭店	北京市东城区
北京新侨饭店有限公司	旅游饭店	北京市东城区
首都大酒店	旅游饭店	北京市东城区
中国妇女活动中心	旅游饭店	北京市东城区
北京欣燕都酒店连锁有限公司	旅游饭店	北京市西城区

4-3 续表 1

企业名称	所属行业	企业所在地
保利大厦有限公司	旅游饭店	北京市东城区
文津国际酒店管理(北京)有限公司	旅游饭店	北京市海淀区
北京亚洲大酒店有限公司	旅游饭店	北京市东城区
北京歌华开元大酒店有限公司	旅游饭店	北京市朝阳区
北京凯迪克格兰云天大酒店有限公司	旅游饭店	北京市朝阳区
北京和平宾馆有限公司	旅游饭店	北京市东城区
北京贵宾楼饭店有限公司	旅游饭店	北京市东城区
北京西郊宾馆有限责任公司	旅游饭店	北京市海淀区
北京盛安酒店管理有限公司	一般旅馆	北京市海淀区
北京市建国饭店公司	旅游饭店	北京市朝阳区
北京润东酒店管理有限公司	旅游饭店	北京市东城区
北京京铁天佑酒店管理有限公司	旅游饭店	北京市丰台区
中日青年交流中心	旅游饭店	北京市朝阳区
北京京都信苑饭店有限公司	旅游饭店	北京市海淀区
北京燕京饭店有限责任公司	旅游饭店	北京市西城区
北京国宾酒店有限责任公司	旅游饭店	北京市西城区
北京港中旅维景国际大酒店有限公司	旅游饭店	北京市西城区
北京伯豪瑞廷酒店有限责任公司	旅游饭店	北京市朝阳区
北京银泉大厦	旅游饭店	北京市海淀区
天津市		
天津国凤航空服务股份合作公司	其他住宿业	天津市红桥区
天津滨海泰达酒店开发有限公司	旅游饭店	天津市滨海新区
河北省		
新奥集团艾力枫社酒店有限公司	一般旅馆	河北省廊坊市
河北宾馆有限公司	旅游饭店	河北省石家庄市
河北世纪大饭店有限公司	旅游饭店	河北省石家庄市
秦皇岛秦皇国际大酒店有限公司	旅游饭店	河北省秦皇岛市
石家庄世贸广场酒店有限公司	旅游饭店	河北省石家庄市
山西省		
山西迎泽宾馆	旅游饭店	山西省太原市
大同市云冈宾馆有限责任公司	旅游饭店	山西省大同市
内蒙古自治区		
香格里拉大酒店(呼和浩特)有限公司	旅游饭店	内蒙古自治区呼和浩特市
内蒙古东达酒店有限公司锦江国际大酒店	旅游饭店	内蒙古自治区呼和浩特市
内蒙古饭店有限责任公司	旅游饭店	内蒙古自治区呼和浩特市
香格里拉大酒店(包头)有限公司	旅游饭店	内蒙古自治区包头市
辽宁省		
大连香格里拉酒店有限公司	旅游饭店	辽宁省大连市
辽宁瑞心酒店集团有限责任公司	旅游饭店	辽宁省沈阳市
大连富丽华大酒店	旅游饭店	辽宁省大连市
营口红运酒店管理有限公司红运大饭店	旅游饭店	辽宁省营口市
辽宁大厦	旅游饭店	辽宁省沈阳市
大连长江广场有限公司日航饭店	旅游饭店	辽宁省大连市
沈阳盛贸饭店有限公司	旅游饭店	辽宁省沈阳市
营口港丰大酒店有限公司	旅游饭店	辽宁省营口市
大连市阿尔滨金山宾馆有限公司	旅游饭店	辽宁省大连市
吉林省		
长春香格里拉大酒店有限公司	旅游饭店	吉林省长春市
长春国际会展中心大饭店有限公司	其他住宿业	吉林省长春市
长春金安大饭店有限公司	旅游饭店	吉林省长春市

4-3 续表 2

企业名称	所属行业	企业所在地
黑龙江省		
哈尔滨香格里拉大饭店有限公司	旅游饭店	黑龙江省哈尔滨市
哈尔滨万达商业投资有限公司万达索菲特大酒店	旅游饭店	黑龙江省哈尔滨市
哈尔滨华旗饭店有限公司	旅游饭店	黑龙江省哈尔滨市
上海市		
上海浦东新区香格里拉酒店有限公司	旅游饭店	上海市浦东新区
锦江之星旅馆有限公司	一般旅馆	上海市闵行区
中国金茂(集团)有限公司	旅游饭店	上海市浦东新区
上海汽车工业活动中心	旅游饭店	上海市嘉定区
上海王宝和大酒店有限公司	旅游饭店	上海市黄浦区
静安希尔顿饭店(上海)	旅游饭店	上海市静安区
上海明天广场有限公司金威万豪酒店	旅游饭店	上海市黄浦区
上海国际会议中心有限公司	旅游饭店	上海市浦东新区
上海元一酒店有限公司	一般旅馆	上海市闵行区
上海西郊宾馆	旅游饭店	上海市长宁区
花园饭店(上海)	旅游饭店	上海市黄浦区
上海锦江饭店有限公司	旅游饭店	上海市黄浦区
上海太平洋大饭店有限公司	旅游饭店	上海市长宁区
上海扬子江大酒店有限公司	旅游饭店	上海市长宁区
上海光大会展中心有限公司	旅游饭店	上海市徐汇区
上海和平饭店有限公司	旅游饭店	上海市黄浦区
上海锦江汤臣大酒店有限公司	旅游饭店	上海市浦东新区
上海新发展大酒店有限公司	旅游饭店	上海市普陀区
格林豪泰酒店(中国)有限公司	一般旅馆	上海市普陀区
上海紫泰酒店管理有限公司	旅游饭店	上海市长宁区
上海东郊宾馆有限公司	旅游饭店	上海市浦东新区
上海虹桥迎宾馆	旅游饭店	上海市长宁区
上海上实南洋大酒店有限公司	旅游饭店	上海市静安区
上海长峰酒店管理有限公司	旅游饭店	上海市长宁区
上海华亭宾馆有限公司	旅游饭店	上海市徐汇区
上海市衡山(集团)公司	旅游饭店	上海市徐汇区
上海新天舜华有限公司	旅游饭店	上海市浦东新区
上海虹桥宾馆有限公司	旅游饭店	上海市长宁区
上海斯格威大酒店有限公司	旅游饭店	上海市黄浦区
上海新世界丽笙大酒店有限公司	其他住宿业	上海市黄浦区
上海兴国宾馆	旅游饭店	上海市长宁区
宝钢集团宝山宾馆	旅游饭店	上海市宝山区
上海市上海宾馆有限公司	旅游饭店	上海市静安区
上海东锦江大酒店有限公司	旅游饭店	上海市浦东新区
上海国际贵都大饭店有限公司	旅游饭店	上海市静安区
上海银河宾馆有限公司	旅游饭店	上海市长宁区
上海世茂庄园置业有限公司世茂佘山艾美酒店	旅游饭店	上海市松江区
上海南新雅大酒店有限公司	旅游饭店	上海市黄浦区
上海建国宾馆有限公司	旅游饭店	上海市徐汇区
上海海鸥国际酒店投资管理有限公司	旅游饭店	上海市长宁区
上海紫金山大酒店	旅游饭店	上海市浦东新区
上海海仑宾馆有限公司	旅游饭店	上海市黄浦区
上海锦江国际饭店有限公司	旅游饭店	上海市黄浦区
上海松江开元名都大酒店有限公司	其他住宿业	上海市松江区
上海瑞金宾馆	旅游饭店	上海市黄浦区
银星宾馆	旅游饭店	上海市长宁区

4-3 续表 3

企业名称	所属行业	企业所在地
上海国际网球中心酒店管理有限公司	旅游饭店	上海市徐汇区
上海新发展圣淘沙大酒店有限公司	旅游饭店	上海市奉贤区
上海古象大酒店有限公司	旅游饭店	上海市黄浦区
上海天禧嘉福璞缇客酒店有限公司	旅游饭店	上海市闵行区
上海宝隆宾馆有限公司	旅游饭店	上海市虹口区
上海大厦	旅游饭店	上海市虹口区
江苏省		
金陵饭店股份有限公司	旅游饭店	江苏省南京市
南京中山大厦	旅游饭店	江苏省南京市
苏州工业园区金鸡湖大酒店有限公司	旅游饭店	江苏省苏州市
无锡湖滨饭店有限公司	旅游饭店	江苏省无锡市
无锡汉爵投资有限公司	旅游饭店	江苏省无锡市
苏州中茵皇冠假日酒店有限公司	旅游饭店	江苏省苏州市
江苏省会议中心有限公司(钟山宾馆)	旅游饭店	江苏省南京市
苏州新城花园酒店有限公司	旅游饭店	江苏省苏州市
南京维景国际大酒店有限公司	旅游饭店	江苏省南京市
溧阳亚东实业发展有限公司	旅游饭店	江苏省常州市
南京中心大酒店有限公司	旅游饭店	江苏省南京市
南京玄武饭店有限责任公司	旅游饭店	江苏省南京市
常州富都大酒店有限公司	旅游饭店	江苏省常州市
宜兴宾馆	旅游饭店	江苏省无锡市
张家港华芳金陵国际酒店有限公司	旅游饭店	江苏省苏州市
南京新纪元大酒店有限公司	旅游饭店	江苏省南京市
江阴国际大酒店有限公司	旅游饭店	江苏省无锡市
南京古南都饭店有限公司	旅游饭店	江苏省南京市
南通大饭店有限公司	旅游饭店	江苏省南通市
南京黄马实业有限公司	旅游饭店	江苏省南京市
常州九洲花园大酒店有限公司	旅游饭店	江苏省常州市
浙江省		
上虞国际大酒店有限公司	旅游饭店	浙江省绍兴市
杭州华溥实业有限公司	旅游饭店	浙江省杭州市
杭州黄龙饭店有限公司	旅游饭店	浙江省杭州市
香格里拉大酒店(温州)有限公司	旅游饭店	浙江省温州市
香格里拉大酒店(宁波)有限公司	旅游饭店	浙江省宁波市
杭州国际会议中心有限公司	旅游饭店	浙江省杭州市
温州王朝大酒店有限公司	旅游饭店	浙江省温州市
浙江世贸君澜大饭店	旅游饭店	浙江省杭州市
宁波东港波特曼大酒店有限公司	旅游饭店	浙江省宁波市
宁波南苑集团股份有限公司	旅游饭店	浙江省宁波市
温州万和豪生大酒店有限公司	旅游饭店	浙江省温州市
杭州香格里拉饭店有限公司	旅游饭店	浙江省杭州市
上虞雷迪森万锦大酒店有限公司	旅游饭店	浙江省绍兴市
宁波华侨饭店有限公司	旅游饭店	浙江省宁波市
杭州之江饭店	旅游饭店	浙江省杭州市
浙江金马饭店有限公司	旅游饭店	浙江省杭州市
温州华侨饭店有限公司	旅游饭店	浙江省温州市
温州锦绣酒店投资有限公司	旅游饭店	浙江省温州市
锦绣天地酒店管理有限公司	旅游饭店	浙江省杭州市
宁波太平洋大酒店有限公司	旅游饭店	浙江省宁波市
东阳市横店影都宾馆有限公司	旅游饭店	浙江省金华市
杭州大华饭店	旅游饭店	浙江省杭州市
杭州太虚湖假日酒店有限公司	旅游饭店	浙江省杭州市

4-3 续表 4

企业名称	所属行业	企业所在地
浙江三立国际大酒店有限公司	旅游饭店	浙江省杭州市
舟山海中洲国际大酒店有限公司	旅游饭店	浙江省舟山市
浙江西子宾馆	旅游饭店	浙江省杭州市
浙江宾馆有限责任公司	旅游饭店	浙江省杭州市
台州耀达国际酒店有限公司	旅游饭店	浙江省台州市
台州恩都酒店有限公司	旅游饭店	浙江省台州市
永康宾馆	旅游饭店	浙江省金华市
瑞安市辰茂阳光酒店有限公司	旅游饭店	浙江省温州市
杭州第一世界大酒店有限公司	旅游饭店	浙江省杭州市
平湖圣雷克大酒店有限责任公司	旅游饭店	浙江省嘉兴市
苍南国际大酒店有限公司	一般旅馆	浙江省温州市
嘉兴富悦大酒店管理有限公司	旅游饭店	浙江省嘉兴市
雷迪森旅业集团有限公司	旅游饭店	浙江省杭州市
安徽省		
安徽省世纪金源大饭店管理有限公司	旅游饭店	安徽省合肥市
福建省		
厦门磐基大酒店有限公司	旅游饭店	福建省厦门市
福州贵安世纪金源温泉大饭店有限责任公司	旅游饭店	福建省福州市
福州香格里拉酒店有限公司	旅游饭店	福建省福州市
福州世纪金源大饭店有限公司	旅游饭店	福建省福州市
厦门和平里酒店有限公司	旅游饭店	福建省厦门市
厦门海悦山庄酒店有限公司	旅游饭店	福建省厦门市
厦门国际大酒店有限公司	旅游饭店	福建省厦门市
泉州酒店	旅游饭店	福建省泉州市
杭钢(厦门)酒店有限公司	旅游饭店	福建省厦门市
厦门国际会议中心酒店有限公司	旅游饭店	福建省厦门市
厦门悦华酒店	旅游饭店	福建省厦门市
福清融侨大酒店	旅游饭店	福建省福州市
福州西湖大酒店	旅游饭店	福建省福州市
厦门东方酒店有限公司	旅游饭店	福建省厦门市
泉州悦华酒店有限公司	旅游饭店	福建省泉州市
长山湖(长乐)国际酒店有限公司	旅游饭店	福建省福州市
晋江市金玛国际酒店有限公司	旅游饭店	福建省泉州市
福州大饭店有限公司	旅游饭店	福建省福州市
漳州宾馆	旅游饭店	福建省漳州市
福建国惠大酒店有限公司	旅游饭店	福建省福州市
长乐国惠大酒店有限公司	旅游饭店	福建省福州市
晋江爱乐假日酒店	旅游饭店	福建省泉州市
厦门京闽中心酒店	其他住宿业	福建省厦门市
晋江市荣誉大酒店有限责任公司	旅游饭店	福建省泉州市
晋江市荣誉国际酒店有限责任公司	旅游饭店	福建省泉州市
江西省		
江西嘉莱特和平国际酒店有限公司	旅游饭店	江西省南昌市
山东省		
山东银座佳驿酒店有限公司	一般旅馆	山东省济南市
青岛香格里拉大酒店有限公司	旅游饭店	山东省青岛市
山东大厦	旅游饭店	山东省济南市
青岛奥海投资发展有限公司海尔洲际酒店	旅游饭店	山东省青岛市
赤山集团有限公司赤山大酒店	旅游饭店	山东省威海市
济南舜耕山庄	旅游饭店	山东省济南市
港中旅(青岛)海泉湾有限公司	旅游饭店	山东省青岛市

4-3 续表 5

企业名称	所属行业	企业所在地
济南海尔绿城置业有限公司喜来登酒店	旅游饭店	山东省济南市
青岛颐中国际大酒店有限公司	旅游饭店	山东省青岛市
青岛海景花园大酒店	旅游饭店	山东省青岛市
青岛海景(国际)大酒店发展有限公司	旅游饭店	山东省青岛市
青岛万达广场置业有限公司万达艾美酒店	旅游饭店	山东省青岛市
荣成石岛宾馆有限公司	旅游饭店	山东省威海市
烟台财会培训中心	旅游饭店	山东省烟台市
青岛黄岛蓝海大饭店有限公司	旅游饭店	山东省青岛市
青岛黄海饭店	旅游饭店	山东省青岛市
河南省		
郑州裕达国贸酒店有限公司	旅游饭店	河南省郑州市
河南省永和铂爵国际酒店有限公司	旅游饭店	河南省郑州市
开封中州国际饭店有限公司	旅游饭店	河南省开封市
河南大河锦江饭店有限责任公司	旅游饭店	河南省郑州市
湖北省		
长江轮船海外旅游总公司(武汉)	旅游饭店	湖北省武汉市
武汉香格里拉大饭店有限公司	旅游饭店	湖北省武汉市
武汉武昌万达广场投资有限公司万达威斯汀酒店	旅游饭店	湖北省武汉市
湖北尚一特酒店管理有限公司	一般旅馆	湖北省襄阳市
武汉市七天酒店管理有限公司	旅游饭店	湖北省武汉市
武汉扬子江游船有限公司	旅游饭店	湖北省武汉市
湖北洪山宾馆有限公司	旅游饭店	湖北省武汉市
武汉华美达光谷大酒店	旅游饭店	湖北省武汉市
武汉马哥孛罗酒店有限公司	旅游饭店	湖北省武汉市
湖南省		
华天酒店集团股份有限公司	其他住宿业	湖南省长沙市
湖南运达酒店管理有限公司	旅游饭店	湖南省长沙市
湖南华雅国际大酒店有限公司	旅游饭店	湖南省长沙市
株洲华天大酒店有限责任公司	旅游饭店	湖南省株洲市
长沙世纪金源大饭店有限公司	旅游饭店	湖南省长沙市
湖南国际金融大厦有限公司(潇湘华天大酒店)	旅游饭店	湖南省长沙市
湖南富丽华大酒店	旅游饭店	湖南省长沙市
衡阳四海神龙实业有限公司神龙寿岳国际大酒店	旅游饭店	湖南省衡阳市
长沙通程国际广场置业发展有限公司	旅游饭店	湖南省长沙市
衡阳四海神龙实业有限公司神龙大酒店	旅游饭店	湖南省衡阳市
湖南芙蓉国酒店管理有限公司	旅游饭店	湖南省长沙市
湖南圣爵菲斯投资有限公司	旅游饭店	湖南省长沙市
长沙神农酒店管理有限公司	旅游饭店	湖南省长沙市
湖南宾馆	旅游饭店	湖南省长沙市
湖南湘投金源大酒店有限公司	旅游饭店	湖南省长沙市
长沙明城国际大酒店有限责任公司	旅游饭店	湖南省长沙市
韶山宾馆	旅游饭店	湖南省湘潭市
广东省		
七天酒店深圳有限公司	一般旅馆	广东省广州市
七天四季酒店(广州)有限公司	旅游饭店	广东省广州市
广州花园酒店	旅游饭店	广东省广州市
香格里拉大酒店(广州琶洲)有限公司	旅游饭店	广东省广州市
深圳华侨城大酒店有限公司	旅游饭店	广东省深圳市
华润(深圳)有限公司君悦酒店	旅游饭店	广东省深圳市
中国大酒店	旅游饭店	广东省广州市
香格里拉大酒店(深圳福田)有限公司	旅游饭店	广东省深圳市

4-3 续表 6

企业名称	所属行业	企业所在地
广州富力恒盛置业发展有限公司富力丽思卡尔顿酒店分公司	旅游饭店	广东省广州市
广州市东方宾馆股份有限公司	旅游饭店	广东省广州市
港中旅(珠海)海洋温泉有限公司	旅游饭店	广东省珠海市
佛山宾馆有限公司	旅游饭店	广东省佛山市
广州富力鼎盛置业发展有限公司富力君悦大酒店分公司	旅游饭店	广东省广州市
星河实业(深圳)有限公司星河丽思卡尔顿酒店	旅游饭店	广东省深圳市
东莞市塘厦三正半山酒店有限公司	旅游饭店	广东省东莞市
深圳圣廷苑酒店有限公司	旅游饭店	广东省深圳市
广东新白云宾馆有限公司	旅游饭店	广东省广州市
深圳大中华喜来登酒店有限公司	旅游饭店	广东省深圳市
江门市逸豪酒店有限公司	旅游饭店	广东省江门市
广州市城建天誉房地产开发有限公司威斯汀酒店	旅游饭店	广东省广州市
广东省机场管理集团公司白云机场铂尔曼大酒店	旅游饭店	广东省广州市
金茂深圳酒店投资有限公司金茂深圳万豪酒店	旅游饭店	广东省深圳市
深圳香格里拉大酒店有限公司	旅游饭店	广东省深圳市
揭西县京明温泉度假村有限公司	旅游饭店	广东省揭阳市
东莞市松山湖酒店有限公司	旅游饭店	广东省东莞市
深圳市益田假日广场有限公司威斯汀酒店	旅游饭店	广东省深圳市
深圳威尼斯酒店	旅游饭店	广东省深圳市
增城市碧桂园凤凰城酒店有限公司	旅游饭店	广东省广州市
惠州市康帝国际酒店有限公司	旅游饭店	广东省惠州市
东莞市会展国际大酒店	旅游饭店	广东省东莞市
中国对外贸易广州物业开发公司	旅游饭店	广东省广州市
中山市京华世纪酒店有限公司	旅游饭店	广东省中山市
广州市九龙湖旅游娱乐开发有限公司	旅游饭店	广东省广州市
广东亚洲国际大酒店	旅游饭店	广东省广州市
保利(佛山)酒店有限公司	旅游饭店	广东省佛山市
珠海度假村酒店有限公司	旅游饭店	广东省珠海市
东莞市帝豪花园酒店有限公司	旅游饭店	广东省东莞市
广州市七天酒店管理有限公司	一般旅馆	广东省广州市
深圳市五洲宾馆有限责任公司	旅游饭店	广东省深圳市
江门市名冠金凯悦大酒店有限公司	一般旅馆	广东省江门市
龙门县南昆山温泉旅游大观园有限公司	旅游饭店	广东省惠州市
广州首旅建国酒店有限公司	旅游饭店	广东省广州市
深圳市华侨城城市客栈有限公司	一般旅馆	广东省深圳市
梅县雁南飞茶田有限公司	旅游饭店	广东省梅州市
东莞旗峰山酒店有限公司	旅游饭店	广东省东莞市
龙门县地派温泉度假村有限公司	旅游饭店	广东省惠州市
深圳好日子酒店有限公司	旅游饭店	广东省深圳市
深圳恒丰海悦国际酒店有限公司	旅游饭店	广东省深圳市
汕头帝豪酒店有限公司	旅游饭店	广东省汕头市
广东嘉华酒店有限公司	旅游饭店	广东省东莞市
广州翡翠皇冠假日酒店有限公司	旅游饭店	广东省广州市
广州大厦有限公司	一般旅馆	广东省广州市
加福投资(深圳)有限公司福朋喜来登酒店	旅游饭店	广东省深圳市
东莞市宏远酒店有限公司	旅游饭店	广东省东莞市
广州从化碧水湾温泉度假村有限公司	旅游饭店	广东省广州市
广州万达广场投资有限公司万达希尔顿酒店	旅游饭店	广东省广州市
广州华钜君悦酒店有限公司	旅游饭店	广东省广州市
广州流花宾馆集团股份有限公司	旅游饭店	广东省广州市
广州华侨大厦企业有限公司	旅游饭店	广东省广州市

4-3 续表 7

企业名称	所属行业	企业所在地
湛江海滨滨馆有限责任公司	旅游饭店	广东省湛江市
深圳海景奥思廷酒店有限公司	旅游饭店	广东省深圳市
深圳阳光酒店	旅游饭店	广东省深圳市
广州市星河湾酒店有限公司	旅游饭店	广东省广州市
广州远洋宾馆有限公司	旅游饭店	广东省广州市
梅县华银雁鸣湖旅游度假村	旅游饭店	广东省梅州市
东莞市龙泉国际大酒店	旅游饭店	广东省东莞市
珠海海湾大酒店	旅游饭店	广东省珠海市
广州市海怡星河湾酒店有限公司	旅游饭店	广东省广州市
深圳市皇庭酒店管理有限公司	旅游饭店	广东省深圳市
广州地中海国际酒店有限公司	旅游饭店	广东省广州市
广州凯旋大酒店有限公司凯旋华美达大酒店	旅游饭店	广东省广州市
深圳市京基晶都酒店管理有限公司	旅游饭店	广东省深圳市
东莞御景湾酒店	旅游饭店	广东省东莞市
佛山市顺德区华财企业投资有限公司顺德华财酒店	旅游饭店	广东省佛山市
湛江康益广场娱乐有限公司	旅游饭店	广东省湛江市
东莞市昌明实业有限公司喜来登酒店	旅游饭店	广东省东莞市
广西壮族自治区		
香格里拉大酒店(桂林)有限公司	旅游饭店	广西壮族自治区桂林市
广西南宁饭店	旅游饭店	广西壮族自治区南宁市
广西红林大酒店有限公司	旅游饭店	广西壮族自治区南宁市
柳州饭店	旅游饭店	广西壮族自治区柳州市
桂林漓江大瀑布饭店有限责任公司	旅游饭店	广西壮族自治区桂林市
海南省		
金茂(三亚)旅业有限公司	旅游饭店	海南省三亚市
三亚天域实业有限公司	旅游饭店	海南省三亚市
中粮酒店(三亚)有限公司	旅游饭店	海南省三亚市
三亚盈湾酒店有限公司	旅游饭店	海南省三亚市
金茂(三亚)度假酒店有限公司	旅游饭店	海南省三亚市
三亚红树林旅业有限公司	旅游饭店	海南省三亚市
三亚家化旅业有限公司	旅游饭店	海南省三亚市
三亚红树林度假酒店经营有限公司	旅游饭店	海南省三亚市
三亚海韵度假酒店有限公司	旅游饭店	海南省三亚市
三亚鹿回头旅游区开发有限公司三亚半山半岛洲际度假酒店	旅游饭店	海南省三亚市
三亚林海房地产开发有限公司三亚湾海居铂尔曼度假酒店	旅游饭店	海南省三亚市
三亚国光豪生度假酒店有限公司	旅游饭店	海南省三亚市
海南新佳和实业有限公司三亚分公司	旅游饭店	海南省三亚市
三亚万达大酒店有限公司万达希尔顿逸林酒店	旅游饭店	海南省三亚市
三亚湘投瑞达置业有限公司三亚湘投银泰度假酒店	旅游饭店	海南省三亚市
三亚长岛旅业有限公司	旅游饭店	海南省三亚市
三亚海宇旅业投资有限公司	旅游饭店	海南省三亚市
三亚中港渔业有限公司	旅游饭店	海南省三亚市
三亚鸿洲国际游艇会有限公司	旅游饭店	海南省三亚市
三亚华宇旅业有限公司	旅游饭店	海南省三亚市
海南观澜湖酒店有限公司	旅游饭店	海南省海口市
海口明光酒店管理有限公司	旅游饭店	海南省海口市
三亚亚龙湾开发股份有限公司亚龙湾凯莱仙人掌度假酒店	旅游饭店	海南省三亚市
华能海南实业有限公司海口喜来登温泉度假酒店	旅游饭店	海南省海口市

4-3 续表 8

企业名称	所属行业	企业所在地
重庆市		
重庆世纪金源时代大饭店有限公司	旅游饭店	重庆市江北区
重庆君豪大饭店有限责任公司	旅游饭店	重庆市江北区
重庆天来酒店有限公司	旅游饭店	重庆市渝北区
重庆皇石大酒店有限公司	旅游饭店	重庆市渝中区
重庆市金科大酒店有限公司	旅游饭店	重庆市渝北区
恒大地产集团江津有限公司酒店分公司	旅游饭店	重庆市江津区
四川省		
香格里拉大酒店(成都)有限公司	旅游饭店	四川省成都市
城市名人城市酒店管理(中国)股份有限公司	旅游饭店	四川省成都市
成都世纪城新国际会展中心有限公司世纪天堂洲际大饭店	旅游饭店	四川省成都市
四川锦江宾馆有限责任公司	旅游饭店	四川省成都市
四川九寨天堂国际会议度假中心有限公司	旅游饭店	四川省阿坝藏族羌族自治州
成都市向阳凯宾斯基饭店有限公司	旅游饭店	四川省成都市
成都建工集团旅游有限公司青城国际酒店	旅游饭店	四川省成都市
成都世纪城新国际会展中心有限公司假日酒店	旅游饭店	四川省成都市
四川首座酒店管理有限公司	一般旅馆	四川省成都市
四川省人民政府金牛宾馆	旅游饭店	四川省成都市
成都尚雅饭店有限公司	旅游饭店	四川省成都市
四川岷山饭店有限公司	旅游饭店	四川省成都市
贵州省		
贵阳世纪金源大饭店管理有限责任公司	旅游饭店	贵州省贵阳市
贵州饭店有限责任公司	旅游饭店	贵州省贵阳市
贵阳凯宾斯基大酒店有限公司	旅游饭店	贵州省贵阳市
云南省		
昆明世纪金源大饭店有限公司	旅游饭店	云南省昆明市
云南红河投资有限公司酒店分公司	旅游饭店	云南省红河哈尼族彝族自治州
昆明国际会展中心有限公司	旅游饭店	云南省昆明市
西双版纳世纪金源大饭店有限责任公司	旅游饭店	云南省西双版纳傣族自治州
昆明翠湖宾馆有限公司	旅游饭店	云南省昆明市
陕西省		
香格里拉大酒店(西安)有限公司	旅游饭店	陕西省西安市
陕西宾馆有限责任公司	旅游饭店	陕西省西安市
陕西人民大厦有限公司	旅游饭店	陕西省西安市
陕西华清爱琴海生态发展有限责任公司	旅游饭店	陕西省西安市
陕西金信实业发展有限公司	旅游饭店	陕西省西安市
甘肃省		
甘肃宁卧庄宾馆	旅游饭店	甘肃省兰州市
飞天大酒店有限公司	旅游饭店	甘肃省兰州市
青海省		
青海宾馆有限责任公司	旅游饭店	青海省西宁市
新疆维吾尔族自治区		
新疆机场集团天缘酒店管理有限责任公司	一般旅馆	新疆维吾尔族自治区乌鲁木齐市
新疆边疆宾馆	旅游饭店	新疆维吾尔族自治区乌鲁木齐市
新疆尊茂鸿福酒店有限责任公司	旅游饭店	新疆维吾尔族自治区乌鲁木齐市
新疆尊茂银都酒店有限责任公司	旅游饭店	新疆维吾尔族自治区乌鲁木齐市

4-4 分地区大型餐饮业企业名单

企业名称	所属行业	企业所在地
北京市		
北京必胜客比萨饼有限公司	正餐服务	北京市东城区
北京肯德基有限公司	快餐服务	北京市东城区
北京麦当劳食品有限公司	快餐服务	北京市东城区
呷哺呷哺餐饮管理有限公司	快餐服务	北京市大兴区
海鸿达(北京)餐饮管理有限公司	正餐服务	北京市大兴区
北京吉野家快餐有限公司	快餐服务	北京市东城区
北京星巴克咖啡有限公司	咖啡馆服务	北京市朝阳区
中国全聚德(集团)股份有限公司	正餐服务	北京市西城区
眉州东坡餐饮管理(北京)有限公司	正餐服务	北京市朝阳区
北京首都机场餐饮发展有限公司	正餐服务	北京市顺义区
北京俏江南餐饮管理有限公司	正餐服务	北京市朝阳区
聚德华天控股有限公司	正餐服务	北京市西城区
北京真功夫快餐连锁管理有限公司	快餐服务	北京市朝阳区
北京永和大王餐饮有限公司	快餐服务	北京市东城区
顺峰饮食酒店管理股份有限公司	正餐服务	北京市朝阳区
北京和合谷餐饮管理有限公司	快餐服务	北京市西城区
北京嘉和一品企业管理股份有限公司	正餐服务	北京市顺义区
北京大董烤鸭店有限责任公司	正餐服务	北京市朝阳区
北京索迪斯服务有限公司	餐饮配送服务	北京市朝阳区
北京金鼎轩酒楼有限责任公司	正餐服务	北京市东城区
北京市新宏状元餐饮管理有限公司	正餐服务	北京市海淀区
北京郭林家常菜食品有限责任公司	正餐服务	北京市西城区
北京市西单麻辣诱惑餐饮有限公司	正餐服务	北京市西城区
北京华卓餐饮连锁股份有限公司	正餐服务	北京市顺义区
北京便宜坊烤鸭集团有限公司	正餐服务	北京市东城区
北京好伦哥餐饮有限公司	快餐服务	北京市海淀区
北京味千餐饮管理有限公司	快餐服务	北京市朝阳区
北京快客利餐饮管理有限公司	正餐服务	北京市朝阳区
北京德克士食品有限公司	快餐服务	北京市东城区
北京金钱豹餐饮有限公司	正餐服务	北京市东城区
汉堡王(北京)餐饮管理有限公司	快餐服务	北京市顺义区
北京东来顺集团有限责任公司	正餐服务	北京市东城区
北京联郡餐饮管理有限公司	正餐服务	北京市海淀区
北京为之味餐饮有限公司	快餐服务	北京市东城区
北京恒泰丰餐饮有限公司	正餐服务	北京市东城区
北京小南国餐饮管理有限公司	正餐服务	北京市东城区
北京金钱豹餐饮管理有限公司	正餐服务	北京市朝阳区
北京萨莉亚餐饮管理有限公司	正餐服务	北京市东城区
北京星物语餐饮管理有限公司	其他未列明餐饮业	北京市东城区
北京金钱豹国际美食有限公司	快餐服务	北京市朝阳区
北京龙城丽华快餐有限公司	餐饮配送服务	北京市朝阳区
央视后勤服务发展(北京)有限责任公司	正餐服务	北京市海淀区
北京禾绿回转寿司饮食有限公司	快餐服务	北京市朝阳区
北京蓝海钟鼎楼食府有限公司	正餐服务	北京市海淀区
北京新世纪青年饮食有限公司	正餐服务	北京市西城区
北京比格餐饮管理有限责任公司	快餐服务	北京市西城区
净雅食品股份有限公司	正餐服务	北京市朝阳区
北京眉州酒店管理有限公司	正餐服务	北京市朝阳区
北京港丽餐饮管理有限公司	正餐服务	北京市西城区
北京龙德华餐饮管理有限公司	正餐服务	北京市海淀区

4-4 续表 1

企业名称	所属行业	企业所在地
北京马氏东方饺子王餐饮有限责任公司	正餐服务	北京市门头沟区
北京礼信年年餐饮管理有限公司	餐饮配送服务	北京市海淀区
北京万龙洲饮食有限责任公司	正餐服务	北京市东城区
北京翔达投资管理有限公司	正餐服务	北京市西城区
北京旺顺阁美食有限公司	正餐服务	北京市朝阳区
北京凯瑞豪门餐饮有限公司	正餐服务	北京市海淀区
北京首钢饮食有限责任公司	其他未列明餐饮业	北京市石景山区
北京航天华盛科贸发展有限公司	正餐服务	北京市丰台区
天津市		
天津肯德基有限公司	快餐服务	天津市南开区
天津麦当劳食品有限公司	快餐服务	天津市河西区
天津海底捞餐饮管理有限公司	正餐服务	天津市西青区
天津德克士食品开发有限公司	快餐服务	天津市滨海新区
狗不理集团股份有限公司	正餐服务	天津市和平区
奥蓝际德国际大酒店有限责任公司	正餐服务	天津市武清区
河北省		
唐山凤凰园美食城	正餐服务	河北省唐山市
山西省		
太原肯德基有限公司	快餐服务	山西省太原市
山西丽华大酒店有限责任公司	正餐服务	山西省太原市
山西芙蓉餐饮有限公司	正餐服务	山西省太原市
怀仁县国益酒店有限责任公司	正餐服务	山西省朔州市
大同市王府至尊酒店有限责任公司	正餐服务	山西省大同市
内蒙古自治区		
内蒙古小尾羊牧业科技股份有限公司	正餐服务	内蒙古自治区包头市
包头万达广场商业管理有限公司	正餐服务	内蒙古自治区包头市
辽宁省		
百胜餐饮(沈阳)有限公司	快餐服务	辽宁省沈阳市
大连肯德基有限公司	快餐服务	辽宁省大连市
大连亚惠快餐有限公司	快餐服务	辽宁省大连市
沈阳麦当劳(餐厅食品)有限公司	快餐服务	辽宁省沈阳市
大连麦当劳餐厅食品有限公司	快餐服务	辽宁省大连市
沈阳顺峰饮食有限公司	正餐服务	辽宁省沈阳市
辽宁合兴快餐有限公司	快餐服务	辽宁省沈阳市
大连合兴快餐有限公司	快餐服务	辽宁省大连市
大连万宝海鲜舫	正餐服务	辽宁省大连市
吉林省		
长春华天酒店管理有限公司	正餐服务	吉林省长春市
吉林省南湖宾馆	正餐服务	吉林省长春市
黑龙江省		
哈尔滨东方众合餐饮有限责任公司	正餐服务	黑龙江省哈尔滨市
黑龙江麦当劳餐厅食品有限公司	快餐服务	黑龙江省哈尔滨市
上海市		
上海必胜客有限公司	正餐服务	上海市徐汇区
上海肯德基有限公司	快餐服务	上海市徐汇区
上海统一星巴克咖啡有限公司	咖啡馆服务	上海市徐汇区
上海麦当劳食品有限公司	快餐服务	上海市徐汇区
杏花楼食品餐饮股份有限公司	正餐服务	上海市黄浦区
上海领先餐饮管理有限公司	正餐服务	上海市黄浦区
上海适达餐饮管理有限公司	其他饮料及冷饮服务	上海市徐汇区
津味(上海)餐饮管理有限公司	咖啡馆服务	上海市徐汇区

4-4 续表 2

企业名称	所属行业	企业所在地
上海永和大王餐饮有限公司	快餐服务	上海市闵行区
上海一茶一坐餐饮有限公司	正餐服务	上海市徐汇区
上海老城隍庙餐饮(集团)有限公司	快餐服务	上海市黄浦区
望湘园(上海)餐饮管理有限公司	正餐服务	上海市浦东新区
上海绿捷快餐有限公司	快餐服务	上海市闵行区
上海爱一特餐饮有限公司	正餐服务	上海市浦东新区
上海棒约翰餐饮管理有限公司	正餐服务	上海市徐汇区
上海萨莉亚餐饮有限公司	正餐服务	上海市徐汇区
上海新旺餐饮管理有限公司	正餐服务	上海市黄浦区
上海怡乐食食品科技服务有限公司	快餐服务	上海市徐汇区
上海广成餐饮管理有限公司	正餐服务	上海市长宁区
上海沃歌斯餐饮有限公司	快餐服务	上海市静安区
上海避风塘美食有限公司	正餐服务	上海市黄浦区
上海大富贵酒楼有限公司	正餐服务	上海市黄浦区
上海宝莱纳餐饮有限公司	正餐服务	上海市徐汇区
上海博海餐饮有限公司	正餐服务	上海市金山区
上海港丽餐饮管理有限公司	正餐服务	上海市黄浦区
呷哺呷哺餐饮管理(上海)有限公司	正餐服务	上海市徐汇区
上海速堡餐饮有限公司	正餐服务	上海市闸北区
康帕斯(中国)企业管理服务有限公司	餐饮配送服务	上海市闵行区
上海金萌苏浙汇餐饮有限公司	正餐服务	上海市徐汇区
上海外滩三号饮食文化有限公司	正餐服务	上海市黄浦区
上海巴贝拉意舟餐饮管理有限公司	快餐服务	上海市浦东新区
上海采华餐饮管理有限公司	正餐服务	上海市徐汇区
上海朋利来餐饮管理有限公司	小吃服务	上海市普陀区
蓝蛙餐饮管理(上海)有限公司	正餐服务	上海市浦东新区
上海新亚大家乐餐饮有限公司	快餐服务	上海市虹口区
上海金钱豹宴会餐饮管理有限公司	正餐服务	上海市闵行区
上海新区小南国餐饮管理有限公司	正餐服务	上海市浦东新区
上海银湖酒店有限公司	正餐服务	上海市松江区
上海避风塘美食餐饮有限公司	正餐服务	上海市虹口区
上海海舟餐饮服务管理有限公司	其他未列明餐饮业	上海市浦东新区
利满美餐饮(上海)有限公司	正餐服务	上海市黄浦区
满记甜品(上海)有限公司	其他饮料及冷饮服务	上海市长宁区
上海禾绿饮食有限公司	正餐服务	上海市长宁区
上海功德林素食有限公司	正餐服务	上海市黄浦区
上海常州大娘水饺餐饮有限公司	快餐服务	上海市黄浦区
上海豪普生达商业管理有限公司	正餐服务	上海市浦东新区
上海日益餐饮有限公司	正餐服务	上海市浦东新区
上海展圆餐饮管理有限公司	正餐服务	上海市徐汇区
上海海逸海鲜酒家有限公司	正餐服务	上海市长宁区
贝拉吉奥(上海)餐饮管理有限公司	正餐服务	上海市闵行区
上海豫园大酒店有限公司豫园万丽酒店	正餐服务	上海市黄浦区
上海辉哥海鲜火锅餐饮有限公司	正餐服务	上海市静安区
上海丰裕餐饮管理有限公司	正餐服务	上海市黄浦区
江苏省		
南京肯德基有限公司	快餐服务	江苏省南京市
苏州肯德基有限公司	快餐服务	江苏省苏州市
大娘水饺餐饮集团股份有限公司	快餐服务	江苏省常州市
无锡肯德基有限公司	快餐服务	江苏省无锡市
南京麦当劳餐饮食品有限公司	快餐服务	江苏省南京市

4-4 续表 3

企业名称	所属行业	企业所在地
常州丽华快餐集团有限公司	快餐服务	江苏省常州市
苏州白金汉爵大酒店有限公司	正餐服务	江苏省苏州市
南京味千餐饮管理有限公司	快餐服务	江苏省南京市
无锡麦当劳餐厅食品有限公司	快餐服务	江苏省无锡市
南京大牌档美食有限公司	正餐服务	江苏省南京市
迪欧餐饮管理有限公司	咖啡馆服务	江苏省苏州市
苏州松鹤楼餐饮管理有限公司	正餐服务	江苏省苏州市
江阴市龙希国际大酒店有限公司	正餐服务	江苏省无锡市
苏州市大娘水饺餐饮有限公司	其他未列明餐饮业	江苏省苏州市
常州市福记逸高酒店有限公司	正餐服务	江苏省常州市
南京梅山生活服务发展有限公司	正餐服务	江苏省南京市
南京狮王府美食(休闲)有限公司	正餐服务	江苏省南京市
南京大娘水饺餐饮有限公司	快餐服务	江苏省南京市
扬州富春饮服集团有限公司	正餐服务	江苏省扬州市
南京爱味弘企业管服务有限公司	正餐服务	江苏省南京市
和夏(南京)餐饮管理有限公司	其他未列明餐饮业	江苏省南京市
浙江省		
杭州肯德基有限公司	快餐服务	浙江省杭州市
浙江凯旋门澳门豆捞控股集团有限公司	正餐服务	浙江省杭州市
浙江麦当劳餐厅食品有限公司	快餐服务	浙江省杭州市
绍兴市咸亨酒店有限公司	正餐服务	浙江省绍兴市
浙江老娘舅餐饮有限公司	快餐服务	浙江省湖州市
杭州饮食服务集团有限公司	正餐服务	浙江省杭州市
浙江外婆家餐饮有限公司	正餐服务	浙江省杭州市
浙江两岸食品连锁有限公司	正餐服务	浙江省杭州市
平湖白金汉爵大酒店有限公司	正餐服务	浙江省嘉兴市
宁波南苑环球酒店管理有限公司	正餐服务	浙江省宁波市
杭州楼外楼实业集团股份有限公司	正餐服务	浙江省杭州市
杭州味千餐饮管理有限公司	快餐服务	浙江省杭州市
杭州德克士食品有限公司	快餐服务	浙江省杭州市
杭州金沙港旅游文化村有限公司	正餐服务	浙江省杭州市
嘉兴市金悦大酒楼有限公司	正餐服务	浙江省嘉兴市
宁波市来必堡餐饮管理有限公司	快餐服务	浙江省宁波市
杭州新丰小吃有限公司	小吃服务	浙江省杭州市
杭州知味观味庄餐饮有限公司	正餐服务	浙江省杭州市
安徽省		
安徽同庆楼餐饮发展有限公司	正餐服务	安徽省合肥市
安徽蜀王美心快餐管理有限责任公司	快餐服务	安徽省合肥市
安徽省驿达高速公路服务区经营管理有限公司	快餐服务	安徽省合肥市
安徽老乡鸡餐饮有限公司	快餐服务	安徽省合肥市
安徽联升餐厅食品有限公司	快餐服务	安徽省合肥市
芜湖汉爵阳明大酒店有限公司	正餐服务	安徽省芜湖市
福建省		
福州曼伯罗食品有限公司	正餐服务	福建省福州市
百胜餐饮(福州)有限公司	快餐服务	福建省福州市
厦门肯德基有限公司	快餐服务	福建省厦门市
福建鑫富肥牛世界餐饮(连锁)管理服务有限公司	正餐服务	福建省南平市
福州麦当劳餐厅食品有限公司	快餐服务	福建省福州市
厦门麦当劳食品发展有限公司	快餐服务	福建省厦门市
福州德克士食品有限公司	快餐服务	福建省福州市
佳客来(福建)餐饮连锁管理有限公司	正餐服务	福建省福州市
厦门佰翔空厨食品有限公司	餐饮配送服务	福建省厦门市

4-4 续表 4

企业名称	所属行业	企业所在地
江西省		
南昌肯德基有限公司	快餐服务	江西省南昌市
新余市山水企业发展有限公司	正餐服务	江西省新余市
山东省		
青岛肯德基有限公司	快餐服务	山东省青岛市
山东蓝海股份有限公司	正餐服务	山东省东营市
山东麦当劳(餐厅食品)有限公司	快餐服务	山东省济南市
青岛麦当劳(餐厅食品)有限公司	快餐服务	山东省青岛市
青岛良友饮食股份有限公司	正餐服务	山东省青岛市
山东舜和国际酒店有限公司	正餐服务	山东省济南市
德州双鸿大酒店有限公司	正餐服务	山东省德州市
济南南郊宾馆	正餐服务	山东省济南市
山东华盛江泉城酒店有限公司	正餐服务	山东省临沂市
河南省		
郑州肯德基有限公司	快餐服务	河南省郑州市
郑州德克士食品开发有限公司	快餐服务	河南省郑州市
河南麦当劳(餐厅食品)有限公司	快餐服务	河南省郑州市
洛阳餐饮旅游集团有限公司	正餐服务	河南省洛阳市
商水县夏威夷生态园林温泉度假村有限公司	正餐服务	河南省周口市
湖北省		
百胜餐饮(武汉)有限公司	快餐服务	湖北省武汉市
武汉麦当劳餐饮食品有限公司	快餐服务	湖北省武汉市
武汉艳阳天商贸发展有限公司	正餐服务	湖北省武汉市
湖北星巴克咖啡有限公司	咖啡馆服务	湖北省武汉市
武汉市亢龙太子酒轩有限责任公司	正餐服务	湖北省武汉市
武汉湖锦娱乐发展有限公司江汉分公司	正餐服务	湖北省武汉市
武汉市小蓝鲸健康美食酒店管理有限公司	正餐服务	湖北省武汉市
武汉永和大王餐饮有限公司	快餐服务	湖北省武汉市
湖北三五醇食品配送有限公司	正餐服务	湖北省武汉市
武汉易食铁路餐饮服务有限公司	餐饮配送服务	湖北省武汉市
湖南省		
长沙肯德基有限公司	快餐服务	湖南省长沙市
湖南迈湘餐厅食品有限公司	快餐服务	湖南省长沙市
湖南省徐记餐饮有限公司	正餐服务	湖南省长沙市
长沙饮食集团长沙火宫殿有限公司	正餐服务	湖南省长沙市
长沙五十七度湘餐饮管理有限公司	正餐服务	湖南省长沙市
湖南金太阳大酒店有限公司	正餐服务	湖南省长沙市
广东省		
百胜餐饮(广东)有限公司	快餐服务	广东省广州市
广东三元麦当劳食品有限公司	快餐服务	广东省广州市
百胜餐饮(深圳)有限公司	快餐服务	广东省深圳市
麦当劳餐厅(深圳)有限公司	快餐服务	广东省深圳市
广州真功夫快餐连锁管理有限公司	快餐服务	广东省广州市
广东星巴克咖啡有限公司	咖啡馆服务	广东省广州市
深圳真功夫餐饮管理有限公司	快餐服务	广东省深圳市
深圳面点王饮食连锁有限公司	快餐服务	广东省深圳市
广州酒家集团股份有限公司	正餐服务	广东省广州市
东莞肯德基有限公司	快餐服务	广东省东莞市
广州萨莉亚餐饮有限公司	正餐服务	广东省广州市
深圳永和大王餐饮有限公司	快餐服务	广东省深圳市
星巴克咖啡(深圳)有限公司	咖啡馆服务	广东省深圳市

4-4 续表 5

企业名称	所属行业	企业所在地
广州渔民新村饮食有限公司	正餐服务	广东省广州市
深圳市宝利来投资有限公司	正餐服务	广东省深圳市
真功夫餐饮管理有限公司	快餐服务	广东省东莞市
春满园饮食管理服务(深圳)有限公司	正餐服务	广东省深圳市
东莞麦华食品有限公司	快餐服务	广东省东莞市
广州白云国际会议中心有限公司	正餐服务	广东省广州市
广州市绿茵阁饮食连锁有限公司	正餐服务	广东省广州市
深圳市广深铁路列车经贸实业有限公司	正餐服务	广东省深圳市
广州市番禺中国旅行社	正餐服务	广东省广州市
中山麦当劳食品有限公司	快餐服务	广东省中山市
深圳市慈浩餐饮科技有限公司	快餐服务	广东省深圳市
南海渔村有限公司	正餐服务	广东省广州市
深圳威耀饮食有限公司	快餐服务	广东省深圳市
深圳市禾绿餐饮管理有限公司	快餐服务	广东省深圳市
深圳航空食品有限公司	餐饮配送服务	广东省深圳市
江门麦当劳(餐厅食品)有限公司	快餐服务	广东省江门市
广州市越秀区鸿星艺都海鲜酒家	正餐服务	广东省广州市
汕头高新区新梅园大酒楼有限公司	正餐服务	广东省汕头市
东莞麦长食品有限公司	快餐服务	广东省东莞市
深圳市嘉旺餐饮连锁有限公司	快餐服务	广东省深圳市
深圳领鲜稻香饮食有限公司	正餐服务	广东省深圳市
广州市超味盏饮食有限公司	正餐服务	广东省广州市
惠州麦当劳(餐厅食品)有限公司	快餐服务	广东省惠州市
深圳南联食品有限公司	其他未列明餐饮业	广东省深圳市
深圳新语餐饮管理有限公司	小吃服务	广东省深圳市
深圳市粤菜王府餐饮管理有限公司	正餐服务	广东省深圳市
湛江市君豪酒店有限公司	正餐服务	广东省湛江市
深圳绿源餐饮管理有限公司	快餐服务	广东省深圳市
中山市海港城海鲜大酒楼有限公司	正餐服务	广东省中山市
佛山大家乐饮食有限公司	快餐服务	广东省佛山市
珠海金濠汉堡食品有限公司	快餐服务	广东省珠海市
广州泛亚饮食有限公司	快餐服务	广东省广州市
广州市莲香楼有限公司	正餐服务	广东省广州市
广州黄埔华苑大酒店	正餐服务	广东省广州市
广州陶陶居饮食有限公司	正餐服务	广东省广州市
深圳市百岁村餐饮连锁有限公司	正餐服务	广东省深圳市
广州市番禺祈福新?渡假俱乐部有限公司	正餐服务	广东省广州市
深圳市迈志豪餐饮实业有限公司	正餐服务	广东省深圳市
广州市旺鼎餐饮有限公司	正餐服务	广东省广州市
广州南园酒家饮食有限公司	正餐服务	广东省广州市
和民餐饮(深圳)有限公司	正餐服务	广东省深圳市
广西壮族自治区		
南宁肯德基有限公司	快餐服务	广西壮族自治区南宁市
广西禾唛餐饮有限公司	快餐服务	广西壮族自治区南宁市
广西三品王餐饮管理有限公司	快餐服务	广西壮族自治区南宁市
海南省		
海南南山文化旅游开发有限公司	正餐服务	海南省三亚市
海南海景乐园国际有限公司三亚蜈支洲岛度假中心	正餐服务	海南省三亚市
重庆市		
重庆兴红得聪餐饮管理有限公司	正餐服务	重庆市渝中区
重庆和之吉饮食文化有限公司	正餐服务	重庆市渝中区

4-4 续表 6

企业名称	所属行业	企业所在地
重庆陶然居饮食文化(集团)股份有限公司	正餐服务	重庆市九龙坡区
重庆骑龙饮食文化有限责任公司	正餐服务	重庆市北碚区
重庆味千餐饮文化有限公司	快餐服务	重庆市九龙坡区
重庆佳永小天鹅餐饮有限公司	正餐服务	重庆市江北区
重庆肯德基有限公司	快餐服务	重庆市渝中区
重庆市小八仙餐饮有限公司	正餐服务	重庆市万州区
重庆滋生堂餐饮有限公司	正餐服务	重庆市万州区
重庆北三玖玖玖餐饮有限公司	正餐服务	重庆市万州区
重庆阿兴记产业(集团)有限公司	正餐服务	重庆市渝北区
重庆德克士食品开发有限公司	快餐服务	重庆市渝中区
重庆刘一手餐饮管理有限公司	正餐服务	重庆市九龙坡区
重庆德庄酒店管理有限公司	正餐服务	重庆市南岸区
四川省		
四川海底捞餐饮股份有限公司	其他未列明餐饮业	四川省资阳市
百胜餐饮(成都)有限公司	快餐服务	四川省成都市
四川麦当劳餐厅食品有限公司	快餐服务	四川省成都市
四川请你来餐饮管理有限公司	正餐服务	四川省自贡市
四川乡村基餐饮有限公司	快餐服务	四川省成都市
成都星巴克咖啡有限公司	咖啡馆服务	四川省成都市
四川省成都市饮食公司	正餐服务	四川省成都市
四川森林雨餐饮有限公司	其他未列明餐饮业	四川省绵阳市
攀钢集团生活服务有限公司	正餐服务	四川省攀枝花市
绵阳四维餐饮娱乐有限公司	正餐服务	四川省绵阳市
成都金牛山庄有限责任公司	正餐服务	四川省成都市
成都红杏酒家有限责任公司	正餐服务	四川省成都市
贵州省		
贵州雅园饮食娱乐有限责任公司	正餐服务	贵州省贵阳市
云南省		
昆明市肯德基有限公司	快餐服务	云南省昆明市
昆明桂影餐饮有限公司	正餐服务	云南省昆明市
昆明饮食服务有限公司	正餐服务	云南省昆明市
云南空港华卓航空食品有限公司	正餐服务	云南省昆明市
云南滇美餐饮有限公司	快餐服务	云南省昆明市
云南东方航空食品有限公司	餐饮配送服务	云南省昆明市
陕西省		
百胜餐饮(西安)有限公司	正餐服务	陕西省西安市
西安饮食股份有限公司	正餐服务	陕西省西安市
西安真爱服务事业有限公司	正餐服务	陕西省西安市
陕西松茂食品餐饮有限公司	快餐服务	陕西省西安市
西安小六汤包餐饮有限责任公司	正餐服务	陕西省西安市
西安麦当劳(餐厅食品)有限公司	快餐服务	陕西省西安市
西安百姓厨房大馄饨餐饮有限责任公司	正餐服务	陕西省西安市
甘肃省		
兰州肯德基有限公司	快餐服务	甘肃省兰州市
新疆维吾尔自治区		
新疆肯德基有限公司	快餐服务	新疆维吾尔自治区乌鲁木齐市
新疆百富餐饮股份有限公司	快餐服务	新疆维吾尔自治区乌鲁木齐市

附　录

简要说明：

附录Ⅰ：统计上大中小微型企业划分办法

附录Ⅱ：批发和零售业、住宿和餐饮业统计限额标准

附录Ⅲ：主要统计指标解释

附录Ⅰ　统计上大中小微型企业划分办法

一、根据工业和信息化部、国家统计局、国家发展改革委、财政部《关于印发中小企业划型标准规定的通知》(工信部联企业〔2011〕300 号)，结合统计工作的实际情况，特制定本办法。

二、本办法适用对象为在中华人民共和国境内依法设立的各种组织形式的法人企业或单位。个体工商户参照本办法进行划分。

三、本办法适用范围包括：农、林、牧、渔业，采矿业，制造业，电力、热力、燃气及水生产和供应业，建筑业，批发和零售业，交通运输、仓储和邮政业，住宿和餐饮业，信息传输、软件和信息技术服务业，房地产业，租赁和商务服务业，科学研究和技术服务业，水利、环境和公共设施管理业，居民服务、修理和其他服务业，文化、体育和娱乐业等 15 个行业门类以及社会工作行业大类。

四、本办法按照行业门类、大类、中类和组合类别，依据从业人员、营业收入、资产总额等指标或替代指标，将我国的企业划分为大型、中型、小型、微型等四种类型。具体划分标准见附表。

五、企业划分由政府综合统计部门根据统计年报每年确定一次，定报统计原则上不进行调整。

六、本办法自印发之日起执行，国家统计局 2003 年印发的《统计上大中小型企业划分办法（暂行)》(国统字〔2003〕17 号）同时废止。

附表：统计上大中小微型企业划分标准

行业名称	指标名称	计量单位	大型	中型	小型	微型
农、林、牧、渔业	营业收入(Y)	万元	Y≥20000	500≤Y＜20000	50≤Y＜500	Y＜50
工业 *	从业人员(X)	人	X≥1000	300≤X＜1000	20≤X＜300	X＜20
	营业收入(Y)	万元	Y≥40000	2000≤Y＜40000	300≤Y＜2000	Y＜300
建筑业	营业收入(Y)	万元	Y≥80000	6000≤Y＜80000	300≤Y＜6000	Y＜300
	资产总额(Z)	万元	Z≥80000	5000≤Z＜80000	300≤Z＜5000	Z＜300
批发业	从业人员(X)	人	X≥200	20≤X＜200	5≤X＜20	X＜5
	营业收入(Y)	万元	Y≥40000	5000≤Y＜40000	1000≤Y＜5000	Y＜1000
零售业	从业人员(X)	人	X≥300	50≤X＜300	10≤X＜50	X＜10
	营业收入(Y)	万元	Y≥20000	500≤Y＜20000	100≤Y＜500	Y＜100
交通运输业 *	从业人员(X)	人	X≥1000	300≤X＜1000	20≤X＜300	X＜20
	营业收入(Y)	万元	Y≥30000	3000≤Y＜30000	200≤Y＜3000	Y＜200
仓储业	从业人员(X)	人	X≥200	100≤X＜200	20≤X＜100	X＜20
	营业收入(Y)	万元	Y≥30000	1000≤Y＜30000	100≤Y＜1000	Y＜100
邮政业	从业人员(X)	人	X≥1000	300≤X＜1000	20≤X＜300	X＜20
	营业收入(Y)	万元	Y≥30000	2000≤Y＜30000	100≤Y＜2000	Y＜100
住宿业	从业人员(X)	人	X≥300	100≤X＜300	10≤X＜100	X＜10
	营业收入(Y)	万元	Y≥10000	2000≤Y＜10000	100≤Y＜2000	Y＜100
餐饮业	从业人员(X)	人	X≥300	100≤X＜300	10≤X＜100	X＜10
	营业收入(Y)	万元	Y≥10000	2000≤Y＜10000	100≤Y＜2000	Y＜100
信息传输业 *	从业人员(X)	人	X≥2000	100≤X＜2000	10≤X＜100	X＜10
	营业收入(Y)	万元	Y≥100000	1000≤Y＜100000	100≤Y＜1000	Y＜100
软件和信息技术服务	从业人员(X)	人	X≥300	100≤X＜300	10≤X＜100	X＜10
务业	营业收入(Y)	万元	Y≥10000	1000≤Y＜10000	50≤Y＜1000	Y＜50
房地产开发经营	营业收入(Y)	万元	Y≥200000	1000≤Y＜200000	100≤Y＜1000	Y＜100
	资产总额(Z)	万元	Z≥10000	5000≤Z＜10000	2000≤Z＜5000	Z＜2000
物业管理	从业人员(X)	人	X≥1000	300≤X＜1000	100≤X＜300	X＜100
	营业收入(Y)	万元	Y≥5000	1000≤Y＜5000	500≤Y＜1000	Y＜500
租赁和商务服务业	从业人员(X)	人	X≥300	100≤X＜300	10≤X＜100	X＜10
	资产总额(Z)	万元	Z≥120000	8000≤Z＜120000	100≤Z＜8000	Z＜100
其他未列明行业 *	从业人员(X)	人	X≥300	100≤X＜300	10≤X＜100	X＜10

说明：

1.大型、中型和小型企业须同时满足所列指标的下限，否则下划一档；微型企业只须满足所列指标中的一项即可。

2.附表中各行业的范围以《国民经济行业分类》（GB/T4754-2011）为准。带*的项为行业组合类别，其中，工业包括采矿业，制造业，电力、热力、燃气及水生产和供应业；交通运输业包括道路运输业，水上运输业，航空运输业，管道运输业，装卸搬运和运输代理业，不包括铁路运输业；信息传输业包括电信、广播电视和卫星传输服务，互联网和相关服务；其他未列明行业包括科学研究和技术服务业，水利、环境和公共设施管理业，居民服务、修理和其他服务业，社会工作，文化、体育和娱乐业，以及房地产中介服务，其他房地产业等，不包括自有房地产经营活动。

3.企业划分指标以现行统计制度为准。（1）从业人员，是指期末从业人员数，没有期末从业人员数的，采用全年平均人员数代替。（2）营业收入，工业、建筑业、限额以上批发和零售业、限额以上住宿和餐饮业以及其他设置主营业务收入指标的行业，采用主营业务收入；限额以下批发与零售业企业采用商品销售额代替；限额以下住宿与餐饮业企业采用营业额代替；农、林、牧、渔业企业采用营业总收入代替；其他未设置主营业务收入的行业，采用营业收入指标。（3）资产总额，采用资产总计代替。

附录Ⅱ 批发和零售业、住宿和餐饮业统计限额标准

行业类别	统计指标名称	限额标准
批发业	年主营业务收入	2000 万元
零售业	年主营业务收入	500 万元
住宿业	年主营业务收入	200 万元
餐饮业		

附录Ⅲ　主要统计指标解释

一、批发和零售业、住宿和餐饮业主要财务指标解释

1.资产总计：指企业过去的交易或者事项形成的、由企业拥有或者控制的、预期会给企业带来经济利益的资源。资产一般按流动性（资产的变现或耗用时间长短）分为流动资产和非流动资产。其中流动资产可分为货币资金、交易性金融资产、应收票据、应收账款、预付款项、其他应收款、存货等；非流动资产可分为长期股权投资、固定资产、无形资产及其他非流动资产等。

2.流动资产合计：资产满足以下条件之一应归为流动资产：（1）预计在一个正常营业周期中变现、出售或耗用，主要包括存货、应收账款等；（2）主要为交易目的而持有；（3）预计在资产负债表日起一年内（含一年）变现；（4）自资产负债日起一年内，交换其他资产或清偿负债的能力不受限制的现金或现金等价物。包括货币资金、应收票据、应收账款、存货等项目。

3.固定资产原价：指固定资产的成本，包括企业在购置、自行建造、安装、改建、扩建、技术改造某项固定资产时所发生的全部支出总额。

4.累计折旧：指企业在报告期末提取的历年固定资产折旧累计数。

5.负债合计：指企业过去的交易或者事项形成的，预期会导致经济利益流出企业的现时义务。负债一般按偿还期长短分为流动负债和非流动负债。

6.所有者权益合计：指企业资产扣除负债后由所有者享有的剩余权益。公司的所有者权益又称股东权益。包括实收资本、资本公积、盈余公积、未分配利润等。

7.实收资本：指企业投资者实际投入的资本(或股本)，包括货币、实物、无形资产等各种形式的投入。实收资本按投资主体可分为国家资本、集体资本、法人资本、个人资本、港澳台资本和外商资本。

8.国家资本：指有权代表国家投资的政府部门或机构、直属事业单位对企业形成的资本金。

9.集体资本：指由本企业职工等自然人集体投资或各种机构对企业进行扶持形成的集体性质的资本金。

10.法人资本：指法人以其依法可支配的资产投入企业形成的资本金。

11.个人资本：指自然人实际投入企业的资本金。

12.港澳台资本：指我国香港、澳门和台湾地区投资者实际投入企业的资本金。

13.外商资本：指外国投资者实际投入企业的资本金。

14.营业收入：指企业经营主要业务和其他业务所确认的收入总额。营业收入合计包括“主营业务收入”和“其他业务收入”。

15.主营业务收入：指企业确认的销售商品、提供劳务等主营业务的收入。

16.主营业务成本：指企业经营主要业务所发生的成本总额。

17.主营业务税金及附加：指企业经营主要业务应负担的营业税、消费税、城市维护建设税、教育费附加等。

18.主营业务利润：指企业在从事商品销售、提供服务等主要经营中所产生的利润之和。

19.其他业务利润：指企业经营除主要业务以外的其他业务实现的利润。

20.销售费用：指企业在销售商品和材料、提供劳务的过程中发生的各种费用，包括保险费、包装费、展览费和广告费、商品维修费、预计产品质量保证损失、运输费、装卸费等以及为销售本企业商品而专设的销售机构（含销售网点、售后服务网点

等）的职工薪酬、业务费、折旧费等经营费用。

21.管理费用：指企业为组织和管理企业生产经营所发生的费用，包括企业在筹建期间内发生的开办费、董事会和行政管理部门在企业经营管理中发生的，或者应当由企业统一负担的公司经费等。

22.财务费用：指企业为筹集生产经营所需资金等而发生的筹资费用，包括企业生产经营期间发生的利息支出（减利息收入）、汇兑损失（减汇兑收益）以及相关的手续费等。

23.营业利润：指企业从事生产经营活动所取得的利润。

24.利润总额：指企业在一定会计期间的经营成果，是生产经营过程中各种收入扣除各种耗费后的盈余，反映企业在报告期内实现的盈亏总额。

25.应交所得税：指企业按税法规定，应从生产经营等活动的所得中缴纳的税金。

26.应付职工薪酬：指企业为获得职工提供的服务而给予各种形式的报酬以及其他相关支出。包括职工工资、奖金、津贴和补贴，职工福利费，医疗保险费、养老保险费、失业保险费、工伤保险费和生育保险费等社会保险费，住房公积金，工会经费和职工教育经费，非货币性福利，因解除与职工的劳动关系给予的补偿，其他与获得职工提供的服务相关的支出。

27.应交增值税：指企业按税法规定，从事货物销售或提供加工、修理修配劳务等增加货物价值的活动本期应交纳的税金。根据会计相关科目贷方累计发生额，按下述公式计算填报：

应交增值税＝销项税额－（进项税额－进项税额转出）－出口抵减内销产品应纳税额－减免税款＋出口退税

二、批发和零售业商品购、销、存情况指标解释

1.商品购进额：指从本企业以外的单位和个人购进（包括从国外直接进口）作为转卖或加工后转卖的商品金额（含增值税）。本指标反映批发和零售业从国内外市场上购进商品的总价。

2.进口：指直接从国外进口或委托外贸企业代理进口的商品金额，不包括从国内有关单位购进的进口商品。对外贸易企业只统计自主经营进口的商品，不统计受托代理进口的商品。

3.商品销售额：指对本单位以外的单位和个人出售的商品金额（包括售给本单位消费用的商品，含增值税）。在批发和零售业中，本指标反映在国内市场上销售商品以及出口商品的总价。

4.出口：指直接向国（境）外出口商品和委托外贸企业代理出口的商品金额，商品出口不包括售给外贸企业出口或加工后出口的商品，以及在国内市场以外币销售的商品。外贸企业只统计自主经营出口的商品，不包括受托代理出口的商品。

5.期末商品库存额：对于批发和零售业法人单位和个体经营户，是指报告期末取得所有权的全部商品金额（含增值税）；对于批发和零售业产业活动单位，是指报告期末实际在库且归属法人具有所有权的全部商品金额（含增值税）。这个指标反映批发和零售业的商品库存情况，以及对市场商品供应的保证程度。

三、住宿和餐饮业经营情况指标解释

1.营业额：指住宿和餐饮业单位在经营活动中因提供服务或销售商品等取得的全部收入，包括：客房收入、餐费收入、商品销售额（含增值税）和其他收入。不包括法人企业附营的其他行业产业活动单位的餐费收入、商品销售收入等各项收入。

2.客房收入：指住宿和餐饮业单位在经营活动中因提供住宿服务取得的收入。不包括法人企业附营的其他行业产业活动单位的客房收入。

3.餐费收入：指住宿和餐饮业单位为顾客提供就餐服务取得的收入。包括：经烹饪、调制加工后出售的各种食品，如主食、炒菜、凉拌菜等的收入。不包括法人企业附营的其他行业产业活动单位的餐费收入。

4.商品销售额：指对本单位以外的单位和个人出售的商品金额（包括售给本单位消费用的商品，含增值税）。在住宿和餐饮业中，本指标反映住宿和餐饮业单位出售商品的销售总额（含增值税），不包括法人企业附营的其他行业产业活动单位的商品销售额。

5.其他收入：指营业额中除客房收入、餐费收入、商品销售额（含增值税）以外的其他收入。

四、批发和零售业、住宿和餐饮业主要经济效益分析指标解释

1.负债率：指企业负债总额与资产总额之比。它表示企业资产总额中，债权人提供资金所占的比重，以及企业资产对债权人权益的保障程度。其计算公式为：

负债率 =（负债总额 ÷ 资产总额）×100%

2.主营业务毛利率：指企业主营业务收入和主营业务成本之间的差额与主营业务收入之比，其计算公式为：

主营业务毛利率 =（主营业务收入 - 主营业务成本）÷ 主营业务收入×100%

3.人均营业收入：指企业营业收入与年末从业人员数之比，其计算公式为：

人均营业收入 = 营业收入 ÷ 年末从业人员数

4.费用率：指销售费用、管理费用和财务费用三项之和与营业收入之比。其计算公式为：

费用率 =(销售费用 + 管理费用 + 财务费用) ÷ 营业收入×100%